U0918773

商务印书馆（成都）有限责任公司出品

Des Lumières au surréalisme

巴黎神话

从启蒙运动到超现实主义

[法] 帕特里斯·伊戈内（PATRICE HIGONNET）著
喇卫国 译

Paris, capitale du monde

by Patrice Higonnet

Published by The Commercial Press

献给巴黎女性

安娜和埃黛尔·伊戈内

译者序

在欧洲的大陆上，有一颗璀璨的明珠，不用说，那就是巴黎。几百年来，它时而像翻腾的岩浆，喷发的火山；时而像平静的大海，深邃的天空；时而像驰骋疆场的勇士；时而又像美丽的淑女含情脉脉。

从塞纳河畔的一片沼泽地在公元4世纪时为纪念特洛伊王子帕里斯(Pâris)而被称作巴黎开始，它的命运就注定了要让世界瞩目！只是，那些巴黎人的祖先可能不曾想到此后的岁月会让这个名字在全世界家喻户晓，而这个地方又为人类的文明与进步做出了怎样的贡献！

巴黎，法国人的骄傲，或许，法国人甚至为此还有那么一点点“自负”？且慢，诸君，还是读一读它的历史吧：

从公元6世纪初法兰克人占领巴黎并建立起墨洛温王朝到10世纪的加佩王朝，它像历史上其他的城堡或领地一样平淡无奇，仅仅是部落诸侯攻城掠地的一个目标。从11世纪开始，巴黎向北方即塞纳河的右岸发展，菲利普·奥古斯特修建了巴黎的第一道防御城墙，还拓宽了马路，从此以后，塞纳河两岸出现了鳞次栉比的宫殿、城堡和教堂，更有那华丽的卢浮宫、杜伊勒里宫以及美丽的花园与喷泉。但是，直到16甚至17世纪，巴黎仍然是一个阴暗、肮脏、甚至蒙昧的中世纪城市，到处是肮脏破旧的小屋，狭窄弯曲的街巷、污浊的空气、恶臭的阴沟，并且，疾病与犯罪笼罩着这座城市。

启蒙运动像春风一样给巴黎带来了勃勃生机，18世纪伟大的思想解放运动用理性之光扫灭蒙昧，使巴黎成为理性、科学、自由、平等的故乡。再后来，1789年的革命、1830年的革命、1848年的革命、1871年的巴黎公社使它成为了世界革命之都。18至19世纪的巴黎除了向全世界输送了自由、平等、博爱的理念外，还开始了大规模的城市改造，修建了笔直的林荫大道、新古典主义风格的住宅、桥梁、广场、雕塑、公园、医院、车站、图书馆、学校、喷泉以及巴黎地下的给水排水系统。而到了法国大革命百年之际的1889年，第二次大规模的城市建设更是将巴黎推上了神坛。

20世纪，经历了两次世界大战的巴黎不但没有倒下，反而仍以其浑厚而沧桑的历史、多姿多彩的精神风貌吸引着世界的目光。

巴黎，世界之都，这不是巴黎人的自傲，而是宽阔的胸怀，这里吸纳并培养了来自世界各地寻求自由和发展的革命家、科学家、艺术家，然后他们又带着各自的理想走向世界。

巴黎，世界之都，这不是法国人的自负，而是自信，因为从这里走出了多少思想家、艺术家、化学家、数学家、物理学家、生理学家、微生物学家、博物学家、建筑学家、画家、小说家、剧作家、诗人、雕塑家、社会学家……等等，等等。

巴黎，世界之都，它还是思想之都，这里盛产标新立异的思想并且海纳百川地包容了个人自由、激进共和主义、合作社会主义、资本主义、马克思主义、自然主义、超自然主义、现实主义、超现实主义、存在主义、先锋派、野兽派、立体主义……噢，对了，还有巴黎的美食主义，正如书中引用的海涅语录："我们应该赞美法国人，他们关心人类的两大需要：吃得好和公民平等"。

也许，当我们读过一些巴黎的历史之后，再走进那"每座桥梁、每座广场，每走一步都使人想起其伟大历史的世界之城"，我们不仅会为它的历史也为它的现在，不仅为它的美丽也为它的凝重而感动，甚或有一种在神话中徜徉的感觉。

本书的作者帕特里斯·伊戈内是哈佛大学的法国历史学教授，他主要的研究对象是18世纪至20世纪的法国社会历史和法国大革命的历史。在这本书中，作者试图用神话学的方法为我们阐述和分析18世纪和19世纪巴黎的社会文化史。书中对神话学的阐释，似乎和我们所理解的传统意义上的神话不同。如果按照符号学家罗兰·巴特对神话学的诠释，神话就是“指一个社会构造出来的以维持和证实自身存在的各种意向和信仰的复杂系统”，统治阶级在“神话”中，有意将意识形态化的内容掩藏并转化，使之看起来更自然、透明，而大众会不知不觉受到意识形态的影响。但显然，帕特里斯·伊戈内教授并不完全同意巴特的观点，他认为，巴特所说的神话其准确的定义应该是魔幻，作者在书中对魔幻的定义也作了阐释。

无论如何，作者力图尽可能客观地将18世纪至20世纪巴黎所发生的一切“真实的”、历史的、文化的、政治的重大事件展现在我们面前，将所谓左、中、右各派政治势力和各种典型人物“如实地”加以描述和分析以使读者能够客观地了解巴黎，读懂巴黎。当然，每个人看问题的角度不同，再客观的分析也会带上主观的色彩，正如作者在谈到巴黎的竞争对手伦敦或柏林时，免不了会有几句善意的调侃。这本书可以说是研究巴黎历史最好的教材之一，是研究巴黎从启蒙运动到超现实主义“正史”的教材，且作者的文笔严谨却又不失幽默，读起来常常令人忍俊不禁，而又获益匪浅。我在本书的翻译中，尽量按照“信、达、雅”的理念把原文的思想呈现给读者，但书中大量的人物、引语外加各种领域里的专业词汇以及本人受到某些专业的局限，难免会出现纰漏或错误，望读者海涵并加以指正。为了方便读者，书后面附上部分人物姓名的中外文对照表，现在资讯发达，读者若对其中的人物感兴趣，很容易查到相关的资料。

人们常常会想，在无尽的时间之旅中，巴黎的历史并不长！但仅仅在几个世纪里，巴黎成为了世界之都、魅力之城，除了某种“天意”外，更重要的是巴黎以它的包容性孕育了丰富多彩的思想和多彩丰富的文化并在广泛的领域中收获了丰硕的果实。这是否也意味着，历史的丰富和年代的久远有时并不成正比——倘若，历史只是机械地重复过去。

当欧斯曼雄心勃勃地大规模拆除老巴黎的时候不曾想到一些古老的文化和深邃的记忆也都随着他的十字被抛进了历史的垃圾堆，所幸，他在重建巴黎的时候仍保留了旧城的中心，而新的城市规划也仍然沿革了文艺复兴以来的审美观念，以至于今天我们看到的巴黎并没有历史割裂的痕迹反而使人感受到了一种文化的传承。这当然要归功于巴黎人民对自己历史文化的认同。纵观今日的世界，历史似乎在超速前进，特别是在蓬勃发展的新兴经济体中，超级现代的特大城市不断拔地而起，可是别忘了，在浮躁喧嚣的大都市，几乎人人都是匆匆的过客，哪里还会有对自己故乡城市的认同，如果有，那也只是对遥远山村的思念和对小桥流水人家的眷恋。在现代化洪流冲刷过后，哪里还留得下文化和历史的积淀？因此，今天看来，某些建筑学家、某些平民百姓曾经面对着拆旧城、建新城的狂热而恸哭，那并不是保守和复古，恰恰相反，是要与历史共同前进。正如今天，当我们热衷于大规模建设"最现代"的杰作时，却忽略了子孙后代赖以生存的环境，谁又能说清到底是充满激情的支持者还是充满激情的反对者更顺应历史的潮流呢？

这或许就是历史的辩证法。

中国人常说，以史为鉴可以知兴替，可能，本书的作者也会同意这个观点。读懂这本书，以历史的经验和教训来促使我们少走弯路，这也是译者的心愿。

喇卫国

2011年于北京

目录

引言 巴黎的神话与魔幻

皮埃尔·希特隆对从卢梭到波德莱尔等法国诗人所描写的巴黎进行了深入的研究，最后他谈到了在那个普鲁斯特时期，巴黎的名字与盖尔芒特这个名字的转换：

> “巴黎每个时期的名字，”这个虚构的普鲁斯特这样写道，“被看作是它所认可的所有名字的整体，经历着吐故纳新，就像在那些花园中，总有含苞待放的蓓蕾催促那些行将枯萎的枝叶，但它们混杂成相似的锦簇，不易察觉，除非那些不常来赏花却准确记得原来景象的人能够发现它们的不同。”

如盖尔芒特一样，巴黎是神奇之城，是世界之城，神奇这个词也使人想起了一种充满了由历史的真实与表象、神话与魔幻、巴黎气质、特殊性与普遍性构成的僵硬逻辑和尖锐矛盾、延续性与断续性的空前繁荣：德拉克鲁瓦的油画《自由女神引导人民》中的人物是典型的巴黎人，但是它的街垒、激情、尸体以及巴黎圣母院的钟楼使整个人类很容易从这幅油画中看到了自己。在1867年的雨果看来，耶路撒冷、雅典和罗马概括了人类的历史，而巴黎概括了这三座城市的历史："它集这三位于一体。"

首先谈谈断续性：在1800年，无套裤汉*和老实人的后革命时期的巴黎与1770年时的巴黎，即已经二十年不得人心的路易十五的巴黎相去甚远。1889年，拥有埃菲尔铁塔的、全球化的、精彩的巴黎已经和拿破仑一世的巴黎差之千里。而我们当中某些人难以忘怀的1945—1950年的那个贫困而可悲的巴黎所幸已成为了历史。但反之，巴黎也是一种都市的、社会的、政治的、真实的、非凡的延续性之所在，而其不朽的延续性是最好的表达方式。（相反，想想纽约吧，它的精神实质无论从社会的还是从历史的角度来说都是一种断续性。况且，除了一个例外［自由女神像，其原籍也是巴黎，不过，纽约人认为，她属于联邦政府而不是城市］，谁能说出一处纽约的建筑是专门解释这座城市的过去或者这座城市的性质？）

巴黎的历史（几乎从未中断过）是镌刻在石头上和记忆里的。它与圣安德雷艺术小街——过去也称为拱形门小街，都是起始于新石器时期的那条从巴黎通往奥尔良的小路。它还把我们从克吕尼和异教徒朱利安的古罗马公共浴场（朱利安于公元360年称帝，是三位在巴黎称帝中的第一位）引向了塞纳河两岸鳞次栉比的中世纪教堂和皇家宫殿；为了实现当今的宏伟计划，第五共和国的每一位总统都想在这个伟大国家的首都东西两侧留下自己的标志性建筑，当然，有一个例外，那就是他们中的第一位，也是最伟大的一位总统，他没有必要担心自己在法国及其首都历史上的地位。

尽管有各种各样的断续性，这座城市大量的建筑古迹却弥补了这些缺

* 无套裤汉指激进共和主义者。（本书脚注均为译注）

憾,每一次对巴黎历史的回顾都促使观众去寻求其他的回忆:看了1830年的“七月圆柱”就想去查理五世的巴士底,浏览了奥赛美术馆又想去1871年被巴黎公社焚毁的旧国家审计法院;参观了拿破仑的凯旋门必欲去看圣-德尼的凯旋门——从1328年瓦卢瓦王朝的菲利普六世直到1855年维多利亚女王,所有皇家盛大的入城仪式都是在这里举行。不朽的延续性还在不断增加,并且绝无雷同之处。巴尔扎克对这些建筑古迹的普遍性作了这样的诠释:“市政厅述说了**所有革命**,而主宫医院诉说了巴黎的**所有苦难**。”米士莱也说过:

> “世界上没有比卢浮宫—杜伊勒里宫—凯旋门更伟大的地方了;也就是说(这个)王权培养人民的荣耀——骑士军团的巨大空间……从凯旋门回眸远眺,可以看到坐落于巴黎圣母院和荣军院之上的先贤祠——革命高于宗教和王权。古老与现代,融为一体。”

这么多富有纪念意义的回想,而且,全都相互关联,就像句法结构中的单词连接在一起,形成一种无意识的但却是必然的逻辑从而产生惊人的语句,这些语句比它们的组成成分丰富得多,而一个渊博的词源学家本来可能已经强调过这些成分的重要性。正如佩吉所说,雨果认为凯旋门、荣军院和旺多姆圆柱密不可分,是要一并加以讴歌的对象。根据乔治·杜梅齐尔的类型学,我们巴黎的建筑提喻法,不朽的三部曲是战争与荣军院和凯旋门,文化或宗教与卢浮宫和圣母院,金融与贝尔西的财政部以及交易所。另外,还有我们最好的明信片:巴黎圣母院或圣心堂总是与凯旋门和埃菲尔铁塔在一起。延续性永远是动态的,但却是真实的;正是这种内心深处对巴黎历史性的感情(至少我是这么认为)给卢浮宫前的新金字塔帮了大忙,因为它的外形和所有金字塔一样能够唤起对绵延不断的历史产生无尽的想象。所以,这座高贵的建筑,巧妙地适应了巴黎的历史特性,因为它以它的几何学将远古时代与伟大世纪的经典建筑结合在了一起。但同时,这种全玻璃建筑材料使人想起我们这个时代的透明以及文化上的空白。但丁的基督教读者走进地狱是为了更好地领悟《神曲》的精神。作为第二次的入教之旅,欧斯曼的巴黎的资产阶级观众也颤抖着走进了下水道——昨天还是犯罪和社会弃儿的圣地(或深渊)。正如今天我们这些超越了历史与自然的非物质消费者,也来到了这座转瞬即逝的、超级商业化的、但也是历史的和不朽的、后现代的天堂,以便在这些现代宗教的神像面前接受洗礼,而巴黎是这种宗教,即文化的绝佳圣地。

因此,尽管首都经历了种种磨难,巴黎的建筑(从克吕尼的大浴场到卢浮宫的金字塔)形成了一种动态的延续性,一种亲近感,一种老习惯。雨果·冯·霍夫曼斯塔尔说过,巴黎"是一幅纯生活的风景画"。此外,巴黎人通常是参照这些伟大的建筑来公开表明自己的思想和政治立场:有些人到香榭丽舍大街去游行,有些人则去共和国广场。同样,他们生活中的某些隐私也是根据这些建筑物来定位的:"我就住在先贤祠附近,埃菲尔铁塔对面,紧挨着军事学院",等等,不一而足。在巴黎,"活着的小人物生活在伟大的逝者和伟大的建筑庇护之下"。公社社员瓦莱斯在游历了伦敦、雅典、罗马、巴黎之后写道:"所有主导过历史和统帅过人类的城市都有过热血沸腾的经历,'克瑞翁曾从这里走过','格拉古兄弟曾到过那儿','德勒克吕兹就死在那个广场!'";而当我们看到某些建筑师针对巴黎的疯狂甚至邪恶的企图时,心里不能不感到莫名的痛楚,比如,勒·柯布西耶就有过这样的企图。一向喜欢激起反感和惹人厌恶的超现实主义者知道在这一点上可以制造出绝妙的丑闻:他们在1933年提交的报告中说:"我们是应该保留还是应该迁移、修饰、改造或者销毁那个埃及纪念碑?"对这个问题,不尊重传统的布勒东也附和道:"应该把它放在屠宰场的门口",艾吕雅则认为"应该把它小心翼翼地插入西岱岛小教堂的尖顶之上"。事实上,你能想象得出与现存的巴黎古迹完全不同的情况吗?譬如,按拿破仑原来的设想,凯旋门是建在巴士底广场,再比如,曾经有过三个执行官想把荣军院前的广场改作国家公墓。

然而,怎样领会这些纠结在一起的多样性和延续性呢,也即巴黎的古迹基本原理(或者说是互文性)所表现出来的复杂性呢？这是个方法问题,当然,首选的方法是按照经济、政治、文化或社会事实的时序历史和传统历史来理解,像许多才华横溢的历史学家曾经做过的那样(比我们能做到的要好许多),想给下面这些人的著作再补充点什么是徒劳的,他们是:皮埃尔·肖努、弗朗索瓦兹·萧伊、让·路易·科恩、阿莱特·法尔热、让·法维耶、阿尔弗雷德·费耶罗、弗朗索瓦·罗耶尔、雅克·雷维尔、丹尼尔·罗什、安托尼·培根以及其他一些人。不过仔细想想,对于这样的难题(大约从1750至1930年的一系列历史问题),我觉得也可以换一种方式来思考,或者说,退而求其次吧,即不仅思考(像米士莱和瓦尔特·本雅明那样)首都的真实历史,还思考这种奇遇的各种表象的性质。而这就涉及到了用巴黎的神话史来书写巴黎的历史:巴黎——革命之都;巴黎——欧斯曼的现代性之都,同时也是为其承载着神话的老城区而骄傲的巴黎;巴黎——光明之城,但也是神秘与罪恶之都;巴黎——自然科学与趣味科学之都;巴黎——世界之都;巴黎,“鼓满风帆的文明之舟”(维克多·雨果语);以及,巴黎——情色之都和时尚之都;笛卡尔的理性主义之都和天主教精神之都;巴黎,巴斯卡的(第二)祖国和圣心堂的所在地;巴黎,正如路德维希·伯尔纳在1831年的《巴黎通信》里所描写的,是一座“可爱又叛逆的城市,是魔鬼的天堂和天使的地狱”。

但是,这个巴黎的神话问题一经提出,就显出其可怕的复杂性,因为要知道什么是神话真是难上加难:从18世纪开始,神话学者对于他们的研究对象所作的解释真是五花八门、矛盾百出。启蒙运动者认为,用唯物主义来解释神话似乎是恰如其分的。例如,18世纪有这样一种思想,认为希伯来人中流传的滔天洪水淹没整个世界的神话,是因为历史上某个时期,地球确曾被洪水淹没过。

关于神话,还有另一种功能主义的解释。神话并不是回顾一段忘却了的往事,而是将每天都发生的现实程式化:阿波罗——希腊的太阳神;扎克——马雅的雨神;这是汉斯·布鲁曼伯格在1979年出版的《神话研究》(*Arbeit am Mythos*)一书中的主题。这里,神话不像笛卡尔所说的是无用或有害的臆测,它们解释这个世界。我们的神话,也就是流传至今的神话,是经历了"语言战争"后幸存下来的,是达尔文式物竞天择的幸存者,其中无用的神话被无情地淘汰了。我们中大多数人认为值得神化的东西是神话,因此,用了不到二十年的时间,戴高乐将军就成了神话人物,因为这是法国人民的需要。巴士底成了世上所有监狱的象征,因为整个人类需要如此。这种观点认为,巴黎精神是所有不死的神话和机能的集合。

当然,我们还可以走得更远一些,对神话作一种结构主义的解释。列维·斯特劳斯正是这样做的,他认为神话是一种想象的结构,可以将当下相互矛盾和无法理解的事物结合在一起。因此,在谈到巴黎时,我们就可以说,巴黎——19世纪之都和欧洲之都的观点是由路德维希·伯尔纳(1786—1837)首先提出,而瓦尔特·本雅明(1892—1940)重新采纳的观点,这种思想能够使我们"理解"这个首都所蕴含的意识形态和生活方式上令人惊异的而且也许是不可调和的多样性,到1840年,在首都工作过的就有:肖邦和罗西尼、安格尔和德拉克鲁瓦、马克思和普鲁东、基佐和夏多博里昂、米基维兹和菲尼莫尔·库柏、巴尔扎克和波德莱尔、欧斯曼和普鲁东、迈耶贝尔和瓦格纳、加尼叶和维奥莱·勒·杜克。

不过,我们可能会满足于一种更简单(也许太简单了)的神话定义,是一种我们要用到大约三十年前罗兰·巴特就已经阐述的类型学来解释的定义,不过,必须对这种类型学加以修改,这么做可能会在两方面令他感到吃惊。

首先,在这里,优秀的巴黎神话是所有神话中解释社会起源和进程的神话,通常是宗教神话的一种世俗化版本。按照这个观点,优秀的神话是一种普世性叙事的神话:从希伯来人的《创世纪》到玛雅文明的《波波尔乌夫》,每一个完整的社会(巴黎也不例外)都有其出生与成长的神话:它的起源。因此,罗姆鲁斯和瑞姆斯的故事表述了整个罗马的历史。故事里涉及的已不仅仅是骑士或平民阶级了。同样,神话中的英雄代表了整座城邦,因为面对神话,个体已失去了自己的特性。(尼采认为,神话是节日般“放纵的人格解体”[orgiastische Selbstvernichtung]。)此外,正是罗马神话的普世性使得早期的拉丁历史课本其实只不过是一种早期神话的历史化:一个民族的历史是从社群的神话不再是轻易可以接受的那一刻开始。这个神话的深刻寓意比它本身长久,但却存在于一个新的、被世俗化了的叙事中。人类的神话催生了人类的历史。所以,19 世纪的巴黎史,那种巴黎人曾经想象的历史,那种我们今天所理解的历史,例如《神曲》或《失乐园》,是一种普世性的和宇宙起源的故事,但已政教分离和世俗化了。

这是大约在 1750 年,当基督教神话开始衰亡的时候,巴黎出现的起源与发展的神话,到了大约 1890 年,又轮到这些神话在西方文化的全面危机中走向衰落,而现代主义的到来正是这场危机的初现。所以,这是神话和普世主义的进化论,因为,1848 年的巴黎工人和 1871 年的巴黎公社社员正是以人类幸福的名义,以过去和未来的名义,举行了起义。

在这方面,罗兰·巴特的著作非常有用,因为,这位语言学家兼哲学家认为,现代神话的特点是用歪曲“能指”和“所指”的关系来改变、削弱甚至破坏对我们这个时代的理解。现代神话改变了那些本应是真正的符号(交换、关联)使之成为一种它错误地吸收进来的静态的、人为的、武断的、商业化的“能指”,而它并不想了解其根源。巴特所说的这种现代神话是经不起分析的。他不知道概念,却又要表述它;他不知道根源,所以,这种所谓的神话向我们展示了一种真实的虚假画面。这种神话是一种欺骗。

巴特在 1957 年的《神话学》一文里,这样解释了一张由《巴黎竞赛》画报赞助的照片。照片上,一个非洲黑人士兵(肤色特别黑)却身着法国军装面向三色旗敬礼,这张照片会引起普通法国人一系列极为复杂的不同反应。它告诉我们,世界上存在着一个可爱的帝国,它使人想起了对土著人的社会化、国民化、法国化。因此,照片还使人想起法国的普世能力与当时的殖民地在经济和军事上对法国的支持是分不开的,而法国自从一战以后就缺少年轻人,缺乏同盟军,用贝当元帅的话说,法国人的享乐主义始终多于牺牲精神:因而,在这张照片里,实力强调了证明实力的思想是非常重要的。罗伯斯庇尔曾经说过:“仁而无威则懦弱,威而无德则暴虐”。

不过,很显然,尽管表面上这张照片具有物质上的真实性,但它却在思想上作了假,因为它歪曲并偷换了概念。照片丝毫没有说明什么是帝国主义。这篇“文章”闭口不谈今天我们很容易就想到的那些劫掠、暴力、流离失所等问题。原来,巴特认为这张照片是神话的载体,因为在今天,神话的作用就是要制造遗忘,抹煞历史。(这里,我们终于看到了他分析中的进步主义元素)因为,在他看来,照片的功能之一就是将无法挽救的碎片重新粘接在一起。在法国,谁会有耐心去看一张勇敢的塞内加尔士兵的照片?而人们在巴黎看到这张照片时会想些什么?或者不如说,看到这张照片时,人们想不到的是什么?巴特的回答无疑是:所有的巴黎人,无论是富人或穷人,资本家或共产党人看到这张照片时,都会高兴地想到一个慷慨和团结的法国。所以,这种照片的社会功能就是使人忘却一切分裂法国社会的创伤,这些创伤就是多数人屈从于一小撮特权阶层。

但怎样来调和这一切呢?一个神话不可能既是真实的又是虚假的;既是宇宙进化论的,又如巴特所说,是工于心计的欺骗。但是,如果大家注意到另一种元素——历史的元素,而且是构成整个作品的元素时,这种矛盾便消失得无影无踪。神话,至少是过去的巴黎神话(因为我们根本不想在研究什么是神话,或者什么曾经是神话的时候,去革新所有的神话)并非是千篇一律的。我们可以把它们看作是一种双重类型。不过巴特是符号学家,他所说的神话,在我看来并非真的就是神话。用神话这个词来表示他所说的现象是不正确的。巴特并没有给我们解释神话,他所说的是魔幻。

真正的神话是以参考神圣的事物,以超越性来解释世俗的事物。从这个角度来说,它属于宇宙进化论。公社社员是将个人的存在置于一个世俗化的神话即"巴黎,革命之都"这个神话中来理解巴黎公社的。克洛德·皮舒瓦在谈到也是在巴黎出生和去世的奈瓦尔时这样写道:"想要一下子就抓住[巴黎的]生活所呈现出的瞬间永恒,那是危险的梦想,但却是多么令人兴奋的梦想啊"。

现代魔幻与这类神话相反。如果说巴特的分析十分中肯,非是因为它与神话有关,乃是与神话的蜕变有关。在真正的神话里,过去是在它所阐释的并常常被它复杂化了的现在中延伸。因此,巴黎——欧斯曼现代性之都的神话就酿出了一个平民老巴黎的神话,这个神话本身是荒诞的,因为这个真正平民的巴黎既体现了巴黎也使巴黎感到恐惧:沃特兰,从原来的匪首摇身一变成了警察头子。

相反,在魔幻中,现在用歪曲和简化过去来维护自己。超现实主义者们认为,从这种异轨的积极意义上来说,魔幻世界是一个"生命与物体[呈现出]一种意外形态和充满梦幻色彩"的世界;但正相反,魔幻一词在这里是自欺欺人的白日梦,是欺骗与吹嘘的同义词。莫扎特在巴黎给家人的信中说,巴黎人更喜欢认出而不是**认识**。也许,这个评价既过分又无情。但这种区分却适合于我们的讨论:神话有助于我们去认识;魔幻仅仅有助于我们**认出**。所以在今天,制作精良的广告,是那种令人感到亲切、安全而我们一眼就能**认出**的著名品牌,它悄悄地给了我们一种从未有过的享受,是那种自从乌里斯或马可·波罗以后谁都不曾梦想过的旅行。巴特认为,"从神话意义的随意性看出了它的衰落"。不错,这就更应该使用魔幻而不是神话这个词。

人们当然会问为什么要用这个词组。比如,为什么是魔幻而非幻觉?首先,就魔幻这个词的原意来说,虽然它出自于伦敦,但的的确确也属于巴黎:埃蒂安纳·罗伯尔森(在比利时出生,但1837年葬在了拉雪兹神父公墓)声称能够借助于灯光道具,借助于魔术幻觉“让死人开口说话”。所以,当督政府时期的巴黎人在卡布西纳修道院的一座精心布置过的礼堂里看到了**罗伯斯庇尔**突然从九泉之下复出的魔幻场景时都吓得两股战战。夏多博里昂于1800年回到巴黎时,罗伯尔森还在主持着祭礼活动。他觉得这项技术非常可笑。

然而,更有意思的是这个词的转义。例如,马克思就常常准确而恰当地使用这个词。这位巴黎政治生活的历史学家认为,魔幻意味着这样一种(虚幻的)思想:平等和普世主义(都是一种超越性)的社会关系能够作为一种由某些人主宰,而某些人服从的等级社会而存在。在这种情况下,柏克的理想——建立一个贵族地主关心其善良农民的利益的传统型社会是一种魔幻。爱他们的黑奴也受黑奴爱戴的白瑞德和斯佳丽构建的是一种魔幻,况且,这还是一种快乐阅读的魔幻,因为它使人得到休息。也可以说,这是一种没有历史的历史。

最后,关于魔幻与精神愉悦的问题,我们要注意,魔幻通常是巧妙的、自反的、极为聪明的——在视觉上更是如此。在道义上,电视连续剧全都俗不可耐,不过,包装它们的广告却总是赏心悦目并且通常都做得精美。在巴黎,蓬皮杜中心就是一个聪明而实用的魔幻,不过也很可笑。正因为此,它吸引了许多人,许多讥笑与讽刺它的人。

神话与魔幻。怎样锚定巴黎历史上的这两种概念,区分神话与魔幻的不同呢？可否创建一种涵盖从1830年宇宙进化论的神话到美丽时代的魔幻的年鉴呢？当然可以。而这首先要建立一种神话的编年类型,这项工作就是要说明,在人类的历史上,每个时代都有它需要的神话典型。每一种时代精神(Zeitgeist)都与新的神话相应和,当然除了我们这个魔幻的时代,到目前为止,好像一个相应的神话都没有。

这里，我们可以了解一下诺贝尔文学奖的获得者，尼日利亚的小说家和历史学家沃勒·索因卡，这位作家在他关于约鲁巴人神话的分析里，研究了这个非洲民族的神话体系。例如，他发现今天的约鲁巴人神话与希腊早期神人同形的神话极为相近：那里面有来自洞穴或地下深处的众神，无能而好斗，而这一切都掺入了人类自己经常嘲笑的行为；这是公元前五世纪埃斯库罗斯的戏剧脉络。用莎士比亚的语言来说，于是就出现了顽皮的儿童，他们为了取乐，像众神捉弄人类那样捉弄飞蝇：

> 天神掌握着我们的命运，
> 犹如顽童捉弄飞蝇一般。

索因卡认为，第一阶段，按照适合于第二阶段的新世界观来看，一种新的天上神话的典型，是使索福克勒斯的悲剧和柏拉图的哲学——善与恶的悲剧与哲学得到发展的神话典型。在这些新的叙事中，英雄不再是众神喜怒无常的牺牲品。相反，他被自身的精神结构或被自己的物质性所打败，而从此，这种物质性就被理解为另一种更高等级的、天上的实在性迹象，柏罗丁的同辈人认为，这种天上的实在性将成为基督教的实在性。西蒙娜·薇依写道，“神话的基础是神秘的，因为宇宙乃是神圣真理的一种隐喻。”

因而，还有地上的神话，柏拉图式的神话，宗教的神话以及最后，大约到了 1750 年，神话的世俗化。启蒙运动贬低了宗教神话：这是指我们在前面提到过的启蒙运动时期的凡人神化论：以唯物主义来解释神话。但是到了 18 世纪末，随着维柯和赫尔德的出现，已经与宗教脱了钩的神话开始了缓慢的价值回归，且越来越快，到 19 世纪时，它的价值完全体现了出来。而在这种新的环境下，又突然重现了宇宙进化论的神话，但此时已是政教分离的神话。这些神话的新基点，已不再是九天之上，而是就在脚下，在人间。因此，法国的乔治·索莱尔把全面罢工的神话作为了一种政治工具，奥地利的弗洛伊德提出将俄狄浦斯的神话当做能够完美揭示人类普遍心理的常数，而直到今天这仍然是有价值的。第一次世界大战以后，恩斯特·卡西尔在他的《符号形式的哲学》和《国家的神话》中更全面地研究了这些新的人性化和世俗化神话的应用：这时，神话不再（如 18 世纪的哲学家所希望的）是一种遗迹，而是表达了一种始终没有消除的忧虑。另外，让我们想象一下，海德格尔的冤家对头，犹太哲学家和康德主义者恩斯特·卡西尔面对国家社会主义狂潮时的那种惊恐，在上个世纪所有的政治信条中，国家社会主义最明显地受到了神话梦魇的深刻影响。以后我们还会谈到这些。

神话的世俗化是什么时候在巴黎开始的？什么时候这些神话悄然变成了“魔幻主义”？1750、1830 和 1890 年：这是三个非常重要的年代。

1750 年是我们的起点：在此以前，没有专门的、世俗的巴黎神话。的确，热娜维埃芙在巴黎的妇女中传颂，但是巴黎的这个女圣徒以及其他许多圣徒的神话（圣·德尼、圣·日耳曼甚至圣女贞德）都属于更广泛的早期宗教神话，那里面的巴黎没有一点儿特殊性。

而正是大约从 1750 年起，巴黎开始了伟大的世俗神话时代，这是一个缓慢的演变过程，而早在 1789 年以前，它的初始阶段就是巴黎——知识界之都的思想。然而，神话的能力，也即波旁王朝或者拿破仑帝国首都的神话潜力还是受到了制约。拿破仑曾想要（至少在其有偏见的回忆录里，他是这样吹嘘的）使这座城市成为“真正的欧洲之都……，一座神奇的、气势恢弘的、永远有新奇感的城市……”。但他几乎什么也没做，而皮埃尔·希特隆，我们又一次提到他，所做的关于巴黎诗学的基础性研究是从 1830 年才真正开始的。因为，很奇怪，正是这次革命（巴黎历次革命中最不重要的一次）标志着巴黎神话突然加快了步伐。这股浪潮正是从此开始，在 1860 至 1870 年间，达到顶峰并一直持续到了 1889 年的世界博览会，尔后便无可挽回地沉寂下去。1890 年之后，巴黎的神话便销声匿迹并转而成为了魔幻。

在这个问题上，超现实主义者的贡献是弥足珍贵的，一方面，他们公开抵制19世纪神话的糟粕以及对神话的魔幻化。他们对低俗的、商业化了的、成为了上流社会的娱乐之都的鄙视是无可指摘的。他们坚决拒绝成为了世界商业、金融之都的欧斯曼的神话。反正，布勒东和他的朋友们也有自己的神话，所以，他们把野蛮巴黎与疯狂巴黎的第一批欣赏者（如兰波、奈瓦尔和罗特雷阿蒙）都当做了他们自己这一派的先驱：在超现实主义者中间，巴黎既有其神话的最低劣的批判者也有最低劣的捍卫者，至少其中某些人是如此。

因此，在巴黎的历史上，我们先拥有了毫无巴黎特性的宗教神话，然后在1750年尤其是1830年，有了世俗的神话。再后来便是1890年的魔幻；此后的几十年是明显的衰退。大约在1860年，有人嘲笑小拿破仑的时候说过：这个家伙太会骗人了以至于即使他说的是反话也不可能让人相信。可悲的是，我们今天的商业化魔幻在精神上是如此贫乏以至于对这些魔幻所宣称的反面我们也无动于衷。德国的神话学家马科斯·穆勒在1873年的一篇文章里写道，毫无疑问，“与荷马时代一样，今天也有神话。它存在着，但我们无法看到它，因为我们生活在它的阴影里”。这种思想在瓦格纳时代的德国可能行得通，但我们认为，这在今天是绝对无法想象的。在一个没有魅力、没有神话的世界里，巴黎也一样，重新回到了人间。

所以，1750年标志着第一个阶段，开始了风俗习惯的世俗化，并且在其影响下，开始了神话的世俗化。现在明白了，1890年的衰落反而要复杂得多。我们能从中看到可以说是一个物质的阶段（有时候，这种解释似乎是有说服力的），是缓慢觉悟的一个时期，它使得最敏感的人明白了（其中某些人恍然大悟，某些人则似懂非懂）这个时代的特点就是一切都已经商业化，一切都或多或少地是人为性的，再也不可能产生神话了，只剩下了魔幻。这个解释也说得过去，因为即使巴黎的工业化根本无法与伦敦或纽约的工业化相比，但毕竟巴黎还是早在1850年就首创了大型百货公司，而且也正是在1863年的巴黎，马奈展出了他的《奥林匹亚》，这是性产业商业化的一次动人心魄的表演,具有他那个时代的特点,与我们这个时代如出一辙。这也正是波德莱尔曾说过的,在他看来,一切都是寓意,也就是说巴黎的一切都是表象、人为性和自我异化。

因而,1750 至 1830 年是神话的上升期,而这一直持续到了坚决主张现代化的 1889 年世界博览会。随后,便逐步走向了魔幻——从 1860 年起就预示着神话的衰落,而魔幻最优秀、最辉煌的表现就是 1900 年的世界博览会:这里,只须指出 1889 年的埃菲尔铁塔那大胆的现代意识与亚历山大三世大桥那种自恋的、“仿古的”、新巴洛克的个性之间的反差就足矣,1896 年 10 月,亚历山大的儿子和继任者尼古拉二世皇帝曾为这座桥奠基。

两个不同的时代,却又纠结在一起。人们可能更喜欢泾渭分明,但事物的规律不可能如此,从 1860 年到大约 1900 年,甚至 1900 年以后(巴黎——艺术之都的神话一直延续到 1940 年),人们总想厘清混淆在一起的神话与魔幻,却总也无法办到:正如米歇尔·德·塞尔托所说,城市本身的意义就是它的市民不断经受各种不同矛盾冲突的实际考验。

所以,神话的辉煌与衰落,正如我们已经说过的,有着不同的种类:属于左派的有布朗基主义的神话:巴黎——大革命之都,革命成长之都;右派的有不同缘由(理性主义的、医疗卫生的、治安的缘由)的欧斯曼的神话:巴黎——现代性之都,城市管理的技术性之都,以及巴黎——建立和完善主张工业化的理性资产阶级生活方式的模范城市和进步典范之都。这些神话一方面向革命者,另一方面也向专家治国论者解释了现在(或者说,世俗事物),这些神话将现在融入到一种从遥远的过去走向未知但可预见并近乎神圣的未来的叙事中。在左翼,1848 或 1871 年的巴黎人民起义,一方面,可以用过去、用 1789 年来进行解释;但另一方面,也可以根据即将来临的、虽然时间上无法确定但肯定不会太遥远的近乎千禧年主义的革命来进行解释。(某些巴黎的知识分子认为,可能因此而带来了布尔什维克革命的宇宙进化论和神话的重压,也可以说,是巴黎的 1789 至 1871 年历史的副产品,在 20 世纪 50 年代,这甚至变成了令人窒息的重压。)

同样,在右派方面,欧斯曼认为,现代性——重建巴黎并非是终极目的:而是应把它理解为漫长道路上的一个阶段,是从令人厌恶的、卑鄙的、肮脏的、恶臭的中世纪走向一个重新整合了的社会,在这个社会里,资产阶级的价值观,资产阶级生活的合理现实最终被大家所接受。“好好学习,努力工作,勤俭致富”:建设一个自由和包容的社会是弗朗索瓦·基佐大胆而杰出的设想。拉布鲁斯特的原国家图书馆或者菲拉沙的圣·拉扎尔火车站的金属结构很好地表现了这个社会,它那明亮、轻盈的几何造型曾经深深地吸引了莫奈,而今还深深地吸引着我们——但主要是因为它的怀旧效应。

一方面是 1889 年以前的神话,而另一方面则是 1900 年以后的魔幻:神话使我们“认识”,魔幻更主要地是让人“认出”或者使人愉悦(而且是巧妙地),加尼叶歌剧院在建筑上的美学折中主义就表现出了这种二元性:这个 1875 年落成的巴黎歌剧院是一座最典型的拿破仑三世风格的宏伟建筑,也因此,它是(也只可能是)一个大杂烩,有时显得滑稽,却永远令人震撼,是著名的、容易辨认的、不同美学风格的大拼凑(它的马赛克图案属于拜占庭和罗马风格,正面突出部分是凡尔赛风格,立柱是威尼斯风格,凉廊是罗马风格,色彩是巴洛克风格),它只是一些相互间没有任何有机元素联系的美学风格并存而不是真正地融合。歌剧院和圣心堂(半罗马、半拜占庭式)一样,都是一种资产阶级的建筑魔幻。(雷昂·都德在评论这个建筑时写道,“按美国人的习惯来说”,它还算漂亮)。

巴黎人是否也和希腊人一样,相信自己的神话呢?神话是否如马塞勒·莫斯所愿是“信仰之物”呢?肯定是。甚至非常肯定,而且罗歇·卡伊瓦也做出了理论上的解释,他写道:“神话……对于人类来说……在表达个人或社会结构的心理冲突并为他们找到理想答案的时候是非常迷人的。”——这说的正是马克思和欧斯曼省长时期的巴黎。我们也来听一听米士莱是怎样说的吧：

> “我完全融入了这座伟大的城市……随着历史磨平了我的个性，我的生存便依赖于这种伟大的生活，从某种意义上说我享有一个帝国，……（我）在这些建筑中悟出了自己的心境[……]那些坏的情欲我都有，但不是放浪形骸，我控制住了内心的躁动。”

要知道，1838 年刚刚被聘任为法兰西学院的年轻教师米士莱讲授的第一堂课就是巴黎史。1871 年，他在佛罗伦萨避难时，因听到了市政大厦被巴黎公社社员焚烧的消息而罹患了脑溢血。

那么，巴黎的历史在哪儿？在它的日常生活中？还是在人们的想象中？抑或是两者兼而有之，也即在第三空间——神话与一种深层感受之间变化无常的关系中，这些关系构成了每个巴黎人“自我”的情感史、他的背景史，或者，是否也可以说是他的习惯史？“Es ist der Geist der sich den Körper baut”*：歌德的这句格言可能是想告诉我们，如果具体性产生神话，那么神话也按照它的样子来塑造现实。罗歇·卡伊瓦写道：“的确，正是在神话中，人们能够亲眼看见个人心理上最恶意的假设与社会存在中最急切、最令人不安的压力这二者之间的共谋”。

神话使我们理解自己的亲身经历。在这个问题上，想象先于并决定事实。

> “因此，智者使人民模仿他，幻想者创造现实，”波德莱尔在他的《浪漫派艺术》一书中写道，“我了解那几个被费拉古斯搞得飘飘然的疯子，他们曾非常认真地打算组建一个秘密同盟，像一帮强盗瓜分一个被征服了的帝国那样来瓜分现代社会的所有财富和权利。”

* 德语，大意与庄子的”形本生于精“相近，或曰肉体生于精神。

的确如此，但反之亦然：在1860年的巴黎，轮到一种新的现实能够创造或者再造一个神话了。波德莱尔的巴黎——自我异化之都，也是我们这个景观社会的现代主义前奏，至少部分地具有一种恢复体力的精神效用，因为，从某种意义上说，波德莱尔的现代主义异化，部分地是欧斯曼想要的、新的都市现实的心理后果。在这一点上，我们可以听听莫里斯·霍布瓦克的解释："社会信仰是传统或集体记忆……但这些也是从对现在的认知中得出的思想或约定"。

"神话与现实"。这是我们时代的一个口头禅，不过这是个糟糕的词组，应该把它换成"魔幻与现实"。因为神话与魔幻相反，是现实，不论这是指我们日常生活中的因还是果。因此，巴黎的地下墓穴和下水道的历史是一个我们非常熟悉的话题：谁不知道文学或电影里的沙威警长、马利尤斯和冉阿让在雨果的首都地底下逃跑与追踪的故事？正是根据一种文化与神话的互相配合，1871年逃跑中的巴黎公社社员躲进了下水道，而那些凡尔赛的打手们企图在那里追杀他们。具体来说，下水道的实用性吸引了我们的注意：了解一个19世纪的大都市是怎样保障或漠视其居民的健康是非常有意思的。但也应该指出，这个下水道的问题（19世纪四五十年代的巴黎人极为关注的问题）几乎就没有引起过1820—1830年代的前辈们关注。在1820—1850年期间，巴黎原有（或根本就没有）的卫生设施没有丝毫的改观。但我们印象中的一切都已经改变了。用阿兰·科尔班的话说："垃圾，令人作呕的垃圾威胁着社会秩序，而健康与温馨取得了令人欣慰的胜利，这突显了社会秩序的稳定。"某些人甚至认为，要对下水道问题来一次欧斯曼式的男性化。必须用一种现代的、合理的下水道，也即与犯罪和不良性爱形成鲜明对照的东西来取代1830年时那些无效的、女性化的、与卖淫业近似的下水道：纯洁战胜肮脏。

神话是一种诱人的集体状态，因为它的梦想具有预见性，正如波德莱尔在他当时的现代性中所预见的自我异化要远早于后来人们所意识到的一切现代性所特有的异化,也包括我们今天的异化。而这神话又孕育出其他的神话。罗歇·卡伊瓦(绝对是巴黎最出色的神话评论家)认为"当然有神话的外部元素",但是,他又补充道,"似乎任何一个比较熟悉神话的人都认为这些神话是同时通过有着自己范围和句法结构的自动扩散和自动凝结的特殊辩证法从内部来引导的。"现代性的神话,公共卫生的神话是相对于一个神话(比如,尊重传统的基督教神话)而下的定义,并反过来催生出其他的神话(如老巴黎的神话,它本身是模糊的)。我们再举沃特兰为例:罪犯与警察赞许为"拆除"艺术家的欧斯曼是一个能干的人,但他个人在思想上的贡献却少得可怜。1891年,他的合作者阿尔方在颂扬他以前的主子时有些暧昧:"他如此惊人的接受能力使他能够理解一切,牢记一切,以至于常常把借鉴来的思想诚心实意地当做了自己的思想。"欧斯曼完全理解他那个时代的现代性,但他的行为就是要去实现,去落实无数城市规划师、官僚、作家——从柯尔贝尔到维克多·雨果,曾梦寐以求的现代城市的神话。欧斯曼的巴黎是一个"物化了的梦想"。

但是,这些神话是怎样产生的呢?关于这一点,我们的确可以相当从容地回答:是在真实经验与想象的混杂,以及有用与无用的杂交中产生的。这里,我们可以引用前面已提到过的汉斯·布鲁曼伯格的荣格心理学概念,即一种"语言的战争",一种持久的竞争,这过程中,那些毫无用处的词汇和神话死去了,而那些仍在使用的语言和神话取得了胜利。

相反,魔幻起源的问题比较简单。因为,如果说神话的产生和死亡完全是自生自灭,则魔幻通常全都是编造出来的,这是我们对罗兰·巴特关于神话的解释又一个不同看法。

第一个要批评的是,他本应该(我们认为)区分神话与魔幻。第二个不同看法涉及到巴特对魔幻起源的解释。他说,"按照统计学的观点,神话属于右派",大多数巴特所说的神话(是我们说的魔幻,前面已提到过),被解释为全都是从资产阶级的工业主义或者“国家意识形态的工具”中滋生出来的战争机器，也就是说由正式的或非正式的组织制造出来的，其拙劣的手法就是欺骗轻信的民众，涂改历史，歪曲分析。

但是，景观社会——魔幻社会，并非如巴特和居伊·德波所说是属于右派。它左、中、右都有；20 世纪 30 年代的电影描绘了 1830—1840 年下层人民的巴黎就是使用这些进步手段的一个好例证。我又回到了因路易·施瓦利埃而出名的《劳工阶级，危险的阶级》这个问题上。他的理由很简单，大约从 1820 到 1860 年，因为不知道怎样理解来自工业革命的新生工人阶级的发展壮大，巴黎的资产阶级在理解这种变革时是将巴黎的平民视为犯罪的半上流社会。由此得出了这个公式：《劳工阶级，危险的阶级》。尽管有慷慨仗义的加夫洛什，尽管有热情善良的巴黎流浪儿，但是，巴黎的这种平民的、或多或少是工人阶级的、或多或少是罪犯的负面形象——这种政治上的右派观点，深深地印在了法国资产阶级的头脑里。

然而，这种形象渐渐地发生了逆转：在 1830 年时，属于准无产阶级的波西米亚族还没有出现；然而从 1840 年起，大家都在谈论他们并感到害怕。1861 年，使波西米亚人合法化的作家亨利·穆尔热的去世成为了一个重大事件；1871 年，曾经的波西米亚人，时任巴黎警察局长的里果是昙花一现的巴黎公社中少数几个血腥的领导人之一。

1880 年开始了急刹车，波西米亚人和阿里斯蒂德·布吕昂一起成为一种商业资产，而魏尔伦则是这个曾经使人不安但却成了美丽神话的令人落泪的象征；当然，这位所谓被诅咒的诗人很快就在卢森堡公园里拥有了自己的雕像。

几十年以后，随着第七大艺术的出现，巴黎的这种劳工阶级——危险阶级的形象彻底消失了。巴黎的电影史是最令人钦佩的，它是从 1895 年卢米埃兄弟在卡布西纳大街展示他们的新发明时开始的。而 1897 年那场著名的火灾就是从慈善大市场的电影棚蔓延开的，此外，正是在这场大火中人们看到上流社会的男人们用手杖驱赶他们的妻子、女伴或女友来杀开一条逃离火场的道路。说点愉快的，1913 年，银幕上出现了方托马斯，他也是巴黎的一个神话英雄，一个举世无双的义士，超现实主义者罗贝尔·德斯诺曾写诗对他大加褒扬：

在荣军院的穹顶，
每夜都有人盗金不止。
那是谁？啊，是他，
这贪婪计划的作者。
……
他那巨大的身影，
将世界和巴黎笼罩。
谁是那灰眼睛的幽灵？
谁降临在这静谧的夜空，
那是你吗，方托马斯，
伫立在这些屋顶之上？

我们再来看看法国以及巴黎的电影在修正首都无产阶级的形象时所扮演的角色。同时代的美国电影主要是致力于研究当地资产阶级的习俗，而与此相反，20 世纪 30 年代最优秀的法国电影坚决走平民的、民粹主义的甚至无产阶级的路线。1929 年，在默片里加入了声音更加扩大了电影的影响，在随后的十年中，巴黎的平民电影有了一个大的飞跃。1935 年，让·雷诺阿的《托尼》是第一部以工人阶级为主题，用社会新闻的手法来表现的法国大片。

“你们说是民粹主义？”马塞尔·卡尔内在 1934 年说道，“无论说什么，我们都不怕。描写老百姓的普通生活，还原他们艰苦的生活氛围，这难道不比给浮华的生活锦上添花更有价值吗?"1938 年,让·雷诺阿的《马赛曲》也采用了这种民粹主义的背景。影片的作者写道:"很明显,最好的题材是现实生活,五月的胜利,六月的罢工……这是多么壮丽啊:然而这样的电影却从来没人拍摄过。于是我们不得已而选择了与我们这个时代最相似的年代:法国大革命。"

虽然这些优秀的电影自认为是神话,却也只是一些魔幻,因为它们是不真实的,是全然由一些知识分子创作的,也许出于好意,但都有他们各自的目的,实际上与原汁原味的巴黎相去甚远。他们的目的与其说是表现巴黎不如说是想要推翻旧的社会文化规则。当然,劳工阶级与危险阶级之间的关系从来没有完全消失。这类影片中有一部杰作是 1943—1944 年的《天堂里的孩子们》,它通过一个集窃贼、诗人、哲学家和杀手于一身的人物拉斯纳尔令人不安地回顾了一个充满犯罪的老巴黎。不过,尽管有这类残余,在 1935 年,我们还是(非常明显地)进入了另一种完全是人为地表现巴黎平民的画面,一种更加温馨的、更加和解的、也更加魔幻的画面。

这种新实证艺术(被民粹主义的调和派用在了工人观众—消费者或小资产者的身上)的重新地域化也说明了问题。在巴黎的神话时代,圣迹殿、无产者和革命者的居住区都集中在巴黎的市中心圣·皮埃尔修道院附近——既艰难又危险的地方。最后一位歌颂这片革命街区的诗人罗贝尔·德斯诺认为,这个地方还是混乱而令人不安:

流言出自圣梅里教堂,
血液在小溪中流淌,
那是春天和未来岁月的开始。

但在民粹主义电影的魔幻世界里,巴黎的"平民"又变得温和了,他在影片里的行为是人们希望他在现实中的所作所为。确实,这个阶层的人不能算是巴黎以外的人(因为无论如何,他们也必是巴黎人),但他们变得怪癖,所以也不太危险,也不太引人注意。导演把他们安排在了蒙马特区,或者如《北方旅店》里那样,站在圣马丁河的一座桥上呼喊着那句著名的台词“空气啊,我要空气”(整部片子都是在布洛涅—比昂古的一个摄影棚里拍摄的),也就是说他们既在巴黎市内也在巴黎郊外,至少是在市中心区以外,也因此,既亲近又疏远,既相异也相容。

奇怪的错位:一方面,从1936到1938年,大资产阶级是以共和二年的恐怖屠杀并持续了整个19世纪的法国国内革命战争的历史背景,尤其是巴黎的历史背景来想象人民阵线的。这种观点认为,人民阵线是历史的劫难,是劳工阶级——危险阶级掌权后的灾难。

而另一方面,巴黎的平民百姓,大部分是根据银幕上所表现的一切(如皮上衣、工作服——但这是为全人类服务的)来想象与思考的,1936年的大罢工反而成为了一种赈灾游艺会。两种世界观,两种巴黎的魔幻,哪一种都与现实性没什么关系,所以是两种人为性,但都有局限性。

最后,我们可以反思一下一个伟大民族的历史,无论他们的来往奔波是个人还是集体行为,通常都对过去的以及现在的巴黎产生过巨大的影响——虽然偶尔可能是最坏的,但也有最好的影响。19世纪,他们有:细木匠雷森纳(德拉克鲁瓦的祖父),弗里德利希·施莱格尔——他于1802年提出了“在巴黎成立德国文学工作者研究中心”的计划,亚历山大·冯·洪堡、路德维希·博尔纳、海涅、迈耶贝尔、马克思、希托夫、奥芬巴赫、瓦格纳、本雅明和里尔克。有一种德国的纯叙事历史,是德意志民族主义的历史。大体上,我们在许多方面能够认同它的某些“现实性”:人口、工业、教育、政治事件等等。

这种民族主义,也是伟大的北欧印度—亚利安神话的现代表现形式,1949年,乔治·杜梅齐尔在法兰西学院任教时的第一堂课就谈到了这种神话的起源与演变。他认为,亚利安神话,是起源与集合的神话。日耳曼民族是以排斥其他民族来定义自己的。但亚利安神话也是集体死亡的神话。尼采从未去过巴黎,却不喜欢柏林,他写道,普鲁士的首都散发出“一种敌意和毁灭的气氛,一种向往死亡的神秘气息。”有人这样说过巴黎吗?

还是在柏林,1943 年 2 月 18 日——无可救药的、不可逆转的斯大林格勒大溃退之后的两个星期,纳粹的头号吹鼓手戈培尔,大声责问他的听众:“Wollt ihr den totalen Krieg?”(你们想要一场全面的战争吗?)对于这些被惊呆了的、被神话化了的、被自杀式狂热冲昏了头脑的柏林人来说,这场全面的战争,是全面的失败,也是众神的一个礼物,一个不可思议的惊喜,一个神话与神秘的《众神的黄昏》*;是一场“导致一切英雄与众神……向混沌世界倒退的殊死”搏斗,也因此,是走向万劫不复的开始。

我认为,研究德国的民族主义(是一种神话,它本身在第三帝国时期被北欧或印欧其他的神话所替代)比简单地研究德国社会的或物质的历史更有意义,也更充实,这是一段“如实直书”的历史,用历史学家兰克的一句名言来说就是“往事”(deralte)。我们之所以强调这个悲剧的案例——也许有些意外,是想补充说明,如果有必要,神话对于理解所有的历史课题,包括从 1750 年到超现实主义时期的巴黎史都是非常重要的。的确,这种从神话的角度来理解首都的历史,会使问题更加复杂;但也可能会拓宽思路——我们可以把这与三棱镜分解和丰富光线的作用相比较。理解巴黎的历史,这当然是我的首要意图,但研究巴黎的神话能有助于(至少,我希望如此)我们更好地懂得怎样去理解这段历史。

* *Gotterdammerung*,瓦格纳的歌剧。

第一章

巴黎，第一次现代性的神话之都

“这座城市永远让世界瞩目”，路易·塞巴斯蒂安·梅西耶在他1799年的《新巴黎》一书中（这是上万种关于首都的著作中最有意思的著作之一）这样写道。然而令世人瞩目并不容易。在他那个时代，巴黎的神话至少需要两个条件才能得以形成：在现实生活中，应该有一个人口超过五十万的大都市（在当时是个不小的数目），这只有在18世纪才能够真正做到；而在思想上，要有一种对个性和现代性的渴望，渴望现代性的巴黎会成为神话之都，渴望一种只是在17世纪末，从某种意义上说，主要是在启蒙运动时期才出现的思想动荡。

巴黎——知识界之都，这就是最早的巴黎神话，是从一座普通城市变为新现代性城市的神话，是一个在旧传统废墟上建立起来的新意识形态的神话。从此以后，人们在巴黎的沙龙里、研究院里以及“舆论”中所想到的一切全都被它的信徒们当做伟大而高贵的《人类精神进步纲要》的基础知识来鼓吹——这是引用了孔多塞的书名，是他冒死为自己写的，基本上是全世界的，更主要是为巴黎的科学与文学历史的发展史而起的书名。从路易十四开始，大约在一个多世纪里，凡尔赛是波旁王朝的首都。1789 年 10 月 5 日，当人们把"男面包师、女面包师及小伙计"又带回巴黎的时候，巴黎重新成为了法国的首都。但是，即使在恢复这种政治特权以前，巴黎就以其新的名望超过了凡尔赛，这个新的名望就是：文化的、社会的并且不久之后还是政治的新现代性之都。

巴黎神话的历史就是在这种从凡尔赛到巴黎的不断反复中开始的，这种法国历史上的反复并且今天仍在我们宪法的某些角落中延续着的反复是非常能说明问题的。在研究这段历史以前，必须要理解什么是巴黎 18、19 世纪的"现代性"。正如在今天的后现代时期，这东西可不是显而易见的，因为，这种启蒙运动时期的第一次现代性对我们来说是既熟悉又陌生。

怎样来定义它呢？我们马上就会说：社会向善论、合理性、个人自由、唯科学主义、元叙事。这本应该是哲学家们的说法（当然，应该用别的词汇，因为当时还没有这些历史社会学的术语呢）；1793 年，共和二年的雅各宾主义者又为这个漂亮的定义增加了：美德、政教分离、牺牲、城邦、国家。

遗憾的是，现在已不是那个时代了，因为一方面，今天的公民意识淡薄，另一方面，今天所有的科学新发现，如遗传基因的发现，都令人惴惴不安。用现代性这个词最原始的定义"今日想到的而昨日未曾想过的"来说，现代性在我们今天的公民社会里是指大量与这个启蒙运动的第一次现代性完全冲突的问题：解构主义、多元文化主义、宗教情感的回升；并且，摒弃一切元叙事，也可以说，正如我们不断感受到的那样，是一切意识形态、甚至一切目的论的解体。一切，也包括改变我们对"自我"的定义，从此以后，这个"自我"的实现就既与公民社会相冲突（例如女权主义）也与国家相冲突（极左思想),而相反,启蒙运动和雅各宾主义的“自我”则是同时通过正在争取解放的公民社会以及通过参与最终是全民国家甚至是“新生”国家的管理来定义的。

因而,现代性,正如怀旧,已失去了原来的意义。我们的现代性与巴黎——知识界之都的现代性已完全不同,关于现代史或曾经的现代史(也即反对中世纪基督教的传统主义或古代异教的复兴),我们应该区分巴黎历史上的三个重要时期:按照倒数的顺序(我们颠倒顺序是为了更好地理解)分别是,最近三四十年的后现代主义以及我们变化无常的科技社会、消费社会和景观社会。同样,仍然是倒序,从 1960 年一直到 1890 年,是**现代主义**,即弗洛伊德和无意识论,普鲁斯特、伯格森和时间的重量;毕加索和 1907 年的《阿维尼翁的姑娘们》。发现无理数,还有反犹主义,非欧洲文化以及原始艺术。(塞尚的崇拜者,英国评论家罗杰·弗莱认为,他的同时代人绰号为“关税员”的卢梭“是新石器时代的艺术家”)。在这一时期,科学家们还创立了非欧基里德几何学和相对论定律(德布罗意和爱因斯坦)以及不确定性定律(海森堡)。巴黎和维也纳曾经是这种新现代主义派别的圣地。

这是当今的后现代主义、在它之前的现代主义以及在这两个时代之前的**现代性**时代,或者更确切地说,是欧洲的、主要是政治上的第一次现代性时代。这是理性的、科学的、可预见的现代性,当然,也是因人们所处的环境不同而表述也不同的现代性。和欧洲其他的大城市一样,巴黎也曾有自己不同的现代性。在柏林,Aufklärung(相当于,或也许是“相反于”我们的启蒙运动)至少直到1840 年,都是开明的专制主义和弗里德里希的政治集权;那里的民权微乎其微,而且还是只有当官吏—国王愿意作为人民的第一公仆时(弗里德里希二世语)。此外,尽管有杜尔哥,路易十六还是没有能够抓住这个转机。法国的君主制死于这次失败,俄国的君主制也将步他的后尘。

相反,在伦敦,自 1688 年的光荣革命以后,政治上的现代性意味着君主制多少有些代表性，而形式上还保留着旧制度时期的修辞遗风（在上议院，要讲盎格鲁－诺曼底语，着奇特的服装）的议会制混杂在了一起……这种离奇的大杂烩，有时，竟然会容忍真正过时的习俗：1702 年，安娜女王在加冕时抚摸瘰疬病患者，与 1825 年莱姆加冕之后的"糊涂查理三世"一样。这是 18 世纪下半叶，对迎合了当时的经济需求——野蛮工业主义和市场经济的一种德拉科法典（据圣－如斯特记载，在英国，人们可能会因为表示赞成或不赞成而被绞死）的美化。这一切从 1715 年起，因为创造了一种为帝国服务的新不列颠民族主义而在精神上更加突出：这种新民族主义取代了英格兰的、威尔士的或苏格兰的旧民族主义。这是今天正在解体的不列颠爱国主义：不再有不列颠帝国，也不再有不列颠的爱国主义了。（北爱尔兰是一个例外[不过，是相当可悲的例外]。）

最后，在北美洲，我们已经说过，杰弗逊和他的朋友们从 1776 到 1787 年构思了一种力图将奴隶制与一种古典的、普世的共和思想调和在一起的政治现代性，是一个很有意思的矛盾体，是美国式（American Way）实用主义的雏形。

所有这些模式，所有这些 18 世纪的现代性都明显地像一家人，但别忘了这本来就是一个大家族：休谟和托姆·潘恩、弗兰克林和杰弗逊、福斯特和亚历山大·冯·洪堡都曾经是巴黎人，只不过各自的方式不同罢了。

以下是这些概念在巴黎的顺序：1960 年开始的后现代主义；1900 年开始的现代主义；从 17 世纪起始的笛卡尔主义的合理性。至于成为了"世界中央公社"的巴黎（这是前普鲁士男爵、无套裤汉阿纳沙希思·克劳兹，于 1794 年临刑前几个月所做的极为精彩的描述）在物质上的繁荣，首都的 gender* 可能是一个重点。因为巴黎，在成为知识界的男性化神话之都以

* gender：性别，词性。

前,在长达几个世纪的时间里都是按照阴性名词来变化的。只是到了16世纪前后,人们才不再将“巴黎”和“罗马”当做阴性名词来使用——吉尔·克罗塞于1532年写的诗就是这种情况。今天,巴黎是属于阳性的;所以我们才有了“老巴黎”、“新巴黎”、“整个巴黎”等等这些阳性名词。阳性化的过程是渐进的,最终强调这个词的阳性化是1830年的革命,尽管某些人(如波德莱尔和马克思)无所谓巴黎到底是阳性还是阴性。为了成为神话的实体(因而是阳性的),群氓、人群、平民、无赖(**都是阴性名词**)也应该变成“人民”(**阳性名词**),而巴黎自己也应养成这个习惯。“巴黎被摧毁,巴黎被蹂躏,但巴黎靠自己获得了解放”(如果我们反思一下当时以自由法国为一方,以盟军为另一方的双方军队之间的关系,戴高乐将军的这番讲演是相当令人气愤的)这段话译成英文也很微妙:“*Paris has been broken*, *Paris has been martyred*, *but Paris has been liberated* by herself.”

因为中世纪的巴黎,甚至文艺复兴时期的巴黎根本就没有什么神话可言,甚至把建立巴黎归功于特洛伊人的那些人也这样认为,特洛伊人在几个世纪里穿越了日耳曼尼亚,大约在公元376年抵达了塞纳河流域,为了纪念特洛伊王子帕里斯而将地名吕代斯改称为巴黎。(我们认为这些是13至14世纪的传说:这要归功于圣德尼的修道士利戈尔以及拉乌尔·德·普莱斯勒,后者在1372年左右撰文描写了查理五世时期的巴黎。正如让·皮埃尔·贝尔纳曾指出的,将巴黎与特洛伊联系在一起,“就是要恢复一种血统,一种间接的罗马血统”。)

诚然,二十多万的人口可能使它成为当时欧洲最重要的城市。但在行政上,巴黎只是偶尔代替王国的首都。波旁王朝认为凡尔赛具备这种资格,就像瓦卢瓦王朝的西农、罗什、昂布瓦斯、布卢瓦和枫丹白露;而加罗林王朝则还有其他许多地方,比如埃克斯·拉·莎拜尔和拉昂。

14世纪末以前,没有一首诗是献给巴黎的,而彼时的巴黎—吕代斯已存在一千多年了。第一篇专门描写这座城市的文章是1323年才出现的,让·德·让丹写的《巴黎颂》。欧司塔什·德尚（1346—1406）是第一个赞美首都的诗人，但他说的还只是一种狭隘的爱国主义；巴黎，对于他，假如不是他在那里生活过的话，与其他城市没什么两样。维庸是一个伟大的诗人，但人们在他的著作中根本找不到“一句充满情感的话语来表达对巴黎的爱、恨、情、仇”，再说，他也不愿意使用拟人的手法。

启蒙运动对巴黎的赞誉倒是更慷慨一些，不过也只是点到为止。隆萨尔说巴黎是“诗人的光荣”；杜·贝莱说首都是“文化繁荣的希腊”；而蒙田甚至说得更深刻：这座城市“是法国的光荣，是全世界最高贵的荣耀之一”。阿里奥斯托（1474—1533）也详尽地赞誉了巴黎（他将西岱岛与圣马塞尔门以及圣维克多门区分开来），但总的来说，这一切毕竟还是相当模糊，因为他描写的是查里曼大帝在巴黎城下发起的一次进攻，“所有的城门——从圣日耳曼大门到圣维克多大门都发生了战斗（per ogni porta fuore/da san Germano infin a san Vittore）*。”

因而从总体上来说，启蒙运动时期的这个巴黎与其他城市相差无几。《梅尼普讽刺》的作者是亨利三世的臣民、神圣同盟的死敌，触动他的不是巴黎自身的问题而是一种反巴黎的潮流骤然上升，他写道，巴黎变成了“一个胆小鬼藏身的洞穴，一个西班牙人、瓦隆人和那不勒斯人的大本营”。在16至17世纪，赞美这座城市的诗很多，这不错，但是，也没有什么特殊的赞誉：1532年，克罗塞发表了他的《巴黎的古迹之花》，1550年，又有献给巴黎的贵族与望族的《法兰西王国的领袖和首都、伟大而杰出的巴黎城的古迹、历史、传闻和轶事》。但他所写的这些都是为了批评那些人不重视自己的城市。出生并在巴黎去世的布瓦洛也有过一番巴黎的描述，而那是为了指出它的“困境”。所以，17世纪中期的巴黎还不是一个神话的城市，甚至也谈不上壮观。直到1684年，因为日耳曼·布里斯出版了《巴黎城市精华录》，

* 摘自意大利诗人阿里奥斯特（Arioste，1474—1533）的《愤怒的罗兰》或曰《罗兰之歌》。

我们才从中看到他赞颂了当时的巴黎而非过去的巴黎。

所以,在启蒙运动的现代性之前,巴黎的第一次繁荣要比文学中的想象更加具体可见。因为从人口和物质的角度来看,1700 年的巴黎比以前已经强大了许多。1560 年,隆萨尔在他的《祖国》里就已经赞美过"成千上万身怀各种绝技的(巴黎的)手艺人":

> 油漆工、雕刻匠、军械匠、开槽工、金银匠、宝石匠、铆工、彩釉工。

这些人一直都数量庞大,而且即便他们的壁毯、家具常常是在凡尔赛制作完成,但戈贝兰织造场的那些手艺人已经在巴黎定居了下来(在圣马塞尔市郊),布尔家具厂的木工们也是如此(他们住在市郊圣安东尼区)。因此,路德维希时代的巴黎虽然没有成为神话,却还是一个相当大的城市,直到 1702 年,伦敦的人口才超过了巴黎,到 1950 年,它又让位于纽约,而在 1980 年又被东京超过,到了 20 世纪 90 年代,其人口又被许多第三世界的首都超过(圣保罗、孟买、墨西哥城,不过在今天,城市的人口密度过大已成为无序的象征而不再是此前长达三个世纪的现代性象征了)。所以,尽管经历了 17 世纪的所谓危机,巴黎仍在不断进步,而这次繁荣一直持续到了下一个世纪。至此,路易十五和路易十六时期的巴黎已经成了一个巨大的金融中心:此后,无论劳氏还是泰雷、杜尔哥还是卡隆,源自巴黎的震荡定会动摇整个法国的经济。

不过,巴黎的这种物质繁荣与波旁王朝之间的关系同样也很复杂。从某些方面来看,路易十四,或者至少是他的某些大臣,为使王国的第一大城市更加宏伟壮丽的确做出了许多努力。柯尔贝尔和卡瓦列·贝尔尼(他来去匆匆)在巴黎建造大卢浮宫的计划规模十分宏大,而(在本书中我们经常提到的)那些皇家广场令人信服地证明了君主的这种关心。的确,亨利四世的"法兰西广场"之梦没有能够实现,今天,关于这个梦想的记忆只能通过蒂雷纳街以及周边的道路而延续着。但是，随着年轻的路易十三为孚日广场奠基，一系列由波旁王朝导演的令人赞叹的工程开始了，其成果就是始建于1757年，竣工于1763年并最终落成于1772年的协和广场（当时叫做路易十五广场）。国王曾祝贺加利亚尼神父得到了西西里总督广场——一座“欧洲最美的广场”，对此，这位那不勒斯的大使、埃比娜夫人的朋友、经济学家的敌人、令人钦佩的朝臣毫不犹豫地答道：“阁下，欧洲最美的广场是旺多姆广场”；从此，这个广场就成了所有皇家广场中最优雅、最经典的广场，因为它也是最冷峻和最中规中矩的广场。

所以，君主政府并没有忽视巴黎。不过，因为太阳王的缘故，法国的知识和思想上的现代性（叛逆而又好斗）离开了首都去荷兰安营扎寨（信奉新教以及与**伟大之王**势不两立的敌人都流亡到此）或者（温和派以及效忠王子的那些人）去了位于今日巴黎远郊区的王宫府邸（凡尔赛、圣科罗、圣日尔曼昂莱、马尔利、万塞纳、枫丹白露）。恩斯特·拉维斯曾提出过王室分裂的观点。亨利四世认为，至少，巴黎值得来做弥撒，这位风流国王曾说过巴黎是他的“伟大城市”。相反，他的孙子，在1671到1715的四十四年里，只来过巴黎二十四次，并几乎都是闪电式造访，仅仅逗留几个小时且从不愿意在此过夜。为使他回心转意，这座城市于1687年决定锻造一枚不是颂扬路易十四而是颂扬路易大帝的纪念章；然而一切都是枉费心机，这位君王的怨恨难以消除。1678年，这座城市要为他举行庄严的入城仪式，然而这位国王却拒绝了这种“尴尬”，直到1687年他才接受。然而，意味深长的是，巴士底（从前的防御城堡）恰恰在这一时期成为了国家监狱，用以囚禁不幸得罪了君王及其奴才的那些巴黎人（伏尔泰、狄德罗、拉丢特、萨德等）。

在**伟大之王**的时代，即凡尔赛也被称作魔幻岛的鼎盛时期，巴黎的市民阶层还非常弱小，小到无足轻重。在凡尔赛，莫里哀为尽量使蔑视并怀疑巴黎的国王及其大臣们高兴而奚落这些市民（细想想，如果仅仅因为巴黎出了一个让·巴蒂斯特·波克兰，他就这样做也是忒狠了点）。在布吕耶的著作里,巴黎仅仅作为朝廷的补充而存在,凡尔赛的贵族阶级和巴黎的市民阶级之间是相互对立的,后者处于极为不利的地位。布吕耶认为应该到凡尔赛而不是巴黎去寻找什么叫做高贵:“贵族的富丽、奢华、堂皇,到了普通人身上就是挥霍、疯狂、荒谬”。他认为,巴黎人的精神背景几乎就是外省的地方主义:“他们是通过世上不怎么美也不怎么真的东西来认知这个世界的……;他们不了解大自然,它的起源、它的发展、它的馈赠以及它的慷慨。他们的无知常常是自愿的,是基于对自己的职业和能力而做出的判断”。他又说,巴黎,“因为平庸而拙劣地效仿王室,又总是学不像”。菲雷蒂埃1666年的著作《市民的小说》也持同样的观点:巴黎人要么模仿宫廷的习俗,要么陷入粗俗之中。茹尔丹先生本应该完全理解这种令人苦恼的两难问题。

1750年左右,一切都彻底改变了,甚至在这之前,在某些文化领域,比如音乐,可能就已经发生了变化。尽管在狄德罗的《大百科全书》里没有关于巴黎的介绍;但是,在18世纪下半叶,巴黎已经成为了真正与众不同的城市,当然是由于它的规模与别的法国城市不同,但主要是它的文化现代性也不一样。在两个世纪(1601—1800年)的时间里,巴黎指南发行过一百四十七种版本,其中大部分是在启蒙世纪下半叶出版的。在这同一时期,外国,例如英国,也为去巴黎的旅游者发行了第一批导游丛书,如1768年,一个署名为John Millard Thickness的人发行过一本《*The Gentlman Guide in His Tour through France*》。这是一个新神话的关键性迹象和征兆,1660年,现代性从巴黎转向了凡尔赛;那里是极权制度以及它的官僚机构、重商主义和集权管理的大本营,是现代性政府管理的初级形式。

1750—1760年期间,潮流发生了逆转。太阳王使出浑身解数使这个阿波罗王朝成为了真正的神话——世界伟大之王的神话,甚至可能是永恒的神话。在路易十五统治的最后几年里——这时,他已经不受人爱戴,凡尔赛的地位开始被巴黎所取代，而且是在所有的领域里：在文化领域是这样，在政治领域也如此，因为，从1750年开始，到1789年十月国王返回巴黎，像上面所说的例子很多。在有点亲耶稣教的君主政府和主教团与巴黎法律界的斗争中，恰恰是首都的有点亲天主教和冉森教的法律界于1762年取得了胜利并驱逐了耶稣会教派。1774年，凡尔赛再次让步，召开议会并将两位蒙羞的大臣墨佩欧和泰雷革职；1776年，当巴黎的市民和农民被精心组织起来的时候，最终屈服了的凡尔赛想要进行的现代化改革是有道理的，但这已成为不可能，因为这是凡尔赛的改革、杜尔哥的改革。

因此，巴黎的繁荣成为了神话，在法国，它首先经历了国家与公民社会的联系。但不能因此而忽略与18世纪整个西方世界的城市（从费城、圣彼得堡、伦敦到柏林）地位的全面演变相关的一种更为普遍的趋势。重农主义者——魁奈和米拉博（这位“人类的朋友”同时也是自己家庭的刽子手，他囚禁了自己的儿子并把自己的女儿送进了修道院）认为，农耕与畜牧仍然是法兰西的两个乳房。然而到了1776年，亚当·斯密的《国富论》推翻了这种观点。同样，狄德罗的《大百科全书》也许赞美了整个人类的普罗米修斯式的纯朴，但事实上，这位寄居巴黎的作者在书中通常描写的是城市人而不是乡下人。至于雅各宾主义者，他们梦想的也是最终建立一个农耕者的共和国，而实际却是，他们俱乐部中的绝大多数人是在城里安家。不久之后，众所周知，随着马克思和米士莱的到来，城市的优先权不再是一种假设，而是一个不可否认的事实。恰恰是19世纪欧洲的大城市（尤其是巴黎）决定了永恒法兰西的命运（两人中有一位是这样认为）或者人类被残酷剥削的命运（另一位这样认为）。自认为保皇党人的巴尔扎克，尽管著有《丁香谷》、《乡村医生》，尽管在图尔区的萨榭堡生活过，但除了其波兰妻子的农民生活，他只了解一点点法国农民的生活。巴尔扎克本质上是巴黎人。同样，狄更斯和陀思妥耶夫斯基所耕耘的土地是在伦敦和圣彼得堡。

因此,有各种理由认为,自1750年开始,巴黎已经开始了这种依靠凡尔赛来彰显自己的变化并使自己成为了一个新的文学与艺术之都。在大革命以前,梅西耶以人民代言人的口吻评论了这种前所未有的转变:

“朝廷一词,”他写道,“已不再像路易十四时代那样,使我们敬畏。我们再也听不到朝廷的权威意见;它再也决定不了任何事情;人们再不必滑稽而夸张地说,**此乃朝廷的旨意**。人们无视朝廷的观点;我们明确地说,朝廷什么也不懂,毫无办法,也不可能有办法,它无足轻重。

“朝廷自己也感觉到了,他们不敢就任何一本书,一出戏,一部新作品、一个特殊或重大的事件而宣称:王室希望首都停滞不前,他们自己也非常需要学习,以免自己的见解可能遭到唾弃的下场[……]这座城市满怀信心而勇敢地谈论一切;因为害怕倒退,朝廷自知在许多问题上不可随意发表意见。”

格林在他的《通信集》里也谈到了这个问题。

总之,自1760年起,巴黎就像是巴赫金所说的“l' heteroglossia”*之都。卢梭在他的《爱弥尔》里说过,在欧洲很少有好书的作者没有在巴黎学习过,有意思的是这恰好是他本人的情况。外号“小卢梭”的勒蒂夫·德·拉·布列东认为巴黎是“自由的圣地”。这位创造新词的天才(“色情”这个词应归功于他)为了描述巴黎的这种地位发明了一个单词:“inconnussion”(不为人知的隐私性),意思是在巴黎,“每个人,我们不知他的职业,他的社会关系,也不知他的错误,他的弱点,但他的行动享有人的全部尊严和自由。他

* l' heteroglossia:杂语性,这里意为百家争鸣。

表现出了这种自信，[……]曾几何时，这还只是达官贵人才有的与众不同[……]。有句谚语：**本乡人中无先知**[……]。不过这句话可以引申为：在一座没有谁能让大家都认识，但也没有谁能让大家都不认识的大城市里，是没有先知的。”简而言之，应该去巴黎学说话，哪怕是像卢梭那样到巴黎去学习聊天，聊异化、聊反巴黎时尚、聊外省以及园艺的魅力。

如果可以这样说的话，新到巴黎来的外国名人也是一种特色：巴黎不仅有来自英国或意大利的手艺人，爱尔兰的士兵和大约三百五十名英格兰和爱尔兰修女（1789 年时达五千人），而且还有作家、贵族、甚至外国的君主如瑞典的古斯塔夫三世，尤其是波兰国王斯坦尼斯拉·奥古斯特·波尼亚托夫斯基，他还成为了乔芙兰夫人——别名“妈妈”的密友。克萨维·德·萨克斯和萨勒姆王子干脆就在这里安下家来，大使馆的新教教堂使他们得以按照自己的意愿实行“所谓的宗教改革”。这里还要指出，在大量涌入巴黎的英国人中间有许多重量级的人物如：哲学家休谟，“哥特式小说”的发明者以及德芳夫人的闺中密友巨富霍勒斯·沃波尔（他的父亲曾是国王陛下的首相），也是昆廷·克劳福德的密友，而昆廷的女友——典雅的爱莲诺拉·莎莉文曾经是乌尔滕博格公爵（兼总督）的情妇。博斯韦尔、约翰森以及青年皮特（雅各宾分子把他们当做亲密的敌人）也都在巴黎居住过。法国首都的豪华文化旅游正是始于这一时期。（大革命以前，估计每年有大约五千英国参观者穿过海峡，而滑铁卢战役后更达到了一万人。需要补充的是，以前我们是说参观者或旅行者：而“旅游者”这个词是在英格兰发明的，只是到了 1840 年左右，才成为巴黎的常用词。）

因为在这个问题上，前后是一致的：现代性从凡尔赛转移到了巴黎（百分之五十九的大百科全书的合作者住在巴黎），城市的重心从马莱以及新桥区转移到了皇宫区——知识界的新公众舆论和无国籍公民（他们后来在 1789 年得到了回报）的新大本营。拉摩的侄子，这个职业懒汉就是在这里的摄政王咖啡馆里与人“对弈”。马勒歇尔布在谈到他那个年代的巴黎文人时说“一言以蔽之,他们是分散在人群中的古罗马和雅典群众集会上的演说家”。

这是巴黎的哲学家以及出版商们的威力,梅西耶曾不无调侃地写道:

> “他们自认为是举足轻重的人,因为他们在自己的书店里拥有别人的思想,并且偶尔,他们居然会评论由他们印刷的那些书。最为可笑的是一个渴望出人头地的诗人的那种胆怯而又自负的开始阶段,他第一次接触到圣·雅克大街上的排字工人,而后者自命不凡,俨然是一个文学精品的鉴赏家。”

是书籍与杂志的威力(黑格尔认为对现代人来说,阅读报纸是一种近乎宗教的行为);也是那些可以阅读书报的场所即咖啡厅,如新普罗科普咖啡馆(今天还在)、阅览室(巴黎那时大约有五十家)或者共济会的新魅力。也许应该区分沙龙赋予精英理论的正统性与咖啡馆以及公共场所赋予的,更广泛的精英理论的正统性,不过,哲学家们却能够从这两股潮流的结合中得到好处。记者兼语法学家以及但丁的翻译者利瓦洛尔认为,梅西耶的《巴黎风景画》一书(当局的禁书,但是大家都读过)就其风格来说,的确庸俗不堪,更主要的是它貌似正确,因为梅西耶是从地下室一跃而到阁楼,中间没有经过沙龙客厅:也就是说他根本不理解他那个时代的精神。的确,有沙龙里的公众舆论,但同时也有巴黎市井的舆论,二者通常是相互支持的。这还不算学术机构的观点——它也属于这个重新享有了盛名的巴黎,这个常常被政治化了的聚会场所:本雅明·贡斯当是一个积极的议员,丝毫不像一个文学院院士,他在谈到国民议会的时候说过,议会应该像科学院一样。他们的惯例,比如每个新当选者必须赞颂他的前任,值得好好学习。但是,只有在巴黎的沙龙里才会产生这种新思想。因为,这些沙龙以它们所拥有的权威与声望而享誉整个欧洲:巴黎人的交谈艺术、各种社会等级的包容以及个人见解与公众舆论的混杂。

正如17世纪的第一批沙龙，首都的那些新沙龙是待客的场所；不过，它们的主人却早已超越了不问政治。19世纪的沙龙是社交界与党派主义者的场所；其实，旧制度最后几十年里的沙龙，在精神上是主张普世的，因此，不太夸张地说，具有“准共和思想”。根据传统，社团主义（盘根错节的社团体系［如果可以这样说的话］）——从国家的大团体到最弱小的职业团体以及省区的三级议会，城市、地区，谁都有自己的特权。所有这些协会的基本原则明显是社会排斥。相反，启蒙运动时期的沙龙聚会是以能有世界知名的外国人参加而骄傲（赫尔维蒂尤斯夫人在家里接待过弗兰克林，德比奈夫人在家里接待过维多利奥·阿尔菲耶利），他们到巴黎来突显了这些聚会场所的国际主义和相互交流的作用。（顺便提一下，直到19世纪末，巴黎沙龙的习惯是把尊贵的外国来宾安置在女主人的右侧。）因此，旧时的团体，就是旧制度的缩影。新沙龙是作为一种新共和的序曲。它先是在荷兰聚集了相互之间讲拉丁语的学者。后来在巴黎，聚集了说法语的男女。

与这些沙龙同步的，当然是交谈，更确切地说是巴黎人的交谈，因为正是在此时此地，巴黎人典型的办事能力和说话技巧的神话成为了现实。“你们问我，”狄德罗写道，“是否读过莱纳尔神甫的书。没有。为什么？因为我没有时间也没有兴趣读书。独自一人阅读，没人聊天，无人争论，无法出风头，听不到别人说，也没人听自己说，这简直无法忍受。”（用今天巴黎坊间都知道的话来说就是：“我没读过，没见过，但听人说过。”）卢梭在他的《新爱洛伊丝》里写到，“只要是有影响力的人物”在巴黎的某个沙龙里抛出一个重要的话题或是争论一个严肃的问题，大家的注意力马上就会转移到这个新目标上来；无论男女老少，大家都会关注它的各个方面，而令人吃惊的是从他们像儿童一样幼稚大脑里涌现出来的看法和理由。一种道德观点在哲学界引发的争论并不比在巴黎的漂亮女人中引发的争论更激烈［……］。”最后，德·斯塔尔夫人认为，对法国人来说，交谈并非是一种交流思想、情感、事业的方法，而是“人们喜欢使用的一种活跃思想的工具，正如某些人喜欢音乐，某些人青睐烈酒”（这是她头脑中对德国人的印象），交谈使身体感觉舒适，它有把它变成“蓄意自发性”的规则。

查兹·德·莱蒙·格诺听过（巴黎的）鹦鹉学舌：“说啊，说啊，你就会说！”。然而，这并不是伏尔泰的观点，在他的《哲学辞典》中对“精神”的解释是：交谈与精神一样能使人极度兴奋，条件是它必须以独特性和意外性为主。在这一时期，对法国—巴黎—交谈的认同变得非常强烈，除个别人外（如忧郁的伯纳尔），左右两派在这个问题上是一致的。是巴黎人，这就意味着能侃侃而谈；不在巴黎，那就要为不能交谈而遗憾。年轻的夏多博里昂，在美国和英国住了八年之后回到巴黎，对巴黎肮脏的房屋，对首都的喧嚣和龌龊非常反感。然而吸引他的是“我们与众不同的社交性，是这种诱人的、方便的、迅速的心智交往，[……]这种各阶层的自然均衡，这种使法国社会变得出类拔萃的各种思想的平等，而这种平等弥补了我们的不足：在这里居住了几个月后，我感到我只能生活在巴黎”。如果说巴黎——知识阶层的世界之都属于一个故去的时代，那么这个巴黎人交谈的神话，像所有的巴黎神话一样，在这里留下了它的痕迹。在这座都市里，聪明、善于交际过去一直都意味着并且现在仍然意味着谈吐优雅。一个多世纪以前，犹太复国主义的创始人德奥多尔·赫兹勒，留下了一段至今仍然具有现实意义的发言：

> “没有任何地方的话语能够像在这个国家享有如此巨大的魅力。这也就是为什么，任何其他地方都没有这么多健谈者、朗诵者、报告人、演说家和平民雄辩家，任何其他地方的人都不具备这样高的素质。午后时分，外面天气晴好，那些最有身份的人急匆匆地进入索邦大学那散发着霉味的阶梯教室去聆听某一场‘报告’。”

萨特认为,思想交流是令人头痛的事情。但无论过去还是现在,他的同胞们都不同意这个观点。

从神话到魔幻:这种演变的一条规律就是支撑神话的具体物质载体不会消失,即使它们的原本含义已完全消失或彻底改变。所以在1825年,巴黎的廊街是商业中心;而到了1840年,商业廊街已是明日黄花,不过,它却一直持续到了今天。类似的还有,从1850年起,巴黎已不再是犯罪之都,然而,1890年吸引着旅游者的仍然是那些坏蛋。同样,法国大革命将沙龙在思想上、政治上的重要性化为乌有或者几乎化为乌有;但是,这些沙龙在社会上持续了很长时间,至少,一直坚持到了第二次世界大战时期。据吉拉尔丹夫人估计,到1850年前后,巴黎大概还有二十多间沙龙,尽管这些沙龙的变种与它们的老前辈已经大不相同。

有些沙龙聚集了当时的贵族和哲学家。有些则正相反,是社会排斥的场所,比如在《高老头》中,鲍塞昂夫人的"贵族"沙龙,它也是一位粗鲁的银行家的太太——野心勃勃的钮沁根男爵夫人梦寐以求的沙龙。而事实上,巴黎的某些第二代沙龙几乎只是交易所的附属机构,比如福楼拜的《情感教育》一书中的丹布勒斯夫人的沙龙。的确,盖尔芒特亲王夫人的沙龙、维勒帕里西斯夫人或者维尔杜兰夫人的沙龙还都保留着一些模糊的文化色彩,但其中的交谈内容通常庸俗不堪,人们在那里做的事几乎只是选举法兰西学院某个年度的德·诺尔普瓦。

1830年的革命过去以后,巴黎的沙龙实际上变成了年轻女性的婚姻介绍所,或者像马蒂尔德公主的沙龙搞个什么赞助活动玩玩。在第三共和国时期,即使像甘必大的保护人亚当夫人那样的政治性沙龙也不如一个政党、社团、报纸或交易所重要。埃德蒙和儒勒·德·龚古尔后来抱怨"向文人敞开的沙龙太少或者说根本就没有。"1860年的巴黎大概只有两家文人们常去的沙龙,即:马蒂尔德公主的沙龙和拉·帕伊瓦的沙龙,后者原籍是俄罗斯，半是公主，半是冒险家的异端人物。1855 年，泰奥菲尔·戈蒂耶称赞了托尔托尼咖啡馆，“在那些私人沙龙里——因为**无论如何**，总算还有一些沙龙[……]，坐在软垫沙发上交谈，这种你来我往的游戏还在如醉如痴地进行着”。这里，使人感触良多的是“**无论如何**”这句话。相当奇怪的是，在巴黎，代表旧制度时期的最后也是最重要的沙龙是 20 世纪 30 年代的美国式沙龙，即娜塔丽·芭尼的沙龙，伊迪丝·华顿的沙龙，坐落在弗勒鲁大街上的葛楚德·史坦的沙龙，以及著名的西尔维亚·碧琦的莎士比亚书店，因为所有这些都是某种文学社交性的载体并且可以看成是一种为**感怀过去**的遗迹而设计的**现在**的载体，而且也都愿意成为文学交流和性别变异的平台。

巴黎以及它的咖啡馆、共济会、沙龙还有它的交谈重新展现了它的魅力：近来，所有这一切在巴黎以及法国大革命的历史和历史学中具有了新的重要性，这种重要性会使昨天的历史学家（马克思主义者）和前天的历史学家（民族主义者）感到意外。现代历史学认为，在这期间，一切都以公众舆论这个主题为中心，这是取自于莱因哈特·科泽勒克和尤尔根·哈贝马斯教给我们的那种德国社会学。斯塔尔夫人认为，沙龙里的交谈是“一种既无目的也无结果的自由教育……”，一个半世纪以前，诺贝特·埃里亚斯或许会勉强接受这种解释，它把这些资产阶级的组织（沙龙、交谈）说成是模仿专制强权的宫廷习俗。这位反马克思主义者认为文化的形成是自上而下的。然而，与之相反的是，莱茵河彼岸的老马克思主义社会学家（他们的著作现在已成为启蒙世纪的法国以及英国和美国的历史）认为巴黎的沙龙、交谈、咖啡馆应该理解为 18 世纪新的公共空间、新的舆论法庭、新的权力来源、新的自下而上、由社会而文化的现代性的构成元素。过去，研究先革命时期的历史学家们关注的是贵族和资产阶级之间的阶级矛盾以及 1789 年的思想根源；现在，他们感兴趣的恰恰是贵族兼资产阶级的新社会精英所具有的形态繁多的**文化**根源。

他们认为，舆论和理性的世界将逐步取代神话，取代君权神授的思想，罗伯斯庇尔在1792年11月针对路易十六及其同盟军指出：“经验证明，雅各宾党人和人民团体的舆论就是法国的舆论，任何公民都没有创造它或支配它，我所做的只是分享它。”国家的舆论——也许是吧，但主要是巴黎的舆论——来自大革命以前的巴黎沙龙；而从此以后，就是来自大街小巷、各级议会的舆论。从1761年至1798年，埃贝尔和阿雷兹再版了二十四次的《巴黎年鉴》所谈的都是巴黎至高无上的问题。1789年，还是那个充满激情的勒蒂夫·布列东大声诘问巴黎：“你难道不是神圣的自由之家吗？……啊，巴黎，你让我睁大双眼……”

哈贝马斯在18世纪的编年史中关于法国大革命的前情和原因所作的阐释实在是没有什么意义的。针对以往谈论商业、工业、工场、无产者、库存的马克思主义历史学家，当代历史学家今天的回答是：“地域和文化的变化”，而这就将巴黎——知识界之都的全部历史歪曲到了无以复加的程度。

因为，把某种自主性归因于文化并将其看作是1789年动荡的一个原因，就是质疑整个首都的文学、音乐或绘画界的生活，特别是因为巴黎的公众舆论，在敢于深入专制政权垄断的政治领域之前，本能地拿中性的以及表面上绝对与政治无关（艺术、音乐、绘画、舞蹈的可读性）的问题来练兵，这些争论，我们今天应理解为是一个毫无威信的、过时的但并不令人憎恨的君主政府行将灭亡的前奏。

因此，在新的历史文献中，也许沙龙与交谈有其自身的重要性，但作为法国大革命政治斗争的准备具有更重要的意义。因为人们首先评论了艺术，那么随后，也就可以评论君主的某些言行。在这一点上，文艺批评先于政治历史：大卫的油画《霍拉斯兄弟的誓言》（表现三兄弟团结一致为公共利益而战）比1789年的革命早四年。而他的《布鲁图斯接受被处死的儿子们的遗体》（表现儿子们密谋反对（罗马）共和国而被生父处死）也比1793年罗伯斯庇尔审判自己的国王早四年。

所以在1750年左右(并且从1970年起!),出现了拉封·德·圣耶拿惊人的职业,这位巴黎人最近成了名人,因为他发明了一个(新生代政治的)新门类:艺术批判。画家柯伊贝尔对此非常反感,不承认沙龙展览(很显然,应该区分各种沙龙)的参观者对参展作品的批评有什么价值。他认为这种不断流动的观众是人群而不是公众。但历史不以他的意志而转移。这些观众的评判,被拉封及其在巴黎的追随者的评判磨砺得更加尖锐(我们在讨论巴黎的美术史时还会谈到),不久之后便一发而不可收了。而这些审美评判也很快具有了政治色彩。观众变成了公众,很快,他们不仅谈论戏剧和绘画,而且还谈论特权和宪法。画家不再是手艺人,而是艺术家,而且,通常很有钱。

当我们反向观察这条由巴黎主宰的规则时可以发现一个重要的例外——也许是一个欧洲的现象,但主要是法国的现象:音乐。的确,在这方面,新现代性——新音乐广告的胜地是伦敦而不是巴黎。不错,在宫廷里和王公贵族面前展露过才华的青年莫扎特曾来过巴黎。但是,曾经是音乐匠人,后来成为19世纪最伟大的天才作曲家的海顿正是在18世纪90年代投奔了伦敦的听众。海顿可以说是贝多芬的先驱,是被神话化了的人物,而且他收入颇丰,因为那时的英国人非常富有,今天,英国贵族的庄园(country-houses)里从欧洲各地搜刮来的珍宝仍然可以证明这一点。巴特勒米神父曾取笑德芳夫人关于"活力"一词的发音。后者引用了楚雪尔公爵夫人的话:"您问我是否知道'活力'这个词?"德芳夫人答道,"我当然知道。甚至我能说出这个词什么时候出现,那就是当你欣赏音乐而激动得浑身战栗的时候。"但她还应该补充说明,"战栗"这种时髦是她从伦敦学来的。

因而,巴黎的而非凡尔赛的新现代性是:思想、沙龙、哲学家的现代性,以及在政治上表现完全不同的审美现代性。从1780年左右的崇拜美术到大革命的公民牺牲,这道底线很快就被突破了。1788年的沙龙评论家、1792年的吉伦特派记者(1793年被送上断头台)卡拉是我们要描写这种从美术转向参与政治的过渡期时可以参考的人物之一。

因此，在巴黎大革命以前，巴黎就已经成了世界知识分子之都，因为它是公众舆论之都。的确，大革命以前的巴黎还不完全是神话，但它将很快成为神话，1789 年，它在某种程度上成了神话，而奇怪的是，主要是在 1830 年的革命以后，它才彻底成为了神话。但自 1789 年起，巴黎就已不再像那不勒斯或伦敦那样与其他的大城市别无二致了。用《波斯人信札》里的话来说，这座城市成为了“欧洲帝国的中心”，“太阳城的漂亮情敌”。

“巴黎在变，但我的忧郁依然如故！”在《恶之花》里，也许如此，但至少在大革命前的巴黎，并非如此。因为在这个即将成为神话的巴黎——这个裴松尼曾在 1789 年说它“是宇宙的缩影，一座充满着神奇、善良、邪恶、荒诞、巨大而畸形的城市”里，巴黎人或者他们的客人有时会重新成为忧郁的人：成为了知识界之都的巴黎，对某些人来说也是一座悲惨的城市，或至少是一座使人伤感的城市。

1900 年前夕，世纪末的巴黎是美丽时代的娱乐之都，在这个魔幻中，巴黎人（基本上）是幸福的人，而所有的外国人都梦想着这个快乐的巴黎——Gay Paree。我们都知道那首 1918 年的美国歌曲：“How are you going to keep the boys on the farm now that they've seen Paree.”一个在巴黎生活过的美国大兵能够重新成为农民吗？这很容易理解，因为魔幻的本质就是要将真实的现实隐藏起来而代之以充满快乐与幸福的虚拟现实。在迪斯尼乐园里有忧郁的人吗？在美国，今天仍然有这样的说法，谁打算到巴黎住上一年，那肯定是去激起欲望。

相反，在大革命前夕，新生的巴黎神话更严苛、更无情。在大革命以前，除了将巴黎看作是世界之都（一个行将灭亡的王朝的候选首都）的这种看法之外，还有另一种表面上与前者无关（但它很明显与之相关）的看法：某些人认为，在一座已成为既抽象又冷漠而且还不重视老街区的城市中有一种新的、非同寻常的心理痛苦。在政治上,巴黎革命前夜的绚丽神话与无产阶级牺牲的悲情神话以及崇拜巴黎公社社员墙下的英烈们的神话和谐相伴。同样,大约在此前一个世纪的 1780 年,巴黎——现代性之都的开端与对日常生活中的现实严格品评结伴而行。因为早在大革命以前,巴黎已经被说成是恶毒与虚伪之都:在某些人看来,那些沙龙根本没有什么普世意义,而相反,是卢梭所厌恶的以及不久之后,共和二年雅各宾分子所仇恨的"滥用词语"的特权场所。事实上,我们能想象瓦尔蒙和梅特伊侯爵夫人的《危险关系》发生在别处而不是在巴黎这个优雅而又堕落的城市吗?许多评论者认为,后凡尔赛时期的新巴黎是一种精神上的泥沼和荒漠。马里沃在《玛丽安娜的生活》中通过女主角告诉我们:"在巴黎这座神奇的城市里,我看到的人越多、越繁忙,越能在其中找到自己的宁静与孤独:我越感觉这是一片并不荒凉的森林,我越不会感到自己孤独和迷失"。甚至伏尔泰也不太相信这些巴黎佬的优点:他在 1739 年给凯吕斯伯爵的信中写道,"巴黎,像一座半是真金,半是泥土塑造的巨人像,"而他的那个《老实人》则以为在圣·马塞尔区见到了一座全"威斯特伐利亚最丑陋的村庄"。这位虽然在巴黎出生(1694 年),但后来却是费尔奈的赫尔维希亚城堡的主人又补充说,市中心的"黑暗、狭窄、丑陋再现了最不光彩的野蛮人时代[……]。建在狭窄路边的公共市场,肮脏并散发着恶臭,到处都杂乱无章,我们为此而感到脸红。"而卢梭,当然认为巴黎"可能是一座世界上贫富差距最大的城市,极尽豪奢而又贫穷悲哀"。1731 年,他又说巴黎这个"人间沙漠"不如都灵漂亮:

"从圣·玛索的郊区进入巴黎[也即从穆夫塔尔街进入],只见到处是肮脏恶臭的小巷、丑陋黢黑的小屋、污浊的空气、乞丐、马车夫、缝穷的女人、叫卖草药和旧衣帽的女商贩。这一切首先使我如此震惊,以至于从此以后,当我见到真正壮丽辉煌的巴黎时根本无法改变我的第一印象，无论如何，我内心始终厌恶生活在这个首都里。”

说实话，《新爱洛伊丝》在巴黎的成功多少消除了一些让·雅克（卢梭）的怨恨：“与我期待的完全相反，”卢梭在《忏悔录》里写道，“他在瑞士取得的成绩很少，绝大部分成绩是在巴黎取得的。友谊、爱情、善良，难道这一切在巴黎比在其他地方更盛行吗？”“也许不，”他答道，“但这里仍然有一种从内到外的美妙感觉，它使我们珍惜其他地方拥有而我们缺乏的那些纯洁、温柔、诚实的感情。现在，到处都是一样的腐败：欧洲不再有道德，也不再有善良，但是，如果对道德与善良还有某种爱恋的话，那就应该去巴黎寻求它。”

卢梭认为，巴黎可能是一个会使人变得更加聪明的地方，但也常常是在经历了不幸的磨难之后：《新爱洛伊丝》里的主人公圣－普勒在谈到巴黎时如同谈到了一片“沙漠”。让·雅克在《爱弥尔》中写道：“好吧，别了，巴黎，你这闻名遐迩、纷乱嘈杂、烟雾缭绕、遍地泥泞的城市，你这女人不再相信贞操、男人不再相信道德的城市。别了，巴黎：我们去寻找爱情、幸福、纯洁；我们将永远不会忘记你。”

因此，在大革命的前夕，用斯宾格勒的话来说，巴黎是一个具有新社交性、新“情绪”的地方；但是，这座变幻不定并且其中的社团主义关系正在弱化的新城市偶尔也显得贪婪与残酷。年轻的夏多博里昂认为巴黎令人“难以忍受”并且是“恶心”的根源。1788 年 8 月，阿尔菲耶利以为自己“坠入了恶臭的粪坑”。年轻的俄罗斯人卡拉姆金在 1790 年时说过：“我感觉自己就像是激流或者旋涡中的一粒沙子。”

在这一时期，出现了许多十分有说服力的关于首都阴暗面（从比塞特监狱到圣·热尔韦修道院）的描写。梅西耶认为，巴黎的嘈杂声最令人头疼。“因为世界上没有哪个城市里的男女小贩们的叫卖声比这里更加尖锐刺耳。他们的叫声简直能穿透屋顶[……]”并盖过了十字路口的喧嚣声。丹尼尔·罗什则说，巴黎是一座“恋尸癖者和嗜粪癖者”的城市。人们害怕这里会地陷,比如,1778 年 7 月,梅尼蒙当区发生了一次塌陷,一整幢建筑陷入了一个所谓的"石膏"矿矿场,巴黎当时的石膏矿监察官夏尔·阿克塞尔·纪尧莫曾说过:"这些地下采石场的深度和宽度足以[随时]将巴黎的好几个街区及其周边的神庙、宫殿、民居以及公共场所毁于巨大的溶洞之中。"

新的、现代的知识界之都,以及某些人所认为的孤独甚至痛苦之地:两种思想同时流行。社交沙龙里的巴黎个性在市郊的租赁公寓里越来越弱化。那么,如何来调和一种是肯定,另一种是否定的两种不同思想倾向呢?对此,我们可以用已经讲过的历史概念:现代性、现代主义、后现代主义的概念(尽管是另一种方式)来回答,但用词不同:个性化、个人主义和异化的概念。

巴黎在大革命前夕的日常实践中,仍然是一座"超级社团化"的城市,它在社会组织上,完全是一座社群的城市。因此,1776 年的重大事件——杜尔哥想以个体化经济也即市场经济的名义向社团特权开战(很不幸)是杜尔哥下台的关键因素,也标志着旧制度垮台的开始。当时,在巴黎的地盘上还是社群主义的天下。但在精英们的新公众舆论中,反对派占优势:在 1791 年 4 至 6 月间,革命的资产阶级一致通过了《阿拉尔德法》和《勒·夏佩雷法》,但这些法案马上激怒了首都的群众,因为这意味着要粗暴地废除巴黎的社团利益而没有任何补偿。18 世纪末,巴黎,作为一个真实的社会,作为一种文化氛围摇摆于这两者之间。按照第一种体系,即新中世纪的社团主义,个性(原则上)表现在团体的内部,其中那些相当腐败的机构被摒弃,但是,其精神却得到尊重。而在第二种体系中,即杜尔哥和勒·夏佩雷法的体系,个性必须由自己不顾一切地去表现自己。(这也正是亚当·斯密的读者西耶斯所提倡的东西,前者呼吁在完全自主的国家内同时实现完全自主的个人)。而介于旧制度反个人自由的社团主义和启蒙运动及资产阶级革命时期的个人自由这两者之间有一真空,某些巴黎人——仅仅是他们当中的某些人认为，由读书会、沙龙、咖啡馆、共济会构成的新社交性部分地填补了这种真空。的确，沙龙里的个人自由被经常出入沙龙的人看作是自由涅槃的开始；但大家都感觉那不是在自己的家。（这时，我们想起了卢梭以及“滥用词语”。）巴黎人（不论是平民还是文人墨客）通常不接受新的世界观（Weltanschauung），而没过多久，各个社会阶层都出现了大量热情高涨的反资本主义和反自由经济的乌托邦社会主义者：傅立叶、圣·西门、孔德和孔西德朗。也正是从这种有时是无意识地摒弃了新个人自由的角度出发，我们就能理解，为什么在这个 18 世纪 80 年代的巴黎中，有如此大量、如此生动、如此真实的对某些人感受的孤独以及“巴黎荒漠”的描写。

即将结束的 18 世纪竭尽全力调和这些矛盾：公民—国家，个人—社会。而这在盎格鲁 - 萨克逊人的国家里，在苏格兰的启蒙运动中，在亚当·斯密的经济体系里，会有无形的手（the invisible hand），一种巧妙的机理本能地来协调每个生产者的利益（寻求自身利润的最大化并以更低廉的产品来摧毁竞争对手）和消费者群体的——也可以说是社会的共同利益，而消费者也乐得最终能以更少的钱买到更多的东西。法国大革命和巴黎的雅各宾主义要豪爽得多，它们也为同一种普世主义而努力，不过是通过政治手段而不是经济手段来实现：革命的主角，无论他是立法者，还是在职的国民公会议员或者是巴黎的好斗分子都不是为了自己，而是以整个城市的名义，去谈论国家、民族，去谈论他们的巴黎党派或者全人类。雅各宾党人在行动上是狂热的宗派主义者，而在理论上却温和而折中。雅各宾主义的节庆活动全都具有包容性。

然而，在首都，在 1789 年以前的“哲学家们”中间，在大革命时期的巴黎平民之中，最终又回到了阿尔菲耶利和卢梭的抱怨：无法在反社团主义的新社交性中找到自己位置的巴黎人为数甚多，他们认为，这种新社交性是一种混乱而不是个性。

最后，在展望未来的同时我们还要指出，巴黎——个人主义现代性之都的概念还有其他形式，有好也有坏，是我们在这本书中必须领会的。大约从1750年到1830年，个性的理想可能始终存在着，但却存在于不断更新的其他形式之中。哲学家和雅各宾主义者都认为，新的极端自由主义价值观与社群主义是为互补的。相反，巴尔扎克认为，1830年的资产阶级革命以后，首都的精英们所经历的那种个人自由，作为自我的另一种形式，变得更加粗暴，甚至陷入了唯我主义——无论这涉及的是有权的、有钱的还是有野心的人："我们每个人，"巴尔扎克在1839年写道，"是根据自己的痛苦或欢乐、希望或失望来演绎音乐的。"在启蒙运动中具有早期共和思想的哲学家之后，在共和二年表现为爱恋城市的雅各宾的共和主义英雄之后，1820年又出了（在这之前，也偶然出现过）一个新英雄（1920—1945年的法西斯的祖先），他不是由大众来确定，而是与大众对立的：巴尔扎克小说的活力、攻击性反驳了阿道夫，勒内和奥伯曼，但也反驳了女性小说（应区别于女权主义小说，比如乔治·桑），反驳了斯塔尔夫人、让里斯、苏扎的小说。巴尔扎克说过，"强者的天性是专制主义。"戈蒂耶认为，《人间喜剧》里的"每个人都是一肚子的权力意志。这正是巴尔扎克本人的写照"。罗歇·卡伊瓦非常细心地注意到这一点：波德莱尔和巴尔扎克两人都喜欢耶稣会教士。

因而，这使得不久之后又出现了巴黎——知识之都、权力和思想权力之都，以及极端个人自由之都。这就是青年拉斯蒂涅天生的利己主义得以充分发挥的巴黎。（这个形象流传得如此之广、如此之久以至于当戴高乐将军在评论弗朗索瓦·密特朗时说他就是"涅夫勒市的拉斯蒂涅"，大家都明白是什么意思。）从此，在这第二种自我的神话里，巴黎的个人自由将与仍然纯朴的外省的社群主义互相冲突（至少是在思想上，如果不是在现实生活中的话），这个问题在整个19世纪变得越来越严重。龚古尔说过，"外省的狗，要比巴黎的狗幸福得多。在巴黎，一条狗就是一个路人。它孤独一只。而我在这里看见的狗是一个社会。"（最为可笑的是，如果考虑到巴黎的狗们有独处的习惯，尤其是它们的主人也有独处的习惯，事情就都好理解了。）

最后，在第三个阶段，1860 年左右，出现了漫游者——非主要角色，“outsider”*，他们的生活始终是一连串的失败与遗憾。

公众舆论、研究院、沙龙、偶尔还有孤独：这就构成了 1788 年的巴黎人的新感觉——居住在一座，如梅西耶所说的，“永远让世界瞩目”的城市里。

罗歇·卡伊瓦对这一点理解得十分透彻，关于这座光明之城，他写道：它的“转变是彻底的……”，而它的开始正是在启蒙运动时期：

> “这个极度的辉煌与无可挽救的衰退并存，充满暴力和无尽奥秘的世界，这个［……］随时随地，一切皆有可能的世界，因为想象力预先在这里留下了它最不同寻常的关切并立即明确它最应该关心的地方，这个世界不再遥远、不再难以接近和无法无天；这是一个人人都享有自己生活的世界。”

的确，早在 1788 年，这就已经是一个人人希望拥有自己生活的世界，为了能够体验这种生活，一定要去巴黎。

* outsider，与社会不相容的人。

第二章 巴黎，革命的神话之都

法国刚解放不久出版的一期《绑鸭报》上刊登了一幅画，里面的菲利普·贝当在锡格玛林根问他原来的助手："告诉我，拉瓦尔，那些戴高乐分子，他们是不是有一个临时的首都？"后者回答："是的，巴黎。"

自从加佩王朝以及布汶战役之后，自从菲利普·奥古斯特修建了防御城墙之后，首都就一直在法国人民的心中。君主制度自称是君权神授，但也可以说它的存在与否是巴黎的权利。法国人心目中的伟大之王是那些信赖自己首都的国王：1204 年的菲利普·奥古斯特和卢浮宫，橡树下的圣·路易，弗朗索瓦一世（法兰西学院的创始人）以及亨利四世——他的骑士雕塑已成为人们崇拜的偶像。我们已经忘了，直到 1792 年，巴黎圣母院里还有一尊大型彩色木雕——骑马的美男王菲利普；而这座雕像本身也属于它那个时代的神话。在法国，君主制思想只是在 1792、1848 以及 1870 年被巴黎否决了之后，才开始土崩瓦解。

其实，在民族小说中，法兰西对自己首都的认同要比其他许多国家强烈得多（比如，在经历了魏玛共和之后，德国的首都在波恩和柏林之间犹豫不决；意大利有倔强的伦巴第人的问题；还有瑞士、比利时、荷兰、加拿大的首都；尤其是美国、澳大利亚或巴西的首都，至少在初期，完全是人为规划的。）1939 年，原籍美国，后来成了法国人的约瑟芬·贝克在歌中唱道："我有两个情人，祖国和巴黎"。

但从严格的政治意义上来说，巴黎与法国的亲缘关系（在三色国旗中，巴黎的红和蓝完美地象征了这种亲和力）要比情感上的亲缘关系复杂得多。例如，我们是否真的能说这个首都也是从 1870 至 1940 年的共和国之都，或者不如说，是共和精神之都？阿尔贝·贝耶经常住在巴黎，但他的报纸在图鲁兹出版。爱德华·赫里欧是第三共和国的化身，首先并且主要是里昂的市长。当 1889 年巴黎人狂热追捧"忠勇将军布朗热"的时候，或者多年之后，在 1934 年二月的骚乱时期，人们常常会怀疑巴黎的共和使命感。共和二年的巴黎和法国似乎是步调一致，但是仔细观察一下，就会得出这样的结论，雅各宾党派的大人物（即使他们非常熟悉这个"世界中央公社"——1780 年丹东在这里定居；罗伯斯庇尔和德穆兰在巴黎的路易·勒格朗学院上过学）原籍几乎都是外省人。共和派的大人物虽然是在巴黎当选的，却是由无套裤汉们而非本地的资产阶级所选举，这个资产阶级在外省是雅各宾主义者，但在巴黎却是保守派：反对旧制度的路易·塞巴斯蒂安·梅西耶却是公认的反雅各宾主义者，他是巴黎议员的典型——亲吉伦特派，反山岳派。

因此，非常奇怪，巴黎在政治上更是民粹革命之都而不是共和之都，虽然几代共和国都是从这里诞生，虽然拿破仑三世垮台后所组建的政府中怪异地只包容了巴黎的共和派议员。在法国，不论是君主主义的政府还是共和主义的政府，常常对忽而极左或极右的巴黎怀有戒心；并且，从督政府一直到瓦莱里·吉斯卡尔·德斯坦,这座城市受到了其特殊地位的惩罚:直到雅克·希拉克的出现,法国大革命中的倒霉市长巴伊与贝蒂翁总算在和平时期找到了一个他们的传人。

所以,应该从巴黎人民的革命精神而非资产阶级共和思想的角度来研究巴黎的政治神话,1789—1795 年期间巴黎的平民合作社会主义的成分,它的演变,甚至它被第二种普世的、意识形态化了的、通常是马克思主义和极具巴黎特色的成分所吸收是这段历史的脉络。1792—1795 年的激进共和主义的现实过去之后,在社会主义革命理论家们(先是 1796 年的巴贝夫,继而是 1848 年以后的马克思)的著作中,出现了对回忆巴黎平民精神的曲解和政治化,尤其在(巴黎公社之后)马克思主义历史学家和政治家们的宣传中,出现了对这种精神的曲解和政治化,这"两个世纪的"据为己有,在首都部分地区——尤其是首都的红腰带区域内的马克思列宁主义运动中取得了成果。而从 1920 年开始直到前不久,非常受普鲁东主义影响的巴黎工会运动和后来为斯大林的共产党服务的法国总工会的意识形态完全失去了活力。

因此,这是两股潮流,一股是民粹主义的潮流,另一股是意识形态化的潮流,而正是在 19 世纪两种思潮的结合中,或者不如说在这二者艰难的并存中,形成了巴黎——大革命之都的神话,一个成为了从 1917 直到 1989 年在苏联开花结果,并且在第二次世界大战以后,从这个革命中心一直蔓延到了整个第三世界的世界性神话。因为,从 1830—1850 年起,巴黎的街垒世界闻名,尼加拉瓜桑蒂诺阵线的报纸取名《街垒报》就很说明问题。当然,那些反巴黎而且脾气暴躁的人可能做得更过分。现在,这个人民闹革命的神话、通过全面斗争来彻底拯救世界的神话、被苏联发展了的巴黎神话,在波尔布特领导柬埔寨人民的自相残杀中接近了尾声,而这个社会主义革命者波尔布特,也曾经是巴黎人,在他之前,周恩来、邓小平以及胡志明也都曾经是巴黎人，后者（当时的名字还不是“奔向光明的人”）在1922年是靠做肖像照片生意和在巴黎第五区圣·梅达教堂旁边的巴特利亚什市场倒卖假古董为生，这个教堂在18世纪是情感中心并禁止平民的冉森教（Jansenism）。（以国王的名义：“此地禁止上帝创造奇迹”。）

这种先共和时期的巴黎革命传统显然始于1789年；“巴黎等于革命”在我们大家心里留下了如此深刻的印象以至于我们很难想象18世纪的巴黎不是革命思想的发祥地。

然而，在1789年以前，首都平民的历史学家以及后来成为了巴黎的激进共和派的历史学家，都愿意向我们展示一个人口多样的、亲君主制的并且基本上是不问政治的首都——与当时超级政治化的伦敦人正好相反。拿躁动的伦敦和革命前在政治上毫无声息的巴黎相比，足以使我们看出，虽然巴黎发生过无数小型的殊死战斗，但其中大部分人是死于法国大革命时期（1789年7月14日、1792年8月10日以及热月9日死亡的几百人），而伦敦仅仅因1780年为期一周的戈登暴乱（the Gordon riot）在物质上遭受的损失就比巴黎从捣毁巴士底狱到1799年11至12月建立起执政府所遭受的损失大得多。

我们简单介绍两篇文章来说明大革命前的巴黎平民那种令人难以想象的政治惰性，一篇是《巴黎的平民，关于18世纪平民文化的短评》，作者丹尼尔·罗什，法兰西学院的教授；另一篇《群体逻辑学》的作者是阿莱特·法尔热和雅克·雷维尔。

丹尼尔·罗什的分析首先是基于量化。他对大革命以前的巴黎平民以及资产阶级的心理研究是从数字开始的，第一个结论就是：这些统计数据表明了有许多不同的生活方式：在首都，富人、中产阶级和赤贫者，每个阶层都有自己的生活方式。有人喜欢咖啡厅，有人热衷于小酒馆。（1850年，托克维尔仍然根据首都政界对沙龙、咖啡厅或小酒馆的偏好来区分他那个时代的政治派别)在巴黎,百分之九十的佣人是移民,因为他们出生在外省。每种职业都有它的特点、它的优势、它的规则、它的习惯、它的社会性:行业的内婚制在巴黎很流行。

因而,这是流动性和可变性,而这一切经过每个观察者的大脑过滤而得到了加强。官员、警察、专员、士官,每个人以自己的眼光看巴黎,他们看到的是片面的巴黎。这里一切都在变化。这里一切也会消失。总之,丹尼尔·罗什表示,"完全同意他那好斗的支持者罗兰·穆斯尼埃的观点,[巴黎的]等级社会分裂成了许多'阶层',社会等级的划分是根据人们占有资本的能力同时控制他人的劳动并在产品市场上站稳脚跟而确定的"。这里并非是特指大革命以前的那个巴黎,甚至也不是指"独一无二"的那个平民的巴黎。相反,是有好几个不同的、多变的巴黎,但基本上都是与政治无关的巴黎。

阿莱特·法尔热和雅克·雷维尔的策略则完全不同。为了理解这个大革命以前的巴黎,这两位历史学家力图通过定义他们所谓的"群体逻辑",也即通过1750年巴黎发生的一次受到新社会与文化本能影响的骚乱过程,来勾画出巴黎平民的心态。这里,我们更接近于一种"不良言论",接近于这种对即将失去君主权威的王权的批判。不过,他们也强调属性的重要,不是属于城市,而是属于社区,自己的社区——巴黎的一小片天地,在那里,大家都是世交,至少,也都是熟人。

应该说,这是两种不同的方法。但是这三位研究1750年平民巴黎的历史学家都愿意向我们介绍这样一群巴黎人,他们从社会层面上来说各不相同,同时在政治上仍然是残存的君主制拥护者,因而也就与无套裤汉们截然不同。后者由于他们的社会出身不同也有许多派别(正如巴黎大革命的最后一位伟大的马克思主义历史学家阿尔贝·索布尔所说)但他们为了自己的政治理想而紧密地团结在一起，直到共和三年。

我们显然可以采取另一种方式。哪里有人看到了中断，哪里就有人想看到延续：因此，我们可以在这座长期嗜好各种骚乱与动荡的城市中去寻找巴黎革命的根源：早在中世纪，“巴黎人”这个词就是“捣乱分子”和“铅锤党人”的同义词。同样，16 世纪的巴黎人是神圣同盟分子；17 世纪的，是投石党人。某些人认为，所有这一切可以说是 18 世纪的无套裤汉、19 世纪的巴黎公社社员以及当代的六八学运分子的一种序曲。所以，巴黎人从来都是一个难缠的角色。

但是，改变看问题的角度会更好些：在巴黎，在 1789 年之前和 1789 年之后的各种关系中，分清界限远比各种延续性重要。尽管某些容易冲动的传统仍然很顽固，例如巴黎在神圣联盟时期最原始的街垒（街垒这个词始于那个年代——当时是用土坯砖垒积而成）以及后来的投石党，但是，到了这个君主体制正在消亡的巴黎，1789 年之春的人群却标志着一个新的开始。正是从 1789 年的这一时刻开始，而不是因为埃蒂安·马塞尔甚至也不是因为雅克·克莱芒，曾经在思想上十分惰性的巴黎人开始了革命的长征。

怎样解释从巴黎的平民走向激进共和主义者这种不可思议的过渡呢？怎样解释，从 1791 年起，巴黎的激进共和精神的产生竟是如此神速呢？为什么这个刚刚政治化了的平民运动是保守的旧意识与革命的新气息相结合呢？在巴黎，一个正在瓦解的等级社会从 1789 年开始转向反极权主义的群体，变成了 1792 年的无套裤汉，从而站到了大革命原则的一边，都经历了哪几个阶段？雅各宾党人可能读过卢梭的著作，但无套裤汉们肯定没有。

这里，为了概括一个复杂答案的基本要素，有三个条件非常关键：第一，大革命前的巴黎平民，既不明确地反对君主政治，也不拥护君主政治。第二，职业社团主义的机构并不能博得首都平民的好感。然而（第三个条件），巴黎平民的意识仍然是因循守旧的。所以，巴黎人的处境极为特殊：尽管他们敌视启蒙运动时期的个人主义现代性，但这些草民在思想上却是自由的，也因此，他们对无论是巴黎的、还是外省的左翼资产阶级、雅各宾派或民主派的普世主义原则非常敏感。

在1789年的巴黎，通常是小业主的手工业者以及紧随其后的二十万在苦难与饥饿中挣扎的巴黎人在思想上，用19世纪的语言来说，都是社群主义者以及合作社会主义者。不过，他们也时刻准备投身到一场新的、伟大的政治冒险当中去。

所以，从1789年的春天开始，这些巴黎平民深受第三等级议员选举、国会陈情书、雷维雍事件*的影响，以及自组国民议会的影响，同时他们也深受我们可以称之为大革命的言论——而后来变成了雅各宾主义的影响。他们的思想偏见既是天生的也是从模仿和实践中得来的。

这就是法国大革命最初的几个月。很快，在第二阶段，从1791年末到1792年，激进共和主义随着愈演愈烈的革命的街头景观、革命的节日、庆典、报纸、断头台以及各种流言和危机而完全定型。很稀奇，甚至很古怪的是，大革命的风暴以及它的机构创造出了激进共和思想并反过来加速了大革命的进程；而大革命，通过它的戏剧高潮巩固了激进共和思想，这就形成了一种良性或恶性的循环——当然，良性或恶性也是英雄各有所见。

如此循环，直到1794—1795年，一切都崩溃了，这一段时间正是从1794年3月处决埃贝尔分子到1795年春季发生的芽月和牧月事件；此后，这个平民的巴黎基本上处于政治上的惰性期直到1830年7月的“光荣三日”。

那么，在1791到1793年的巴黎，什么是无套裤汉呢？又怎样来给他下定义呢？首先应该将他与他的同盟及其思想，但后来成为死敌的雅各宾党人区分开。雅各宾分子是小资产者、资产者，甚至常常是贵族如佩勒杰、孔多赛、巴拉斯以及在瓦朗斯—罗纳区的雅各宾主义者波拿巴。（在巴黎的雅

* 造纸厂工人起义。

各宾俱乐部登记的国民公会议员有百分之十七是贵族。)无套裤汉不是无产者,但也不是资产者,甚至也不是小资产者,不过他们的物质生活还算宽裕。他们的思维方式与一般的雅各宾分子截然不同(如果可以这样说的话)。

无套裤汉更果断、更血性、不够文雅,在街上或在家里也更粗鲁。他是地道的巴黎人:有些无套裤汉是住在外省(与世隔绝),甚至是在乡下;但典型的无套裤汉都住在首都,即便他成为巴黎人的时间并不长(六十万巴黎人中大约有三分之一是外省移民)。他嗜酒如命并以此为荣。他最喜欢直来直去。共和党人万泰尼耶对于自己在1793年提出的问题("但是,……无套裤汉是什么?")给出过一个答案,为了尽量避免牵扯到当事人的社会出身,他反而喋喋不休地强调当事人的美德、谦虚、牺牲精神、家庭观念。尽管巴黎的无套裤汉是社群主义者,但却不是私有财产的敌人。与其说他是工人不如说是手工业者。他的动机更多地是出于对饥荒的恐惧而不是出于仇恨与他长期相处的富人,而且他在富人面前很随和。

那么,他在首都的什么地方呢?哪儿都可能有,但主要是在以前的市郊(圣·安托纳、圣·马赛尔),这些地区在这个世纪初成为了巴黎的一部分,也因此,处在了大包税官的纳税区域内——这是一堵将巴黎圈起来而让巴黎人心生怨愤的税收围墙。在巴黎的这些郊区里,百分之二十的居民是穷人,但是在无套裤汉的领导人中间,技能高超的手工业者占绝对优势。要知道在巴黎,至少有五万人是私营业主,因而这些艺术家兼手工业者通常相当富有(如杜普莱神父曾把罗伯斯庇尔藏在圣·奥诺雷大街的家中,今天,那所房子已成为一家餐馆)。巴黎的手工业者,都是心灵手巧的多面手。巴黎什么不会制造?(造得比别的地方还要好);巴黎的首饰非常有名(当时,巴黎大约有六百家珠宝商),巴黎的家具、金银器、冶金业、杂货店、面包房、纺织业、印刷业等都享誉全球。

无套裤汉的头领们,通常是这些城镇的居民并且是老巴黎人,他们想象的事物多种多样。其中有模仿进步资产阶级的法国或英国启蒙运动时期的著作中或多或少被歪曲了的传闻,还有卢梭的思想,虽然他们仅仅知道这个名字:不过,难道以前的马克思主义者都读过马克思的书吗?但在他们身上也有别样的思想倾向、别样的文化积淀,有时是非常古老的文化积淀。因此,无套裤汉使用的近乎神秘的词汇与天主教教义密切相关;而为什么不能设想一下,那几千名围攻巴士底狱的人可能也参加了于 1785 年因大旱饥荒而由巴黎大主教组织的、纪念首都的女庇护者——圣·热娜维埃芙的祈祷仪式呢?

最后,激进共和主义还依赖于巴黎高端或中层的文化氛围,例如,他们使用 18 世纪 80 年代的戏剧语言:正是因为欣赏过巴黎早期的情节剧,他们中的某些人也许学会了怀疑那些狡诈的阴谋家并学会了把世界分成好与坏。因为共和二年的无套裤汉经常去看话剧、滑稽剧或轻喜剧。埃贝尔和《杜歇老爹报》使用的粗口语言不过是将巴黎舞台上的老传统进行了政治性重复。埃贝尔和科洛·德布瓦在 1789 年以前曾经是戏剧界的艺人。

戏剧中的社交性,但也是日常生活中的社交性:无套裤汉的职业,最多的是开酒馆,至少在首都的历史上,有三千多人是这种情况;无套裤汉的精神正是在这种被尤尔根·哈贝马斯称之为“公共空间”的“小咖啡馆”里,在这种相当于平民百姓的沙龙、社交圈、学术机构里形成的。巴黎大菜市场里的人们正是在这些地方谈论食品的供货与缺货。

这使我们又回到了新马克思主义中的语言——“革命实践”,也就是说一种“社会—政治”团体的自我培育现象。巴黎的无套裤汉是手工业者,其精神是随着法国大革命的发展和争论而逐渐形成并变得更加激进。所有的重大事件,包括大革命引发的事变,凝结了他们的社团精神并加强了他们的革命使命感。无套裤汉是革命时期的演员,他们的演出动员了集体的力量。

但这只是巴黎“革命主义”的第一部分,因为在这里,它还有可以说是推翻了这种平民的、甚至民粹主义的真正巴黎传统的第二主题。

巴黎革命主义的这个第二部分就是通过把这种真实的历史现实逐步融入、吸收到另一种完全不同的、被彻底意识形态化了的解释中来歪曲和神话化(从1795年起)真正巴黎平民的、土生土长的合作社会主义。无套裤汉愿意直接行动并捍卫自己微薄的财产。但是早在1795—1796年，格拉古斯·巴贝夫就已经试图改造这种思想并使其变得更加社会主义、集体主义而不是社群主义。他的关于激进共和主义到底应该是什么的解释始终是一种深奥的概念性阐释，随着时间的推移，它逐渐吞噬了对以前"积极参与者的"革命主义的记忆。

简而言之，在随后的几十年里，马克思主义的、社会主义的、革命知识分子的普世使命感战胜了手工业者的希望，或者不如说，战胜了合作社会主义者和普鲁东主义者的希望。事实上，巴黎的激进共和思想是社群主义和合作社会主义的思想，但是，如何理解这一历史派别却是仁者见仁，智者见智。

马克思主义的史学观认为，巴黎无套裤汉的历史，鉴于事情的性质，逐渐成为了世界无产阶级运动的一个起点，甚至是第三世界无产阶级运动的一个起点。如果说是这些受到雅各宾主义(它本身就有神话性质)启发的巴黎无套裤汉真正使巴黎成为了世界革命的神话之都，那么这种看法并没有错。不过，也应该看到，这条将两极(巴黎的激进共和主义和亲马克思的第三世界主义)联系在一起的纽带绝非浑然天成。而是因为需要才创建了它。

制造巴黎——世界革命之都这个深奥的神话分为好几个阶段，第一阶段就是格拉古斯·巴贝夫的著作，更确切地说，是关于这位共产主义斗士的历史学家及其信徒们的著作，这其中最重要的人物是菲利普·布纳罗蒂——画家米歇尔·安吉的远亲，1828年出版的《巴贝夫，为平等而密谋》的作者。

总之，正是通过这位共产主义革命家的朋友，我们才知道了诺埃尔(就是后来的格拉古斯·巴贝夫)的坎坷与不幸。巴贝夫,曾经是庇卡底的封建法学家,1795年,他献身于巴黎激进共和主义的思想改造工作。巴贝夫认为,在政治层面上,自发的直接行动已没有必要。相反,应该将政治密谋运动的积极分子组织起来。(列宁对巴贝夫的这种思想极感兴趣。)而在社会层面上,巴贝夫力图将这些巴黎的社群主义者改造成真正的共产主义者。这已不再是简单地为了获得面包而斗争了。他认为,应该废除私有财产并将土地国有化。他的《平等派密谋》于1796年的春天失败了(必然地),因为其中一位成员是受雇于政府的,而巴贝夫,在试图自杀失败后,于1797年在旺多姆广场被送上了断头台,时年三十七岁。

的确,某些历史学家,例如,牛津大学的教授理查德·科布认为,巴贝夫主义毫无意义。在这位笃信经验主义的英国历史学家看来,卢梭(他对卢梭的著作没什么兴趣)"与巴贝夫和激进共和主义没什么区别"。"平等派的密谋"是历史学上的不幸,它粗俗、讨厌而且没有出路:"(It) has never ceased to plague and bore historians right up to the present day"*;不过从某些方面来说,理查德·科布并没有全错。的确,巴贝夫主义推翻了激进共和主义的基本论据,而激进共和主义是社群的和聚生的思想,而且,它的支持者是自己财产的捍卫者并深深地扎根于自己的土地,他们粗鲁但却是好孩子。不过,科布的错误是忽视了巴贝夫主义的力量,尤其小看了它在意识形态上的后续力量,因为巴黎的革命传统是一部两冲程的发动机,其第一个冲程,正如他认为的那样,是激进共和思想的真实现实;但第二个冲程,正如索布尔曾经说过的,是1789年之后的无套裤汉思想上的敏感性,一种因为先后被巴贝夫和马克思主义者改造、吸收并在某种程度上加以歪曲而更显重要的敏感性,而这一切持续了一个多世纪——从1850年直到1960年左右。

在亚瑟·柯南·道尔的一部短篇小说中,围绕着一条狗打转的夏洛克·

* [这]直到今天还困扰和折磨着历史学家们。

福尔摩斯突然明白了为什么尽管这畜牲十分警惕，却没有发出叫声：从1796年至1830年，巴黎平民行动的中断非常重要，因为对巴黎的平民社群主义进行意识形态上的改造（并把它纳入了主要的社会主义意识形态）经历过一段真实革命传统的中断。而的确，巴黎最使人感到奇怪的一点就是它的革命使命感几乎完全丧失，在1796到1830的三十多年里，巴黎没有发生过真正的骚乱，而正是在巴黎人的冷漠或者至少是一种全然的沉寂中，路易十八于1814年在首都接替了拿破仑，不过，1815年3月20日，轮到他自己被皇帝所替代，百日之后，后者又把在杜伊勒里宫的皇位还给了他：巴贝夫及马克思主义历史学对巴黎的真实革命历史进行的改编正是处于这一空白时期。这里有必要介绍一下布纳罗蒂的简历：他生于1761年，而正是在1827年，这位巴黎共产主义的伟大先驱出版了他的著作。大部分书中讲述的那些建立了丰功伟绩的革命者已经逝去了很久，而他们的缄默是19世纪的共产主义叙事取得成绩的先决条件。不久之后，亲马克思主义者对巴黎大革命的回忆，很快就成为了比那些当事人短暂的记忆和不完整的转述更现实、更真实的回忆了。

1830年7月是一次复兴。大家团结得像一个人，奋起反对查理十世（傻子查理，巴黎诗人贝朗热如是说）的政治主张，整座城市从这一刻起，一夜之间，但这一次却是持久地，成为了世界革命的神话之都，“我们的母亲”。

的确，从1789年起，大革命中的巴黎形象搅得许多人心神不宁，山岳派与吉伦特派在巴黎以及在外省斗争的主要焦点就是无套裤汉以及首都在大革命中的作用，罗伯斯庇尔愿意依靠被布里索抛弃的这些平民大众。宪政派、国民公会派也痴迷于这种被马赛尔·莱因哈德称之为既诱惑又恐怖的“双面巴黎”。他认为，巴黎的神话已经使这些政治精英心神不宁。

然而，正是在1830年，这种初始的恐惧成为了巴黎形象的一部分。复辟王朝的确企图通过宗教仪式以及神圣化大革命的受害者(国王、王后及他们的表兄弟——不幸的恩吉安公爵,于1804年被拿破仑下令枪杀或者不如说被谋杀在万塞纳的堑壕里)而使巴黎"君主化"。但这一切,或几乎一切都没有能比这个王朝的寿命更长久。相反,七月革命,却在长达一个多世纪里使人牢牢记住了巴黎——世界革命之都。这是首都的历史上,或至少,是这座城市神话表象史上的最重要时刻。雨果曾在他的颂诗"致七月圆柱"里,向这个强大的、激昂而沸腾的巴黎致敬;而贝特鲁·波莱尔在他的《7·28—30之夜》里认为,巴黎成了一个"火山口","明亮的月光"将教权主义的残酷暴露无遗。这个新的巴黎就"像一头[冲出]牢笼的狮子",而那个时代的狮子可不总是那么温柔。(拉马丁解释了为什么拒绝为查理十世那些堕落的大臣们说情,他写道:"当狮子用舌尖舔着鲜血的时候/它可曾宽恕过?")

此后的几十年里,"二次革命后"以及彻底"推翻了波旁王朝"的巴黎是"翻腾的大海"、是祸水、是巨人、是雄狮、是咆哮的山洪、是"低吼的深渊"、是人民的巨流,是熔炉、是烈火、是力量的源泉、是喷发的火山。波兰人弗拉考斯基(1795—1846)认为,巴黎是流星。雨果写道,全世界的国王都目瞪口呆地"注视着在这座人体的维苏威火山中/翻腾着事变的岩浆"。他又说,"这一次,是巴黎将巴士底投入了监狱。"从德国来的海因里希·海涅认为,巴黎是新耶路撒冷。阳光下的巴黎犹如海上的威尼斯,他写道:

> "巴黎人民,为太阳而疯狂,群起而攻击腐朽的巴士底狱和奴隶制度。太阳与这座城市相互凝视、相互爱慕。傍晚,夕阳沉入大海之前,依旧满怀深情、依依不舍地望着那美丽的城市——巴黎;并以它最后的几缕柔光轻轻抚摸那屋顶上飘扬着的三色旗。"

在那个时代,到处都传颂着巴黎即自由:亚历山大·赫尔岑讥讽地提到了“[1847年]那些初到巴黎的俄罗斯年轻人那种欣赏、崇拜、羡慕和尊敬的心情。那些在德国（可以说是巴黎的会客厅）从未感到丝毫拘谨的贵族老爷，刚一通过海关便开始用‘您’来称呼在莫斯科受他们欺凌的仆人。”1841年的阿尔诺德·卢格说过，在欧洲，唯有法国代表了自由的思想，而巴黎则处在这个自由王国的中心。

自由、革命以及当然，还有巴黎与街垒的结合。从此以后，直到1968年5月30日，街垒始终是巴黎政治风暴不可分割的一部分，而大家对此也都习以为常了：雨果讲过一个故事，是说在1839年，圣·马丁大街上有一位老人拉着一辆小车，“来往于街垒与军队之间，不偏不倚，时而给政府，时而给无政府主义者提供可可饮料”。据估计，在1830年，巴黎大约有四千零五十四座街垒，用了八百一十二万五千块铺路石。它们——这些铺路石，也有自己的生命：从1830年起，铺路石，特别是沾满鲜血的铺路石，是巴黎革命精神最生动的象征之一。当时的戈德弗鲁瓦·卡维雅克曾计划修建一座巴黎的雕塑，其底座全都使用这些铺路石，而雨果也曾向巴黎革命的铺路石致敬，但他说得更加言简意赅：“人民的最佳象征，就是铺路石。你走在上面，直到有一天，它落到你的头上。”这浸透了鲜血的路石也吸引着诗人的注意，尤其是巴特勒米。革命时期的手工业者也都效仿文人，爱德华·胡利耶写道：“我为人们穿上鞋子，但我给马路脱下石片！”他是制鞋工人——巴黎的“鞋匠”，也可以说是巴黎公社时期的政治教育部长。

巴黎——大革命之都，既进步又保守的“平民国王”曾力图削弱这个形象。这意味着，一边是七月革命圆柱（大革命的要求），而在巴黎的另一边，重新修整了前路易十五广场（查理十世时期是路易十六广场）和前革命广场（夏多博里昂称之为“浴血的战场”）使之永久性地成为了协和广场，其名字和形式的目的就是要抹去巴黎大革命的历史，卢克索的方尖碑出现在这里就是证明，一夜之间它成了巴黎最古老的建筑。

因为的确，怎样才能找到一个法国的纪念碑来装点这座广场呢？它应该毫无政治意义,也无宗教的、君主的、贵族的、民主的、当然也绝无社会主义的含义。真是幸运!1828年,埃及总督默罕默特·阿里,这个伟大民族在近东的宠儿,将它作为礼物送给了法国!这个纪念碑于1833年从马赛运往巴黎,1836年10月25日的中午,王室以及大约二十万观众目睹了它耸立于巴黎的盛况,顺便我们还要说一段插曲,革命浪漫主义的历史学家儒勒·米士莱曾对此极为愤慨,他在1848年所写的遗作《法国大革命中的士兵》(1878年发表)里,提议把这块外国石头移到它应该去的地方或者不如藏到卢浮宫的某个院子里:他认为,法老的墓碑放在国王的宫殿里,比放在第一个巴黎人民的广场上要好,因为今天全世界人民珍爱的文化圣殿卢浮宫在当时只不过是(至少,某些进步分子这样认为)瑞士卫兵和"暴君的巢穴",而一位青年作家,英雄诗篇《三日》的作者认为,这些卫兵本身是"威廉·退尔的不肖子孙……",保卫的是卢浮宫庇护下的等级制度。这种对首都施行反革命阉割的另一种惊人做法就是到处用木板代替了砂岩路面——因为它太适合用来筑街垒,随之而来的后果很奇特,1910年的洪灾时,所有的街道都漂浮了起来。(别忘了,同样的情况也发生在1968年事件以后,拉丁区的路石全都被起走,而这一次代之以精心施工的柏油路面。)"大街",爱德华·富尼耶说道,"我找了很久……这个词从何而来。现在我知道了它的来源:只不过是动荡这个词的变种。"

因而,在1830年,先是对巴黎革命精神的肯定,继而又企图将它弱化,甚至使其资产阶级化,这就引发了老革命者的不满,他们对坚持中庸路线的政府转向保守十分反感。(我们知道,路易·菲利普的确购买了德拉克鲁瓦的油画《自由女神》,但这仅仅是为了把它搁置起来,所以直到1848年它才得以露面)。巴比耶在他的诗《角逐》里指出:制度腐败和追逐地位是左翼共和派以及左翼王党的一个大问题。巴黎,这里是指资产阶级的巴黎,是"污水沟"、"化粪池"、"垃圾堆"、"菜市场"。巴特勒米经常抨击"光荣革命"和由它产生的可耻制度:

啊，假如你面对卢浮宫或站在阿尔克勒桥上，
朋友，如果我们和荣誉一起死去，
我们之中谁也不会看到，
背叛与可耻的星辰从地平线上升起。

1830 年，巴黎——革命之都这个神话的突然爆发有其深层次的、不同的原因。浪漫主义的环境可能很重要，但还应该强调那个时代的巴黎人有体验历史的欲望，并且体验了路易十六之弟的垮台和旧制度的最后崩溃——这个世界史上真正（民主）的转折。托克维尔于 1835 年发表了《论美国的民主》，但他对历史的理解以及他在这些未来生活的现场旅行要上溯到 1831 年。

最后，应该看到，1830 年的革命和 1789 年的革命一样都是普世的。所有人（温和派、民主派、社会主义者）都能够从中有所收获，欧仁·德拉克鲁瓦（在政治上是波拿巴主义者和中间派）的著名油画可以证明这一点，那幅画以巴黎圣母院的钟楼为背景，画了一个平民的代表，一个戴大礼帽的资产者以及（必然地）一个巴黎街头的穷孩子："常常是巴黎的孩子们鼓动造反，"托克维尔在 1850 年用说教式的口吻解释道，"而他们做这件事的时候几乎都是兴高采烈，就像是要去度假的小学生。"因此，1830 年是巴黎革命的神话以最温和的形式，也是第一次以团结的全意志形式进行的完美表演。

1830 年，人们已经忘却了共和二年的决裂。因此，维尼将巴黎描绘成一座神圣与团结的城市，他的文章歌颂整个城市，而不仅仅是巴黎的平民。他写道，假如巴黎定然要被毁灭的话，

毁灭天使将双膝跪地，
以他胆怯而发烫的手，
颤抖着犯下又一桩弥天大罪。

然而这真是令人遗憾的错误,因为事实上,巴黎从1830至1880年的历史是一段以多少有些社会主义思想的工人阶级为一方,以多少有些民主主义思想的资产阶级为另一方的不可避免并不断加剧的分裂史,这种分裂的结果显然就是1848年6月和1871年的街垒,它标志着巴黎和法国已经到了这一时刻:被越来越危险的法国内战冲突吓破了胆的资产阶级背离了他们曾经赞同甚至是他们创造的巴黎温情革命的神话:因此,1830年的托克维尔同意历史的裁决;他认为,整个西方世界正在不可抗拒地走向民主,从某些方面来说,这也许是可悲的事情,但这是天意因而也是不可抗拒的。相反,他将从反面来理解1848年的六月起义,他认为这成为了"我们的历史上并且可能是所有国家的历史上最伟大和最独特的起义。"——他说的这些,马克思大概不会反驳,因为《路易·波拿巴的雾月十八日》的作者在1852年写道,6月的那些日日夜夜是"欧洲内战史上最重大的事件"。在这个问题上,1848年的起义,对于托克维尔来说,突然成了不幸的事变,是使人回想起另一个魔鬼般的同时也是神话般的事变——1789年法国大革命的可怕的(因为是社会主义)重演。原来是直线前进的,现在却可悲地变成了原地打转。

首都的资产阶级先是渐渐地(从1832年到1848年2月),然后是迅速地(从1848年2月到6月)退出了旧巴黎革命的共识,正如革命前夕的资产阶级从1792年起开始脱离雅各宾主义一样。而巴黎革命主义的马克思主义观点再一次乘隙而入。

1789年,巴黎的资产者还只会思考自己地盘上的问题,而从1793年开始,到1830年,他们的眼界终于开阔了许多:不仅从整体上考虑城市的背景,还考虑到自己的社会阶级,这个阶级虽然在1830年取得了胜利,却在1832、1839和1848年的巴黎革命与骚乱中受到威胁,甚至是死亡的威胁:1848年春,托克维尔在巴黎写道"我看到了整个社会一分为二:那些出于共同的企图而团结在一起的一无所有者;那些出于共同的焦虑而聚集在一起的有产者。”这分明是把意识形态化历史的机会让给了左派。

所以，1850—1880 年的情况似乎有点像偶尔被遗忘的巴贝夫主义及共和二年大革命时的情况。其基本要素仍然是第二帝国时期的巴黎手工业群众自己的革命合作社会主义；巴黎平民与左翼民主派的关系日趋紧张；还有一点就是，社会主义的理论家们操纵了他们偶尔嘲笑过的平民传统，至少，他们降服了它。1871 年的模式使人想起共和二年的模式，只不过，应该研究的是巴黎公社社员，而不是无套裤汉；是甘必大，而不是罗伯斯庇尔，是马克思，而不是巴贝夫。1848 年革命党人的温情主义过去之后，马上就是科学社会主义的分析。

被马克思主义思想改编的法国平民革命的神话会涉及到许多方面，例如，涉及到弗朗索瓦·弗莱在他的《一个幻象的历程》中所描述的当代共产主义运动历史的各个阶段；但也涉及到马克思主义思想形成的历史，以及巴黎的历史。

被逐出普鲁士并在莱茵河畔有一个身居要职的贵族妻兄的马克思，从 1843 年的 11 月到 1845 年的 2 月曾住在巴黎的瓦诺街 38 号。他来的时候，正是巴黎——“新世界之新首都”的精神魅力达到顶峰之时，这位青年黑格尔主义者正是到这里来寻求避难的。也正是在坐落于巴黎皇宫区的“摄政王咖啡馆”里，他初遇了恩格斯，而当时，这个地方是巴黎棋艺爱好者的大本营。

年轻的马克思（他当时只有二十五岁）想要创刊一本旨在破除资产阶级哲学神秘性的《德法年鉴》（*Deutsch-Französisches Jahrbuch*）。同时代的海因里希·海涅是作为法国和德国人民的文化传播者出现的；而马克思也一样，想在巴黎寻求一条新的道路，并以其哲学上的调和方式来寻找他想象中的两极，即当时的英国经济为一极，法国的革命经验或更确切地说是巴黎的“革命主义”为另一极。将生活与思想结合在一起，这就是他在 1844 年的目标；这个时候的马克思曾嘲笑过一位德国批评家泽里加，说他过于抽象：

他如果想要更好地理解工人阶级,最好去巴黎看看平民在“草棚”舞厅里跳波尔卡,就像马克思自己曾有机会做过的那样。他或许在那里见过巴黎平民百姓的人情味、生活的乐趣、欲望,总之,这幅有意思的画面展示了一个在巴黎的简陋舞厅里跳过舞的马克思(却是欧仁·苏的读者);或者在马塞尔·卡尔内的影片里,一个温情的马克思靠在红喉鸟餐厅的桌边与围坐在一起的让·雷诺阿、阿列蒂和布拉瑟谈论黑格尔。他在给路德维希·费尔巴哈的一封信中写道:“你应该去参加一次法国工人的会议[他想说的是“巴黎工人的会议”],去欣赏那些被工作压迫得喘不过气来的工人们所表现出来的坦率和高尚”。才华横溢的保守派巴尔扎克认为,贫民区以及圣·马塞尔镇离高老头去世的坐落于土尔纳夫大街上的伏盖公寓太近,是污秽不堪的地方。马克思比他宽容得多。

那个时候的马克思深爱着巴黎;当我们阅读他当时或早些时候写的所谓《手稿》(*Grundrisse*)时,可以想象马克思正是在巴黎居住的时候形成了他的历史观,但他并未因此而忽视历史进程中的哲学、甚至唯意志论的重要性。的确,这里涉及的不再是黑格尔哲学中的一种在物质真空里的思维活动:马克思不惜一切代价想要历史化和物质化启蒙运动的影响;但他想这样做(在其社会主义理念的初期)却又不因此而忽视非常类似于我们今天的这种思想——即不是经验主义地去理解事物,而是间接地通过自己对事物的看法及表述的方式来理解。马克思在巴黎时所想象的那种阶级觉悟是一种真实、可变的经验而不是灵魂的补充——一种不可抵御的(和令人厌恶的)、强制性的、物质的副产品。此时,马克思背离了黑格尔,但也并未就此而陷入狭隘的唯物主义。

因此,(1840 年代的)马克思将巴黎看成是法国大革命之都是根据其在世界经济史上的地位,的确是这样,但更是根据它政治上的特殊性。他认为,巴黎在 1848 年发生了革命是因为整个欧洲正在经历一场工业革命;但也因为巴黎有着伦敦所没有的:对其他的革命,对 1789 和 1830 年的革命还记忆犹新。

相反，很难积极评价另一个在巴黎的马克思，即关于巴黎公社的历史学家——1871 年的马克思。1844 年的马克思理解并热爱（至少是欣赏）因长期遭受苦难和疾病折磨而忍无可忍的巴黎的工人阶级。三十年后，研究巴黎公社的历史学家马克思抹去了细节并且无视首都的政治传统和复杂性。但他却对巴黎公社极感兴趣，甚至为他的巴黎朋友们提供了军事上的指导："要是公社听从我的警告就好了！"他在 1871 年 6 月写道："我建议公社社员们应该加强在蒙马特高地北部对普鲁士军队的防范，而他们还来得及这样做；我警告他们，不这样做的话将陷入敌人的圈套。"年轻时候的马克思，是否也像弗洛伊德，梦想过军人的生涯？

马克思的史学方法的目的显然是要将巴黎人说成是世界无产阶级的先驱，因而也是普世主义的和相信千禧年论的无产阶级，他预言胜利即将来临。马克思主义者（而的确不是马克思本人），尤其是列宁（他于 1909 年 7 月至 1912 年 6 月在巴黎生活过，喜欢在后来成为达达主义者和超现实主义者的聚会地——"丁香园"里喝咖啡并且欣赏那个时代的学院派绘画）认为，巴黎公社（显然是巴黎的事件）将失去它的历史特性，而今后，它只不过是不可抗拒的进步事业在不可阻挡地前进中具有某种意义的一个阶段。（这是[反]苏维埃的幽默故事中提到的一个问题：原始人在读过了马克思的著作以后，于洞口挂上了红底金字的横幅，上面的口号是："无产阶级前进中不可逾越的阶段——奴隶制万岁！"）苏联的历史学家认为，很遗憾，巴黎公社的战败者为了一项超越了他们的理解能力而苏联的历史学家却完全理解的事业而牺牲，而这在培养世界无产阶级的觉悟时是必须考虑到的。

然而，要知道，公社社员中的大部分，约占三分之二的人不是马克思主义者，甚至也不是社会主义者：德勒克吕兹是一个"历史的"但却是非常有代表性的人物，他对曾批评过自己的极端普世主义的现代化主义者儒勒·

瓦莱斯叹息道(不过却是错误地),你也许是对的,并补充道:“我代表着另一个世纪的思想。”巴黎公社社员的理想与革命前首都平民百姓的理想,或者说与无套裤汉的理想一样(我们没必要在这个问题上过于执拗)都是合作社会主义而绝非集体主义。这基本上可以用当时首都的社会素质来解释:在两百万人当中,有十万两千个老板(其中六万两千人是个体业者),两万七千个工头管理着四十六万名工人(其中四分之一是妇女,并且文盲只占百分之五)。

的确,在真诚的民主主义者——公社社员们看来,雇佣劳动者的人数最多,理应由他们来统治这座城市。巴黎公社是属于这些普鲁东主义者的,而他们就是巴黎公社;但他们也明白应该和其他公民一起合作来管理这座城市:1848 年的前省长德勒克吕兹认为,那些他十分反感的社会主义者妄图把法国变成“一座修道院或者一座兵营”。我们要补充的是,公社在理论上是民主的,在实践中也是这样做的——如果仅从围困刚一解除,就有几千个资产者家庭逃往外省以及对他们的供给这一点上来说。(顺便我们还要指出,1914 年,七十万巴黎人逃离了首都,1940 年则更多,这使得魏刚将军很害怕巴黎的共产党人来控制政府。)

这并非要把巴黎公社说成是一个毫无社会作用的事件。巴黎公社社员不是(像某些人所希望的那样)因为延期偿还债务的要求被搁置或失败而心生怨恨的民族主义的小资产阶级。相反,应该描述一个公民的、巴黎的、积极参与的、联合的并且通常是普鲁东主义的巴黎公社,因为公社建立在了个人以及各种机构的言论自由的基础之上:两种性别的俱乐部和协会、国民卫队、工人联合会,行业协会和社区协会。还应该知道,在 1871 年,许多巴黎的工人组织始建于 1848 甚至 1830 年,有些是属于民间合作组织,如“合作贴现银行”。

巴黎公社社员是本能地在一个神话的和被神话化了的巴黎中幻想的民粹主义或合作社会主义革命者。(这里应该指出,真正在巴黎工厂里做工的无产者总体上不如手工业者挑剔：例如，那些在拉维莱特屠宰场工作的人是真正的无产者，他们甚至因为反对公社派来的领导人而举行了罢工。）典型的公社社员，也即巴黎的手工业者是为了自己的地区，同时也是为了全人类而造反，但正是巴黎公社社员的激情和尊严（如巴黎公社的财政委员，欧仁·瓦尔兰）而不是他们的“无产阶级先驱”的角色在实践中证明了他们的军事和政治（这通常互不相干）经验的伟大。我们再回过来看看瓦尔兰这个人，他在与年轻的蒙马特市长克莱蒙梭的对话中提出了巴黎起义者的要求：“我们要求巴黎公社的独立豁免权，取消警察局，赋予国民卫队任命其各级军官的权利……拖欠房租在500法郎以下全部免除……一部有效的、公正的法律，最后我们要求军队从巴黎后撤二十法里。”不错，巴黎公社更愿意将它的市场让给工人协会组织，而不愿给那些大的鞋类生产商如“Alexis Godillot”，但这个问题和马克思主义的纲领无关。

正如大家经常注意到的，马克思对于1871年巴黎公社经验的历史意义的看法不是一成不变的。因为在1870年9月（巴黎公社的爆发是在次年的3月18日），马克思想阻止巴黎人起义而进行了直接干预。但这是在事件发生**之前**。而在这之后的1881年（他去世之前两年），马克思在给一个朋友的信中又写道：“巴黎公社不是并且也不可能是社会主义的”。

其实，那个年代的马克思在内心深处认为巴黎公社的起义既无必要甚至也不恰当；因为马克思在1871年已经成为亲德意志分子而不是仇德意志分子了，他更像是一个民主主义者而不是革命者：“应该好好地教训一下法国人”，马克思在1870年7月20日给恩格斯的信中写道：

“如果普鲁士人胜利了，国家权利的集中会有利于德国工人阶级的聚集。此外，德国的胜利将把工人运动的重心从法国转移出来；而只要比较一下这两个国家的运动就可以看出，从1866年到如今，无论

① 埃米尔·科蒂耶(1810—1871),《被推倒的旺多姆圆柱》,1871 年摄。1793—1794 年,巴黎的无套裤汉们终于有了政治觉悟,但这(或多或少)是外省的雅各宾主义者和资产阶级所使用的术语。1830 年 7 月和 1848 年 2 月"资产阶级"革命以后,发生了 1848 年 6 月劳动者自发的、无理论指导的起义。再后来的这一阶段,便是马克思主义末日论里所说的,梯也尔的罪恶军队和巴黎公社的工人阶级国家之间发生的《法兰西内战》,公社在布满了街垒的旺多姆广场上推倒了拿破仑的圆柱以示决心。

照片。巴黎,奥赛博物馆藏 *© Photo RMN-© Michèle Bellot.*

② 旺多姆广场上被公社社员推翻了的拿破仑雕像,1871 年摄。在被推倒的拿破仑雕像旁,身着军服的公社士兵和戴礼帽的军官为自己在争取自由的斗争中的历史地位而自豪(如他们自己所见),也为自己的城市在这部现代史诗中的角色而骄傲。

照片。佚名© *Collection Roger-Viollet.*

是在理论上还是在组织上,德国的工人阶级要强于法国的工人阶级。"

19世纪60年代,有两件大事对他的影响极为深刻:1865年,美国北方战胜了南方,另一件是1867年的第二次《比尔改革法案》即计划扩大普选范围使得英国工人阶级基本上都可以参加投票。因此,1871年8月,马克思在接受一家美国报纸采访的时候说过,如果伦敦人民起义那将是一件"蠢事"。1872年9月,在阿姆斯特丹,马克思重提了这个话题:无产阶级将在全世界取得胜利,但方式各不相同。他又说,在美国,在英国,"以及在荷兰,假如我对你们的制度没有理解错的话",将不会有革命。

因而,马克思并没有幻想共产主义会在公社社员的思想上产生什么重要影响,公社最大胆的行动是禁止面包房的学徒工上夜班。(我们也知道,公社政府没有敢[或不愿意]没收法兰西银行的金库——这个成为了与首都为敌的法国金库没有控制在巴黎市的手里。)但,马克思不是试图去理解巴黎工人阶级的观点(像他在1848到1851年各种事件中的出色表现),他在1871年所写的关于巴黎公社的著作(题为《法兰西内战》,因为他觉得应该强调这是两个国家的军事冲突而不是一场简单的两个政治集团之间[如1830年]或者是两个社会集团之间[如1848年]的革命)是一件宣传作品而不是一部客观公正的著作。所以他所编写的巴黎公社历史是不真实的,因为,整个这段历史的重点是将巴黎公社的历史经验整合(并歪曲)后写进了他自己的科学社会主义体系中。而这一切都大量地使用了条件式:马克思告诉我们,假如巴黎公社能够生存下来,人们将会看到什么呢?他非常错误地答道,一场没有无产阶级特性的革命不可能在巴黎爆发。非常能说明问题的是,在他的文章中,公社妇女们那些惊心动魄的行动几乎没有被提及过,在其女权主义的观点中也从未出现过。同样,马克思尽量避免突出公社波希米亚人的叛徒(瓦莱斯、里果)的重要作用,这些人其实是无政府主义者而不是集体主义者。

为什么要把巴黎公社说成是无产阶级的大革命呢？首先而且仅仅是因为马克思一定要将这次具有决定意义的事件与他那个时代的历史结合起来：一个19世纪的论说中没有巴黎公社的位置那还有什么意义？但另一个更有意思的原因是这位勤奋的莎士比亚和索福克勒斯的读者想要将巴黎公社写进他自己的元叙事中去，以便在1789年以后的巴黎——世界革命精神之都的神话中加入一颗马克思主义的新星。他写道；“武装的巴黎就是武装的革命。巴黎对普鲁士侵略者的胜利将是法国工人阶级对法国资产阶级及其国家寄生虫们的胜利。”

马克思在巴黎公社失败后的几个礼拜，曾以讥笑的口吻写道，《每日电讯报》在“一天之内制造的神话比此前一个世纪捏造的总和还多。”确实如此，但有些不同的是，1844年曾在巴黎做过哲学—历史学家的马克思，在1871年时也是记者兼理论家，这是一个会使人对首都历史学家们的方法产生联想的重大转变：19世纪巴黎手工业者的革命意志是不可否认的事实，但是将巴黎的流浪儿当成是法国大革命（大写的革命）的行家，这也是否认巴黎的精神——一种平民的而不是真正无产阶级的精神，也许是社群主义精神，但又是喜欢争论不休的，不满现状的并且爱开玩笑的精神。那么，对这样一个巴黎来说，谁是最好的历史学家呢？马克思？电影《最后一个百万富翁》里的勒内·克莱尔？甚或是那个20世纪50年代在纽约郊区避难的乔治·西蒙农？

公社是革命巴黎的最后一次大爆发，被一个世纪的革命吓破了胆的巴黎右派对左派的仇恨是怎么形容也不过分的，而这革命是右派自己（自酿苦酒的人）发起的。《珐琅与雕玉》的唯美主义作者泰奥菲尔·戈蒂耶气得发疯，他写道：

“所有的大城市都有狮虎山，粗厚的栅门将一切毒蛇猛兽、一切人类文明无法驯服的邪恶，还有那些嗜血的家伙，那些看见火灾像观赏礼花一样高兴的人，那些将偷窃当做乐趣的人，那些视伤风败俗为爱情的人都关在了岩洞里……某一天，不幸突然发生了：粗心的管理员忘了锁门，那些凶猛的野兽咆哮着在城里四下散开。兽笼的大门洞开，凶残的'93 年'鬣狗和'公社'大猩猩冲了出来。"

而第一次，1789 年的敌对双方发出了相同的声音，让-皮埃尔·贝尔纳援引了 1871 年（在里昂）令人尊敬的于盖神父的一篇文章证实了这一点，这篇文章的标题很说明问题：《巴黎的罪与罚。重生的法国战胜了教会》，文章认为，巴黎的确是世界之都，但却是疯狂的、堕落的、叛逆的"世界领袖"（princeps mundi）："长久以来，那些大人物、预言家一直宣称巴黎将受到严厉的惩罚，法兰西的首都将遭受烈火的考验。"

也许，巴黎人从来没有比在公社革命期间和失败之后（既不是在共和二年也不是在 1936 年）更由衷地相互憎恨。从发生在旺代省的蓝白军之间的相互仇杀到 1944 年的复仇清算和民兵自卫队的酷刑，在这场漫长的法兰西内战（悲剧性地始于 1790 年 7 月 14 日——巴黎的国庆狂欢日）中，最为恶劣的是，凡尔赛的士兵在梯也尔（这个"奸佞小人"，马克思语）的军队重新占领巴黎的时候，在普鲁士人轻蔑的目光下所犯下的暴行。两万多巴黎人倒在了他们的枪口下，多数是在拉雪兹神父公墓，但也有些人倒在了宁静的卢森堡花园和蒙梭公园里。

自从这次起义后，自从这次革命后，众所周知，巴黎倒向了右翼而不是左翼：1968 年的风暴基本上是一场学生运动，而实际上，是居住在巴黎的外省人而不是本地人的运动。同样，法国共产主义的堡垒根本不是在手工业者和小业主中间，而是在北部的大工业区，在中部、东南部的落后和贫困的农业地区，以及首都可悲的近郊区。

布朗热主义是向右的转折点。革命巴黎的神话到这里基本画上了句号；至于左翼运动，实际上，巴黎19世纪下半叶的极左派明星是那些孤独的无政府主义者而不是社会主义者领导人。1892年被砍头的拉瓦肖尔才真正是布朗基的传人而不是和平主义者若雷斯。但是，巴黎的革命传统被社会主义和马克思主义吸收后使得这一切很难被察觉。

然而，尽管这是一次向右转，下面的这种看法也未必不恰当：无论如何，今天的巴黎仍以自己的方式保留着现代甚至当代马克思主义者的革命意识。这个问题关系到青年时期的马克思（德·白洛斯和本杰明·贡斯当的读者）所阐述的关于拜物主义，关于"Warenfetichismus"（英文是"commodity fetichism"；法文则过于模糊和深奥——"商品拜物教"）的意识形态体系，是1967年产生德波的"景观社会"和20世纪60年代的情境主义意识形态的思想基础。因为从1844年出现的并在1857年的《手稿》和1867年的《资本论》中加以发展的一条马克思主义的基本原则就是，在资本主义环境里（我们今天称之为经济或市场型社会环境），商品的价值脱离了它们真正或实际的价值：在中世纪，一件商品的价值（原则上）或多或少等同于人们实际能从它身上得到的使用价值；但在一切都可以买卖的现代资本主义社会，商品通常得到的是一种拜物主义者的自主权。它没有内在的价值，其价格并不反映创造这件物品的劳动价值。它的价值是由市场来决定的。比如，因此而出现了投机交易的浪潮，法国第一家这样的公司是1720年设在甘康布瓦大街的劳氏印度公司。也正因此，瓦尔特·本雅明认为，富有经验的收藏家把这种缺陷当做一条原则，以资产阶级的方式来与资本主义的股份制作斗争，并将商品与其原始功能的分离推向了极致：也即"尽可能紧密地把他认为相似的商品联系在一起。这种联系与商品的实用性决然对立，是属于一种出色的完备性"。所以在这里，最理想的就是收藏那些曾经有用，但后来变得毫无用处，同时，因为无用而又无比珍贵的东西。

从这种当代新马克思主义理论对19世纪三四十年代所作的解释到当

③ 卢森堡公园,处决巴黎公社社员,1871 年 5 月。这幅版画发表在英国的一份期刊上,向它的读者(辉格党员[whigs]和托利党员[tories])展示了法国政治激情的血腥本质:在 1867 年的二次"改革法案"之后,设在卢森堡公园内的军事法庭下令进行一周的血腥屠杀以示惩戒。这座公园曾是法国古典主义的圣地,就这样变成了野蛮行径的祭坛。

版画。巴黎, *BnF*, *département des Estampes et de la Photographie.* *© BnF, Paris.*

代景观社会的人为性问题,正如居伊・德波所说,只有一步之遥。Warenfetichismus(拜物主义)、人为性—非真实性—景观社会;都市生活中社交性的解体,成为了纯消费者的生产者的精神解体:在昨天的巴黎的情境主义者看来这一切都是必然。

历史的讽刺是:马克思主义中的唯物论和粗糙的目的论吞噬了巴黎的联合革命主义。在这种背景下,真正的巴黎公社消失了而让位于一段虚假的历史,它把极富教育意义的巴黎公社说成是从马克思主义走向斯大林主义反民主和独裁过程中的一段插曲。但在情境主义者(左派,但反对法国共产党的所谓正宗马克思主义)看来却正相反,巴黎公社是一个榜样、一个节日、一个追求自由和合作社会主义的神话,从而,它是一个起点而不是结果。

在1788年的巴黎,谁也不相信这座城市会像伦敦那样成为革命的中心,路易・塞巴斯蒂安・梅西耶曾写道:"由动乱转变为暴乱想必已成为不可能的事了。"而1968年的"五月事件"刚一过去,人们就又开始幻想并确信巴黎终于冷静了下来。然而在今天,尤其是在巴黎,谁不是在遭受一切都是人为性的痛苦呢?谁不渴望在社会交往中有一个更高的透明度,一种更加团结的情感呢?假如,德波和他的情境主义者们所期待的著名"情境",奇迹般地突然出现在巴黎,这将是和平与非暴力但却是决定性的时刻,是一切都可以被质疑的时刻,是人们终于厌倦了景观社会的时刻,巴黎以完全和平的方式重新回到未被意识形态化和斯大林化的过去并且是自由与人道主义的过去,那么,在巴黎是否就不会发生如此罕见的对公社的报复,就不会有意想不到的历史的讽刺,就不会有真正的惊奇?

第三章 巴黎，罪恶的神秘之都

一个神话掩藏着另一个神话；尤其是在1830年的革命以后，巴黎——革命精神以及知识界之都的神话将造成被神话化了的对另一个从此被认为是一个过时的、肮脏的、破败的、罪恶的巴黎的恐惧。巴黎——革命之都是走向未来；而罪恶的巴黎则完全相反。这是要用欧斯曼实现的梦想来解决的两个截然相反的问题。而这个梦想又将产生新一轮的神话运动——使一个老巴黎成为神话，它不再是罪恶的巴黎，正相反，它让人想到一个有安全感的、风光绮丽的迷人世界。

这是神话的辩证法，它使我们想起了亲马克思主义的新社会阶层划分法的解释；因为在这个哲学而不是社会学的世界里，所有的社会阶级（贵族阶级与资产阶级或资产阶级与无产阶级）再也不可能独往独来了。长久以来，人们不可能只想到一个阶级而忘了另一个阶级。E. P. 汤普森（牛津大学的马克思主义者，阿尔都塞的冤家对头，同时也是《英国工人阶级的形成》[*Making of the English Working Class*]的作者）说过，说到资产阶级，必然就会想到工人阶级。要使英国的工人阶级能够形成，首先必须要有一个英国的资产阶级，这个阶级自己明确反对不列颠的贵族阶级，甚至反对整个传统主义的社会。这种二元推论在巴黎社会的实践中就可以这样来解释：之所以会出现 1793 年的无套裤汉，正是因为，用当时的语言来说，那里还有"老实人"。而这条二元性的定律（是否可以说是结构性的定律）也适合于巴黎神话的起源。巴黎——罪恶之都的神话、"劳工阶级——危险阶级"的神话是"巴黎，现代性之都"神话的后果。

让我们来这样理解，这个神话的起源不是社会整体而是要有一个意识形态的或想象的环境，其中新神话的作用是抵制前一个神话，并因此，无意中使它流传，同时也支持了它。罗歇·卡伊瓦曾经说过："任何有点神话常识的人都应该知道这些神话是同时由一种有着自己的范畴和句法的自动扩散和自动凝结的特殊辩证法从内部来引导的"。

因而在巴黎，这种结构性的反复始于巴黎——知识界之都的神话，这个神话后来被革命巴黎的声望所接替，与此同时，大约在 1830 年，又出现了一个老巴黎的神话。在所有的想象中，现代性迟早会实现的地方正是在巴黎（大家都确信）。然而正是在这个巴黎，人们等来的与所期待的完全相反：疾病蔓延、阴沟堵塞、垃圾恶臭、卖淫嫖娼。这是一个脏水横流、塞纳河被污染的巴黎，是对现代性的宇宙进化论神话的侮辱，而后来，到了 1880 年，在新魔幻，即一个陈旧、熟悉而又安全的老巴黎的魔幻出现的时候，这个现代性的神话导致了对自己的否定。

巴黎：罪恶之都。那些思想正统的人认为，1848 年的超级政治化和平民的巴黎是世界上最令人不安的东西，既是罪恶的巴黎也是产生革命的地方。这个巴黎是危险的火山。梅特尼西说过，当法国打喷嚏时，整个欧洲会得肺炎，而这种法国传染病的源头正是在巴黎。他认为，能够成功地在这个或多或少令人诅咒的首都牢牢地掌握政权的法国领导人是非常精明的。尽管路易·菲利普是平民国王、奥尔良公爵的儿子，他本人却是宪章派、山岳党人并被砍了头，他正是因为懂得怎样掌权(至少在十八年的时间里)，甚至赢得了沙皇尼古拉一世的敬意。

路易·施瓦利埃对这种反巴黎的心态曾经有过经典的解释：这位作者认为，1789至1850年的首都人口问题是理解巴黎这段历史的关键。

其实，在七月王朝时期，如果仅仅是因为巴黎在1840年前后每年有超过一万八千人死亡而出生不到一万四千人，这种人口论是非常特别的。巴黎的死亡率很高。死亡的年龄也很低，首都在1840年时的期望寿命与今天的印度差不多：新生儿的期望寿命是二十九岁。三分之二"生存期超过一年"的儿童期望寿命大约是四十岁。

然而，这个在贫困与死亡线上挣扎的巴黎似乎还是人口膨胀得过快。(很难精确地统计它的人口，路易十六时期可能有六十万人；1831年有七十八万六千，而1846年则是一百零五万四千。)因为尽管死亡率高得出奇，巴黎潜在的犯罪人口因为恶劣的生存环境仍呈直线上升的趋势，从1830到1840年，每年的外来人口有一万六千到二万五千人之多，一方面，他们在这种环境里偷生，另一方面不断地重复着从工人到苦难，从苦难到偷窃，从偷窃到犯罪的社会延革。从1820至1850年，大部分移民无法适应巴黎中产阶级的风俗习惯，住的地方越来越差，而且，施瓦利埃正是针对这种不卫生的生活状况有过详尽的描述。在1832年的霍乱流行期，《论坛报》描述了巴黎的外省移民中那些赤贫者的悲惨境地——不能不令人想起今天巴黎移民的境况(要比今天的情况恶劣得多)，这本期刊这样写道："在[巴黎辖区的]五分之一的土地上，[蜗居着]全部人口的二分之一。有些地区，如法尔希区，每个人只有七平方米的空间，有的地方……一间屋子里平均要塞进三十、四十甚至六十个人。"(注意，这个在里弗利街东头的社区，人口从1851

年的一万二千人下降到了1856年的不足四千人，这也证明了欧斯曼的工作效率令人恐怖。）

路易·施瓦利埃认为，这种可悲的状况产生了两种反应。其一是我们已经熟悉的，把那些多数仍是来自法国北部的移民（金发碧眼的洛林人、布列塔尼人和诺曼底人），视为有损民族利益的人或者是准外国人。（相反，正是在这一时期，巴黎的报纸创造了沙文想象中的本土人物：士兵、公民、农夫和爱国者。）埃米尔·梭维斯特认为这是指"来自各地的流动人口，对他们来说，我们这个法兰西的巴比伦只不过是欧洲沙漠中的客栈"。在这个问题上，另一些人将巴黎的工人看作是一种野蛮人，将巴黎视为道德沙漠。这些新的无产者是"巴黎的贝都因人"。在诗人德斯蒂尼的眼中，巴黎"只不过是一座污秽的大水库"：

> 四面八方，人如潮涌，
> 好似千条激流，肉体的激流，
> 上下翻腾，沉渣泛起。

欧仁·苏在《巴黎的秘密》中描写了一个意大利庸医、一个英国教书先生、匈牙利仆人以及一个克里奥尔妓女。书中还有印度和犹太流浪者、达尔马王子和他忠诚的法林格，另外还有身份和国籍永远都是谜的恐怖杀手。欧仁·苏认为，鉴于这个巴黎无产者的原籍是外国，其在文化上的意义也就不同，他写道："我们试图在读者的眼前展现和库伯所描绘的野蛮部落同样处于文明世界之外的其他野蛮人生活的几个片断。只不过，我们所说的野蛮人就生活在我们中间"。这些巴黎人对作家布雷来说当然是野蛮人，他认为巴黎工人阶级最主要的问题就是贫困阶级中最堕落的那部分人对"酒精的［痴迷］"，这种痴迷的程度只能从"那些野蛮民族身上找到相似之处。非洲海岸的黑人为了一瓶烧酒会贩卖他们的孩子甚至贩卖自己。酗酒在灭绝北美土著人的过程中比蓄意大屠杀和饥饿所起的作用更大”。在巴黎，工人阶级好像是国中之国。维克多·富尔奈尔认为：

> “拾荒者们讨厌资产阶级：他们只在自己人之间交往；他们形成了单独的社会，有属于自己的习俗、自己的语言、自己的社区，人们也只能拿这个社区与中世纪麇集着走投无路的犹太人丑陋与肮脏的街道相比较”。

然而，施瓦利埃认为，法国的甚至欧洲的统治阶级更应该用评估犯罪行为的方法而不是用排外思想去理解巴黎新产生的无产阶级。所以他写的文章名为：《劳工阶级，危险的阶级》；由于不能理解这些来自一个新工业化社会的新工人，这位资产阶级的评论家（他不可能读过马克思和基佐还没有撰写的文章）用他非常熟悉的模式来解释这些新人的出现：由于工人与罪犯生活在一起，住在同一个社区并且处在同样的困苦中，这种将工人与犯罪混为一谈的方法似乎更有道理了。

这个的确超出了当时统计能力的巴黎的犯罪问题（很多是虚构的），曾经非常流行。这个问题甚至在文学和社会学之间曾出现过趋同性（奥古斯特·孔德的同代人就已经有这样的看法了），一方面，有那本名著《危险阶级》一书的作者福莱基耶对生活在首都的六万三千名罪犯的描写；另一方面，有巴尔扎克在《老实人的法典》（1825 年）中的评价。因为在这两种既是文学的也是社会学的文本中，犯罪分子总是无处不在。他们在戏剧里也比比皆是：皮塞雷古，也称作高乃依·杜布勒瓦，一个人就写了一百二十多出这样的戏剧。类似的还有，雅尼塞·布尔乔亚、布夏尔蒂、德内里以及后来成了 1871 年巴黎公社恶魔的菲利克斯·皮亚，他们也都将戏剧和小说的注意力集中在了贫穷、犯罪、淫乱、违法和剥削上。先是 1850 年以前的《鸭报》，之后是更平民化的《社会新闻报》以及埃米尔·吉拉尔丹的报业传媒，都对这些半文学、半社会学的忧虑轮番炒作。两百万报纸的读者一期又一期地跟随路易·莱博的思路去追踪巴黎的一个碎尸案，是他杜撰了杰罗姆·帕图罗这个人物。

这是对犯罪行为的忧虑，并且它有好几种形式：文学的、社会学的、医学的甚至是生理学的忧虑。在这个推崇科学的世纪里，巴黎创造了一种研究某些无赖的犯罪生理能力的神话（也许，只是伪科学）医疗科学。拉雪兹医生在1822年谈及巴黎的生活时说过："这种持续的脑力劳动，这种长时间的精神亢奋，必然会产生一种神经过敏——一种医生永远不应该忽视的大脑控制力"。不过遗憾的是，很容易把20世纪的恐怖行为与这种将巴黎的犯罪行为"科学化"联系在一起，这种"科学化"又被意大利人凯撒·龙博洛索和法国人夏尔·佩理耶在1900年进行的多少有些种族主义色彩的伪科学研究所替代，后者还是《犯罪学》一书的作者。

路易·施瓦利耶的分析是很有些道理的，这里并不是非要把神话学与他的历史社会学结合在一起而使人对他有什么曲解。资产阶级的中间派无疑将其"带家具的公寓居住者"的认识写进了自己对犯罪与罪犯的认知中；但他们认为这些也属于神话的辩证法。巴黎的大资产阶级自认为是现代的和致力于现代化的阶级。从此以后，他们反对任何情况下的酷刑以及任何非国家行为的公共暴力。他们的使命、他们的神话，在当时，明确了他们不属于最终被打败的中世纪。（这是在1830年。我们还记得查理十世，这位旧制度的最后一位王子，曾经［1789年］的阿尔图瓦伯爵，此时正在布拉格避难）所以很简单，出于神话内在的逻辑，并且为了将他们的新左派敌人打入地狱，资产阶级用自己的现代性神话，逐步制造出了一个敌对阶级的神话，这个阶级的确勤劳而危险，但更主要是不适应现代性、阴郁、不喜欢干净、透明和沟通。因此，在事实与创建一种劳工阶级—危险阶级的思想之间，悄然出现了另一个神话——罪恶巴黎的神话，它对于可预见的、规范的、有序的、合乎理性的、资产阶级前途的神话来说是一个致命的障碍。

这种对罪恶巴黎最高(或最低)的评价在浪漫主义文学对大罪犯详尽而带有神话色彩的描写中找到了它最好的表达方式。在个人自由取得了胜利的1840年的巴黎,塔列朗是一位天才的外交家,正如拿破仑曾经是一个天才的上尉;而罗斯切尔德是一个天才的银行家;夏多博里昂,一个天才的传记学家(而且,他自己也不停地向我们这样表白);后来还有德拉克鲁瓦,天才的画家以及雨果,也是天才的诗人(如果还剩下一个诗人的话,那就应该是他)。不错,与他们同时的还有拉斯纳尔,也试图用他的笔杆子和他的行为来表明他是最伟大、最天才、最有文学素养的江洋大盗,但他却没什么成绩。相反,在巴尔扎克的《高老头》里,沃特兰这个人物倒是更为成功,因为他集社会边缘人和天才的各种元素于一身:同性恋——他内心不是爱上了年轻的拉斯蒂涅吗?大难不死的沃特兰是一个逃脱的苦役犯、无敌杀手、犯罪大师。他是一个地下犯罪网络的头子,因而更加危险。在《人间喜剧》里,他将成为耶稣会会士,再后来成了巴黎的警察局长。

因此,在1848年,无论是在生活中还是在文学里,说到巴黎,必然会说到暴力违法和犯罪。巴黎的新报业(是一部制造低档神话——魔幻的机器)巨子埃米尔·德·吉拉尔丹的妻子戴尔菲娜·盖在1844年谈到她那个年代时惊呼,“一个月来,[她]听到的都是夜袭、打劫、盗抢”。尤其使她恐惧的是袭击者们不分贫富,“绝对公平”。况且,这种把作家们认为的犯罪说成是教士日课经的文学忧虑,不仅会影响到当代,还会影响到过去和未来:巴黎将来肯定是无法居住了,因为到处都是罪犯。而由于记忆重现的原因,从此以后,过去的巴黎以及它的“圣迹区”(其实早在18世纪就只存在于传说中了)将永远作为凶险之地而出现,比如,当我们阅读埃利·贝尔特在1854年写的《巴黎的地下墓穴》时发现:我们必须处在1770—1775年的巴黎才能理解一个叫做梅达尔·佩尔纳的恶行,这个反面角色是个昼盲妖(确切地说,有夜视能力),梦想着毁掉所有巴黎的建筑为其曾在沙滩广场被车裂的父亲报仇。佩尔纳是个鬼才，成功地绑架了小说的女主人公，这个劫持者打算用炸药将这个年轻的女人埋葬在被雷电击毁的瓦尔—德—格拉斯的一堆废墟里，却在最后一刻释放了她。

犯罪巴黎的神话通过文学作品广为流传，而也许，通过众口相传而改变了无论是巴黎城里还是城外的富人心目中的环境形象。人们认为在18世纪，这座城市由社团体系管理得相当好（应该说是自我管理）：巴黎的警察还算热衷于一切与偷窃有关的案件，但不愿真正花力气去关心暴力或伤害案件，除非涉及到了谋杀，而奇怪的是公众对此可能也麻木了，这使人觉得首都的街道在当时好像是相对安全的地方，而郊外的大马路——实际上就是整个农村地区倒与想象的相反，是极端危险的场所。卡多什，的确是在巴黎活动；但曼特兰*却主要是在外省活动。所以，在1789年，那些胆怯的贵族无论如何要逃到城里去找一个相对安全的庇护所也就理所当然了：其实，1789年的城市要比农村更加革命，但那些被吓坏了的贵族并没有这样去理解这座城市。

1840年，罪恶巴黎的神话推翻了这种观点。从此，郊外的马路是一种有趣的奇遇，一种逃避；而乡村，则是庇护所。此后，城市恰恰成了犯罪的胜地，而罪恶巴黎的形象还有另一种效果，那就是重新燃起了巴黎人（以及画家）对乡村、自然、花园、沙滩以及山区等美景的热情。1833年，年轻的维奥莱·勒杜克在巴黎待腻了（他1814年出生于此），觉得有必要去巴斯克地区旅行，他认为这是一次值得肯定的体验，有一点遗憾的是他在那里遇见了首都的其他居民，关于这次邂逅他写道："巴黎人的精神传染病简直太可怕了，这会伤害那些刚刚来到这个世界的弱小灵魂，我离他们越远，就越感到担忧。"由于巴黎成了犯罪之都，大自然反倒成了纯洁与幸福的同义词，成了

* 卡多什、曼特兰均为17世纪的大盗。

乔治·桑笔下不朽的、田园诗般的景色。固执的波德莱尔仍然不喜欢自然，他写道："乡村对我来说是丑陋的。"但在这个问题上，没有什么人赞同他。为了逃避城市的乌烟瘴气，巴黎人梦想着躲进这片新天地——不久之后也成了印象派画家的圣地，而从1840年起，一张巨大的铁路网将首都与偏远的乡村连接了起来：在福楼拜的《情感教育》里，弗里德里克·莫罗和罗莎奈特就是在枫丹白露度过了1848年6月的那些重要日子。

城市里表现出来的这种相同的意愿是重新关注巴黎的花园，也即关注与城市规则相悖的市内花园。所以，布洛涅森林、蒙梭公园的英式花园（大家知道，那里埋葬着几百名巴黎公社社员）是明显摆脱了城市不良气氛的几个值得一读的例外。也许，这种花园寓所以及田园生活的理念是个老问题：在英国，蒲珀提到过它；而在法国，从布瓦洛到公民植物学家让·雅克·卢梭，都谈到过这个问题。但是到了1830年，这种思想重新活跃了起来。我们还应注意，拉雪兹的花园公墓始创于1804年。

拉斯蒂涅和于连·索莱尔，这些野心勃勃的乡巴佬后来在巴黎大放异彩。但这只是在昂古莱姆和贝尚松的腹地，在他们的姐姐或德·莱纳夫人身边的时候，才会像今天的旅行社广告词所鼓吹的那样，"思如泉涌"。浪漫主义的诗人希望在巴黎受到追捧，但这正是由于他更好地理解了乡村。画家泰奥多尔·卢梭在给朋友的信中写道，"别为我的《村庄》担心。如果我在巴黎把它画完，我心中对大自然最纯洁的印象将依然如故，这印象源远流长，永不磨灭。"

显然，很难正确推论巴黎的这种善恶二元论的外延。有多少巴黎人是这样思考的？我们不得而知，但我们却能想象得出这种世界观得到了充分发展以至于影响到了城市规划的想象力，而我们要强调的是，统计分析所证明的这一切并没有一个衡量标准：据前警察局长吉斯凯估计，1840年的巴黎有一万个骗子（意味着占人口的百分之一），其中六百个是真正的或潜在的凶手。我们还要指出（这里，我们列举的是德拉特夫人提供的数据）巴黎在路易·菲利普时期每年大约有五件公开处决的案件。至于夜间打劫的案件则从1839年的五十一件降到了1846—1850年的零。（有必要将这些数字与2001年巴黎的三十万起轻罪案件和四十九起凶杀案相比，其中四分之三的案件被破获。）

想象中的城市地理也受到了影响，因为的确，那些在1850年厌恶“劳工阶级—危险阶级”的人似乎忘记了中世纪的巴黎与源于现代性的初级阶段、源于启蒙运动以及1760—1770年地产投机的现代巴黎之间的旧界线（在大革命以前，这却是泾渭分明）。（早在1765年，建筑师帕特就说过“近五十年来，几乎半个巴黎都是重建的”。）路易十六的臣民，比如，梅西耶就认为，这种最原始的差距也是最明显的差距，这位《巴黎风景画》的作者说得很有道理。1879年，在首都的旧城中心（圣日尔曼－洛克塞卢瓦、圣安德雷－德萨尔）人口密度大约是每公顷一千人左右；而当时的新区则很少会超过每公顷一百人。

但是，这种中世纪的巴黎和路易十五重建的新巴黎之间在1780年时如此明显、如此真实的差别，在1840年的想象当中，已经变得模糊不清了。与泰奥菲勒·戈蒂耶同时代的人很少谈到18世纪的巴黎。这个在1780年的梅西耶看来极为现代的巴黎在他们看来已是老气横秋，缺少了现代化的特点。欧斯曼时代的人没有批评这个启蒙运动时期的巴黎，却也没有称赞它。他们认为只可能有两个巴黎，一个是他们心仪的欧斯曼的巴黎，另一个就是虽然还存在，但人们已不再需要的老巴黎。1760—1780年代的巴黎在这种二重性中没有自己的位置。

显然，人们永远无法就这些心态的原因以及在1840年使巴黎的无产阶级和资产阶级分道扬镳的道德与思想差异的原因达成一致的看法。破解这个大谜团的第一步显然是要更好地了解起决定性作用的社会事实，倘若不能,那就去研究其中那些我们所知道的事实,因为法国的行政管理机构决定量化它们,这种行政管理,我们还记得,是不太注重社会学和心理学的。它收集的数据有具体的管理作用,通常是为了税收并且难以操作;正是因为没有理解这一点,涂尔干在研究那些自杀原因的时候迷失了方向:假如当局搜集的是那些绝望者的心理数据而不是他们社会生活的可量化的环境,那可能就会得出完全不同的结论。

但是,还有其他一些方式(此外,路易·施瓦利埃也暗示过)是让我们去思考首都当时的不同社会阶层的不同社会化。1840 年的资产者怀疑工人并非因为他一无所有甚至犯罪,而是因为当时有两种"生活方式"的冲突:一个是资产者自己的生活方式,另一个是其祖先的那个生活方式,而这个方式的传承者已不是他原来的那个阶级。因此,施瓦利埃在谈到 17 世纪初巴黎的一部佚名著作《产妇的饶舌》时指出"我不禁目瞪口呆,尤其是当我想到她们的女儿以及她们的重孙女表达思想时所使用的[被谴责的]方式。这些路易十三以及风流国王同时代的女人都说些什么呀,也不脸红?"这里可能是假设 1840 年的巴黎无产者仍然被锚定在资产阶级早已摒弃了的那种陈旧的文化环境里。这可能是一种文化上的割裂:巴黎的资产阶级怀疑巴黎的工人阶级,因为后者在进行思考时与不久前学会了以不同方式来思考的中产阶级一样:在 1730 年,不论贫富,大家多少都有些信仰;在 1930 年,这样的人不多了,因而,这是新的和不同的一致性,但在 1830 年,在这个问题上以及其他许多问题上大家还是各执己见。

因此,1830 到 1840 年间的这种差距应该可以看作是一种趋向于弱化的差距,因为在后来的第三共和国时期,向农民大众(包括已移居到巴黎的农业人口)推行标准法语、普及教育、改善生活和提高卫生水平,实行了国民兵役制同时也消灭了文盲。

这种观点同样适用于雅各宾主义的背景:罗伯斯庇尔认为,无套裤汉是潜在的雅各宾主义者。雅各宾俱乐部和科尔德利俱乐部之间可能有区别,但并没有无法挽救的文化隔阂。埃贝尔是投向雅各宾的科尔德利分子。科罗·德布瓦和比约是雅各宾派却有很多科尔德利派的朋友。不过，断头机，这种被美化了的资产阶级暴力与“九月大屠杀”的那种野蛮（仅仅是表面上）暴力有多大的区别吗？

然而，五十年以后，马克思和他的同代人认为，这些社会的延续性松散了。以马克思主义的道德模式（照搬了基佐的纲领但反其意而用之）来看，巴黎的无产阶级和资产阶级毫无共同之处，纵使这个中间派的资产阶级自认为是激进的左派并且听命于坚定的共和主义者勒德律－罗兰。马克思认为，只有工人阶级才是真正的左派，这位《路易·波拿巴的雾月十八日》的作者对边缘分子（多数是波拿巴派），尤其对介于资产阶级和新无产阶级之间的波西米亚文人（其实他自己也属于这一派）没有丝毫的好感。

因而，在1840年时，以资产阶级为主的巴黎——现代性之都的神话使得今后对于有产者来说，只有两种可能性（或两个半）。要么是右派，已成为旧制度的毫无意义的残余（这是两个半中的那半个，且近几十年来在巴黎已无足轻重）。要么是胜利的、理性主义的、甚至是实证主义的、不明确反教权的，但主要是致力于现代化的、承载着未来的中间派。而面对着这朵鲜花的则是瘴气，是人们要通过巴黎底层民众的神话去理解的那种令人不安的、破败的、暴力的和犯罪的瘴气。用福柯在他的医学史著作《诊疗所的诞生》里的术语来说，今后，只会有一个病态的巴黎或正常的巴黎，具有讽刺意味的是，在1840年，这种正常的巴黎几乎是不存在的。直到欧斯曼的出现才使这样的巴黎真正成为现实。

1851年的泰奥菲尔·戈蒂耶厌恶巴黎的中世纪遗迹，他写道：“［巴黎］四分之三的街道都是恶臭的污泥浊水，简直是最原始的蛮荒时代。”最令他震惊的是当欧斯曼大规模拆迁的时候，“所有的丑陋”都暴露在光天化日之下：

“我毫不怀疑巴黎是多么的丑陋，因为它精心地以笔直的马路、蜿蜒的河流以及美丽的小巷将丑陋藏匿。只有当那些肮脏的东西暴露在众目睽睽之下，人们才相信了建设文明住宅并彻底改变这座城市的必要性。”

但仅仅过了不到三十年，老巴黎的神话，由于反作用力（这里，反作用并非是一个无意义的词）的使然，推翻了先前的那个神话，对于那个神话，戈蒂耶这样写道：今后，一方面，面对巴黎——现代性之都的、欧斯曼的、自由的神话；另一方面，面对巴黎——革命之都的神话，将会出现一种更加人性、更加温情的、老巴黎的反神话。欧斯曼看不起他的那些新对手，他写道，“欣赏那个他们只能从书本里找到的老巴黎是一种时髦。” praesentia odimus, absentia amamus*。但是今天，正是这位省长的蔑视而不是老巴黎的诱惑更令我们感到震惊。这个让欧斯曼讨厌的老巴黎今天仍然感动着我们，甚至极其感动：今天我们大家都喜欢的巴黎是世界上所有新旧大城市中最关爱其历史古迹的城市。巴黎 = 博物馆？人们偶尔会抱怨，但更经常的是喜欢……

这里，我们可以将巴黎与柏林相比较，柏林从 19 世纪起，基本上总是表现得很现代，当然在 1945 年以后，基本上就是一个现代城市了：早在 1804 年，惊讶不已的斯塔尔夫人就评论过这座普鲁士的现代城市有其特殊的地方：精心设计，但却肤浅，像是刻意的矫揉造作。成为了帝国的首都以后，柏林的突飞猛进更加深了这种第一印象。在第三帝国时期，轰炸，尤其是 1945 年 4 月的围攻，将资产阶级的、“威廉大帝时代的”（Wilhelminien）既傲慢又威严的柏林几乎完全毁于炮火之下。最后，战后的重建又抹去了这座

* 拉丁语，大意为：我们喜新厌旧。

城市的国家社会主义的过去，就像今天的重建正在抹煞共产主义一样。红色柏林在18世纪的时候曾居住着许多胡格诺教徒，后来大部分人成为了犹太教徒（比如，德国的女沙龙评论家拉切尔·冯·维尔哈根和亨丽埃塔·赫尔兹），它是一座历史不断更新的城市，瓦尔特·拉特瑙在1922年说过：施普雷河上的雅典时代刚过，随之而来的便是施普雷河上的芝加哥时代。德国人自己对此倒也无所谓。

相反，巴黎的形象、巴黎的神话要复杂得多，既古老又青春。这一切使得今天能够把一座玻璃金字塔建在昔日的皇宫庭院里；早在大革命以前，梅西耶就非常钟情于这座城市的古老建筑："我无限热爱哥特式建筑；它伟岸、大胆，令人惊叹不已[……]这些强烈的感觉源于这种激发想象力的建筑。"我们还想起了在巴黎出生的亚历山大·勒努瓦，他厌恶大革命中的文物破坏狂，是1794年"法国古迹博物馆"的创始人。

因而，从某种意义上来说，这种对老巴黎的关注是一种顽固的旧意识。然而，在1800年以前，这只涉及到一些相当孤立的行为和证据：大部分新古典主义的作家很少关注哥特式风格，直到1830年雨果的出现，崇拜老巴黎才真正成为一个新神话的开端。

当有人问安德烈·纪德，谁是法国最伟大的诗人，他面露难色地答道："对不起，只有维克多·雨果。"答得太漂亮了，同时也道出了雨果对巴黎历史的贡献。没有任何一个诗人用如此大量的笔墨描写了令人难忘的巴黎，他的确是巴黎**最响亮**的回声。（瓦克里在谈到巴黎圣母院时说钟楼的形状正好是雨果名字的第一个字母H。）雨果几乎拨动了所有巴黎人的心弦：1828年，雨果描述了巴黎的全景，1830年，他是"光荣三日"的赞美者；后来在1834年，他成了维克多·雨果伯爵，路易·菲利普的顾问；1840年，当皇帝的遗骨返回巴黎的时候，他又成了皇帝的歌功颂德者。除此以外，雨果还赞美巴黎的花园与雕塑、巴黎的天空、巴黎的音乐。他为1871的恐怖之年而哭泣;最后,再回到老巴黎的神话,雨果在1831年出版了他的第一部巨著《巴黎圣母院》,这是一个转折,或者更确切地说,它使这座应该感激他的城市获得了真正的重生。雨果认为,这个1830年的老巴黎绝不是一个无足轻重的陪衬而是一个有机的实体,一个鲜活的生命,一片“尖顶、钟楼、烟囱构成的丛林”;巴黎的“宏伟建筑”有一种“**发育和繁殖的方式**”,“它们如雨后春笋般旺盛地生长”。“向破坏者宣战!”所以,他在1832年写道:

> “在巴黎,文物破坏主义就在我们的眼皮底下兴风作浪。文物破坏主义就是建筑师。他自鸣得意,趾高气昂。文物破坏主义受到了欢呼、鼓掌、激励、欣赏、抚慰、保护、咨询、补贴、赞助、接纳。文物破坏主义是为政府利益服务的工程承包商。”

《巴黎圣母院》是巴黎历史上的一件大事,在它的影响下,整个新浪漫主义文学推翻了之前的“劳工阶级—危险阶级”的神话。与这个丑陋的巴黎——肮脏与罪恶的圣地相反,这同一个巴黎今后将是风景如画的艺术作品,至少是一件光怪陆离的、引人入胜的、生机盎然的东西。所以,在亚历山大·仲马的《巴伐利亚的伊莎贝》中,有两个人物在巴士底城堡的塔楼上惊愕地注视着这座从他们脚下伸向远方的城市,书中写道:“从东到西,满眼都是像星团一样的房屋,黑暗中的屋顶纵横交错,犹如大队的士兵正擎着盾牌冲锋陷阵”。在《尼古拉·弗拉梅,戏剧年鉴选编》一书里,奈瓦尔也爬上了圣·雅克教堂的塔顶去欣赏整个巴黎,当他抬眼望去,不禁叹道:“高哉,钟楼!拾级而上,地面上的一切似乎都坠入了我脚下的云雾。巴黎……那是整个巴黎啊;在雾霭的华盖之下,数不清的尖顶直刺青天……啊,巴黎……我真想纵身跃入这尖顶与钟楼的海洋……”。欧仁·苏的《巴黎的秘密》的负面影响加剧了资产阶级的恐惧,但此后,皮埃尔·扎克纳在1854年出版的《老巴黎的秘密》中介绍了1547年的巴黎概况,那虽然是想象但却是正面的描述。

④　让－弗朗索瓦·卡内莱(1755—1834)，圣－雅克－拉－布切里教堂，作于 1784 年。历史学家路易·施瓦利埃所痛惜的“对巴黎的谋杀”分为好几个阶段。最近的一次可能就是在塞纳河沿岸建设高速公路，而第一次则是大革命时期，大批宗教建筑被出售或捣毁。1797 年，圣－雅克－拉－布切里教堂遭到破坏，或者说只剩下它的钟楼了。它还有一个附属的象征，那是中世纪以来最强大的行业协会之一——大屠宰场的所在地，也是在旧制度时期，巴黎众多社团化的圣地之一。孤独的钟楼在欧斯曼重建工程以后就成了老巴黎的一个标志，也是少有的一个被超现实主义者赞誉的地方。

素描。巴黎， *BnF, département des Estampes et de la Photographie. © BnF, Paris.*

这个因为巴黎的第一次现代性神话的后果而在1830年左右变成了魔鬼般的老巴黎，苏醒了，这时，它获得了完全的新生；而这种希望巴黎老旧的思想不断膨胀，竟然成为了巴黎受到严重威胁的问题：1857年，一位旁观者，德国人阿道夫·史塔尔，像许多人一样没有料到“巴黎的新主人”要让旧城完全消失，而可能他所干的这一切无需1870—1871年普鲁士小学教师的胜利。*

然而，尽管有维克多·雨果，这个很老的巴黎在1850年以前却仍为巴黎的整个资产阶级所不齿。不过渐渐地，它又变得亲切、甜美了，也许是因为卫生方面的成果，尤其是因为众多的作家（艾萨尔、布耶、富奈尔和拉斯泰里）不仅连篇累牍地描述这个老巴黎的魅力，而且也描述了欧斯曼计划的粗暴。1856年，诗人夏尔·瓦莱特指责省长是“凶恶的破坏者”：

我寻觅巴黎，但却徒劳，
我寻找我自己……

当然，还有波德莱尔：

老巴黎已不复存在。
城市的面貌啊，
变得比贪婪者的心还快。

梅里雍在波德莱尔非常喜欢的版画里表达了这种新感觉，而瓦尔特·本雅明对此的理解极为精辟：

* 有些法国人认为，1870—1871年普军的胜利是因为普鲁士士兵从小受到服从、守纪律的教育，因而是小学教师的胜利。

> “他的版画作品是一首深刻描绘城市的诗，有着力透纸背的独到之处，这是因为尽管这些画是直接取材于现实生活，但很容易从中看出一种已经逝去的或行将逝去的生活……在他［梅里雍］身上有一种预感，他可能猜到，无论多么坚固的形态都是转瞬即逝的，那些生活中的奇美终将灰飞烟灭，他倾听着这些大街小巷的诉说，从建城伊始，它们就动荡不安，或毁灭或重建，这就是为什么他的怀旧情思能够穿越19世纪的城市而与中世纪相连，［并］通过所看到的真实外貌来抒发永远的悲凉。”

从此以后，人们为这个老巴黎，为它那满是招贴的墙，为埃德姆·布沙东在上个世纪雕刻的“呐喊”而伤感。人们为整个巴黎而惋惜，为它的每一条街道而惋惜，当然也就忽略了至今我们仍旧忽略了的事实：与那些北欧的大城市相比，巴黎市中心的四个城区相对没有遭到什么破坏。因此，巴黎，首先是知识界和革命之都，继而是罪恶的神话之都，然后是资产阶级的现代性之都，当它在再次腾飞的时候，重又被想象成是一个具有生动历史的所在，一座特大村庄的所在，一片多姿多彩、恬静而又迷人、相似而又迥异的天地。巴尔扎克早就在他的《猫球商店》里描述过住在圣·德尼街的奥古斯蒂娜·纪尧姆，幸福得像密林深处的紫罗兰，却因为决定把家搬到了老鸽舍街而死于忧郁。巴尔扎克笔下的另一个人物，让－埃斯特·凡·高布塞克，从拉皮条到纯洁善良，就看他在巴黎的住所选得好不好。

那些对重新出现的老巴黎感兴趣的人认为，今后每一个街区都应是独立的小城市，甚至是风俗、习惯、语言、标志、商业各不相同的国家。所以，于斯曼（在梅西耶之后）评论过“圣·绪尔比斯妇女对黑色长裙以及朴素服装的爱好”。普里瓦·德昂格勒蒙在1854年的《巴黎轶事》中进一步评论说：“……巴黎的这一切真是不可思议，一条街上居民的习惯竟然与邻街居民的习惯大相径庭，就像拉普兰人与南美人之间的不同风俗。恰恰是这种无

穷的变化迷倒了所有访客……。”1865年,富奈尔在《巴黎的新生与未来》里也说了同样的看法,虽然是从怀旧的角度:

> “现代的巴黎仅仅是一个属于自己时代的暴发户……[但在老巴黎中]从圣·日耳曼镇到圣·奥诺雷镇,从拉丁区到皇宫区,从圣·德尼到索赛昂丹路,从意大利街到神庙街,人们好像从一个洲到另一个洲。这一切使首都形成了许多千差万别的小城市,(大学城、商业城、富豪城、疗养城以及热闹的娱乐城)却由不同的人群和过渡区将它们连在一起。而人们正在忘掉这一切[……]。”

艾米尔·索维斯特在获得了1851年文学院奖的《屋檐下的哲学家》里说过,“没有任何城市能拥有比它更光鲜、更浮华的生活,也没有任何城市能有比它更暗淡和更平静的生活。大都市就像大海;当你深入其境,终会找到一个淡泊宁静的所在。”

最初,这个老巴黎的反神话在政治上无足轻重。雨果和奈瓦尔认为,老巴黎的升值是一种文学甚至情感现象,而非政治或社会学的问题。无污点、无争议的共和主义者儒勒·费里也为“伏尔泰、狄德罗和德穆兰的巴黎、1830和1848年的巴黎”而惋惜;但无论是右派还是左派,大家或多或少还是随它而去。大约在1860年,弗雷德里克·苏里耶写道,“过去,因为有封建贵族、领主老爷、农民和奴隶,所以有高大城堡、宏伟宫殿、低矮茅屋和肮脏的垃圾。今天,高层建筑与特权豪宅并存……”这就是自由、平等、现代性。

但是到了1880年,整个舆论突然来了一个大翻转。巴黎的新右派,也即(在某些方面是)下一个世纪上半叶的法西斯主义的先驱——布朗热分子认为崇拜老巴黎已不仅仅像雨果那样是一件浪漫主义的事情了,雨果,不管怎么说，还是进步事业及共和主义的歌颂者。从此，怀念已逝去的巴黎成了新右翼分子反对启蒙运动政党（或者说一切启蒙运动党派）的最有力武器之一，不论这些党是有些倾向革命的左翼共和主义者还是有些倾向资本主义的资产阶级自由派。在1900年的世界博览会期间，由阿贝尔·罗比达复制的老巴黎景观以及瑞士庄园和戏剧服装馆是当时引人入胜的三大热点之一。正如安东尼·培根所说，在这届博览会上，塞纳河岸的“民族大街以它的多样性弥补了欧斯曼式通衢的单调乏味”。

欧斯曼和法国社会的现代化：某些人认为，从此以后，这将是金钱、资本主义、贪得无厌，儒勒·龚古尔在1860年写道，“我越研究18世纪就越感觉它的原则和目的就是消遣、享乐——正如我们这个世纪的原则和目的就是金钱、致富……。花钱，是18世纪的生活。敛财，是现代生活。”

抨击现代城市一统化的最大保守派可能是巴尔扎克，这位天才的、保守的、坚决反现代化和反工业化主义者的先驱写道，“由于要为大众生产，现代工业将毁灭古代艺术的作品，而创造它们不论对消费者还是对手艺人来说都是为了个人。”后来在1867年，又出现了极端天主教的评论家、永远正确的教皇庇护九世（Pius IX）的绝对崇拜者：弗约。对他而言，《这个新巴黎》——这是引用1861年埃米尔·德拉贝多利耶尔的一本旅游指南的书名，也即这个现代性的巴黎是什么呢？他答道：

> “一座没有历史的城市，到处是没有记忆的人，没有眼泪的心、没有爱情的灵魂！一座涌动着背井离乡的流民和人满为患的城市，你可能会扩张，可能成为世界之都；你却永远没有自己的公民！［……］谁还居住在父母的房子里？谁还在自己受过洗礼的教堂里祈祷？谁还知道曾发出过婴儿的第一声啼哭和生命的最后一声叹息的那间屋子？［……］［我的］房子被夷为平地，黄土将一切掩埋，而无情的铺路石又将它覆盖。”

首先是弗约，但后来的法国民粹派反犹主义创始人，德吕蒙的反应尤为激烈。（法国被占领时期，他住过的九四大街曾被命名为爱德华·德吕蒙大街）他在回忆中写道，"那些觉得[1886年出版的]《犹太人的法国》有点过于粗暴的人无权批评《我的老巴黎》。"其实，这本在1878年出版的书还算比较温和。德吕蒙在当时不是以革新者的面孔出现，而是作为前面我们已经提到过的1532年《巴黎的古迹》那位令人尊重的作者——吉尔·克罗塞的传人。德吕蒙当时甚至还说过莱斯比娜斯小姐的好话，她是启蒙运动中的女激进分子（"这个女人花费了多少精力啊，而她几乎一贫如洗……"），加米尔·德穆兰也得到了好评：他难道不是一个"细腻的文人"吗？

因此，一开始，德吕蒙已经自认为是厚古主义者，但一点也不过激，他的主张还是怀旧而无害的，他写道："我们这个瞬息万变的时代没有这种时间意识，而必须要思考一段时间以便得到这种稳定性和静止性的明确概念。"这不太难懂，许多今天的未来主义者也没少说过这样的话。但相反，他的书在1892年再版时就变得非常凶狠了。这时，老巴黎不再是一个甜蜜的梦，它成了政治斗争的工具。现代巴黎是什么？它的要素是一种名为"巴黎西娜"的毒药，是美味而致命的香精[……]，一种精妙的毒药。这时的德吕蒙决然是一个反犹主义者，同时也是排外主义者。巴黎是新巴比伦，是"欧洲走私"之都。从此以后，巴黎在德吕蒙看来，意味着背井离乡、外来祸水和"犹太人村"。圣·热娜维埃芙山的丑陋甚至连巴尔扎克也不喜欢，在这时也被封为重振法国雄风的一个圣地并且不幸的是，它还面临着新的威胁。德吕蒙认为欧斯曼是雅各宾分子；而德吕蒙，支持旺代保皇党人。这两大阵营各自想象并坚持自己的巴黎到底应该是什么样子，在这种兄弟相残的背景下，哀叹老巴黎的命运就是一件颇为有效的武器，德吕蒙在1883年说过："今天，我们打的是一场没有硝烟的战争。"对那些想要描写这场从1789年打到1944年的法国内战的不同阶段的人来说，这是一条漂亮的语录。德吕蒙的敌人是犹太人；1860年11月，爱德蒙·德·龚古尔的冤家是英国人：

“我完全搞不懂这一切，比如这些新的林荫大道，它们不再有巴尔扎克故乡的韵味，而是像伦敦，某种未来的巴比伦”；而到了 1886 年 10 月，他的冤家又是美国人：“六点钟的巴黎，我感觉像在美国的巴比伦[很显然他根本不知道巴比伦在哪儿]，在那些行色匆匆的路人脸上，在那些自信不会轧着老头儿[他时年六十四岁]的马车夫那毫无表情的脸上，再也见不到老巴黎的那种亲切、温和以及彬彬有礼的人情味了”。儒勒·克拉尔西也认为，这个新巴黎——现代性之都，到处是“扬基主义”，他在 1904 年写道（但他在 1883 年就已经接受了反对使巴黎美国化的教育）：“我走了几百码，在城墙上不仅见到了毫无新意、俗不可耐的常用词语诸如酒吧、烧烤、快餐店、储蓄、时装等等，还见到了许多古怪的招贴铭文使得巴黎有点像芝加哥或者国际博览会的某个角落：“Electric Store, Diamond Palace, Pianotist, Piano Player, Duplicateur Néo-Style, Paris Phono.”

的确，我们已经看到，这个老巴黎的问题不是并且从来也不是右派独有的问题：我可以在这里列举那些超现实主义者以及摄影师阿特热的作品，后者深爱平民的巴黎，是社会主义者，也是无政府主义者甚至是亲共产主义者。不管怎么说，1880 年以后，老巴黎的神话向保守转化非常明显。我们也要记住（这同样也是转向法西斯的前奏）德吕蒙，尽管是一个右派人物，仍然赞赏巴黎工人阶级内在的美德，他们一时被左派所吸引，但无论如何本质上都是高尚的，他写道，“[……]绝不想见到这个事实……把一个人人都有工作并且精神境界远高于伦敦和柏林的巴黎变成一个放荡、怪诞、可怕的巴黎——一个世界的垃圾场。”这已经有点像他同时代的儒勒·龚古尔，后者对现代性的厌恶是无法形容的，他在 1862 年写道：“在巴黎，所谓顽皮儿童就是法兰西精神的典型，是受到博马舍好评、尚福尔批评的精神典型。真正法国人的趣味，是大蜥蜴*的叫声。”

* 一个少年，因嘲笑了女神色列斯而被她变成了蜥蜴。

这种认为巴黎的法兰克特性是工人阶级的本质,并且毫无疑问,如果法西斯主义奇迹般地取得胜利,将要恢复高卢血统的反动思想,最终又重新出现在了雷昂·都德的笔下,他是顽固的排犹分子,阿尔封斯·都德的儿子,莫拉斯的好友,因此也是"法兰西行动"的二号人物。都德(也是普鲁斯特的挚友)的《不复存在的巴黎》是一本极为生动的书,写得非常出色,他在书中表达了对个人自由和现代性的痛恨,同时也令人信服地赞扬了老巴黎、日常生活中的巴黎及其杰出的居民——巴黎工人:

> "有必要指出,来自乡村的农民,由于接触过苏布尔[原文如此],远比工人容易腐蚀。巴黎的工人,尽管有时酗酒,尽管相信共产主义,尽管不信鬼神、不信使他免受环境腐蚀的家庭和传统道德。对他的讽刺也是为他辩白。他嘲笑恶习。他天生多疑。他比那些常去做弥撒又有教养的资产阶级更受自己的家庭以及别人家庭的尊重。"

相当可悲的是,在反对欧斯曼的个人自由时,两种极端思想再一次走到了一起,而令人难过的是,早期的贝当主义者都德的《不复存在的巴黎》竟是瓦尔特·本雅明最喜爱的著作之一,后者是犹太人,德国难民,而且,基本上是马克思主义者。因为,在推崇这样一个与商业化巴黎完全相反的巴黎时,马克思主义者和新法西斯主义者有着各自的利益。波德莱尔也一样,因为这位不知疲倦的寓意学者,既是预言家也是现代生活的死敌(他认为进步是"白痴们的邪教")热衷于一切使人想起现代性中存在的弊端,而这种现代性本身是永恒罪孽的最新体现,这位《恶之花》的作者在《我心赤裸》里写道:"犹太人,《图书管理员》和《救赎》的见证人……要组织一个灭绝犹太种族的伟大密谋。"瓦尔特·本雅明在他将要出版的有关"巴黎——19世纪之都"的著作里,为这篇文章注解时写道:"塞琳纳继续在这条道路上走下去"。而最后,这一切在1937年的结论就是:"可笑的杀手!"

第四章 巴黎女性

反女权主义神话的形成及演变

1900 年的巴黎世界博览会激起了我们的怀旧情思。我们从中看到了美丽时代的鼎盛时期——它可能在许多方面不那么美丽,但无论如何,与随后发生的:第一次世界大战、布尔什维克主义及其后果、法西斯主义和纳粹主义、1929 年的经济危机、第二次世界大战、集中营等等这一切相比,我们觉得那是灿烂的年代。

尤其令人感怀的是在世界博览会的入口,勒内·比奈的那尊高大的巴黎女人塑像——"巴黎女性"的象征;如阿纳托尔·法朗士塑造的众多女英雄一样,她衣着华丽,聪明大方,可能有点肤浅,但无拘无束且极为生动,这位作家在 1900 年前后家喻户晓,而如今谁也不读他的书了。"巴黎女性"这个毁誉参半的表象(在许多人的心里,尤其是在外国人心里仍然如此),是属于巴黎神话大量产生与传承中的倒数第二个阶段,是在 1830 到 1850 年的巴黎,与同一时期的正面神话(通常是大男子主义的)完全相反的女性的负面神话。命题与反命题,背景与超越:1830年代的浪漫主义氛围延续了巴黎——革命之都和男性未来之都的神话,正如随后出现的魔幻(例如,魔幻——比奈的"巴黎女性")完全与这个世纪末唯历史的怀旧相符合:在埃菲尔铁塔所象征的现代化神话之后,甚至与它同时,就出现了新巴洛克和怀旧风格的亚历山大三世大桥;后来,就是女纵火犯(恶之化身)的神话,紧接着,先是有圣女贞德的雕像——勇敢、贞洁的象征,而后的一次运动,就是高级妓女们同样强大的幻象,而她们,正如当时的人们所说,也是伤风败俗的象征。巴黎以及女性的所有这些正反两方面的表象联系在一起,因为,想象中的女性特点(纯洁或通常是不洁)在巴黎比在其他任何地方表现得都更清晰,神话与魔幻本质上的差别就是前者通常用非常无情的元叙事来解释现在,而魔幻,有害但却温馨,它把现在加入到令人愉快的、商业化的、易于接受却被篡改了的、想象中的过去来论证。

1661年,马扎然去世,年轻的路易十四登上了宝座,此时,法国政治现代性的雏形也得以充分展现,至少是部分君权得以脱离宗教:法国的国王们,被当时的国际条约称为笃信基督的国王,他们是遵照上帝的旨意来进行统治的。而这种做法基本上一直延续到了1789年的6月17日,三级会议重新在凡尔赛召开,并同时宣称成立最高国民议会,因为它代表了人民的权利。但是,从1661年起,被众多的官吏、大臣、议员(并且多数是巴黎人)簇拥着的法国国王仍然是一个有绝对权威的国王,一个"官吏之王",或者说是"机器之王",实际上,就是一个有效的、合法的新官僚体系的最高领导。国王保护教会;从此以后,教会将使一个经常粗暴对待自己的国家合法化。

而1661年正是历史上路德维希的、凡尔赛的和法国的现代性的交替时期;与此同时,是1671年的另一场风俗习惯的现代化,这次现代化虽不太出名,但因为出版了《论妇女教育》以及1673年的另一篇文章《论两性的平等》,也显得很重要。这些文章的作者是蒲兰·德·拉·巴尔(其生活的年代[1647—1723]与路易十四[1638—1715]、基督教和笛卡尔主义哲学家马勒布朗士[1638—1715]以及香槟酒的发明人堂·佩里农[1639—1715],相差不过十几年),他最初是笛卡尔的信徒,因为是索邦神学院的老校友,所以也是地道的巴黎人。他最后在日内瓦皈依了天主教并做了牧师。他的书很快就被译成了英文,影响了伟大革命者中最为女权主义的孔多赛,影响了19世纪的琼·斯杜阿·米尔以及近代的西蒙娜·德·波伏瓦。他的文章是巴黎妇女运动史的起点,至少,是认知巴黎女性历史的起点;因为,蒲兰认为(蒙田有时也认为),第二性的不平等并非是事物的自然属性,而是源于道德习俗的专制,宗教的教育和习惯的养成。蒲兰认为,女人之所以是女性乃是因为她们在人世间学会了做女性,上帝的意愿起不了什么作用,相反,其使者们的意愿却是决定性的。

在接下来的几十年里,这位现代化主张者的思想并没有影响到所有的启蒙主义者。各派哲学家(众所周知)关于女人是,或者应该是什么的分歧很大:读过蒲兰的孟德斯鸠在他的《波斯人信札》中讲述过一个能干的女主角洛克莎娜,她欺骗了自己的主人——一个正在巴黎旅行的多妻的波斯人。她宁死不受辱。中间派的伏尔泰对于妇女的态度基本上是中立的,欣赏但却不屑。左翼的狄德罗,更加同情他的女同胞们,尤其是对上了年纪的妇女。卢梭(法西斯主义和专制主义的先驱?)的表现就差得多,如此等等,不一而足。

这是基本的情况;在巴黎的习俗中,在18世纪后半叶即大约从1750年到1780年的"沙龙女主人"的社会环境里,还是能见到这种启蒙运动时期的暧昧观点。乔芙兰夫人、奈克尔夫人、德·唐桑夫人、谨慎的德芳夫人以及狂热的莱斯比娜斯小姐都是知名政治家;但是,如果说她们在巴黎的文化革命史上有一席之地的话,那是因为她们的主要角色是传播而不是创新。

18世纪的欧洲和美洲曾有过许多女强人,从波士顿的阿比盖尔·亚

⑤ 1901年。协和广场,正在拆除1900年世界博览会巨型拱门的工地,"巴黎女性"的雕像徐徐落地。巴黎男性是那种有点靠不住的人,多数虚荣而肤浅。相反,巴黎的女性则优雅聪慧,气质不凡,也许有点轻浮,但却魅力迷人,比奈大门上方的这尊雕像曾经是1900年世界博览会的标志。

插图,1901年3月2日。© *Collection Roger-Violet.*

当斯到俄国的叶卡特琳娜女皇。同时还有世界一流的女艺术家:属于右翼的有安吉莉卡·考夫曼和维热-勒布伦夫人,大家看到的马丽·安东奈特的肖像画就出自于她们之手;左翼的有拉比耶·吉亚尔——罗伯斯庇尔肖像画的作者。她们是创新者。相反,巴黎沙龙的女主人们,倒是比较低调的,由于她们的任务不是创新,而更多的是方便(男性)民意的表达,这种民意是一种新民权的反映,不过,妇女在其中所承担的角色始终模糊不清。(巴黎妇女以她们的聪明、活泼、主意多而著称,尽管如此,她们只是在1944年才获得了选举权,这差不多比美国俄怀明州那些远不如她们世故的女公民们晚一个世纪。)

虽然如此,1770年的沙龙女主人的境况与蒲兰·德·拉·巴尔时代的境况也不一样。虽然大革命前的沙龙女主人是“沟通者”而不是“创新者”,但从此以后,要根据人世间的一切来定义她们了。她们以自我的形式而存在:她们既不是女孩,也不是母亲,又不是妻子。她们不再根据宗教,根据圣经故事,根据宗教神话来确定自己了。德芳夫人,德·唐桑夫人既不是基督徒也不是女才子,这是些新的女哲人、组织家,甚至是另一种政治化社交性的斯达汉诺夫工作者:莱斯比娜斯小姐,连续十二年,每天从下午五点到晚上九点在家会见客人。我们不应该轻视刻苦勤奋的(以及天生粗俗的)乔芙兰夫人,她使人以更多的同情心怀念普鲁斯特笔下的难以言表的维尔杜兰夫人,她,也是巴黎女性。

因而,至少在文学领域里,妇女部分地得到了解放并且她们的角色也被世俗化了;或许,如果愿意的话,从这种实用的角度出发,人们就能够理解这种既非现代也非过时而是中庸的看法,即大革命以前人们所想象的巴黎妓女、卖淫的原因以及卖淫与各种社会形态之间的关系。

毋庸置疑,巴黎的卖淫业,在18世纪或在其他任何时期都没有什么特别之处,我们可以通过布罗尼斯劳·盖莱梅克(一直以来,他是波兰历史学家中最有巴黎特点的人,后来又成为了波兰的外交部长)的那部名著了解到这一点，例如，他说过：早在1254年，圣·路易以一个基督教民族受到威胁的名义下令取缔卖淫。一切都是枉然：在18世纪，很难明确区分风流滥交与卖淫，不过有人认为在旧制度的最后几十年里，巴黎有两万名妓女，是巴黎女性人口的十分之一强，也就是说1780年在首都生活的十五至二十五岁的年轻妇女中至少有四分之一专职或兼职这个行当。在受人爱戴的法王路易十五时代，巴黎妓女的平均年龄大约是二十六岁。有些甚至是未成年人。

艾莉卡－马丽·贝娜布的工作十分出色，不幸的是她已去世，她揭露过巴黎的这种卖淫业，尤其是大革命以前的那种状况。她所描绘的画面值得我们去做一些思考，因为人们对1789年以前卖淫业的评价，首先，与1830至1860年期间巴黎妓女的神话、妓女的非货币化，以及妓女的定义有着极为明显的反差；再者，与该世纪末性产业的商业化也明显不同。

首都在1789年的时候到处有妓院，但主要是在城市的右岸，这表明（可能）当时左岸的宗教势力还很强：在巴黎的这半个地区只有两个妓女聚集地，莫贝尔广场和军事学院附近的格勒奈尔平原街。从某种意义上说，这种卖淫业已经使人恐惧（而这很重要），但这是出于身体的原因而不是由于它对道德的影响。妓女更主要是疾病的携带者而不是道德腐败的载体。鉴于贝娜布夫人所作的能够反映出当时的卖淫与疾病之间关系的权威统计，她称之为“集体神话”的“性交危险”的确产生了“医院的恐怖形象”。但是，从道德的角度来说，巴黎的卖淫业并不怎么让人反感。它属于生活的一部分，并且，这对于所有社会阶层来说都如此，淫荡的女人常常也很风雅，而她的家是一个社交性场所。妓女，贝娜布夫人解释说，“是一些可能相互之间毫无瓜葛之人的聚会点”。风流夜宴、荒淫的夜宴，一般是属于两类上层人物即皇族与权贵们常常光顾的豪华夜宴。哲学家们经常批评卖淫，但他们也寻花问柳。狄德罗在1874年写道：“我们年轻的时候偶尔也逛妓院，孟德斯鸠、布丰、[布罗斯]议长和我。当议长排练好的时候，他是我们这些人中表现得最令人肃然起敬的那个人物。”

在社会阶层的另一极，善良的玻璃匠梅内特拉，一家著名报刊的发起人，他也喜欢吹嘘曾与数不清的姑娘有染（“姑娘”或者“大众情人”，在那个时代，人们更喜欢用这样的词）。他甚至曾想过要娶她们当中的一位为妻。至于中间派，路易·塞巴斯蒂安·梅西耶的解释是，许多资产者经常狎妓是因为“害怕有后代”。

所以，大革命前的巴黎的确有大量的卖淫业，但不能因此把卖淫与首都的特色联系在一起。相反，我认为，巴黎的卖淫业与城市当时的大环境有关而不是与首都的本质有关。1759 年，伏格莱·德·蒙勃朗在一本题目倒是很鼓舞人心的书《高卢人的首都，还是新巴比伦》里对此进行了解释。他写道：“现在，我们所有的大城市都是千篇一律，妓女随处可见，数量惊人……”，而大家一致认为贫穷是卖淫的首要原因，绝大部分涉黄的年轻女子都是出身农村（因为人们经常把卖淫归咎于所谓农村人口的流失）的失业女佣。

可悲的是，妓院似乎仍不可或缺，喜欢在巴黎夜色中散步的勒蒂夫·布列东不是想取缔它，而是要依靠那些使人想起 15、16 世纪南欧官办妓院的帕台农人来规范它。此外，建筑师勒杜设计的 Oikema，即“逍遥宫”为这些想法提供了某种建筑学上的支持，艾莉卡 - 马丽·贝娜布说它是“一座为道德服务的……大妓院”，因为它是专为年轻的单身一族而开设的。这座建筑的形状像一个巨大的男性生殖器。如果要对卖淫做出具体判断的话，一个时期的色情业通常被认为是政治衰退的象征，对此，路易十五的凡尔赛“鹿苑”的知名度以及上了断头台的前妓女杜巴莉夫人的坏名声都可以证明。杜尔默·德·拉·莫朗迪埃则认为应该清除巴黎的卖淫业，但那是该国家管的事。日内瓦人已经这样做了，他觉得这也没什么可大惊小怪的。不过，他的俄国式政治观点却很难让人苟同：他认为，幸亏有了叶卡特琳娜女皇，俄国才摆脱了散发着铜臭的色情危害。

巴黎的革命已经是箭在弦上。这时,一切都要道德化。我们已经贴近了神话。巴黎的陈情书已经注意到了卖淫业,其中的一份陈情书写道:“必须把所有妓女从巴黎赶出去,倘若需要留下几个的话,则应该给她们限定专门的街道和住所,要求她们遵守法律不得擅自离开,违者严惩并强制她们体检以确定身体是否健康。”同样,已经达到了“条理化广告”水平的皇宫区的色情业(你可以买到包含有价格以及各种服务的消费指南)让强硬而坚定的雅各宾分子极为反感。巴黎公社埃贝尔派的检察官肖梅特出生在纳韦尔,1789 年时还是纳韦尔人,朋友们怀疑他是同性恋,他在这个问题上非常暴戾。的确,督政府显得更大度一些。帝国时期也如是,1815 年的一幅佚名油画巧妙地突出了重现的卖淫与新式商业廊街的结合:画面上同时出现了交际花、军人以及交易所!

正如巴黎神话最终形成于 1830 年以后,巴黎妓女的神话是在 19 世纪以后才得以充分发展。这种印象有很强的冲击力,以至于不久之后,将帝国盛世的肮脏与前朝的所谓纯洁相比成了家常便饭。关于这个问题,我们可以看看龚古尔兄弟是怎么做的,他们在文学上的双重任务(很奇怪)是既要捍卫文学上的自然主义(所以在他们的著作中有许多关于他们那个时代卖淫的故事),同时又要重新研究 18 世纪,特别是这一时期的妇女。(蓬巴杜夫人、杜巴莉夫人和马丽 - 安东奈特夫人,这三位是他们尤其喜爱的研究对象。)1863 年,他们从布洛涅森林归来。在那里,他们有机会见识了“巴黎最高等的淫窟”。他们写道:“我们是说 18 世纪,但那时也只有十大名妓。而今天则是一大群人,一群将要吞噬其他(良家)妇女的人并且已经开始吞噬她们。”同时这也是符号学的过渡时期,是新词频出的时代:1789 年发明了一个词叫“国家主义”,不久之后又有了新词“社会主义”和“女权主义”;在巴黎,“妓女”这个生硬又刺耳的词取代了“姑娘”这个中性、听起来更舒服、更有 18 世纪色彩的词。人类学家说过,爱斯基摩人有好几个词都是表示法语中常用的“雪”字。所以在1830—1840年的巴黎，意思一样的词有：流莺、二流交际花、女妖、“夜幕下卑贱的女祭司”（穆塞语）、龌龊的幽灵、母狼，巴特勒米则说那是一支“情色女子大队”。

此后，巴黎将是索多玛和戈摩尔，甚至还是巴比伦，又是世界卖淫业的祖国，还是那个时代的性旅游胜地。（关于这个问题，应该指出的是：1855年的伦敦有两万四千名妓女而人口不到英国首都一半的巴黎却有三万四千名妓女。这些数字随着城市和郊区人口的增长而不断扩大：到了1925年，巴黎大约有七万名妓女。）

甚至巴黎这座城市本身也成了一个妓女，而且是所有妓女中最伟大的：皮埃尔·希特隆为我们树立了这种演变的里程碑。1832年，小仲马说巴黎是“任性的交际花”。巴尔扎克在1833年的《费拉古斯》中说，巴黎就是“那个大交际花”。1835年，雨果是第一个为这种形象而做诗的人：

……这个又哭又闹的巴黎，
风情万种，令人眼花缭乱，
如同一个发情的青楼女。

1833年时，米歇尔·施瓦利埃已经是圣西门社会主义者，不久之后（1860年），他又是“英法自由通商协定”的设计师，他曾经说过：“这是通天塔，是巴比伦，是尼尼微，是《世界末日》的怪兽，是涂脂抹粉的、妖冶的、放荡的妓女……婊子……”。最后，1838年，莱塞吉耶干脆把巴黎说成是一座淫都，而这种不太雅的描写很快就流传开了。参与了1871年巴黎之战的俾斯麦也谈到了这个问题：“她是一位相当富有、保养得当、能付得起赎身金的小姐。”

继（原则上……）通常是有利于社交却没有丝毫巴黎特点的旧制度的

卖淫业之后,在资产阶级君主制时期,有一种关于这种古老现象的新理论,这种现象从此以后被归为一种原罪,是世界之都的丑恶象征和缩写。因为在巴黎,从1840年起,狎妓不再像狄德罗认为的那样是一种风流韵事或打情骂俏。龚古尔兄弟在他们的小说《艾丽莎》里给卖淫下了那个时代的定义:"在黑夜中摸索着……爬上狭窄的楼梯……两个以后永远不会重逢的身体……接触。发怒。"福楼拜在1853年给路易丝·克莱特的一封信里承认他对卖淫深感兴趣,觉得那是金钱、欲望以及人际关系空白的杂交。在《情感教育》(我又一次提到它),这部关于巴黎垮掉一代的伟大著作里,罗莎奈尔是妓女,是年轻富有、继承了叔叔遗产的弗雷德里克·莫罗的情人,她出身贫苦,被其母卖给了里昂的一个有钱人,最后自杀,罗莎奈尔也许是可怜的;但她也是并且尤其是一件奢侈品,一个偶像客体,既是受害者也是一种社会形态的象征。她偶尔也讨人喜欢,但更多地是令人厌恶:战神广场上的那个罗莎奈特"装出贪食的样子,吃着一小片鹅肝"。她孩子的夭折表明这个被人买卖的女人没有尽到社会和母亲的职责。

过去的卖淫业是巴黎社会体系的组成部分。这种现象不怎么受人尊重,但也不怎么令人反感:首都的教会当局严厉追查嫖妓的教士,但并不因此担心这个问题会影响全局。相反,新的卖淫业(它的新,是人们头脑中的想象并使它成为了神话)将成为金钱在一个重新构建的社会里的新权力的极好体现。(也因此,左派对于男性卖淫[龚古尔兄弟称作阿尔方斯]采取了默认的态度,因为这种卖淫是一个公共道德问题而不是社会问题。)

在旧制度时期,职业、等级、财产往往是社群性的,至少原则上是这样。法国大革命将这一切彻底改变并使其个体化,但人们过了好长一段时间(最起码可以这样说!)才适应了这种变化。别说是在外省,即使在巴黎,人们也需要几十年才接受了这种市场型社会效应的老生常谈。对卖淫业的看法也经历了同样的演变过程:色情业的商业化在1900年已变得很普遍,但在1840年时却极其令人反感。这个过渡时期的资产阶级道德家们认为,妓女是喜爱金钱甚过自己贞洁的可怜虫，而诚实女人把贞洁看得比什么都重。左派认为，今后妓女将一贫如洗，是女性弱者中的弱者，从而被男性中的富人与强者凌辱与剥削。早在 1800 年以前，寄居巴黎的英国女权主义者，吉伦特派的朋友（玛丽·雪莱的母亲，按血统推断，是今天已扬名世界的《科学怪人》弗兰肯施泰因的外祖母）玛丽·沃尔斯通克拉夫特，在对资产阶级道德进行卢梭式的批判时就说过，归根结底，上流社会的婚姻基本上就是卖淫的变种：一个资产者，将他的女儿，连同嫁妆卖给另一个资产者以营利。（我们在商店或饭店享受了服务以后再付钱；但人们在嫖妓的时候先付钱。嫁妆和婚约难道不也是在旅行结婚之前吗？）显然，右派全盘否定了这种颠覆性的推论。

因此，妓女成为了后革命时期的左派或者右派社会意识的试金石。维克多·雨果讲述过一个 1848 年的女革命者，她登上了一处街垒并撩起了裙子嘲笑那些“秩序党”的大兵们。她被当场射杀，而这主要是大兵们本能的反应。我想，必须进行选择：为了儒勒和爱德蒙·龚古尔两兄弟，也为了他们的热衷于一切与性的社会等级有关的读者，在巴黎，一切都围绕着两个极端，要么是“正派女人”，要么就是堕落的女人——最终沦为卖淫的女人。埃玛·包法利只是因为自杀，才逃脱了她原来的命运，而这命运可能会不折不扣地降临到她女儿——一个女工的身上。关于这一点，我们还可以列举约瑟芬·戴高乐的许多小说。这位里尔人中最著名的老奶奶的故事情节永远都一成不变：一个年轻的外省姑娘被奢靡的生活所吸引，独自来到巴黎——这个让人诅咒的城市。在那里，她险些遭遇致命的灾难，但这让她恢复了理智并最终明白她唯一的希望是她的宗教、她的家庭和远在千里之外的故乡。

大革命前的卖淫业是一种普遍的城市现象。在七月王朝统治时期，卖淫成了道德现象，尤其是在巴黎。因此在巴黎，对它的监管成为了 1830 至 1880 年期间的一个难题也就不足为怪了，而帕朗·杜沙特莱 1836 年的那本经久不衰的著作《论巴黎的卖淫业——公共卫生、管理和道德之关系》对这个问题阐述得最有特色，但要夸大它的重要性也很难。阿兰·科尔班在一篇关于19世纪妓女的文章中认为，“尽管他比我们着手研究的时代早好几十年，但是，忽视[这本书]将会使我们对本世纪最后三十多年一直在进行的辩论根本无法理解。”帕朗·杜沙特莱的影响可以说是“立竿见影”，在他的影响下出现了一系列描写主仆间爱情的文学，比如在1839年有：贝罗警长的故事、《巴黎的妓女及其控制着她们的警察》，再后来，还有布莱和弗雷吉耶的那些小说。

帕朗·杜沙特莱对已婚者的个人隐私和性行为都不感兴趣，我们觉得他好像对性器官和排泄物饶有兴味，而他自认“是一个科学家……无拘无束、无地位……没有偏见的人”。(但是令人担忧的是在1832年，帕朗特别关注蒙特福贡实验动物处理厂——也即今天的布特—萧蒙地区，饲养的数以十万计的老鼠。)有些地位的风流贵妇、时髦女人，甚至经常被人包养的小姐，他都不感兴趣。与19世纪末对后来所谓的性学，即对人类本能中以及所有男女行为中性欲的重要性极感兴趣的社会学作家(龚古尔兄弟和埃米尔·左拉)不同，帕朗·杜沙特莱只对违法和刑事犯罪感兴趣。只有妓女属于他的研究领域。

所以，他认为，巴黎的妓女是绝对邪恶的神话化身，因为她们属于现代性和新都市社交性的一部分，他写道：“在男性麇集的地方，妓女与阴沟、马路和垃圾场一样是不可或缺的。”没有妓女，“发情的男人将毒害你们的女儿以及你们的女仆，将在家庭中掀起波澜”。(顺便要指出，将淫荡女人与阴沟混为一谈的观点十分顽固，并且，“元首”在自杀前几个小时的一次谈话中曾非常恶心地提到过，法国女人用的口红是出自巴黎的地沟油。)

他并不想取缔卖淫：在巴黎这座有机的城市里，很遗憾，无论是物质上还是精神上的积极作用必须依托其他一些不太体面的功能才能得以正常发挥。然而，应该把纯洁、健康与肮脏、毒害分开。因而必须将卖淫区封闭起来,规范管理。因而,帕朗·杜沙特莱最大的烦恼是卖淫侵入到了高尚社区,因为,应该这样来看资产阶级社会中的妓女:“她们又回到了这个世界,[……]”他不无焦虑地写道,“她们就在我们的周围,[……]她们走进了我们的家庭,来到了我们的亲友中间”,所以,毫不掩饰自己游离于社会法律之外,而内心深处仍然梦想着重新融入这个她们曾经全力摧毁的世界的妓女是一种更加危险的职业。

一方是妓女的地狱;另一方是资产阶级体面的天堂。善恶二元论对这个神话的影响正如即使最聪明的人看到这两个世界混淆中的一种难以忍受的丑态时都难以自禁,比如下面这个弗雷德里克·莫罗——丹布勒斯夫妇的客人,福楼拜认为,这对有地位、有钱、无耻而阴险的夫妇是七月王朝时期的典型。弗雷德里克(但这里其实就是福楼拜)在客厅里看着那些风流女人:

> “她们互相依偎着坐在没有靠背的沙发上[……]。差不多所有的人手里都拿着一束紫罗兰……几根细草一样的吊带挂在肩上,有时我想,些微的抖动就能使裙子掉下来……这些聚集在一起的半裸女人,使人想起穆斯林的宫闱;而这个青年男子已经开始想入非非。”

德加完全可以把这段描述做成插图。

从路易十五(淫荡)的情妇们到路易十六的妻子(传闻是同性恋)以及沙龙的女主人们(过分理智),巴黎女性的消极负面神话早在大革命前就已初露端倪。男性化的巴黎与时俱进;而代表自然的女性(波德莱尔认为那是真正的苦恼)减缓并逆转了这种文明的步伐。在1792年9月的大屠杀中被斩首的德朗巴勒公主可能已经是一个牺牲品,还有像她一样被杀害的几百名妓女、违反普通法的女囚(大部分被锤杀和刀劈),这些受害者要(远)

多于政治犯、贵族和未宣誓遵守《教士之公民组织法》的教士。

这个被歪曲了的女性神话加上1830年以后成为新秩序头号敌人的妓女形象因为1871年5月凡尔赛对巴黎公社的血腥镇压而恶化到了极点(或曰跌入了深渊)。

在巴黎公社的生活中有各种各样的妇女,甚至有妓女。的确,巴黎公社的成员对女权主义的看法不一:某些普鲁东主义者和他们的老师一样,是激烈的反女权主义者,类似的分歧在巴黎公社的女社员和男社员中造成了分裂;路易丝·米歇尔认为,妇女的未来必将经过巴黎公社的道路,此外,这也正是19世纪末德国和法国的马克思主义政党的主要观点:只有整个工人阶级取得了胜利之后才能真正实现妇女的平等。但是,恰恰是这种观点遭到了俄国公主,伊丽莎白·德米特里也夫以及巴黎公社唯一的女记者,安德烈·雷奥的激烈反对,后者强烈要求时代的均等,也即所有领域里的男女绝对平等,包括军事防务领域:过去,热娜·阿谢特可以抵抗大胆查理所做的一切,难道今天的巴黎妇女就不能那样做吗?

总之,巴黎公社和公社的男女成员拒绝将女性化的个人和男性的公众区分开,而这是当时资产阶级社会的基本原则。这也许是这次起义最有远见、最有创意的一面。的确,妇女们在共和二年就已经参与了政治。在无套裤汉群体中,通常是对食品价格上涨最敏感的妇女鼓励男人们向前冲。再扩大一些范围来说,参与政治革命活动的往往是成对伉俪而不是独身男女。比如路易丝·德·克拉利奥和她的丈夫皮埃尔·罗贝尔,忿激派勒克莱克和波利娜·雷昂,加米尔·德穆兰和他的妻子以及两位罗兰,还有国王与王后。另外,在1830年,妇女们奋力修筑街垒并且与她们的丈夫并肩战斗。但是到了1871年,事态进一步向纵深发展:巴黎公社的妇女们建立了自己的政治机构,她们讨论工资、房租、教育、离婚、宗教和失业的问题。她们是战地医护和炊事员。她们组织各自街区的防卫工作,有些直接投入了战斗并牺牲在街垒上。最后出版的几期《公安报》中有一期这样写道,"布朗士广场上有一座街垒完全是由大约一百二十名娘子军修筑和守卫的。当我走近的时候，一个身影从大门里闪了出来。这是一个年轻的姑娘，一顶弗里吉亚帽直压到耳边，手握钢枪，腰挂子弹袋：'站住！公民，你不能过去！'"而这些女战士中的精英，那些著名的女纵火手，迅即成为了神话人物。确切地说，她们中间可能只有两个是真正的纵火者；但有更多的女性参与了公社的巷战和烧毁了某些公共建筑，主要是杜伊勒里宫以及审计法院——它的遗址上现在是奥赛博物馆。巴黎公社女社员中的激进分子被彻底妖魔化了：二十年以后，19世纪90年代，当时还很年轻但后来是研究19世纪70年代巴黎的《公爵们的共和国》的历史学家丹尼尔·阿莱维被可能是巴黎公社中最著名的女社员路易丝·米歇尔所打动："岁月使得一种被蹂躏后的奇丑变美了……她说过的那些话，我觉得很一般，但那语气、那嗓音、那尖锐的调门格外震撼"，左拉原来想给娜娜这个人物取名为路易丝·米瓦尔。既然在巴黎，每个神话都伴随着一个它的反神话（1889年，在应该是补赎巴黎公社的圣心大教堂对面，竖起了一座超级现代的建筑——古斯塔夫·埃菲尔铁塔），那么我们就还应该记住，1874年2月，正是在金字塔广场，面对着被所谓女纵火犯烧毁的杜伊勒里宫的废墟，安放了一座圣女贞德的雕像（成为了偶像）。（1878年，杜邦鲁殿下曾想在那里召集正统思想的妇女来纪念伏尔泰逝世一百周年。）

神话与反神话经久不衰，在资产阶级镇压中牺牲的妇女儿童的问题始终是上个世纪末反凡尔赛宣传最偏爱的理由之一，而今天，可以通过优秀影片《芭贝特的盛宴》来证明这一点，影片介绍了一位在丹麦避难的巴黎公社女社员，她曾经是"英国咖啡厅"（是凡尔赛军队中最残酷的将军格里菲侯爵经常光顾的地方）的厨师，1871年被流放到丹麦——她是寡妇，没有男人，没有家庭。她的形象与妓女的神话结合在一起（必然如此，难道还能有其他的奢望吗？）也说明了巴黎公社女纵火者的神话，诸如在雷昂·布洛瓦的著作中，尤其是在小仲马的著作中有多重要，而在马克西姆·杜冈的著作中,他认为某些女狂热分子根本就是来自“小波兰”、“大波希米亚”这样的夜总会,或圣·拉扎尔的济贫院。(这里我们要补充一点,小仲马如此惧怕这些革命妇女以至于离奇地成为了女权主义者;他在 1880 年出版的《女性杀手与女性选民》一书里说过,如果二者必选其一的话,让这些兴风作浪的女妖有选举权要比让她们当杀手好。)

妓女、有时是女纵火犯、而且还是女同性恋,不久后又是夏尔珂疯人院的歇斯底里患者。(不过,“女同性恋”这个词,以前仅仅是指“生活不检点的女人”,到了 1850 年的时候,才有了现在的意义。)1824 年的一项法令就已经禁止妓院里的女宿客睡在同一张床上。上面提到过的帕朗·杜沙特莱还披露过当时的同性卖淫,并指出妓女开始都是习惯于异性恋的,但是出于对金钱的需求或由于异性媾合对她们而言仅仅是商品而产生了厌恶。在妓院里生活过几年的图卢兹-劳特累克有好几幅油画就涉及到了这个问题,德加有两幅 1879 年做的单版画也是以此为题,而我们也可以推断这两幅画是今天已不复存在的系列作品中的一部分。19 世纪末,记者让·罗林是颓废时期的专家,他绘制过一幅精确标明了这种新的男女同性妓院在巴黎的地理位置图。

在社会学和绘画艺术中出现的同性恋妓女问题同样也存在于文学中。保尔·亚当,也许想做得更出色些,甚至向他的读者介绍了一个犹太女同性恋妓女的案例。不过当然,波德莱尔把妓女与同性恋看成是现代巴黎的一个象征,也因此是丑恶的象征。此外,《恶之花》这个题目并非波德莱尔的原意,他曾打算给自己的诗集取名为《女同性恋》。也许,从更大的范围来说,但也还属于巴黎的范围,我们可以把夏尔珂(1825—1893)和他对女性歇斯底里的研究看作是鄙视女性神话在科学上的延伸。

神话无情;魔幻柔情。

在神话里，一种想象的过去在它所解释的现在中延伸并使其复杂化；或者在19世纪的巴黎，使一切与妇女本性有关的东西都变得阴暗晦涩。

相反，在魔幻（通常是巧妙的、自省的、愉悦的）中，一种虚假的现在在自我辩解的同时用歪曲当下的真实并以简化和生硬地美化过去来证实这种真实。

巴黎1900：**美丽时代**。德雷福斯事件即将了结。（卢贝总统刚刚赦免了这位犹太军官。）共和国取得胜利已经二十年了。前途一片光明。经济发展顺利。（1913年，法国的普通人是最富有的欧洲人，仅次于他的英国邻居。）而这一切的象征将会很快出现。路易·施瓦利埃说过，"很长时间了，大约三十年前，[马路闲人]已不再是表示一个阶级，一种社会典型，从而使人想起整个[巴黎]群体的普遍特性。似乎生活艰难的其他人物也都如此。只有一种人物经受住了考验：巴黎女性。在首都所有的神话里，这个神话可能是最古老、最持久、最神圣的。是神话吗？应该说是一种信条。"

或者更确切地说，是一种闻名遐迩、赏心悦目的魔幻，其中就有1900年世界博览会上五千万观众交口称赞的比奈的那个杰作。

如何来定义这个受追捧的巴黎女性呢？也许像M. De.拉巴里斯说的那样，巴黎女性首先是女人，因为如果说巴黎精神是男性的话，那么美丽时代的巴黎时尚就尤其是指女性。1830年曾在俄亥俄州的辛辛纳提做过百货批发生意的小说家特罗洛普的母亲曾写道："荣军院的穹顶、旺多姆广场的圆柱、蒙马特的风车并不比软边帽、礼帽、纱巾、披肩、围裙、腰带、耳环、手套等等这些东西更能在思想上表现出巴黎的主要特点，特别是当那些皮鞋和丝袜是穿在巴黎女性身上的时候"。让·法维耶说的有道理：巴黎女人曾经体现了（现在仍然体现着，因为老福爷百货公司的广告使我们相信这一点！）某种女性的典范，而我们想象巴黎的男人时，认为那不过是一个住在巴黎的普通人，并且马上就会想到那是一个虚荣、肤浅、往往也很浮躁的人。

美丽时代的巴黎女人不一定是可以被诱惑的人;即使是那样的人,她也仍然保持着相当的自主性。法国女孩受到的监护远比年轻英国女孩要多,更遑论与美国姑娘(非常吃惊的托克维尔曾经提到过这一点)相比了。但是法国女人,尤其是巴黎女人,结婚以后却更加独立、自信,1878 年,儒勒·德·龚古尔写道:"一个在大街上行走的巴黎女人,那真是太美了,我看着她消失在拥挤的人群中,想象着她的微笑。"儒勒·瓦莱斯与他所见略同。他认为,在伦敦(他在此生活了很长时间,也厌恶这座城市),女人只是男人的四分之一或五分之一。在巴黎,妇女是半边天:"她们在厨房、收银处、商业活动中出的好主意和伦敦的 Businessman 一样多。"巴黎的女人很能干,也更有女人味:

> "巴黎的女性以她们的典雅与魅力,以她们化妆的天赋,雅致的花饰以及从衣领和裙下散发出的性感体香胜过伦敦女人……[这个]好像邪恶天使的马路美人,的确要比在道德魔鬼手中的英国女人更有素质。"

巴黎的女性虽然是个人主义者,但却是喜欢社交的人:你无法想象一个巴黎女人会不愿意抛头露面。《巴黎指南》在介绍 1867 年的博览会时指出:

> "大家都知道,巴黎的女人如果一天不到[布洛涅森林的]湖边散步的话,肯定会死去。对她们来说这已不再是一种习惯,而是一种需要。所以,[……]漂亮的女士会花一两个小时绕着一汪池水散步,像是笼子里的松鼠——只不过她们是在款款而行;她们相互对视,相互致意,相互诋毁。她们注意到甲夫人……的绿色长裙穿了一月有余,而相反,乙夫人……一个礼拜换了七顶帽子。[……]

1 欧仁·德拉克鲁瓦(1798—1863),《1830年7月28日:自由女神引导人民》,1831年。神话中的巴黎,历史中的巴黎:没有一件艺术作品能更好地反映这两个主题。自由女神,站在一座街垒上,旁边堆满着石块和英雄的尸体,高举着从法国大革命中诞生的三色旗,引导着巴黎的社会各阶层人民。巴黎,曾经的基督教民族之都(正如背景中,巴黎圣母院的钟楼),成为了革命的现代性之都。

油画。巴黎,卢浮宫。*(C) Photo RMN-© Hervé Lewandowski*.

2 欧仁·格拉塞(1841—1917),《从圣佩尔大桥看西岱岛》,1886 年。神话与魔幻:在 1750 年和 1889 年的神话时代之后,开始了魔幻的时代。巴黎,娱乐之都,巴黎,没有社会等级,巴黎,亲切而安详,正如这幅旅游者与流浪者都喜欢的塞纳河与圣母院的画面。圣佩尔大桥于 1930 年代重修后,改名为卡鲁塞勒大桥。艺术家们也把它作为版画,瓷器和邮票的题材。

彩色石版画。《巴黎画册》,N° 47,1886 年。 *Berlin, coll.Archiv für Kunst und Geschichte. © AKG Paris.*

3 勒内·玛格利特(1898—1967),《火焰的回归》,1943 年。左派将巴黎看作是世界革命之都。1789 和 1830 年的革命资产阶级到了 20 世纪 20 年代,却早已不是革命者了,首都在他们眼里,也是罪恶之都。在首都的天空里,还飘荡着某种罪恶残余——超级罪犯方托马斯的幽灵。这是超现实主义者——比如诗人罗贝尔·德斯诺的乐趣,他的作品充满了生存的遗迹:在 20 世纪的巴黎,充满了中世纪的怪诞、冒险和神秘的犯罪。

油画。私人收藏。©*ADAGP.*

4 雅尼塞－查理－加布里耶·勒莫尼耶(1743—1824),《乔芙兰夫人家中的一次朗诵会》,1812年。路易十四把凡尔赛定为波旁王朝的首都。启蒙运动时期,新兴的知识界努力将巴黎提升到世界之都的水平,与此同时,巴黎成了法国的首都。在这幅画中,乔芙兰夫人沙龙里的常客们,正在洗耳恭听伏尔泰于1755年写的《中国孤儿》,他的半身像主持着这次聚会:狄德罗、杜尔哥、达朗贝尔、孔迪亚科……勒莫尼耶在这次聚会后的几年里,经常光顾这个沙龙,而他创作的这幅油画已是很久以后的事了,却也证明启蒙运动的声望一直持续到了19世纪。

油画。鲁昂美术博物馆。©*AKG-images/Erich Lessing.*

5　查理·基罗(1819—1892),《古赛尔街上的马蒂尔德公主的沙龙》,1859年。拿破仑三世的表姐马蒂尔德公主的这幅画,当然是在贡比涅的皇帝寝宫里展出,而不是在更加综合性的卢浮宫。这幅油画上的沙龙与乔芙兰夫人的沙龙完全不同。巴黎革命前的沙龙是社会包容与交流的地方。而这里,是王公贵族和资产阶级的内宅,成为了闲人免进的地方和反现代性的庇护所。

油画。贡比涅城堡的收藏。 *(C) Photo RMN-© Gérard Blot/Christian Jean.*

6　安东尼－路易－弗朗索瓦·塞尔让－马索（1751—1847），《平民守卫下的巴黎》，1789年。1789年7月12至13日的夜里：巴黎平民因前一天遭到兰贝斯亲王率领的德意志皇家军团的进攻，群情激愤，纷纷拿起了武器。一位贵族女人在窗口不安地注视着。巴黎成为了大革命的首都。塞尔让·马索，后来的雅各宾分子和宪章派，改建了杜伊勒里宫，创办了法兰西博物馆并且在巴黎树起了第一座让·雅克·卢梭的雕像。

彩色雕版画。©*AKG Paris.*

7　蒂博，《圣茂尔街——1848 年 6 月 25 日，早上 7: 30，攻击珀班库尔街垒的前夕》。蒂博的这张达格雷照片见证了 1848 年 6 月的工人起义，是第一张发表在法国报纸上的“新闻照片”——也可以说是《图片新闻》。这张照片非常有预见性，因为曝光的时间要求很长而使摄影师无法拍摄运动的物体。画面预示着对巴黎工人的大屠杀已迫在眉睫，马克思把这看作是巴黎的，因而也是世界的无产阶级觉醒的主要阶段。

达格雷照片。巴黎，奥赛博物馆藏。*(C) Photo RMN-Hervé Lewandowski*.

8　吉塞贝·德·尼提斯(1846—1884),《巴黎的金字塔广场》,1875 年。这是一条街的轶事画,作者是一位原籍意大利的画家,作品非常细腻。右边,是一座新的圣女贞德塑像——杰出的法国女性,洛林省的姑娘。后面是杜伊勒里宫的废墟,象征巴黎女纵火犯的恶行,她们是女人中的另类,被认为在 1871 年的巴黎公社起义时烧毁了这座宫殿。

油画。巴黎,奥赛博物馆藏。 *(C) Photo RMN-Hervé Lewandowski .*

9 路易斯·希梅内斯·阿兰达《一位在巴黎博览会上的女士》,1889年。这位西班牙画家在他作品的主题背景中展现了刚刚落成不久的埃菲尔铁塔。这位女士的服装与1789年自由旗帜的颜色相同。在基督教民族的女性榜样——圣女贞德之后,出现了年轻的资产阶级女性,即后来的共和大家庭之母:优雅、时尚(经常光顾咖啡馆),矜持、关心时事,她刚阅读完的报纸证明了这一点。

油画。米多斯馆藏, *Souther Methodist University, Dallas, Algur H. Meadows Collection, 69.24.*

10 皮埃尔 - 安德雷 · 布鲁耶(1857—1914),《塞佩特里耶尔医院的一堂诊疗课》,1887 年。著名的临床医生让 - 马尔丹 · 沙尔柯于 1886 年向一群医生和好奇者介绍一个“严重歇斯底里”的病例。女患者布朗士,化名马丽 · 威特曼,十五岁的时候住进了医院,被称作“歇斯底里王后”,她被治愈后成了玛丽 · 居里的助手:她受到严重的辐射,失去了两条腿和一只胳膊。这幅油画与塞佩特里耶尔的摄影师阿贝尔 · 伦德拍摄的著名癔病照片属于同一时代。

油画。里昂,神经医院藏。

11 埃德加·德加(1834—1917),《卧榻之上》,1880 年。纵欲之都——巴黎和柏林一样,也是卖淫和男女同性恋之都。德加是巴黎现代性的保守派画家,他在这幅模糊的画中表现了林荫大道附近的普罗旺斯小巷中的一所妓院。

中国宣纸,单版水墨画。巴黎,毕加索博物馆藏。© *Photo RMN.*

12 大吉塞贝・卡耐拉(1788—1847),《从卢浮宫堤岸看西岱岛和新桥》,1832 年。道路是 19 世纪巴黎的摄影师和画家们最喜爱的主题之一。交通问题也是欧斯曼省长的烦恼:什么地方的城市风景秀丽而又陈旧过时,欧斯曼就想把它变得方便有效。卡耐拉因对日常生活的描绘细致入微而著名,这里,他留下了(至少我们可以设想)一幅前欧斯曼时期的真实画面,交通繁忙,行人走在马路中间和便道上,河流本身也是生命的大动脉。

油画。巴黎,卡尔纳瓦莱博物馆藏。*(C) Photo RMN-Bulloz.*

13 《1850—1855 年时期的新桥》。这个巴黎还是卡耐拉油画上的那个巴黎：欧斯曼面临着一项艰巨的任务。1607 年建成的新桥以及亨利四世的雕像似乎已经非常过时了。这里过去是巴黎的生活中心，但是首都的重心转移到了欧斯曼风格的林荫大道，主要是在河的右岸——它同时是巴黎的美学和金融现代性的发源地。

佚名照片。巴黎，*BnF, département des Estampes et de la Photographie. © BnF, Paris.*

14 威廉·帕罗(1813—1869),《巴黎,孔蒂滨河大道》,约 1843 年。这幅浪漫而平静的油画对于那些熟知成为了汽车地狱的高速公路(从景观上来说,漂亮)的人来说犹如田园诗一般。帕罗还因为创作了丨二幅关于塔米兹与伦敦的系列石版画而著名,相应地还有十二幅关于巴黎与塞纳河的石版画,二者相比使人觉得巴黎的历史也可以被想象为这两个首都历史的二分之一,而它们的历史既相似又迥异。

油画。巴黎,卡尔纳瓦莱博物馆藏。

15 托马斯·肖特·博伊(1803—1874),《巴黎、卢浮宫、芙洛尔馆》,1839 年作。这张卢浮宫和芙洛尔馆的图片是在右岸,而(它们对面的)左岸是孔蒂滨河路。芙洛尔馆的一部分于 1871 年被焚毁,后由建筑师埃克多尔－马尔丹·勒弗埃尔重建。1969 年,经过了四十年的谈判,财政部将它还给了卢浮宫博物馆。19 世纪上半叶,博伊感兴趣的是建筑而不是道路;这幅画的某些版本还包括个别行人,有的版本则什么人物都没有。

彩色石版画。选自《*Picturesque Architecture in Paris,Ghent,Antwerp,Rouen,etc.*》伦敦,大英博物馆。

16　托马斯·肖特·博伊(1803—1874),《从圣－贝尔纳河岸看巴黎圣母院》,1839年。这幅画上的塞纳河、洗衣妇以及运往酒市的大桶葡萄酒使得巴黎有点像那不勒斯。显然,博伊认为这些是中世纪以及平民巴黎的遗迹,但这些使英国游客(及其富有的外国合伙人)陶醉的东西,到后来却引起了欧斯曼的反感。后者是欧氏革命者,他无视繁忙的水上交通,无视民居,决心对这一切进行彻底改造。我们在背景里见到的巴黎圣母院原来就是整个街区的主要建筑。欧斯曼重新修葺了大教堂使其历史性更加突出,甚至更加完美,也因此而使其"去中世纪化",正如塞纳河两岸被"去浪漫化"一样。

彩色石版画,选自《*Picturesque Architecture in Paris,Ghent,Antwerp,Rouen,etc.*》巴黎,市历史图书馆藏。©*AKG-images.*

“这些闲言碎语会在两个镇子上的高档沙龙里传播，并且，像从前的提图斯*一样，巴黎女人可以说一点儿也没有浪费她们的时间。”

高雅的巴黎女人一定要穿名师裁剪的服装。男性的时装是在伦敦，那是亚森·罗平**让人浆洗和熨烫自己衬衣的地方。当然，女性的新潮时装一定是从巴黎开始流行和结束的。

大家都认为时装的起源不是在巴黎（遗憾！）而是在伦巴第平原，直到大约15世纪的勃艮第王朝才被引入了法国。在伟大世纪和启蒙运动时期的巴黎，时装很常见，但式样混乱：在布歇的肖像画里，钟情于艺术的蓬巴杜夫人身穿奢华的长裙；但那还不是真正意义上的时装，这些油画的作用并非为了突出这位伏尔泰的巴黎女友的雍容华贵，而是要强调她艺术庇护人的角色，以及她是国王身边极尽奢华的情侣和所有巴黎奢靡之风的庇护者。

马丽－安东奈特的服装师罗丝·博丹，可能算是最早的服装剪裁艺术家，为真正世界一流的客人服务，因为客人中不仅有俄国人，还有德文希尔公爵夫人。

但这只是小荷初露尖尖角。巴黎的高档服装得以充分发展是因为巴黎文化的突然转变以及1840年前后发明了浪漫女性/客体女性——专为陪伴男性天才、艺术家、银行家以及著名官员的瞬间女性：“啊，我爱军人”，这是奥尔丹斯·施奈德最著名的一首歌曲，现在仍然著名。马克西姆·杜冈，这位详尽描写过巴黎地下水道和煤气管道历史的作家说过，“时装是一种对理想的极致之美始终徒劳的，往往可笑的，有时危险的追求”。其实，19世纪60年代的束胸长裙以及中国女人的小脚是人类历史上对女性身体最为古怪的风格化。（幽默作家把这种古怪衣服所需的空间与欧斯曼拓宽首都

* 在位两年的罗马皇帝。

** 侠盗。

的街道说成是因果关系。)这是一种必然导致人为性的风格化,1857年,维克托·富尔奈尔在谈到巴黎的女性时写道:

"有时,这一切的高贵或妩媚[……]没有一样属于她自己:浓密乌黑的外国发辫;随意装饰在脸上的百合与玫瑰,[……];细心涂上靓色的双唇;眉笔描过的睫毛;——同样还有肩膀、胯骨……我停了下来,但这些女士却不停。"

这种巴黎、巴黎女性和时尚的认同已经到了享誉全球的程度,以至于谈到19世纪下半叶的巴黎而完全不提这种认同是不可能的。埃梅丽娜·莱蒙夫人在1867年由维克多·雨果作序的一篇文章里详尽地论述了这种认同,这位内行的女评论家写道,"很难将时尚与巴黎女性这两个词分开,它们之间互为补充;倘若执意要单独使用它们,意义就不完整了。如果不承认女性的品味与任性为这座城市对全世界施加巨大影响而做出了相当大的贡献,则无法去研究巴黎;在巴黎,一半女性是依靠时尚而生活,一半女性是为了时尚而生活[……]。"

泰奥菲尔·戈蒂耶,这位巴黎人在1871年的公社失败后不到六个月的时候说过:"如果巴黎被改造成了一个巨大的卡庞特拉,不再生产时尚,并将优雅变成破烂,我就会想到那些令人不寒而栗的荒诞的帽子、可笑的衣裙,人们都戴着傻里傻气的贵重首饰。女人会因此而变得丑陋不堪!"因为最可敬的巴黎女性也是女消费者和"女漫游者",只不过一方面,这种女人是客体女性,但绝对是大买家,她的"闲逛"怀有真正"漫游者"所不了解的某种愿望;另一方面,这种"女漫游者"逛的不是大马路而是大商店,埃德蒙·德·龚古尔在1883年写道:

"[马蒂尔德]公主今天在她的花园里散步时令人信服地大谈特谈

当今女性的生活充斥着化妆品，她指责那些大商店——现在，生活中的每一天，巴黎的女人都要在那里消磨上一段时间。”

因而，这是对巴黎与时装的认同，我们还可以按顺序将其补充完整：巴黎—巴黎女性—时装—女演员，也即那些个性独立、缺乏真诚的风流佳丽——而也许，正是这些缺点，才使她们魅力无限。所以，大家都认为雷亚娜是最有巴黎女人味的巴黎女性。那些登台演出的女艺人，必然是时装的代言人，或者不如说是时装界的代言人，每个女演员都有自己特别喜爱的服装品牌：雷亚娜喜欢的是雅克·杜塞的服装，伊芙·拉娃利尔喜欢巴杜，拉·杜丝喜欢让-菲利普·沃特，萨拉·伯恩哈特曾给后者寄去过一封绝望的快信：“如果您不帮助我的话，我所有的角色都将失去魅力。”

巴尔扎克认为，梳妆打扮是“社会的表现”，但波德莱尔则更偏激，他认为，化妆和欺骗是女人——肮脏、下流和极度自然的女人的唯一希望。这里，女性时装与女人天性相关，正如男性时装表现了社会的性质，他写道：“黑色服装和礼服不仅有表示世界平等的政治美，而且还有表示公众灵魂的诗意美——长长的殡葬员队伍：政治殡葬员、爱情殡葬员、资产者殡葬员”。他由此得出结论：“我们大家正在举办某种葬礼”。不久之后的1874年，斯特凡·马拉梅，用萨丹小姐的笔名也写过一本《时尚八卦》。

巴黎的时装（从1850年的沃尔特到1903年的布瓦莱）使女人中性化和偶像化，这又一次使我们想到了瓦尔特·本雅明，他认为：每一代人，都要从紧邻的上一代时尚中寻找“所能想象得到的最彻底的性冷淡者（性冷淡或性欲及性快感的缺失）……每一种时装都含有对爱情的尖酸讽刺，并且在最冷酷的外表下潜藏着种种变态。所有时装都与有机的生活格格不入。所有时装都试图将有生命的躯体与无机的世界结合在一起。时装捍卫死者对生者的权利。偶像崇拜……是它的生命中枢”。

雷法阿·塔塔维可能是第一个在1831年讲述他在法国首都生活的埃

及人,巴黎人对瞬间性和不稳定性的忧虑使他大为感动,他说:“法国人的特点是好奇、求新、喜欢改变和改造所有的东西,特别是衣着方式。在他们国家,服装永远不会一成不变……这并不是说他们彻底换衣服,但他们会改变形式。比如,他们并不用头巾代替帽子,而只不过有时戴这样的帽子,有时戴那样的帽子,形式和花色不尽相同,如此而变化无常。”他的思路正确,但如果要完善这位穆斯林客人的判断,首先应该在男性之后再谈谈女性,然后再强调每年拿出来的这些时装有其短暂性的一面,而不是强调仅仅每天修订自己小小的愿望。瓦尔特·本雅明的评价更恰当一些,因为他说的要直率得多:“一个时代越短暂,就越是依赖时尚”。

风尘女子、奢华女人和女吸血鬼:巴黎女性给人更多的印象是惊诧与诱惑而不是友善与热情。福楼拜描写过一个诱惑女郎在可怜的圣安东耳边低语道,“啊,英俊的修士,亲爱的!如果你把手指放在我肩上,你会感到一团烈火在你的血管中燃烧。只要拥有我的身体哪怕是最微小的一部分,你将浑身充满比征服一个帝国还要强烈的激情。来吧,吻我。”

但说到被自私与贪欲折磨着的巴黎女性,也许这个问题最好还是满足于细心的观察家莱蒙夫人在1867年的解释,她写道:“的确,女性的自私在巴黎和在别处都存在……但是任何女性内心的自私程度都比不上巴黎女人。的确,一般来说,在所有的事情上巴黎女性都不局限于自我欣赏:她们很自然地认为自己就是女神。她们心灵深处真正信奉的唯一宗教是这样的宗教:她们在其中既是偶像的角色又是崇拜者的角色”。

女人、巴黎女性、偶像、女神、自私、腐蚀。达克西尔·德洛尔曾问道:“巴黎女性是一种神话、一种幻想、一种象征:上哪儿去找这种理想人物……”。也许是在1800年前后的伊斯坦布尔,“我在罗马,崇拜你这上帝的女儿,耶稣花园里的果实”,伊斯坦布尔的评论家法兹尔-贝伊谈到他根本不了解的法国女性时这样写道,“你美丽而优雅,闪耀着银子般的光芒!”值得注意的是,罗歇·卡伊瓦在研究神话的作用时,特别是巴黎神话的作用时,写过一篇非常出色的序言,他非常关注各种文化中一切有关螳螂的描述:螳螂是狠毒的;它的眼神会带来厄运。在罗马,人们会说:“螳螂盯上了你。”霍顿督人则认为它是神并且帮助它的崇拜者。科学家们则思考:“为什么螳螂会吞吃自己的情人,是因为生理的需要,还是纯粹因为残酷和虐待狂?”螳螂、女人、还有巴黎女性——不论她们是妓女、纵火犯或者就是普通的巴黎女人,她们都有自己具体的和社会的历史,但同时,也有自己的神话。

第五章 巴黎，科学之都

一个神话沉浸在它所解释的一种焦虑之中。所以，在1830年，巴黎——革命之都的神话，向巴黎人解释了他们政治命运的轨迹：根据巴黎人的“习性”，根据掺杂了历史记忆的真实经验，首都的所有居民（无论贫富，无论左右）都料到会度过一段被自己城市的不朽性不断提高的神话式日常生活。

神话改造并解释历史；但相反，神话的解释，如果脱离了它的不同背景（而神话既是其原因也是其结果）就无法说服某些人，或某些思想观点。事后，1830年至1871年的巴黎人对**即将来临的革命**抱有浪漫主义的希望：而事前，他通过对1789年大革命的生动回忆来证明这种希望，在左翼，对某些人来说，这种回忆充满了共和思想和民族主义的激情；而对另一些右派来说，这种回忆充满了对重复激进共和运动提出的社会诉求以及对重现共和二年恐怖事件的担忧。

这对首都的政治历史有益，对它的科学声望也有益：二者相辅相成。因为，大约从1800年到1840年，巴黎在成为世界革命精神的圣地之前，就首先是世界科学之都；但是，这个巴黎的神话有好几种背景，每一种都有其物质的或精神的特性。事实上，先有了世界著名的教育机构——自然历史博物馆、巴黎理工大学、巴黎科技大学。但也有过（而这更重要）启蒙运动及其各种形式的科学在大西洋世界文化中的声望。托克维尔可以说是当今巴黎政治思想的鼻祖（我不敢说[这可能使他伤心]是现在常见的、反国家的、单一思想的鼻祖），他认为他那个时代的政治（尤其是他讨厌的民主党人和社会民主党人的那种标新立异的政治）说到底是一种新的宗教，无疑比还算温和的基督教教义更有害。Mutatis Mutandis*，这对19世纪的科学同样有意义：巴黎及其科学机构的光晕也属于一种近乎宗教的感觉。在科学的历史上，这个时代的巴黎研究人员的思想和生活在巴黎甚至法国的历史上更是一个"[标志着]西方人文与科学史上的决定性时间和决定性地点的话题：知识力图成为人类的占有者和主宰"。

这里，一切都相互关联：启蒙主义者认为，科学是知识的基本要素，因此，已经是政治与文化之都的巴黎，也应该（几乎是必然）成为科学之都，科学、文学、艺术都属于同一个整体，即属于一种独一无二的文化——诚实人的文化。卢梭是一个充满热情的植物学家；而达朗贝尔不仅是一个数学家还是音乐爱好者以及1759年的《论音乐之自由》（谈的是要让各种音乐都能享受阳光）的作者。同样，伏尔泰自诩懂得天文学并且能够解释牛顿学说。（他的女友，夏特莱夫人，牛顿著作的译者，甚至写过一本名为《物理学教程》的书。）虽然林内的男（女）读者们根本分不清他的风格和他的体系，却很欣赏他的各种天赋，与此相反，他们认为安东尼·德·朱西厄的著作要

* 意为：作适当的修改。

枯燥得多,所以,似乎也不太有说服力。

因而,一股欧洲文化的、同时也是世俗的和意识形态的洪流涌向了已然是知识界之都并且从此以后是科学之都的巴黎。的确,巴塞尔人欧勒更喜欢住在圣彼得堡,正如孔多赛所说,他于1783年"在那里停止了他的运算和生命。"但是,都灵人拉格朗热,尽管与笛卡尔相似,并且在柏林接替了欧勒一段时间,最后却反而决定到巴黎定居,他不仅能在卢浮宫拥有自己的办公室而且在法兰西科学院也具有相当重要的地位。后来,他成为参议员,1808年又成了帝国的伯爵。

这个科学的、理性的、机械的巴黎神话,这个由伟大"钟表师"* 创造世界(他创造了它,却不关心它的运行)的神话,这个成为了应用纯推理就可以理解世界的神话在18世纪广为流传,而且是在所有的领域:我们印象最深的就是拉·梅特里在1747年写的一本书:《人是机器》。当首席执行官** 问宇宙学家和数学家拉普拉斯,在他的理论体系里,上帝的位置何在,他回答说这个"假设"毫无意义,因为天体的良好运行与之毫无关系。

因此,在证明机械论者的这种精神状态的影响时,我们可以走得很远:在普鲁士,弗雷德里希军棋是将战争作为一种科学演练,而拉克洛的小说《危险关系》难道不是一本(放纵的)诱奸教科书,一部精心策划的在首都沙龙里获得性爱成功的秘籍吗?因为,正如我们所理解的,在巴黎,无论私人生活还是公众生活都是可破解的数据,因而也都成了科学分析的对象;不久之后,又成了社会学分析的对象。相当具有象征意义的是那些瑞士的或通常是巴黎的象棋游戏机、儿童、甚至侏儒或者残疾人被巧妙地安置在游戏机里以欺骗那些轻信合理性的人。

因而,一方面,是行将成为旧制度的极不合理以及支离破碎的君主制。

* 这里指上帝。

** 这里指拿破仑。

另一方面，是启蒙运动时期文化领域里的右派——重农主义者，他们认为科学、自然、经济和政治仅仅构成单一和唯一的由他们绘制的整个“经济图表”。现代统计学正是始于这个时期。

孔多塞是启蒙运动党派的核心：这位吉伦特派议员并被“恐怖统治”杀害的侯爵原来是科学家、数学家、分析师、机械师，甚至还是写过黄赤交角和三体问题的天文学家并将“概率计算应用到我们称之为社会科学的领域里”。

而在极左派方面，比约－瓦莱纳是倾向激进共和的山岳派，但他也是严谨的人，他后来告诉宪章派：“政府的运转与机器一样，如果不在数量上和范围上精心控制，将只能得到糟糕的结果，并造成无尽的烦恼。”

因而，从1750年到1840年，科学、机械论、普世主义和进步这几个词在巴黎即使不是同义词，也算是近义词，一个词的声望会影响到另一个词的声望。大家都坚信社会与文化的进步一定要经过科学的先行，而巴黎是科学的主要发祥地，这是超越了大革命的道义上的认同，而且在巴黎几乎一直持续到了第二次世界大战。因为，从1789年直到前些年政治环保主义的出现，无论巴黎的还是欧洲的左派都是坚定的唯科学论者。

科学社会主义的创始人和乌托邦式社会主义的激烈批判者以及普鲁东主义的死敌马克思认为，技术知识的发展轨迹影响着历史的前进，而巴黎是它的政治实验室。在这位并不了解“技术”这个词的《资本论》的作者看来，人类的历史也是机械化和应用科学的历史。其实，资产阶级的、民主主义的以及主张共和的巴黎左派的政见都是同一种：理工学院的学生们捍卫了1814年的巴黎，迎来了1815年的拿破仑，又参加了1830年至1840年的革命运动。埃菲尔将他的铁塔献给了科学，并且在塔的第二层围栏刻上了各国科学家的金色名字，只可惜由于字体太小，从地面上望去难以看清。此外，这位工程师不仅公开宣扬科学，而且还支持共和，甚至还支持民主，关于这个铁塔，他回敬巴黎的那些批评者说："我不认为这是虚荣的表现，从来没有一个设计比它更得民心；我每天都看到，在巴黎，无论多么"谦卑"的人，都不会不知道铁塔或对它不感兴趣。有时，即使我在国外旅行时，看到它所引起的反响都令我感到吃惊。"

在同样的问题上，激进主义和机会主义的先锋克雷蒙梭和费里在利特雷和韦鲁波夫于1867年创办的评论杂志《实证哲学》上发表过文章；并且，利特雷在1873年以赞许的态度公开引用了英国人巴克尔的一篇文章，其中写道："在18世纪的巴黎，有大量的人出席科学会议；供人们阐述自然界真理的会议厅和阶梯教室已经容不下这许多听众了"。可以看出，他还想说的是：1773年是科学中心的巴黎不久之后就引发了大革命；正如会读历史的人认为，1873年的科学的巴黎宣告了共和主义的高潮马上就要到来。儒莱的这个说法不会使任何人吃惊："科学必然是主张共和的"，物理学家们（佩兰、居里夫妇、朗之万）都是毕业于巴黎高等师范学院，正是德雷福斯事件将他们团结在了一起，在第三共和国的最后几十年里，这些人统治着科学机构：其中，科学院士、高等师范学院的副校长、激进的社会党众议员埃米尔·波莱尔甚至在1920年创办了一个"脑力劳动者联合会"以使"整个国家向着一种科学组织和革新的政治迈进"。1936年，让·佩兰（据说，他是人民阵线委任的"具有完全合法性"的哲学家）说过"以科学求解放……[是]一个与我们共和国相称的目标……"。他在谈到计划为1937年的巴黎世界博览会建立探索宫的背景时写道，"我看到，几个世纪以来，在科学、艺术甚至文学的专题研究中，不仅有一种相似性，而且还有一种众多忧虑、无数好奇心以及有益于所有人相互帮助的和谐性。"而这最终是为了作出一个充满激情的注解，那就是他在巴黎索邦大学的探索宫大会开幕式上所说的："我们，全世界的科学家们，人类的未来和幸福全靠我们了……（应该这样说，没有必要谦虚）"这种思想在我们今天来看是一种危险的天真，甚至是有害的天真，因为一个多世纪以来，我们学会了将科学与伦理学分开，这种懒惰的习惯使得今天在遗传研究上的成功完全搅乱了我们的思想，因为这些成功迫使我们对自己始终忽视的那些关系进行反思。

但是在1936年，这种科学帝国主义几乎没有引起什么反感，所以佩兰的合作者，艺术总署的米歇尔·弗洛里苏纳在装饰探索宫的时候想要体现一种整体审美学，其目的，按帕斯卡尔·奥利的说法，是通过从科学到美术的"理论与实践相结合"来使学习更加生动；所以，假如参观者事先知道了应该按照舍夫罗尔（1786—1889，有机化学的发明者）或马科斯维尔的色差论来理解的东西以后，再去欣赏那些油画（多数是巴黎的油画作品）就会更好地理解莫奈、修拉、西涅克、梵高、毕加索、胡安·格里斯、布拉克、毕卡比亚和德劳内。同样，埃尔班与亨利·洛朗的雕刻以及格罗皮乌与柯布西耶的建筑模型也都是一些"真正的三维几何图"。勒内·多马尔则认为，面对纳粹主义的非理性，重要的是"恢复科学在当今主流文化中受尊重的地位"。而当然，应该在巴黎——当时的自由世界之都来做这件事情。

巴黎的进步主义科学家占据了领导地位（或基本如此），而在19世纪的巴黎，与之（徒劳地）对抗的，有许多怀疑科学和科学家的保守派（尤其是他们当中的宗教信仰者）。当然右派中也有非常出色的科学家，在这个问题上，一般都以奥古斯丁·柯西为例。（1789年生于巴黎，1857年卒于索城，正统派男爵，因研究正多面体以及对函数解析理论做出的贡献而著称。柯西的职业生涯，必然与法国政治活动的兴衰紧密相连，他是1816年任教于理工大学和法兰西学院的正统派，1830年去职以后，到都灵避难并负责给小香堡伯爵教授科学知识。1839年回到巴黎的时候，尽管平民国王看不起他，但在1848年以后还是找到了一个教书的职位，并且一直干到1852年，他再次拒绝了效忠一个篡权者——这当然是指原来的那位王子总统，新的皇帝。不过，仁慈的亲王拿破仑三世丝毫没有为难他，而这位死硬的保皇党人柯西得以重返讲坛直到去世。）尽管有类似的几个例外，右派的政策（至少是极右派的政策）普遍对科学怀有敌意而尤其对自己的进步主义敌手想从中吸取的教训怀有敌意。

右派们疏远科学的时间长短不一:对于某些保守派来说 1793 年和 1794 年已经足够了:所以,里瓦洛尔在 1799 年的一本小册子里批评了观念学派,这些启蒙运动传人的分析顽念以及他们的破坏行为。同一时代的拉·哈尔普鼓吹旧经院哲学,而约瑟夫·德·梅斯特则说科学在那些真正重要的问题上不可能给人类以启发。另一些人直到达尔文主义和实证主义的出现才表明了态度:如果说勒南及其 1848 年的《科学之未来》对某些人来说是一本圣经,那么对另一些人来说,他就成了新的恶之第五元素,而弗约,在他的《巴黎的味道》里声称"不懂得物理与化学的感觉也蛮好;[他的]思维特别清晰,并且[他]也没浪费时间去改变什么体系";台恩和勒南去世的时候,费迪南·布吕纳狄埃写了三篇文章,收在了《科学与宗教》的集子里,其中第一篇是以大纲的形式写成,题目是《参观梵蒂冈之后》。文中写到:"如果**自由思想**真心希望科学成为一种宗教并且是唯一的宗教,很显然,随着时间的推移,它将放弃这种希望":法兰西学院的马赫瑟岚·贝赫特洛,这位曾声称"宇宙今后不再神秘"的"著名学者",更成了文中的靶子,正如他在保罗·布尔热的著名小说《信徒》里那样。我们还记得"法兰西行动"针对所谓实证派激进主义的主角黑基希蒲·西蒙的一句玩笑,也即他说过的这些不朽名言:"太阳升起之时,黑暗即将散去。"尤为敌视宗教现代主义的教宗庇护十世在其颁布的《牧放主羊》(*Pascendi*)通谕里,明智地将实际应用科学与更抽象更有害的理论科学区分开来,正如后来的菲利普·贝当把个性与个人主义区分开一样。

在 1750 年至 1950 年间的巴黎,源于启蒙运动并由左翼领军的科学界,也得到了许多民间团体以及政府机构的支持。1789 年以前,对科学思想的演变非常感兴趣的富人很多。所以,在法国大革命以前就有大约两百间自然历史陈列馆:其中的主人包括有好几个朝代的不同人物如杜尔哥的一个兄弟,洛昂大主教;蓬巴杜夫人的弟弟马里尼,他也是国王的建筑总监;霍尔巴赫;安吉维勒;卡隆;女明星克莱龙小姐;以及孔蒂亲王。在这方面,还应该提到1781年由航空物理学家、王子物理陈列馆的馆长比拉特·德·罗兹耶创办的“雅特纳”,或曰“博物馆”,此外,比拉特还是一个大胆的飞行员,因为他是第一个与阿尔朗德侯爵一起乘坐巴黎的热气球在海拔一千米的高空,从姆埃特城堡飞到了布特—奥卡耶,这种热气球是在位于巴黎蒙特罗伊大街上的雷维雍壁纸厂里制造的,1789年4月,法国大革命的第一次骚乱即发生在这里。比拉特死于自己的爱好,其后,拉瓦锡将他的博物馆改造成了一所中学。不久,又创办了三所同样的学校,后来都成了“科学院的预科班”。同时,1780年的巴黎还是出版业、制图业以及工具制造中心。而且,从文艺复兴以后,在这座以奢侈品生产著称的城市里,科学仪器的制造也成了真正闻名世界的产业。

18世纪的科学在首都的沙龙生活中也有一席之地,前面已经提到过这些沙龙的政治与文学背景。麦斯麦的实验就是在那里成为社交界的大事:在大革命的前夕,麦斯麦氏江湖郎中的电疗和学者们的电疗法都很流行,而雅各宾分子也不是唯一认为“思想摩擦”能够产生有益效果的人。尽管法兰西科学院的会议不公开,却仍然为巴黎的广大市民所关注;梅西耶曾写道:“今天只有极少数的手艺人被这个名声显赫的团体所认可”。

同样,1800年以后,至少在一段时间内,化学家拉瓦锡的遗孀——伦福德夫人的沙龙仍然是巴黎的一个非常重要的科学场所。同时代的洪堡(1769—1859),是《宇宙》的作者(天主教徒、民族主义者弗约认为“这本书写得很好,至少它的德语不错”),在巴黎不仅是一个有权威的科学家(而这持续了几十年),而且还是一位社交名流,所以,他当然是巴黎式清谈的高手,让·巴蒂斯特·杜马写道:“时而,他大谈科学,谈话中,他滔滔不绝地讲起天文学、物理学或者博物学的各个分支,或不如说,是他一个人的独白……慢条斯理,有点枯燥……”(而正是由于洪堡[这个巴黎的普鲁士人]

在上流社会的影响,莱茵河畔的巴黎人雅各布·希托夫[因其出生在科隆]获得了重建协和广场的指挥权。我们要感谢他修建了两个喷泉、华灯以及装饰柱,而这些也是欧斯曼断然不能容忍的道路障碍)。在19世纪的巴黎,国家科研机构的骨干杜马(让·巴蒂斯特),也是一位地位很高的社交家:1847年,伊西多尔·萨莱在他的《植物学教师使用的哲学与趣味博物学教程》一书中说过,这位大科学家的晋升是必然的:一开始,这个阿莱斯省的年轻人在公众面前会感到很拘谨,但"他如此不懈地努力工作,以至于没有几年工夫就成了出色的教师。他做到了谈吐优雅,表达清晰准确,最终学会了教授的真谛"。

最初在巴黎,科学思想的传播是一种既私人又公共的现象。1801年,阿尔菊也由于克劳德·贝托莱在此地买了一所房子作为他的试验室而成为一个重要的研究中心。(他的第一位助手是盖·吕萨克。)1806年,拉普拉斯也来到这里定居,1807年建立了一个阿尔菊也学会,但这不是官方的,最多只能算是一个半官方的协会,而贝托莱在1807年是以个人的名义接受了拿破仑十五万法郎的资助。(作为参议员,这位科学家的年薪是两万二千法郎并可以享用纳尔邦的主教宫。)这个阿尔菊也学会一度有十五个成员。其中九个是英国皇家学会的通信院士。英国人戴维和道尔顿就是在阿尔菊也遇见了他们的法国同行。他们的论文发表于1807、1809和1817年;直到1820年,这些巴黎人坚持每两周开一次会,当然,除了每年的十二月和一月,因为恶劣的气候以及这个遥远的小镇与首都的距离使这种聚会难以进行。阿尔菊也学会对理工大学的发展也产生过巨大的影响。

但是,法国政府给予巴黎科学界的几乎从不间断的支持要比私人协会的支持重要得多,不论这个政府是为左派政治还是右派政治服务的。也许(只是也许)你可以想象德拉克鲁瓦及其《自由女神引导人民》而不提路易·菲利普对他的帮助或者沙龙画展对他的肯定。但是,如果没有博物馆和研究院甚或没有索邦大学，那巴黎的科学研究简直无法想象；这证明了，从 17 世纪以来，巴黎的科学界与政府之间的关系非常密切。

可以说，旧制度是一种极不正常的政治体系。或许，它最容易被忽视的两个问题之一就是这种制度有其主张现代化的一面：在巴黎，人们在大街上看到的都是加冕或登基仪式、公侯王孙们的生日或婚礼庆典、宫廷的礼仪以及教会与国家之间的密切关系。这一切不断地提醒基督教国王的子民们，君主制的仪式代表了所有法兰西民族的古老传统，更何况，他们的君主是两位圣徒——查理大帝和圣路易的后裔。

但是，渐渐地，一种更重要的官僚君主体制与这种中世纪的主权共享的思想结合在了一起（自黎胥留开始，这种结合更达到了前所未有的力度），这是另一种更重要的、行政管理的君主制，它有效、合理，是由档案、普查、官吏、总监、顾问等组成，其中某些东西今天还存在；我们可以把 1666 年柯尔贝尔在巴黎创立的"皇家科学院"归因于这种现代性的使命感（的确，这有点乱）。没有一个科学机构，包括比它早十几年的伦敦皇家学会，能够在 17 世纪享有这么多的经济支持，尤其感人的是路易十四统治的最后几年是君主政府在财政上最困难的时期。

投桃报李：巴黎的科学院士得到了国家的出版许可和补贴，在 1699 年，他们甚至还得到了国王在卢浮宫中的一处住所——当然，他们必须与克洛德·佩罗解剖过的大象遗骸共享一室。波旁政府则因为有这些科学院士而成了现代性和有效性的楷模，况且（尤其是当卢瓦在这个领域里顶替了柯尔贝尔之后）还可以期望从科学家们那里得到实惠的服务，正如他们在宪章里所说，科学家不应该只关注"猎奇性的研究"或者"化学家们的消遣"。政府还希望他们投身于为"国王和国家"服务的有益研究。因而，他们后来成了测绘员，并对与这个无处不在的、重商主义的国家有关的一切——从健康、传染病到宫殿建筑等提出自己的意见。

人们通常认为 18 世纪主要是一场蒙昧主义的国家（伏尔泰的"扫灭丑

类")与代表未来的力量——启蒙主义势力之间的斗争,后者最终在1789年取得了胜利。这等于是接受了革命者们的极端观点而完全否认了波旁王朝与一切现代性之间还有许多密不可分的关系:1678年,拉辛甚至以法兰西科学院同仁的名义写道:"我们觉得每一个词、每一个音节都十分珍贵,因为我们应该把它们都看作是服务于我们伟大庇护者荣誉的工具"。伏尔泰虽然不那么谄媚,但不仅在波茨坦的弗雷德里希大帝的皇宫里,而且在法国也同样是阿谀迎逢之人,这位蓬巴杜夫人的宠臣后来专门负责编纂国王的传记。山岳派,革命者的典范格雷古瓦神父评价这位巴黎人是"宫廷贵族和统治阶级的马屁诗人"。

因此,旧制度与基本上服务于启蒙运动的科学院校之间的密切关系,只是因为这二者先后在法国大革命的风暴中消失才中断的。1789年以前,拉瓦锡和布丰,一个是大包税官,而另一个受到路易十五的册封,他们既是大科学家也是大特权者。

的确,在巴黎,科学界与旧制度的教育机构之间的关系更松散一些。不过,当时基本上由教会控制的高等教育也许不如人们以前想象的那样对科学怀有敌意。法国二十二所大学里有十个医学系,其中有些在世界上享有盛名(正是为了能进入这样的一所学校,《项迪传》的作者劳伦斯·斯特恩才到蒙佩利埃住了很长时间)。在巴黎,解剖学的课程是在国王的花园里和巴黎综合大学(以及蒙佩利埃大学,二者都是法国生理学的摇篮)里进行的。至于物理学,大多数学校的教学大纲里都有这门课程,尤其是在奥拉托利会员管理的学校里更是如此。直到19世纪下半叶,法兰西学院才得以全面发展;但早在大革命以前(况且,即使经历了整个大革命,教育也未曾受到太大影响),学院就已经设有数学、物理学、实验物理学、天文学、化学、历史、哲学、修辞学、诗学、法语、希腊语、阿拉伯语、波斯语以及土耳其语等学科。

所以说，几何学精神早在大革命以前就已在巴黎扎根，而大革命对这种精神没有造成任何损害。尽管出现过某些倾向性，尽管曾经将大包税官安东尼·洛朗·德·拉瓦锡*送上了断头台，大革命的精神（甚至那些最强硬的雅各宾主义的变种）还是非常有助于科学的繁荣。在巴黎，有许多科学家是最知名的革命者，如：让－西尔凡·巴伊（1736 年生于巴黎）是天文学家和科技史学家兼三所研究院的院士，也是 1789 年的第一任巴黎市长，1793 年在战神广场被送上了断头台；拉格朗热（1736—1813）；拉普拉斯；蒙热（1746—1818）；约瑟夫·傅立叶；化学家弗克鲁瓦和贝尔托莱；马拉以及米拉博的医生卡巴尼；冷酷而坚定的雅各宾分子、吉伦特派的劲敌以及“无能教授”——哈森弗拉兹。在这场所谓资产阶级大革命的政治活动中，政论家和科学家的数量及重要性要比银行家、大商人和企业家们大得多。

在大革命时期的巴黎，对科学新发现的应用很多也很普遍。弗朗索瓦·德·纳夫沙多认为，法国大革命的目的之一就是要推崇那些可悲地被**旧制度**的研究院忽视的机械艺术。正如他在 1798 年的庆典上所说：

> “旧制度所看不起的这些技艺被称作机械技艺，这些被想当然地、习惯性地弃之良久的技艺却是值得深入研究和全面发展的……狄德罗希望这些技艺能有自己的研究院；然而专制政府却根本不理解狄德罗！他们只把这些技艺当做浮华的奴隶而不是能给社会带来福祉的工具……这些表面上看来最普通、最简单的艺术在科学之光的照耀下将熠熠生辉；而数学、物理、化学、实用工艺美术设计应该指导它们的方法，改良机器，简化形式以及提高效率，节约劳动力。”

我还以为听到了当今世界货币基金组织的报告人在第三世界国家的

* 化学家。

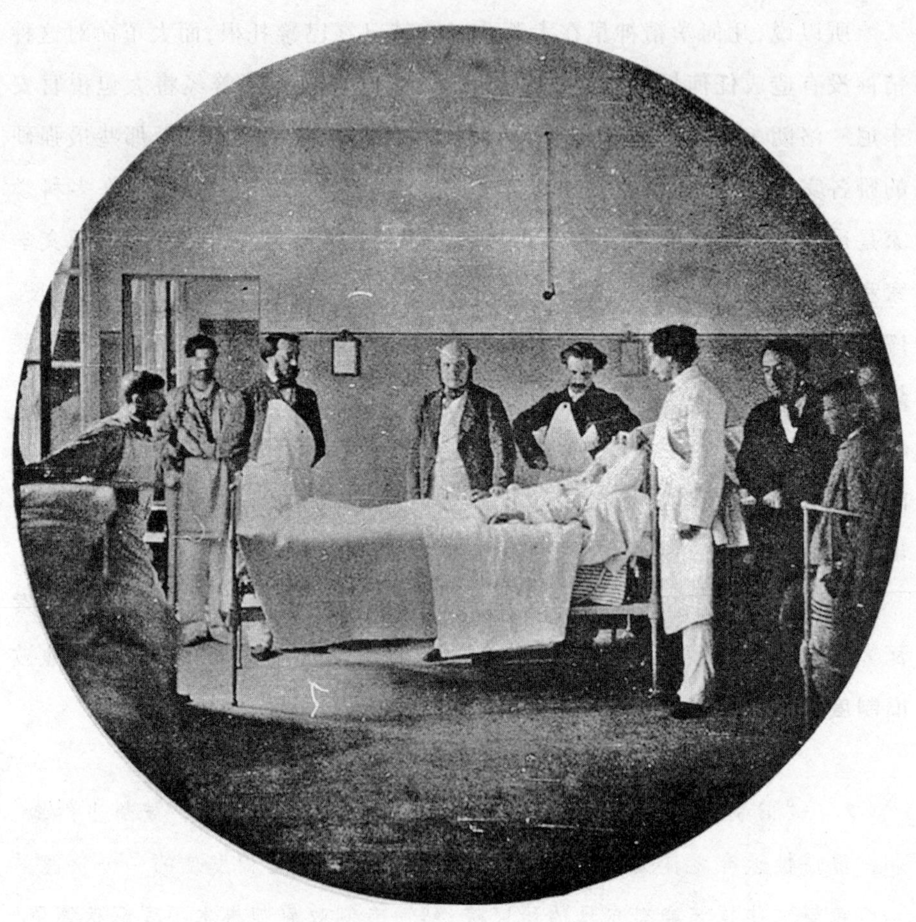

⑥　查理・奈格尔(1820—1866),《万塞纳精神病院:医生巡诊》,1860 年。很奇怪,在我们这个"机械复制"的世纪,旧时代的摄影师们享有特别的荣耀。这幅画面反映了巴黎地区的一所医院,有一种奇特的诗意,显得既程式化又真实,既造作又独特。这位医生,也许认为自己知识丰富而显得非常持重。1860 年前后,许多非巴黎地区的科学家可能没有他那么自信。

照片。巴黎,*BnF,département des Estampes et de la Photographie. © BnF,Paris.*

演说!

1794 年 10 月,根据格雷古瓦神甫的提议,**国民公会**决定把所有这些科学知识的实际应用和技艺都收藏在一个工艺美术学院里,它是巴黎的一个“机器、模具、工具、各类工艺美术书籍和产品说明书的公共仓储”。(顺便指出,狄德罗的《大百科全书》其完整的书名[原来]是《百科全书或科学、艺术和工艺详解词典》。)公民示范者在这里讲解它们的作用,因为“没有对工艺进步不感兴趣的公民”。这是一种令人赞赏的理念,虽然直到拿破仑出现这个计划才得以实现:但在 1806 年 3 月,一位参观者说“它长久以来一直被艺术家和爱好者看作是法兰西帝国最有用的机构之一……由于在欧洲只此一家,所以外国人(还有法国人)都趋之若鹜,来欣赏和研究这里展出的各种样品”。

然而,法国大革命对巴黎科学发展的主要贡献,既不属于意识形态,也不属于革命当局执行能力或手工艺—哲学的实践,而是使今天仍然沿用着的教育体系(个中的孰是孰非,一直存在着分歧)开始运转(或不如说加速),在 1850 年以前的大约半个世纪里,巴黎各大科技院校的教育体系可以说连欧洲或美洲都难以望其项背。

的确,大革命并没有创建这些院校。路桥大学始建于 1747 年,创办这所学校主要是在巴黎人特吕代纳和佩罗奈的领导下培养工程师,佩罗奈是纳伊大桥以及协和大桥的创建者、权威的艺术大师以及杜伊勒里堤道水槽的发明者,也可以把这水槽看作是欧斯曼改造巴黎下水道的开始。同样,1778 年创办的矿业学校最初是设在巴黎的新造币局内,它的选址也是有趣的巧合,因为在巴黎,这是第一幢专门为政府部门设计的建筑,而在此以前,这些部门有可能设置在皇宫里,甚至在原来的私人豪宅里。

法国大革命虽然没有创办学校,但它促进了巴黎高等教育的发展,而在 1794 年和 1795 年,先后出现了高等师范学校和综合理工大学。蒙热、拉普拉斯、道本顿、福尔奈和贝尔纳丹·德·圣-皮埃尔都曾在这些学校里任教,拿破仑在精神上给予了当时的理工大学学员们以最强有力的支持以使巴黎的科研人员能够和英国人戴维以及意大利人亚历桑德罗·伏特一比高低。

波拿巴与当时的大作家们(斯塔尔和夏多博里昂)关系紧张;但他与巴黎科学机构的关系却相对平和。波拿巴曾是巴黎军事学院的学生,1785 年他听过路易·蒙热(数学家加斯帕尔·蒙热的弟弟,不如其兄有名)以及拉普拉斯侯爵讲的课,拉普拉斯在大革命以前曾是他的主考官之一,曾短暂地做过他的内政部长。同样,贝尔托莱(年轻的将军曾帮助贝尔托莱在意大利找到了巴黎急需的水银)跟随他去了埃及,并与蒙热一起领导了著名的埃及大学;此外,波拿巴本人在 1797 年当选为巴黎科学院机械专业院士。(1799 年,拉普拉斯将他的《天体力学》的第一卷题赠给了这位年轻的同仁。)波拿巴成为这个专业的主任后,设立了一些奖项来鼓励伏打电流的研究。

这位皇帝对科学的兴趣并非是没有私心的(可以想见)。这又一次涉及到为国家服务的问题,正如 1804 年的理工大学军事化——不过对此,蒙热、贝尔托莱和福克瓦曾表示激烈的反对。皇帝希望科研机构像 1808 年的帝国大学一样,即使不是有利可图至少也应该是实用的机构和听话的政治力量;而事实上,帝国时代的许多科学家(尤其是沙普塔尔)爬到了政府的最高层:拿破仑的政府像法国其他专制政府一样,非常喜欢这些了不起的专家治国论者的帮助,他们基本上都很能干,而且天生就没有令人担忧的心理。

因而在第一帝国时期,巴黎的科学研究(甚至完全)成了一件国家大事,如法(国)瑞(士)之间一项奇怪的协定中就有:“根据瑞士兰德曼区的推荐,二十名通过规定考试的赫尔维提青年将被法兰西理工大学录取”。

科学界是左派。复辟王朝是右派。然而,皇帝的垮台丝毫没有影响到巴黎的科学发展:奇怪的是,尽管国家相对漠视,但大约从 1800 年起到 1835 年,的确是巴黎的科学事业最辉煌的几十年。在巴黎,这是商博良及他的象形文字、贝尔托莱及其统计学的时代;是达尔文的前辈拉马克(1744—1829)、若弗鲁瓦·圣-伊莱尔和居维埃(他们以前也都是法兰西学院的生物学教授)、拉普拉斯、拉格朗热和数学家傅立叶的时代。从 1775 年到 1825 年,科学家的数量翻了一番;维克多·雨果和埃德加·基奈在没有明确自己的方向之前,都曾梦想进入巴黎综合理工大学,在他们之前,小说家司汤达也是如此,他在 1828 年写道:"在地球上,我只知道一个地方,那里,一群自诩年轻的人正在认真努力地工作着:这就是巴黎。那些年轻的劳动者是想通过在自然科学领域里的新发现而得到重视,从而进入最优秀的法兰西科学院。"

因而,这是关键性的群体,是一旦建立起来便不断吸引其他年轻学者的"精英团队":很久以后,让-巴蒂斯特·杜马在法兰西科学院欢迎约瑟夫·贝特朗时向他表示祝贺:"先生,您完全理解了那些伟人如:亚历桑德雷·布隆尼亚尔、阿拉格、拉普拉斯、居维埃、若弗鲁瓦·圣-伊莱尔、安培、泰纳尔等人的远见卓识[对于您的前辈来说]"。杜马本人完全理解这种吸引人才的机理,这位年轻人在被选为亚历山大·冯·洪堡的秘书后写道:"我开始思考,巴黎是唯一能得到物理和化学大师们帮助的地方,我希望他们不久之后能了解我,并得到他们的指点进而帮助我解决那些潜心思考了很久的难题。我很快就下定了决心:我必须去巴黎。"亨利-阿尔丰斯·埃斯基罗(1814—1876)的科学之巴黎可以象征为一本描写其生活的书,而他又把这编成了的一段以植物园为开端的首都趣味历史,从植物讲到动物,讲到人类,再讲到巴黎人。1827 年,歌德在赞美安培时想到的就是科学和文学,说他二十四岁就成了这个"每座桥梁、每座广场,每走一步都使人想起其伟大历史的世界之城"和"聚集了各类精英的伟大帝国"里的杰出人物。

1820—1830年,科学在巴黎腾飞的原因有许多,其中之一可能是因为相比外国或法国其他城市,巴黎的科研机构数量多且涉猎面广。因为这一时期正是雅各宾主义者全力推行著名的中央集权制(至少在科学上是如此):奥古斯特·孔德(不过他出生在蒙佩里埃)甚至认为(我们以后会提到),科学思想集中于巴黎,不仅有益于教育的机构,还有益于思想的结构,因为它对培养一种“广泛思考的本能”作出了贡献。

旧制度时期,尽管出现了某些“巴黎化”的苗头(例如在巴黎,耶稣会的会士们已经习惯于培养他们的教师),但外省的科学家数量还是很大的。在1789年以前,外省的研究院曾经是重要的基地——尤其在卡恩地区。但这时的法国大革命是一次停顿,而在(基本上是中央集权的)帝国统治时期以及王朝复辟时期,斯特拉斯堡和蒙佩里埃的医学专科学院也相继停办。日耳格纳在尼姆和蒙佩里埃维持着他的《数学年鉴》专刊,但到了1836年,这些刊物也迁到了巴黎。在里尔,听巴斯德讲课的超不过二百五十人,而在巴黎的索邦大学,杜马给一千多人授课。

因而,外省的教育机构被忽视,而巴黎的教育机构却达到了新的顶峰。在大学与科学院同时任职的拉普拉斯曾写道,[这些机构]通过“对舆论施加的有益影响而消除了我们今天还狂热认同的错误观点,而这种狂热可能使错误永远持续下去”。这大概是以一种儒雅而委婉的方式来说明巴黎的资产阶级在其精英们的启示下,能够独立、科学地思考,而外省或巴黎的平民百姓还做不到这一点:还记得1832年的那场霍乱,沃日拉尔大街上的居民用乱石砸死了一个他们认为给泉水投毒的人。

但是在后拿破仑时期(或者说,直到若弗鲁瓦·圣-伊莱尔在1844年去世以前),巴黎的科学不只是集中于科研院校,更集中于自然历史博物馆,这个博物馆的前身是国王的花园,而它是由当时的锐意革新者居伊·德·拉·布罗斯于1640年建成,从他的文章(用法文编写)中可以看出他是亚里士多德的强烈批判者。1739年,三十九岁的布丰成了自然历史博物馆的馆长。1794 年,当法国大革命把这个皇家花园彻底改造成科学机构的时候,《保尔与薇吉妮》的作者贝尔纳丹·德·圣-皮埃尔成了该博物馆的馆长。

这个自然历史博物馆在“整个欧洲都无可匹敌”。这个科研中心自 1802 年起就发行期刊,它的图书馆向公众开放,在 1822 年就有大约一万五千卷藏书,1789 年收藏有一千五百种四足动物和鸟类标本(而到了 1820 年更达到了近四千种)。1837 年,它还为乔治·居维埃的兄弟——弗里德里克·居维埃创立了比较生物学论坛。这个博物馆的预算在当时是相当可观的:每年三十万法郎,而 1825 年医学研究院的收入只有十九万六千法郎;不过,巴黎自然科学院只有七万五千法郎。一个非常重要的细节是:自然科学博物馆的教授们年收入是五千法郎,这完全可与法兰西学院的教授们的(高)收入相比。(当时一个工人的年收入不过是五百法郎左右。)我们还要补充一点,在后革命时期,布丰的同僚能享有一套公寓,而梯也尔还给了他们更多的薪水。许多外国人都希望到这里安身:如前面提到的亚历山大·洪堡,还有杰弗里·韦曼以及后来是哈佛大学教授的瑞士人路易·阿加西。

但是,巴黎——科学之都的发展还有一个比国家科学机构更加关键但却难以察觉的条件:即,那个时代的科学思想的性质。今天,一个国家,更遑论一个城市(例如:巴黎)要在所有科学活动中——无论是理论科学还是实验科学中都处于领先地位显然是不可能的(正如自 1850 年以来人们所看到的)。而尤其无法想象的是所有这些学科属于同一种灵感,属于只有在同一个地方才可能被理解的同一种规律。然而,1820 年的巴黎正好与这种观点相反。

这里有两种互补的原因在起作用:一个是巴黎科学活动的多样性;另一个是科学家的自信心使他们能够包容科学思想的各种不同形式。

至于上面说的第一个条件,19 世纪的巴黎神话(比伦敦和罗马的神话响亮得多)是取决于其元素(政治的、现代的、历史的、美学的、金融的、科学的)的多样性。而在1830年,巴黎——科学之都的声望,同样在于其各门科学组成成分的多样性,而各路精英努力探索的正是这些成分的主要规律。

1750年到1840年,各门科学都纷纷在巴黎呈现。巴黎因为有蒙热、奥古斯丁·柯西以及不幸的天才,代数学家埃瓦利斯特·伽罗瓦(1811—1832)而被视为世界数学之都。巴黎的物理学也久负盛名,尤其在与之相关的天文学领域里。方特奈尔因此而更喜欢"物理学精神"("因其更清晰、更简单[以及]更明确")。他既不喜欢模糊不清的化学精神也不喜欢医学实践——行医本身就令人怀疑:"我们的那些解剖学家,"他在1722年写道,"就像在巴黎溜门撬锁的小偷,他们熟悉所有的街道,包括最狭小以及最偏僻的小巷,但不知道那些房子里发生了什么。"巴黎对物理学家的这种崇拜一直持续到了法国大革命时期:在18世纪80年代,对于巴黎的大众来说,麦斯麦、尤其是发明了避雷针的物理学家富兰克林是时代的明星(巴黎的妇女甚至养成了戴高帽子的习惯,而为了向他表示敬意,她们把这种帽子称作避雷帽)。在法兰西科学院,拉普拉斯更是堂而皇之地将这股思潮推向了顶峰,这种从"手表到锅炉"也即从机械描述到有机分析的科学思想的重要变化也许只会在巴黎而不会在其他任何地方发生,这是尼古拉·卡诺在其著作里描述过的变化,这位1796年出生在巴黎的年轻人在发现了热力学第二定律之后死于1832年的霍乱。(他的侄子萨蒂,也是共和主义者,于1887年当选国家元首。1894年在里昂遇刺身亡。)

这是数学和物理学,但还有另外两门是当时人们认为有内在联系的学科,因而,也是源于19世纪的科学思想:化学与生理学。

狄德罗认为,最善于分析的一门学科——化学应该作为哲学家和"熟练工"之间的桥梁。1783年,梅西耶称赞了那些"漂亮的新设备"、"化学的奇迹"。同样,亚历山大·冯·洪堡认为,拉瓦锡的著作是必经之路:"这个大门才是真正的圣殿入口，其他的小门仅仅是出口”。1822年，日内瓦人奥古斯丁·比拉姆·德·堪多（1778—1841）在写给青年让－巴蒂斯特·杜马（1800年生在阿莱斯，但1819年去了日内瓦直到1822年）的一封信中直率地指出：“您的未来在巴黎，而化学是您一生的职业。植物学不能给您足够的天地；没有化学的生理学是不可能的。您应该将主要精力放在化学上。而只有在巴黎才能认真地研究化学。”虽然巴尔扎克是保皇党和保守派，却根据巴黎的化学天才们的生活塑造了出生在外省的香水商人——正在不光彩地走向破产的赛查·皮罗多。

化学，与其并行的还有生理学，那个时代定义的生理学涵盖了今天区别明显的病理学、生物学、生化学领域，正如1778年让·塞内比尔在称赞现代生理学的创始人阿尔贝·哈勒时所说：“生理学是医学的基础，它为从事这项工作的人展示了一部他必须保持良好运转的机器……这门科学是物理学的一部分，它要求懂得几乎所有其他学科。应该深入学习解剖学，牢牢掌握普通物理学、力学、流体静力学、空气动力学、声学、化学等科学知识以便理解各种不同的现象，如果你没有完全掌握这些科学的原理，那么对这些现象只能是一窍不通……”

生理学（是一门新科学，在1795年时还鲜为人知）还无权在国家科学院里开设自己的专科，不过，这个空白很快在督政府时期被填补了，以至于在巴黎，这门新学科（关键性地）成为了在科学史上那些更伟大的三四十年（1800—1840前后）间的首都科学思想的基础，从那个时代起它就和科学思想的杰出人物，尤其是医学上的杰出人物联系在了一起，其中最著名的可能要属解剖学家克萨维埃·比夏（1771—1802）——1800年《关于生与死的生理学研究》的作者。

也许，在巴黎的医学史上，生理学的飞速发展与1789年前后的早期研究机构分不开，1770年在首都建立了一所医学研究院、1776年在阿尔福尔创办并在1784年重建的兽医学院，1789年以后，这一切又因1794年12月创办了一些卫生学校和一所医药学院而得到了巩固。但是,生理学的力量并非因为有这些机构而是因为有时代精神、因为有巴黎的**时代精神**,因为有一种能包容所有其他科学机能的科学思想。

的确,19 世纪的社会学分析,大约自 1820 年起(尤其是马克思主义的分析)都集中在矛盾与冲突上,例如,集中在圣西门模式中的"危机周期":托克维尔和基佐所理解的政治历史、拉马克和达尔文的物种进化论,也都要经过这些"卡夫丁轭形门"。不过,与之形成反差的是,18 世纪启蒙运动中的资产阶级观点以及雅各宾主义的观点与科学的观点一样,反而都坚持了一切事物内在的单一性:共和二年的俱乐部派认为是城市、人民、国家的单一性,英国早期的浪漫主义诗人和空想主义者则认为是人与自然的单一性。整体有机论、一切事物的有机统一(以及崇拜含有统一迹象的断片)都是 1800—1820 年的时代精神的延续:在那个时期,巴黎的精神病医生认为精神病并不是一种错乱,相反,是正态的过度拉伸。的确,巴黎的医生们并没有忽视临床观察(尤其是 1840 年以后),但他们的研究领域主要是医学理论,而由于弗朗索瓦·马戎第(1783—1855)在 1822 年发现了脊神经纤维的混合功能——因为其具有感受与运动的功能,巴黎的生理学才逐步转向了实验生理学。尽管如此,马戎第本人(如同克劳德·贝尔纳[1813—1878])从不放弃"一种有机现象的特殊性"的观点。我们再回到奥古斯特·孔德,从这种巴黎的精神到单一的抽象,他无疑是最执着的说教者。这位现代社会学之父认为,抽象、"思辨能力"的重要性以及它在"工程学"上的优势是不容置疑的。孔德在 1825 年批评了"本世纪过于讲求实用的精神",他认为这是应用科学过分诱惑导致的"恼人后果",而这位思想家满意地看到了"真正的哲学精神,……从那时起(也即在大革命以前)在法国,要比在神学与形而上学的旧制度统治下的任何地方都更加自由,且更加贴近一种真正的理性实证,同时避免了英国的经验主义和德国的神秘主义……"。他认为,"尽管英国人确有他们的长处,但今天,除了西班牙以外,他们比西方大家庭中的任何成员都更不适应这种方法[这是暗指:向新的科学精神敞开大门]”。英国是一派,而巴黎是另一派。

也因此,他于1832年建议在法兰西学院创办一个物理与数学通史的论坛。他在给基佐的信中写道,真的,难道不应该抵制这种狭隘思想,抵制这个时代的高等技术院校尤其是综合理工大学里各种专科的狭隘兴趣吗?他接着写道,“我们认为,人文科学,就其实证性而言,也可以看作是一体,因而[完全]是它的历史。”此外,1846年,孔德还提出了更广泛的要求并建议今后建立“一个实证科学通史的论坛……”。他认为“没有一门科学,如果没有其主要进步的历史谱系——唯一使它之前或之后的必要联系按照我们心理演变的自然规律而成为不容置疑的谱系,能够以一种完全理性的方式被认知”(顺便指出,基佐没有回应这个建议:1833年,他在见过孔德之后写道:“这是一个纯真的人,诚实、执着、专注于他的理念,他表面谦虚而内心傲慢,真诚地认为自己肩负着为人类精神和人类社会开辟新纪元的使命”)。1848年,利特雷重新提出了孔德的诉求,但仍是毫无成果,直到1892年,“孔德的实证主义正教的传人”皮埃尔·拉菲特,才被法兰西学院请来教授这门学科。不久之后,利特雷以前的同僚维鲁波夫接替了他的工作。

巴黎,世界科学之都,是为人类服务的科学单一性的普罗米修斯式神话的化身。然而,这段时间并不长。大约是从1800年持续到1840年。随之而来的是陡然衰落。这也是一种反常的衰落,因为从1850年以后,当首都科学的声望开始走下坡路的时候,巴黎的科学事业和科学家们的声望不仅还在上升,而且科学带来的益处以及对科学的热情也在上升,或至少,舆论将这些科学带来的益处与科学知识的提升联系在了一起。(在巴黎,煤气灯的使用可能是19世纪这些科学实惠的最好证据。1860年的时候,巴黎大约有一万五千盏煤气灯。)光明之城——巴黎并非总是如此,战争与侵略蹂躏下的巴黎,那是阴暗与凄凉的回忆:1745 年时的巴黎,黑夜里有路灯和"风灯",或者黑夜中巡游的提灯更夫,然后从 1797 年起就是对英国人利用煤气的方法十分感兴趣的菲利普·勒庞时代。他在一次夜袭中遇难,他的遗孀于 1811 年在坐落于贝尔西大街的一幢建筑里和皇宫里的孟德斯鸠长廊开发出一种经她丈夫改进过的"热力灯"。再后来便是电光源的探索,1840 年 12 月,巴黎第一次在协和广场上安装了电灯(电弧灯),这美妙的发明使古老的传统——**旧制度**用火炬照明皇家建筑的传统得以新生,马克西姆·杜冈盛赞了"用煤气灯照明的辉煌景象,那长串的灯光彩带勾勒出凯旋门和市政厅的轮廓,美丽的灯饰为香榭丽舍大街挂上了闪亮的珍珠项链,宛如人间仙境"。还应该指出,1889 年,新桥大街 18 号是第一家私人电灯用户,是由安装在大市场里的发电机提供的电源。

总之,19 世纪下半叶,巴黎科学衰落的问题推翻了前几十年的论据。而这可能始于最复杂的论据即科学知识的演变:1830 年的时候,人们还可以抽象地谈论科学论据的**整体**:奥古斯特·孔德自诩跟上了他那个时代所有学科发展的步伐。但贝特罗就谦虚得多,他在 1901 年说过:"[即使]就一门学科——化学来说,一个人要想完全跟上它前进的步伐已变得几乎不可能了。我属于最后一批能够、我认为甚至也许是最后一个能够说对整个化学领域有一个完整认识的人,而这只是因为我赶上了还可能掌握所有化学元素的这个时代。可以肯定,今后这绝不再可能。"拉普拉斯(1749—1827)曾经是巴黎科学王国毫无争议的主人。而在复辟王朝结束以前,居维埃(1769—1832)也没有能够担当起这个角色。

应该说,这是科学单一性思想的衰退,同时也是巴黎科学机构的衰退:从 1860 年起,所有在巴黎的人都感到了国家科研经费的不足。1870 年爆发的战争,直到 1871 年才结束,此前五天即 3 月 6 日法兰西科学院全体院士刚刚开了会,相继披露了法国科研事业濒于崩溃的现状。事实上,巴斯德极其艰难地筹集到一些基金来建立以他名字命名的研究院。皮埃尔和玛丽·居里,在研究镭的时候不得不用自己的积蓄买了几吨沥青铀矿石。

缺钱,也缺活力,巴黎自然科学博物馆的衰落证明了这一点。居维埃的保守主义损害了教育机构的声望,1886年,已是百岁老人的化学家舍弗罗尔还在教课。1873年,马克西姆·杜冈描述了这个1870年被普鲁士人轰炸过的巴黎自然科学博物馆,说"它再也无法坚持了,正在慢慢地死去。"对外国人的研究成果也太冷漠。达尔文的理论(利特雷认为这些理论"其实属于拉马克,而达尔文对其精髓并未改动……")在巴黎也只能是逐步地被吸收,因为它太英国化了。像原籍波兰的玛丽·居里那样努力使自己的团队国际化的科学家是非常罕见的。

巴黎曾经是世界之都,但到了19世纪下半叶,巴黎的科学界虽然基本上是共和主义者,但在现实生活中却是民族主义者和男权主义者,同时也是庇护主义者:巴斯德一直被认为是孤独的天才:但人们并不晓得(至今仍有人不清楚)他曾全力排挤某些与他一起研究过炭疽疫苗的年轻同行,例如:奥古斯特·洛朗或图森。由于困难重重,所以从1850年起,科学的创新精神从巴黎转移到了德国——在盖·吕萨克和洪堡的学生利比希(1803—1873)的领导下,德国的许多大学都建立了新的研究机构,这也是杜马想在法国理工大学学习的榜样。德国、美国和英国先后建立了巴黎根本无法与之相比的实验室,玛丽·居里定居巴黎的时候除了一个理论物理论坛,再没有一个实验室可与剑桥大学于1870年创办的卡文迪什实验室相比,而那完全是为了与德国的教育机构竞争。

1820—1830年的世界科学之都——巴黎,到了1900或1910年便已风光不再。然而,尽管困难重重,科学的巴黎在该世纪末为自己找到了一项至今还值得我们思考的新使命。因为在这个世纪末,比起其他城市来,巴黎的科学特色是它的环境更适合一种科学社交性的新方式,也即国际会议城市的特色:"1850年以前,'国际大会'的形式几乎是不存在的,而从1875年起,它便有了数量上的突破,并且被广泛运用于各个领域,随后又得到迅猛发展直到1914年。”在众多的案例中,我们仅以1900年于巴黎召开的物理学大会为例,那是第一次把全世界的大科学家们召集到“国际物理学的大家庭里来”。(1900年是世界博览会之年,百分之八十七的国际会议在巴黎召开。)出席会议的除了有居里夫妇、贝克莱尔、佩兰和朗热凡外,还有马克斯·普朗克、恩斯特·马赫、伏尔泰拉、J. J. 汤姆森、威廉·汤姆森以及亚历山大·格拉汉姆·贝尔。科学家在自己的实验室里与世隔绝;但在这些大会上,正如安妮·拉斯姆森所说“争相发言,为了再现……知识界虔心赞美科学的老传统”。

神话与魔幻:的确,就巴黎的某个历史时期来说,无论是科学的、政治的抑或是文学的神话或魔幻,这都可能。但在19世纪末,科学研究的演变(更加国际化和更主张合作)也可被看作是一种新方法的信号,它超越了这些19世纪的历史人物,同时也适合于今天的巴黎——它不再是1800—1840年那个时代的世界之都,而是一个相聚与相知的场所,一座国际性大都市,一座最能代表欧洲的城市。

第六章

巴黎：可读的神话，可见的神话

在神话与它所组织的论据的辩证关系中，神话有时是一种莫名恐惧的风格化：弑父恋母的俄狄浦斯，用更委婉的说法就是，使我们能更好地去理解（似乎）支配着父亲、母亲及其子女之间关系的情感冲动。要知道：神话是一种将日常生活琐事戏剧化后再表达出来的叙事。但这种想象与事实的双重关系可以起到另一种作用：神话，它本身源于生活而高于生活，反过来更有利于得到一种能使它更加可信的实体化身，也即确保它继续生存的物质体现（我们刚在前面的巴黎——自然科学之都中谈到过这一点），并使人能够更好地去想象它。

所以当初，教会为法国君主加冕使他成为了一个宗教人物，一个魔法王，奇迹的创造者，简而言之，一个神话人物。他在兰斯的出现将现在与过去连在了一起，也与未来连在了一起；而他的子民则与上帝连在了一起。但到后来,凡尔赛,这个王权的法宝实现了基督教的、极权君主的神话。如果没有兰斯的加冕,就不会有君权神授的国王。如果没有凡尔赛的威望及其无与伦比的宫殿,基督教或宗教的神话将会被削弱。

巴黎神话的具体化以及由神话而产生的读物(即巴黎——伟大国家之都,或巴黎——世界现代性之都)是这座城市的历史在19世纪时最感人的一个方面。更何况对我们自己而言:我们可以生活在巴黎而没有读过波德莱尔的著作,可以对马奈的油画无动于衷,甚或对法兰西学院的讲师都不感兴趣。(在涉及到另一种群体现象——博览会的时候,我们还会谈到这个问题。)但是,很难在巴黎生活而不经常看和"读"圣心大教堂的尖顶——天主教的钟楼和象征;或者埃菲尔铁塔——现代性的铁架子,果敢的象征;或者蒙帕纳斯大厦——空前绝后的象征(但愿如此):塞纳河畔的芝加哥。有些城市是谁都不会完全感到陌生的:你能想象一个到巴黎来的观光客,一点都不了解巴黎,一个古迹都认不出来吗?雨果认为"此将胜彼,书籍将胜过建筑",笔杆子将胜过具体实物以及承载着记忆的古迹。这或许对巴黎也适用,因为我们就是经常通过书籍(或视听媒体)来接触巴黎的。但在这里,书籍、图像以及实体的作用并行不悖:不论用哪种方式,我们都是从文物建筑,从书籍、电影以及互联网上开始(无论是直接地还是间接地)阅读和理解巴黎。今天(已经很长时间了!)的巴黎是一种"秀",一场不间断的演出。1978年曾经住在巴黎的伊塔洛·卡尔维诺说过,巴黎与其说是今天的"某个地方"莫如说是"另外一个地方"的象征。

因此,为了理解这座城市的当代史——应该强调可读性的问题;但也更应该强调,这种景观的概念,从我们所熟悉的形式来说,仅仅始于19世纪初。历史不算长!

也许,中世纪也曾有过某种可读性,例如,在社会或职业阶层分化的公告中(这里,公告这个词应该理解为最常用的原意:即"被公开的状态")。

因此,中世纪的君主首先是一个出类拔萃的人*,原则上他必须靠"谈判"来获得献纳金,并且时常超越个人的地位在公开场合(尤其是对那些使他成为国王的人)表明他是一个名副其实的君王。

甚至,我们还可以想得更远一点,从某种意义上说,中世纪比起我们今天来更是处处显露出每个人的社会地位。我们的服装,有时是多用途的,能够从一个国家转口到另一个国家、一个社会阶层转给另一个阶层甚至从一种性别转给另一种性别。而相反,1400 年的巴黎市民穿市民的服装,贵族穿贵族服,僧侣则有僧袍,犹太人有犹太人的服装,修女有修女的服装,以此类推。艾凡荷,尽管是不被承认的骑士,却佩戴着谁都不敢不承认的徽章。在英格兰的政府和司法部门,在那些盎格鲁—诺曼底的岛屿上,我们今天仍能看到许多别致的中世纪遗风,其中大部分是源于法国。

但是,在中世纪,这种绘图法(这种衣着和阶级分化的戏剧效果)与 18 世纪下半叶欧洲的那些服装广告完全不同,并且,总的来说,和所有公共生活的景观完全不同。那个时代是要表现大家都已经熟悉、完全接受并且没有个性的编码。在这方面,没有区分公众与个人的特殊界限;而每个人(从国王到巴黎市民)的公开表演仅仅是私生活的一种延伸。

相反,在 19 世纪的巴黎,恰恰是它的反面令我们惊诧不已。鉴于这个社会动荡混乱,其中伴随着封建残余已经出现了新的、令人不安的、无产阶级化的迹象,必须强加给个人,就像强加给城市一样,一种有序的、而今后是按照由资产阶级统治者认可的新公共标准来定义的、新的可读性标志。中世纪的标志自是不言而喻。因而,巴尔扎克式或波德莱尔式叛逆的花花公子以及自私的漫游者甚或是瓦尔特·本雅明笔下直率的唯我论者都努力,甚至拼命地去掉个性化自我的外衣,诗人的奇装异服被认为是他拒绝道德上因循守旧的表现。应该不惜一切代价"让资产者目瞪口呆"。但是,欧斯

* primus inter pares,拉丁语,居于首位者。

曼在巴黎所做的一切努力与这种唯意志论背道而驰。1850 年,一种集体分层的标志变得非常普遍,正如中世纪的标志一样,只不过这一次却带有强制性,或基本如此,因为有时,这是由国家通过制式服装,通过时装和资产阶级统治者的习俗,甚至通过这三种强势的集合来强制推行的。人人都有,或最好是人人都愿意穿自己喜欢的衣服,最理想的是每一种与各自社会地位相符的新服装(有时是民俗服装)都深入人心。艺术评论家塔巴朗谈到 1840 年的沙龙展览时写道:

> “楼梯被纷乱的脚步踩踏着,这是展示新衣、新围巾的唯一机会。丝绸礼帽是一种荣誉。高雅的蓝色礼服与活泼的褐色大衣相映成趣。戴着 29 苏一副的黄手套的小伙计惊愕地看着身穿新潮的呢绒外衣、一肩柔顺秀发的时髦女郎款款擦肩而过……妩媚的女店主一袭丝绒与绸缎。身穿加热兰牌开司米羊绒衫的女士在英式蕾丝花边软帽下露出优雅的微笑。”

巴尔扎克也没有比他说得更好。

时装等于巴黎的女人,而礼服则等于巴黎的男人,尤其是政治家:在大革命前的肖像画里,1800 年以前的军装和警服几乎没有出现过。**旧制度**的国君身披铠甲,甚至在这身说不清有什么实际意义的装束下面还穿着宫廷礼服。19 世纪的君主,即便是平民国王,在法国出现时身穿国民卫队军服,在英国则穿元帅服,在普鲁士穿参谋总长军服,而在布达佩斯、贝尔格莱德、布加勒斯特、莫斯科或雅典则穿(传说中的)地域性服装,波德莱尔在评论贡斯当丹·居伊的一幅画时曾不无嘲讽地说道:“欧东国王和王后站在月台上,身着传统服装,显得非常舒适得体,就像是要证明对他们所寄居的国家一片真诚以及他们最文雅的古希腊式爱国主义……她敞开的裙摆过分夸张了国家的时髦”。在巴黎,制服(军人、消防队员、邮政职员、院士、清洁工、甚至[某些时候]议员的服装)成为一种大家容易理解的、从视觉上可识别的社会地位的象征，因为这是由国家强制的，所以也表达了由民族历史造就的新文化统一性，并且在空间上与过去也曾被民族化了的历史小说，或者与后面我们还会谈到的歌剧差不多。1781 年约克镇战役中的法国士兵还是在君主个人的影响下战斗，但相反，到了 1873 年，法国的政治命运取决于三色国旗的意义(后革命时期法国的最好象征)，或者像复古主义者香堡伯爵所希望的，取决于白色百合花图案的国徽——因为流亡于奥地利，他的确已不能理解他原来想要统治的那个国家(以及那个社会)。

整个 19 世纪都被这些语言符号困扰着。福楼拜的朋友、作家、摄影师兼大旅行家马克西姆·杜冈就说过："1873 年的巴黎被登记、被分类、被编号、被监视、被启发、被清洗、被领导、被损害、被训诫、被逮捕、被审判、被囚禁、被埋葬"。

正如皮埃尔·诺拉曾经特别强调过的，这种大家都能理解的接近于公共景观的思维方法有多种分支。同样，因为在当时，中世纪的历史在一个希望全面可读和一成不变的社会里还没有它的位置："每一种行动，哪怕最平常的行为，一直以来都是作为[体验]用肉体来确认意识与行为的宗教功课"。直到这一时刻来临："不是要感受过去而是要描绘过去[……]回忆植根于具体事物[……]历史只与短暂的延续性、与事物的关系和演变联系在一起"，才真正有了历史。的确，今后，从启蒙运动以后，在巴黎，应该就是这样通过神话、表象和历史来解释城市的现在，将其分类、记录，使其"成为可读的"，并使其成为一种"大众读物"。

这是一场大规模的社会景观运动，从中世纪一直持续到现代性——不过，它在巴黎出现的时间相对精确，因为正是在接近于 18 世纪尾声的时候，一系列以往是私人的甚至不为人知的但今后却是公开的、丰富多彩的活动登上了舞台；这是一些不仅通过报纸、宣传册、推销员、海报来给自己做广告，而且还通过到巴黎来炫耀自己并利用他们的名望吸引更多人群的众多明星们的新鲜壮举和声望来给自己做广告的新景观或至少是再生的景观。

大革命以前,国王到巴黎来是一件大事,但不管怎么说,平民的欢迎活动或多或少是出于自愿。虽然有大量的青年学生参加,但都不是官方的要求。相反,经过了几番迟疑之后,法国大革命的节日庆典倒是被完全程式化了。

这两种景观,按照涂尔干的观点,可以理解为是两个时期(甚至两种弥撒),这使得法国社会或更简单地说,使得巴黎能够自由地自我陶醉,并且自认为生活在一场新革命的化身中,或者在1789年以前,自认为是魔法王喜爱的人物或被普遍认可的宗教首领,而即使这一切是在这位君主,例如路易十五,事实上只不过是一个少年,甚至还是一个孩子的时候。

但是,大革命前后的这两种公共景观的类型和自发性完全不同;正如最近在纪念法国大革命二百周年的时候,由古德导演的,属于第三种情况的后现代景观,因为那完全是一种计划周密、倾向性强甚至是广告性的魔幻景观。(我们也会想起,在前一个时代,在公开化的同样背景下,1830年的那个自发的、狂热的巴黎嘉年华发生了一些可悲的变化,但到了第一次世界大战前夕,完全变成了商业化的节日。)

因而,**大革命**以后或者说1800年以后,出现了新的景观性,只有在巴黎才常常会,或者不如说一定会遇见闻名遐迩的大师——那些身价昂贵的著名艺术家,如帕格尼尼,当时最伟大的小提琴家;或弗朗兹·李斯特("钢琴,舍我其谁!"),最伟大的钢琴家。各个领域都是如此:因此,每年都要在伦敦小住几个月的菲里多在摄政王咖啡馆里改变了巴黎象棋运动员的地位;而这位大师的传人路易·马赫·德·拉波尔多奈使这种运动在巴黎成了一种职业化的、公开的甚至带有广告色彩的活动并在1836年出版了第一本棋艺杂志《帕拉迈德》,它的出版商说拉波尔多奈在伦敦战胜了英国棋手麦克唐纳可以看作是"拿破仑的一次报复"。

也是在1789年前夕,巴黎出现了第一批豪华餐厅:那些原本贵族餐厅里的私人生活此时成了巴黎高档饭庄里的公众生活,而这种环境奢华、设施堂皇的饭庄以及它的广告真是令人眼花缭乱，叹为观止。国王们的厨师，主要是路易十八的厨师卡莱姆的特色风味是一种宝塔式奶油大蛋糕：路易十四餐桌上的一切都是可以吃的。但卡莱姆是厨艺大师，他认为厨艺的景观要超越美味，而这位野心勃勃的艺术家，摒弃了烘烤炉，自诩他制作糕点所用的不是以往那种可以吃的糖片而是一种根本不能食用的"乳香"（他用的就是这个词），但也因此能长久保存，这使他得以常年不断地在巴黎、维也纳、伦敦以及圣彼得堡表演（表演这个词的所有含义！）其非凡的创意。巴尔扎克在提到鲍塞昂子爵的餐饮时说过，那是一种"路易十八风格的美食"，是双料的奢华，"内容与形式的奢华"。

同一时期，博物馆出现在欧洲各地，尤其是在巴黎（卢浮宫是 1793 年 8 月 10 日开馆的）：先是王公贵族，后是巨贾富商，他们收集的艺术作品成了这里的一种公共景观。不过别忘了，要想参观画家大卫（尽管是雅各宾分子）的画室得花大价钱。在巴黎受到抨击的基里柯，去伦敦展出了他的画作《美杜莎之筏》从而捞回一大笔钱财。而法国大革命本身以及巴黎的革命纪念日、节庆活动（在战神广场或先贤祠的活动，比如，伏尔泰的迁葬）可以看作是一场持续的演出，一种早熟的政治审美化，一种被极权制度推上了顶峰的审美化，当时的一位讽刺家说道：

只需要给高傲的罗马人，
戏剧和面包；
但法国人更有甚之，
只要戏剧无需面包。

而革命的断头台，或者说"国家的剃头刀"，它也是一种景观性的悲剧明星，其存在的理由并无多少改变，但某些人却对它从不厌倦。

雪莱——原则上是乐观的革命者，但通常是伤感的诗人并常常为一切无尽的痛苦而激动，他认为建筑的本意是抽象地强调人类的脆弱。我们知道底比斯(今日之卢克索)的传说，以形而上学的观点来看，成了一个讽刺，因为故事记录在一座大型雕塑的废墟下面(而且，还是后来修复的)：

> 我，奥西曼达斯——王中之王；
>
> 看我，干得多棒！

但在19世纪，首都的市政官员并非只是看到了这些废墟才开始关注它们的存在性。在整个19世纪尤其是在第三共和国时期，巴黎不停地修建雕像来歌颂和纪念那些逝去的伟人：1870年建了九座雕像，1914年一百座，而1940年则是三百座，此后，其数量便不断减少：在法国被占领期间大约浇铸了七十五座铜像，而1964年，安德雷·马尔罗又拆除了一些雕像。所以，1942年，甘必大失去了他本人在杜伊勒里公园里的雕像而1964年又失去了他叔叔的雕像。有些古迹因道路建设而遭到破坏，例如1964年，地处法兰西歌剧院角落里的阿尔弗雷德·穆塞的雕像就是如此。

但是，毋庸赘言，远不止是普通的雕塑，所有巴黎的国家级文物古迹也是一些文本，而这些文本的主要目的恰恰是确保一种抽象的新思想、通常是政治性新思想的可读性。有些“记忆之地”无意中达到了这个目的，有些则是专门为此而设计的。用这种思维方式，我们还可以看得更深远一些，因为首都的各种建筑构成了一个整体、一种建筑的法则，或者说，每个景观的意义都不能孤立地来解释，而是根据与其意义相似甚至相反的景观来解释。安东尼·培根说得非常好，巴黎19世纪的建筑是企图“使整个城市和谐，减少最令人不快的反差”。

关于这个问题，我们可以重新验证，因为前面已经提到过，列维·斯特劳斯著作中的神话观点：他认为，神话在精神上调和现实中不可调和的东西：在分裂与调和的问题上，“巴黎特性”这种难以言表的优点却能够使我们理解从巴士底到民族广场这条路上的左翼阵线(不可避免地)与香榭丽舍大街上的右翼阵线相对应,而且,达卢在这个广场上的《共和女神的胜利》与圣路易和菲利普·奥古斯特的雕像也遥相呼应,后者是遵照全体法国人的国王——路易·菲利普的命令安放在由勒杜设计的装饰柱上面。所以,巴黎的建筑,表面上显得杂乱无章,实际上却有内在的联系,并且很容易找到规律:奥赛博物馆是巴黎的过去,新凯旋门和新国家图书馆可以说是巴黎的现在;蓬皮杜中心和科学城是巴黎的未来。还应该指出,法国首都的绝大部分建筑并非与城市本身相关,而是既与巴黎也与某种更重要的东西相关,与全人类(例如,微型自由女神像)相关,与艺术相关而尤其与国民相关:要想完全成为巴黎的建筑,就必须同时成为全民族的建筑。

按照这种逻辑,埃蒂安·马塞尔的案例是一个有说服力的反证,而阿尔弗雷德· 费耶罗说他是一个“怀旧派”。遗憾的是这个人物没有给我们什么好感;这位商人们的市长不是什么民主派。况且,客观地说,这位恶棍查理的朋友,未来查理五世的敌人,是英国人的盟友,而英国人当时已是饱受欺侮的法国人的宿敌(或基本如此)。所以埃蒂安·马塞尔不可能成为真正的巴黎英雄,因为他算不上是民族英雄。这座城市后来还是送给了这位“市长”一尊雕像(应该如此),但这件事做得相当谨慎,在市政厅的庇荫之下,它被安放在了离修道会不远的地方。圣女贞德是外省的女英雄(具有反巴黎公社的意义)却很快受到了崇拜。从1874年起,就有了她的雕像。而埃蒂安·马塞尔的雕像因其是反国家的巴黎人,几乎被遗忘了。

罗马是以宗教建筑为主,而伦敦的古迹都是君主的(伦敦塔),政治的(议会大厦)或者完全是帝王的(尤其是它的雕塑艺术),却很少是平民的古迹。慕尼黑或巴塞罗那的建筑古迹,汉堡或威尼斯的古迹同样也有缺憾,因为那些都只是属于本城或本地区的古迹。

巴黎的建筑古迹当然更庞杂,因为它们同时具有公民性和世界性,从这一点上来说,更适合传播首都的神话。所以,人们可以说,巴黎的某些建筑相对不成功是由于它们过于锚定在这种或那种意识形态的禁锢之中而不是锚定在更为普遍的对国家及其首都的认同上。某些建筑过于右倾,如圣心堂,尤其是路易十六的赎罪小教堂。(顺便提一下,巴黎公社原本打算拆毁这座建筑,却被一个巴黎保皇党人装作美国旅游者把它从大革命的十字镐下拯救了出来,[众所周知]后者总能觊觎到有利可图的好机会)。同样,莫纳·奥佐夫说得不错,圣·热娜维埃芙教堂改成的先贤祠是"一座荒谬的建筑",因为从总体上来说,(有人这样认为)祖国应该感激的那些伟人基本上都是伟大的左派。可能正是为了绕开这座暗礁,爱德加·齐奈才在1867年提议把它建成一座非政治的、甚至是反政治的建筑,一座不是为了国家而是为了思想的建筑。我们还应注意到先贤祠甚少出现在巴黎的文学里:安德烈·布勒东曾为它献上过一首诗,但超现实主义者们更喜爱的是先贤祠广场而非先贤祠本身。

关于拉雪兹公墓里的公社社员墙,有太多党派观念的可读性,也有太多的排他性和宗派主义。从1880年起,出现了对它的怀念,这种怀念被1871年凡尔赛的镇压极度政治化,并且被共产党所利用。1883年,那里出现了第一批红旗;1888年5月,社会主义者和无政府主义者在那里发生了冲突。1936年,莱昂·勃鲁姆和莫里斯·多列士在那里重逢,和他们在一起的还有儒勒·莫赫以及马塞尔·吉东,后者从1935年起就为警察局工作,战争期间被曾受他欺骗的人刺杀。公墓的第97号墓区至今仍是许多巴黎人追思和悼念的地方。那里还有一座纪念纳粹受害者的墓碑。马德莱纳·勒贝留谈到这个地方时说过:"公社社员墙……从来没有可能被右派或极右派所利用。"但也许正是这种信念上的不可渗透性同时构成了这个记忆之地的强大与孱弱,1997年的非法移民(被排斥者)到那里去宣布结束他们的游行活动。

最后,还有一些建筑,正如第三共和国的政治家们经常干的那样,从左翼转向了右翼,或至少是转向了中间派:所以,埃菲尔铁塔(左派!)最初受到了猛烈的抨击：加尼叶、克雷蒙梭、小仲马、莫泊桑曾要求把这个科技的象征弃之于地；的确，就其性质来讲，作为一个绝对是共和主义思想的现代性象征（在巴黎高档社区里，这种建筑是独一无二的），铁塔显然不会得到复古主义者的赞同。但它后来得到了认可并且很快成了"巴黎市的钟楼"，成了乌特里约、德洛奈、杜菲和夏加尔著作里的法国和巴黎的象征。但这一切只有当更革命的纽约摩天大楼使它非政治化同时将其"去现代化"之后才成为可能。

因而，要想真正地成功，巴黎的建筑必须同时是巴黎的、普世的、民族的或世界的建筑。可能也正因为如此，今天最为成功的皇宫，要数已成为最卓越的世界文化圣地——卢浮宫了（甚至在**旧制度**垮台以前，差不多已经如此了）。今天，枫丹白露还会使人怀念瓦卢瓦王朝，凡尔赛使人忆及波旁王朝，贡比涅使人想起波拿巴家族，但卢浮宫，虽非真正拥护共和，却丝毫也不像是一座王宫了。

服装、文物古迹具有可读性，而巴黎整个城市都可读。

我们可以想象，17 世纪以前，很少有人会问巴黎的意义是什么。巴黎存在着，这就足够了。宫殿与草屋比邻。街巷杂乱无章，这一切也不会引起什么反感。与其说人们生活在城市里不如说生活在自己的街区里，一位德国旁观者在 1864 年写道：

> "距巴士底广场不过咫尺之遥的人还习惯说'我要去巴黎……'[……]这个小镇有其自己的风俗、自己的习惯，甚至自己的语言[……]像首都的其他地方一样，市政府为每条街道编制了号码，但当你向某个居民打听他的住址时，他总是告诉你他的那所房子叫'西亚姆王'，而那所房子叫'金星'，这所叫'姊妹苑'，那个是'耶稣的名字'，还有其他一些诸如'花篮'、'圣灵'、'雅风'、'猎屋'或'良种'。"

⑦ 让-保尔·莫罗-福提耶(1871—1936),《献给革命的烈士们》,拉雪兹公墓中的巴黎公社社员墙,1909年。1871年5月28日,在拉雪兹公墓的公社社员墙下,最后的一百四十七名公社社员被执行了死刑并被抛尸在坑中,目击者们为"流血周"中的那些受害者而哭泣。他们认为,烈士的血不会白流:斗争将继续,向着"革命的前夜"——无产阶级革命的《众神的黄昏》前进。

玻璃版画。

人们不仅生于斯，殁于斯，还在这里结婚：在启蒙世纪的巴黎，百分之十七的面包师所迎娶的姑娘不仅住在同一地区而且是同一条街道！人们已经习惯了这样的城市。人们与它休戚与共。无论如何，这座城市的组织结构有某种合理性，这在当时是令人惊奇的，正如德拉马尔先生所说——他在1705年收集了大量与首都有关的朝廷法令并整理成册，他写道："在这些我必须翻阅的法规里，我发现了非凡的智慧，警察局各部门之间的配合与分工是如此完美有序，以至于我相信可以把这门科学当做艺术来研究或是对其理论进行实践。"因而，从整体上说城市有一种内在的组织，但只注意到了这些文本，德拉马尔就相信发现了一座城市的规律，而这还是他曾经非常熟悉的城市。

在新现代性的法国，专制集权、发号施令的政府必然从另一个角度看问题。在查理五世城墙和路易十三城堡的原址上，出现了一种都市的、规律的、新的可读性标志与事实——铺垫了沙土并栽上四行树木的新式林荫大道。（林荫大道这个词［源于荷兰语 bolwerk 即"城墙"］使人想起它起源于国家和军队。）

这时，波旁王朝的君主集权制赋予王国的首都一种城市规划和政治统治的双重使命。路易十四并没有生硬地改造首都，但是，拆毁旧防御城墙对于君主而言却意味着首都在军事上的衰落。配有代表国王凯旋的骑士雕像的新皇家广场（孚日、旺多姆、维多利亚和路易十五广场等等）——新集权与专制权力的象征是相当于在都市的内部建立了象征性的防卫圈。1793年1月，为使共和国能够生存下去，必须处死路易十六，但也必须是在旧王朝时期最大的广场——革命广场上执行。

所以，亨利四世统治时期的新城市规划，由于重新命名了首都的市政道路而变得更加可读了（毫不夸张）。新开辟的道路并非随意取名，而通常是根据本地的地形地貌、植物或动物的区系来命名：（土城路、鹌鹑岗、杨树街、修女街或修士街）。从此以后，道路就有了各省的名字，再后来，还有些道路以企业家的名字命名(马利桥,和圣母玛丽亚毫无关系,马利是一个房地产商,17 世纪时就完美地规划了一座小岛,他是 20 世纪 50 年代的美国人莱维特以及莱维敦式住宅的法国前辈。)。紧随着这次变革之后,18 世纪末,(在被一切都个性化困扰着的时代,不可避免地)道路的名称中出现了各色人物:演员、作家、将军、政治家等等。梅西耶在他的《巴黎画卷》中嘲讽地写道:“当一个市民成为市长助理的时候,他的荣耀也就到头了。当他看到一条街道是以自己名字命名的时候,会感到无上荣光。”

(顺便还要说明,巴黎的这些道路名称既有其原来的释义也有引申的意义:第一块街道名称的指示牌出现在 1643 年:圣多米尼克大街。1728 年有了白铁做的指示牌[涂了漆,但不耐久],再后来就是镌刻在石头上的名称,蓝底白字的牌匾出现在 1844 年。)新式门牌编号法也是从 1779 年开始的。不过,这件事做得并不漂亮,圣-欧班在他 1799 年的《巴黎全景画》里抱怨过这种可读性的缺憾,他写道:“这种混乱造成了无限烦恼与难堪,不知浪费了大家多少时间”。1806 年,当然还是拿破仑最终决定采用有这种特点的编号方式,和今天我们参照塞纳河的做法一样,但却是循环式编号。所以,圣·奥诺雷大街的 394 号是在 395 号的对面,而 1 号却与 729 号相对——在菲罗奈理街的拐角。(这种方法仍在伦敦的帕尔·摩尔编号法中使用。)还有,上面所说的这些号牌“在与河流平行的街道上是红底白字”,而与之垂直的道路号牌则是黑底白字。

1650 年,尚可以被接受的巴黎的无条理性、无规律性、不可理喻性越来越激怒了启蒙运动的理性主义党派。所以,城市建筑与规划师劳吉埃在 1753 年严厉批评了他亲眼所见的那个落后肮脏的巴黎,尤其是它的杂乱无章:

> “我们的城市永远是老样子,一大堆乱糟糟的房屋挤在一起,不成

体系,没有管理、毫无规划。巴黎的这种杂乱无章比任何其他地方更加明显、更加令人恶心。三百年来,首都的中心几乎没有丝毫的改变:永远是那些狭小的街巷,弯曲幽暗,给人的感觉总是肮脏与堕落,车辆在巷子里行驶,每时每刻都会制造麻烦。[……] 总之,巴黎绝不是一座美丽的城市。[……]大马路少得可怜,小巷的路面很差且十分狭窄,房子建得简陋而马虎,少有的几个广场[……]。几乎所有的宫殿都差强人意[……]。”

皮埃尔·帕特于1765年出版的《为路易十五的荣耀而竖起的丰碑》一书也对这个有说服力的批评进行了补充。在他的评论里,巴黎第一次成为了科学对象。帕特为首都的“无组织性”而惋惜,与其说这是一座城市不如说是拥挤不堪的街区,他提出了一种“总体设计”的思想,这是一个相当细致的全面规划,汇总了“各地的不同情况”。他写道,“有些居民区几乎完全与外界隔绝,人们看到的都是些狭窄的街道……往来的车辆时刻将公民的生命置于危险之中并且随时可能制造麻烦。”他认为尤其糟糕的是巴黎的供水系统,比起古罗马人来差得太多,比如地处巴黎市中心的主宫医院——因“它的传染病[而污染]一部分河水,[从而]向四周散发出极为腐臭和肮脏的气体”。他对重新整治西岱岛特别感兴趣,这位启蒙运动时期的柯布西耶的夙愿是在太子广场的旧址上建一座新的大教堂。

克洛德·勒杜(1736—1806)的案例更有说服力。对他的回忆,至少在巴黎,显然是暧昧的,因为巴黎不仅欠他十二座豪华私家酒店(现存的仅有一座,即1766年的豪威尔酒店),而且还欠他于1785年修建的包税区围墙及其四十七座收税亭,某些收税亭至今保存完好,尤其是在拉维莱特,登费尔-罗世雷广场上的收税亭。(这就是那句著名的绕口令“墙绕巴黎,巴黎怨”。)

有远见的建筑师勒杜也是“会说话的建筑”的支持者,每座建筑的形式都应该清晰地表现出它的功能。这正是他的《从艺术、风俗和立法的角度来看建筑学》里的重点之一,书中提到一所妓院的轮廓(前面已经说过)显示出男性生殖器的形状。

建筑学上的相通性、功能性以及可读性是这位建筑工程师的强烈追求,他设计剧院的第一个特点是每个观众都可以看到整个舞台,而不会遇到什么视觉上的障碍;第二个特点是,每排座位(因为在他的剧院里[类似拜罗伊特的瓦格纳剧院]既无包厢也无楼厅)都为一定的社会阶层所专用,这些阶层包括从知名女人到贵族以及当地名流。

说到相通性、合理化,还有某些人认为的监视与专制问题:我们不得不遗憾地指出阿多尔诺可能并不了解勒杜的杰作——阿克森南皇家盐场,住宅和工厂围绕着一座中心建筑(是一位权贵的官邸)排列,呈完美的半圆形。它拥有了一切:秩序、宁静、奢华、舒适,以及——便于监视。

我们列举这些大都不太著名的城市规划师(劳吉埃、帕特、勒杜)本可以认为他们对景观以及可读性的兴趣只不过是少数精英的杞人忧天。但相反,一切都促使我们相信这种担忧得到越来越广泛的认同,正如19世纪曾经风靡一时的全景回转画所表明的:那些巨大的环形画面在椎顶圆形大厅的墙上展开,光线从上方照射下来,这种方式使观众产生了真正身临其境的感觉。

很遗憾,全景回转画并不是巴黎人(可惜!)的发明,第一个这样的画馆大概是1787年爱丁堡的一个叫罗伯特·巴克尔的人的作品,也许这正说明了巴黎最早的全景回转画是1799年1月由两个美国人制作的,他们是罗伯特·福顿,蒸汽机船的发明者(或曰再发明者)以及他的一个同事,也是美国人,詹姆斯·赛耶,两人都曾经在英国的首都居住过。他们的油画在蒙马特大街附近的那些直径十四米的圆厅里展出,地点正是在后来称之为全景廊街的入口处,这条街至今还在巴黎第二区。在这里能够欣赏到普雷沃和贡斯当·布热瓦的那幅名为《英国人撤离土伦》的作品,是向刚刚登基的首席执行官*献礼,作品有点凌乱,但却很成功,因为拿破仑特别喜爱这类为他做宣传的艺术品,听说,皇帝曾想让人制作一打这种画来纪念他的赫赫战功。此外,他的传奇生涯也因此而得到了绘画艺术的有力支持,亚历山大·仲马在1831年的剧本《拿破仑以及法兰西三十年的历史》里,描写了一个在全景回转画馆门前扯着嗓子招徕客人的推销员:“嘿,进来瞧瞧吧,公民!先参观后付钱,不好不要钱,绝对分文不取,来吧,公民!”

那么,这是拿破仑,当然还有巴黎,因为,福顿的另一种全景画向巴黎人展示了从杜伊勒里宫上方鸟瞰城市的画面,这激起了大卫的热情,因为他把学生们带到了这里:“真的,同学们,一定要到这里来学习大自然。”1821年,夏多博里昂参观了第三个画馆,其中的内容是耶路撒冷和雅典:

> “我承认,当第一眼看到这些建筑,这些风景,甚至还有救世主修道院里我住过的那间屋子的时候,那完全是一种幻觉。旅行者从未经受过如此严峻的考验。我怎么也没有想到有人会把耶路撒冷和雅典搬到了巴黎来证实我说的是真还是假……我的《从巴黎到耶路撒冷之旅》的片断被当做了这些画面的提纲和通俗的解说词。”

(这里,把这位大旅行家的天真看法与那位固执的巴黎人和人造事物的爱好者波德莱尔的观点——非常接近于我们今天的观点,相比较是很有意思的:“我渴望站到透景画前,其巨大而强烈的诱惑力会使我油然产生有益的幻觉。我更喜欢某些剧院里的布景,在那里我找到了被艺术性地表现和戏剧性地集中了的、我最珍爱的梦境。因为是假的,所以这些东西更无限接近真实[……]”。)巴黎,这座永恒(耶路撒冷或巴黎,反正都一样)并且变得越来越现实的城市在整体上具有绘画般的可读性,特别是达盖尔的出

* 指拿破仑。

现,使这一切持续了整整一个世纪。更主要是因为,这位摄影之父与画家夏尔-玛丽·布东合作开创了一种透景画,这种画是能巧妙地活动并发光的全景回转画,从这个角度来说,它更具有写实主义的意义。这种透景画发明于1823年,1831年得以改进并在肖邦所喜爱的歌剧《魔鬼罗贝尔》中加以应用。还有一种由画家阿洛推出的内景画,他后来收到过至少六十份路易·菲利普国王的订单,国王对他的评价是“阿洛油画画得好,素描也不错;他要价不高而且他是色彩大师”。

巴黎的这些透景画也获得了巨大的成功,而当时最杰出的作家和艺术家对此都极感兴趣。在1828年,雨果是最先指出其重要性的人物之一。巴尔扎克在他1825年的小说《高老头》里提到了“最近发明的透景画(年代错误,因为故事发生在1819年,而发明是在此之后)相比全景回转画而言,将视觉幻象提升到了一个新的高度”。沃特兰(当时是在冬季)曾开玩笑说:“有一种寒流全景”。一些伏盖公寓的常客则是“高老头全景”,或者“拉斯蒂涅全景”。我们可以把这些说法以及像《101种行业手册》(一种1831—1834年出版的巴黎典型人物简介)一类的文章说成是一种全景文学。其榜上有名的是:夏多博里昂、雨果、拉马丁和圣佩甫。

这种巴黎的时髦风靡了很长时间,因为这股热潮只是在1889年的世界博览会上才以其七个全景回转画馆而达到了顶峰,其中还有一个本世纪历史的全景回转画馆,通过它,巴黎的观众能够毫无困难地从空间的可读性走向时间的可读性。从技术上讲,最成功的当属1892年在香榭丽舍大街上的全景活动画馆,它再现了《复仇者》在1794年的一场战斗,写实主义的场景“征服了看台上的观众,那看台做得像一艘参战的双桅帆船,由一种精巧的设备驱动而前后左右地摇摆,给人以亲身参加了海战的近乎完美的感觉”。

显然,今天的电影特效不如我们想象的那样革命,电影与全景回转画之间的关系,正是因为扼杀了全景回转画(1900年世界博览会上的这类画馆是最后一批）的电影风潮而变得更有意义。鉴赏家，波斯国王沙赫访问巴黎的时候不仅陶醉于一幅马达加斯加岛的全景画（“必须亲眼所见才能理解它的好处”），也被一位“电影摄影师”所迷惑。因为，如果说这次博览会上的“活动全景画（Maréorama）”标志着一个时代的结束，那么用十台放影机同时迅速连续放映分成十部分的完整画面的圆景电影（cinéorama）就是一种有预见性的设备。因此，卢米埃兄弟的发明很快打败了达盖尔的发明——而他也是摄影的发明者。巴黎的电影院从1907年的两家发展到了1913年的一百六十家。

应该思考一下这种全景回转画之所以流行的深层次原因，阿尔弗雷德·费耶罗在他那部出色的巴黎词典里说得很有道理：“这是一次巨大的成功”。

一种解释，可能是典型的英国式观点，是与新发明所代表的经济活动有关。的确，1824年的《布莱克伍德杂志》曾问道，为什么非要到那不勒斯去看维苏威火山？全景活动画是一项最有利于节省时间与金钱的发明……那些半年以前需要花几百英镑做的事，现在只需要一先令加一刻钟即可完成。总之，这是第一次对虚拟旅游的赞誉。

但另一种更高雅、更具巴黎风格的解释显然与对可读性的关注有关，而这种贯穿于整个19世纪的关注一直被似真性的定义、解释和分类困扰着。

因为全景回转画和它的变种——从透景画到天文馆，是属于一种广义的文化整体，其中也包括巴黎卡布西娜大街上的天像仪以及1844年在香榭丽舍大街上安放的地球仪；更广义地说，还包括首都博物馆里所有19世纪的历史画——从1777年布雷奈的油画《杜·盖斯柯蓝之死》直到1891年去世的恩斯特·梅索尼埃创作的有关拿破仑的油画。这种将巴黎作为鲜活的、可见的而尤其是有序的有机体来理解的愿望非常普遍。我们还记得飞行家兼摄影师纳达尔，是他拍摄了19世纪的第一张高空照片——当然是乘

NADAR élevant la Photographie à la hauteur de l'Art

⑧ 奥诺雷·杜米埃(1808—1879),《纳达尔将摄影提升到了艺术的高度》,1862 年。遗憾的是,第一个在空中被拍摄的城市似乎是波士顿而不是巴黎。杜米埃的漫画表现了巴黎人对这种新沟通手段的兴趣,但在他们看来(正如今天在我们看来)似乎自己的城市拥有这样一种特点,即只有远见卓识的观察家、诗人(如波德莱尔)、小说家(如福楼拜)或者摄影家才有能力使这座城市成为可见的。

石版画《林荫大道》,1862 年 5 月 25 日。*Dresde ,Staatliches Kupferstischkabinett. © AKG Paris.*

气球,在巴黎上空拍摄的那些通往星形广场的街道,杜米埃曾开玩笑说:“纳达尔将摄影提升到了艺术的高度。”

我们也可把《高老头》中的青年拉斯蒂涅以及他在拉雪兹公墓高地上豪放的独白归入这一范畴,书中写道,从墓地的高处可以看到整个巴黎:

> “拉斯蒂涅,独自一人,向公墓的高处走了几步,看到蜿蜒在塞纳河两岸的巴黎城开始灯火闪亮。他两眼几近贪婪地盯着旺多姆广场上的圆柱和荣军院的穹顶之间,那是他渴望深入生活的美丽世界。他瞥了一眼这嗡嗡作响的蜂巢,真想立刻就吸吮这里的蜂蜜并掷地有声地说道:现在,咱俩较量一下!”

拉斯蒂涅用这种充满强烈欲望的眼神盯着这座他所觊觎的城市,这眼神使人想起:谁能读懂,谁就拥有。成为了可读的巴黎也是一个客体。

但显然,正是随着在巴黎出生的前亨利四世中学以及法学院的学生乔治－欧仁·欧斯曼的出现,启蒙运动(理性、规律性、启示、理解、透明)的城市规划才得到了完美体现。

当然,欧斯曼并没有创造出一种景观的、完全标准化的可读性的概念。我们可以再一次指出18世纪德拉马尔、洛基耶、帕特或勒杜的作品否定了中世纪巴黎的不可读性;而弗朗索瓦兹·萧伊在她那本著名的《规则与典范》一书里甚至把这个问题与托马斯·莫尔爵士联系在了一起。她认为,欧斯曼自称是成体系的,但是其现代化主张的相干性仅仅是表面现象(她提出了一种表面逻辑的理念),其真正的相干性在于他的主张与源于文艺复兴时期的城市规划传统之间的关系。我们还可以援引欧斯曼最亲密的合作者阿尔方在悼念他的前上司时所作的评价:“他惊人的接受能力使他能理解并牢记一切,以至于常常是一旦接受了别人的思想,便诚心诚意地把它当做自己的思想。”

欧斯曼的创造才能远不如他在实现前人们的一些创意时所表现出来的才能。欧斯曼没有创造都市规划的现代性及其可读性,但他却比别人更好地规划并实现了这种可读性。

当然,对于欧斯曼计划,我们也可以给出一个唯物主义的或者一种拙劣的政治解释:波拿巴主义是人民的需要(以及负责表达群众意愿的显贵们的需要);但它也是宪兵尤其是军队的需要,况且,那还是一支超级政治化,但在军事上却软弱无能的军队,正如大家在色当战役中看到的令人沮丧的军事力量。

这正是瓦尔特·本雅明(偶尔会有)的观点,但这一次,有点欠妥:

> “欧斯曼力图将巴黎置于一种特殊的体制之下从而巩固他的独裁。1864 年,他十分仇视大城市中的不安定人口。这些人口却因他的事业而不断增长。昂贵的房租将无产阶级驱赶到了郊区。‘红线区’形成了……欧斯曼工程的真正目的是确保防止可能发生的内战。他要使巴黎的大街永远无法堆砌街垒……道路的宽度使得构筑街垒成为不可能,而且新的道路将兵营与工人住宅区连成一线。当时有人把他的工程称之为:‘战略美化’。”

的确,今天在巴士底附近驻扎着共和国卫队的色雷斯丁军营,以及穆夫塔尔街(1848 年 6 月巴黎街垒最多的地方)附近的蒙热广场军营,都不是临时性建筑。

然而,巴黎公社的军事指挥官之一克鲁斯莱认为,现代火炮的威力与过去没有什么不同,显然,街垒并不能真正掩护被围困的巴黎人民:公社社员们不得不在自己的家里或在被烧毁的公共建筑物里来击退凡尔赛军队的进攻。这也是军事上的常识:比若准备出版一本名为《巷战》的教科书,他本人却死于1849年的霍乱,奥古斯特·布朗基也写过《军事演练手册》,二者在书中都强调,起义者必须隐蔽在窗户后面而不是躲在街垒后面才能够抵御敌军的进攻。这些战略家知道的东西,有机会在1867年的世界博览会上欣赏过克鲁伯公司生产的新式大炮的欧斯曼可能也知道。本雅明也同样,如果不是也受到了20世纪30年代贬低——尤其是超现实主义者们贬低欧斯曼式巴黎的影响,大概也能意识到这一点。

其实,在重建巴黎时,军事上的顾虑(至少我们可以这样假设)完全是次要的,我们从中看到欧斯曼甚至要了一个小手腕儿来向复古主义保守派"兜售"他的现代化计划:这位省长在他与拿破仑三世的一份谈话纪要中写道,"我要补充一点,如果说巴黎的居民从总体上来说对首都的改造或者所谓'美化'的计划表现出好感,那大部分资产阶级和整个贵族阶级则对此表现出了敌意。"

欧斯曼式林荫大道的力量更主要在于它的政治可读性,这种路已经成为资产阶级创造力的证据,而不是因为它可以成为平民迷恋街垒的物理障碍。具有象征性的弯曲小巷也将它的法则和意外事故强加于人。它通行缓慢而艰难。那里的百姓强悍并且身在暗处,警察势弱却身在明处。有意思的是,在18世纪,制作街道铭牌的人不得不在夜间工作以免被巴黎的贫民袭击和辱骂,他们知道,原来是局外人的警察,一旦对街区了如指掌将会赢得什么。

这种因拥有视觉穿透性而使人局促不安的大马路,反而证明了其发明者的能力以及指导其行动的原则:这简直就像一场谁都知道其重要性的信仰之战。莫里斯·阿古龙曾提到过这种在19世纪的村庄与村庄之间、市镇与教会之间的圣母像与玛丽安娜半身像的冲突,而每个雕像都承载着自己的神话。巴黎公社社员们也同样知道这一点。在库尔贝的煽动下,他们必然要推倒旺多姆圆柱(想代之以自由女神像),但他们那种修建军事上毫无用处而视觉上非常壮观的街垒的需要更有意思,例如,他们在协和广场附近修筑的那座圣弗洛朗丹街垒(它的确是法国所有政治派别的象征之地)。我们甚至知道它的总设计师:路易－拿破仑·贾亚尔,因发明了马来橡胶鞋而知名的巴黎鞋匠,他曾自豪地在自己的杰作——“贾亚尔城堡”面前为摄影师们摆好了姿势。

以下,全都是可见性的问题,因为欧斯曼修建的林荫大道路面开阔,清晰可辨,能够一眼望穿整条大街。像因特网的运转昼夜不分:“自从煤气灯进入城市的大街小巷,”《煤气灯下的巴黎》的作者于1861年写道,“夜就真的不存在了,因为不再有黑暗”。

相通性、渗透性以及可读性,这一切竟然发展到了巴黎的街道与建筑物之间的关系完全被颠倒了的程度。在宗教与君主制时代的巴黎,对于教堂与皇家广场来说,建筑物是主要的,而连接它们的道路(或没有路相连,如西岱岛——巴黎城中被欧斯曼大刀阔斧改造的地区)是否需要则要看相关的建筑了。这种旧式关系(建筑的内涵与道路的支持)的最佳典范是荣军院前的广场——它的存在就是(或不如说原来是)为了突出俯瞰广场的主体建筑。

相反,新的林荫大道是一种典型的、笔直的、可读的交通要道,加上一座公共建筑的景观,有时,这种建筑是量身定做的,其作用仅仅是为了凸显城市的交通干线。所以,圣奥古斯丁教堂的首要作用就是装饰马勒歇尔布大街,而大街才是最终目的。(要知道,从1833年起,从朗布托省长开始,这些林荫大道都配备了长椅,这使得巴黎的资产者能像业主一样坐下来欣赏自己的财产。)同样,三一教堂的目的只是为了装饰索赛·昂丹大街。说到巴尔塔尔于1868年修建的圣奥古斯丁教堂(最初是想在那里建一座喷泉),这个“自在”的东西几乎没有考虑要根据场地的情况来决定自己的风格,在如此狭小的空间里修建哥特式房屋和拱形翼墙是不可能的。所以,正如米歇尔·卡尔莫纳所说,它不得不缩小尺寸而成为一种半拜占庭、半意大利风

⑨　里弗利路上的街垒，正对着圣弗洛朗丹路，摄于 1871 年 5 月。马克思认为，1871 年的巴黎公社事件不是一次起义，而是一场两个政权之间的国内战争，一方为资产阶级，另一方为无产阶级（或基本上是）。双方有各自的军队和防御工事，这里我们看到了最上镜的场景："贾亚尔城堡"——路易－拿破仑·贾亚尔的骄傲，他出身鞋匠，时任街垒委员会主席。

佚名照片。© *Collection Roger-Viollet.*

格的建筑，并且因为铁架与石材的结构极易锈蚀而必须不断进行修葺。而假如没有歌剧院大街（原来的名字应该是有帝王气派的拿破仑大街）的话，巴黎歌剧院将会是什么样子？先贤祠是这种新美学化关系的一个古怪榜样：近处看，它直接俯视这条相当短小的苏弗洛小巷，而这正是它18世纪时的主要功能。但我们今天通常是从科贝兰街向上走的时候看到它，虽然这条通往圣·热娜维埃芙山脚下的大街是南北走向。我们还要补充一点，拿破仑三世原想延长这条路，而这可能会重复穆夫塔尔街和笛卡尔街的路线。曾经被当做一个"自为"（黑格尔哲学的术语：后面会谈到）的建筑——先贤祠，因为能自我满足，今天对于大部分想要看到它的巴黎人来说，通常是被当做从A7高速公路通向巴黎的中轴线（部分是虚拟的）上的（"自在"的）附属建筑。最后，关于这个问题，我们还要指出，欧斯曼一定后悔没有将巴黎的南北中轴线东移一些，那样就能修一条从东火车站到索邦大学的主干线并能看到该校中那漂亮的教堂圆顶。瓦尔特·本雅明第一次到巴黎旅行的时候被那些伸向远方的林荫大道所震撼，他写道："这种标准符合不断促使19世纪用艺术的伪意图来美化技术需求的流行趋势。"

可见性、相通性：这就是欧斯曼省长的癖好，在交通治理方面他比皇帝更加专横。曾经是炮兵、见习工程师的拿破仑三世有其自己的想法，例如他曾想把连接巴士底广场和塞纳河左岸的大桥建成传统的与河流垂直交叉的形式，但与亨利四世大街斜向相交。相反，欧斯曼则认为苏里大桥的干线应该与河流成对角线，这样会有利于道路的交叉转换，但更主要的是为了不破坏从东北面的巴士底广场到西南面的先贤祠的远景，这也是完成了省长杰作的第三共和国的建筑师们的观点。

关注可见性以及常常陷入纯戏剧性的可读性，这是欧斯曼可能理解，至少是无意识地理解了的东西，正如我们可以在关于萨巴斯托波尔大街竣工典礼的描述中看到的："两点半，正是［皇家的］队伍来到圣德尼大街的时刻，两侧遮挡着萨巴斯托波尔大街出口的巨大帷幕像窗帘一样拉开。帷幕扎在两根摩尔柱上,其间的平台上聚集了艺术界、科学界、企业界以及商业界的各色人物。”应该欣赏这幅萨巴斯托波尔大街的图画,它成了资产阶级的尊严与现代性的戏剧。19 世纪 50 年代,雷昂·莱蒙纳利用可爱的水彩连环画让世人永远记住了这些“昙花一现的胜利”,画中不仅有表现 1855 年东方军团的凯旋,还有许多市政工程的落成典礼,如 1856 年的维多利亚大道、1862 年的欧仁王子大道(现更名为伏尔泰大道);我们理解为什么瓦尔特·本雅明认为在巴黎,什么事情都像“这里长长的街道,一直穿越整座城市,而城里的房子似乎并非供人居住,而是供人穿行的舞台幕后通道”。

成为像戏剧一样可读的巴黎:这是欧斯曼派的现代化主义者们的雄心,但是,仅仅整治了地上的巴黎并不能使他们满足,还应该整治地下的巴黎——这个大家最不熟悉的地方。

《别了,恶臭的阴沟,肮脏的巴黎》:这个批评要归功于名著《巴黎的秘密》的作者欧仁·苏。况且,在 1840 年,这种批评已是司空见惯:巴尔扎克在谈到索赛·昂丹大街时说“它就像巴黎精神上的阴沟”,皮埃尔·希特隆整理出二十篇 1830 到 1848 年期间涉及这个主题的诗文以及六篇 1848 到 1862 年期间这样的诗文,这就给我们展现了一个满是垃圾、烂泥的巴黎。帕朗·杜沙特莱则暗喻说,阴沟和妓女的子宫是这个邪恶巴黎的两个象征,必须不惜代价来一个彻底的大扫除。维克多·雨果也同样,因为这位巴黎的颂扬者认为,人们正是通过阴沟而不是其他东西来“阅读”首都的历史,他写道:“垃圾的历史反映了人类的历史[……]。假如肉眼能穿透地表的话,巴黎的地下像是一块巨大的岩珊礁。这是一块几乎到处都是孔隙的方圆六法里的海绵状土层,这座古老的大城市就栖息在那上面。”简而言之:“巴黎的下水道是一件了不起的老古董。它曾经是坟场,是收容所。罪恶、智慧、社会不满、自由意志、思想、偷盗等等人类法律诉究或曾经诉究的一切都潜藏在这个洞穴中[……]。”

因而毫不奇怪,欧斯曼清洁巴黎的行动包含了彻底改造这个破败和散发着可怕异味的巴黎。要感谢欧斯曼和他的工程师贝尔格朗(与他的老师兼同事阿尔方一样,巴黎也有以其名字命名的街道),巴黎的绝大部分道路在第二帝国时期都增添了新下水道。1870年,巴黎的地下管网比二十年前翻了三番。十一处排污站处理整个城市的污水。垃圾成堆、臭气熏天(帕朗·杜沙特莱分辨出了六种气味)的时代过去了,清洁、有序的时代到来了。自1867年起,大批世界博览会的观众都来欣赏这种新的排污系统,而这很快成了旅游项目和记忆之地——雄起的现代性之都——巴黎神话的完美象征。顽固的天主教徒弗约也没有说错,这位老巴黎的朋友在《巴黎的气味》一书里,为了批评这种在他看来只不过是一种新邪教的现代性,也重新拾起了关于阴沟的词汇,当然是反其意而用之,他说道,欧斯曼的那些大马路,好像"一条正在泛滥的、夹带着整个世界沉渣的大河":"巴黎是一场淹没了法兰西文明的洪灾[……]。"

谁想要治理阴沟,也就意味着想要文明。西蒙·德拉特尔说得非常好,黑夜与阴暗是巴黎后革命时期的苦恼。黑夜中的巴黎意味着造反、恶行、犯罪和卖淫,是一种勒蒂夫·德·拉·布列东完全理解的新忧虑,他是一位向其画集《在夜幕下散步》的读者许愿的"猫头鹰—观察者":"啊,同胞们!因为世上从未有过最好奇的人……他们令人吃惊并将告诉……安详的公民们!我为你们守夜;我独自一人整夜为你们奔忙!为了你们,我钻进了无耻与罪恶的巢穴:但我是贪婪与罪恶的叛徒;我向你们出卖我的秘密……我的帝国始于日落时分,而当晨曦出现在天际的时候,它便消失"。光明、大路、清晰、洁净、电灯、昼与夜的完全可读性:这些都是欧斯曼及其仰慕者们的答案。大街与广场完美地排列,同时也被完美地照亮。"将不再有黑夜",泰奥菲尔·戈蒂耶在1857年写道,"每一座广场都竖起了路灯,摩尔式灯柱上安装的电灯如此耀眼以至于瓦斯灯都显得黯然失色"。乘坐气球的纳达尔是一位高空摄影师。但在1865年,纳达尔也拍摄过巴黎阴暗的下水道。历史上第一次,通过照片来阅读了地下的场所,而且,为了增强现场的真实感,还找来了一些身穿清洁工服装的模特，因为当时无法克服的难题是，感光板最短的曝光时间是十八分钟。

主张现代性的人认为，巴黎是一座可读的城市；但新现代主义现代性的先驱——印象主义者也表达了同样的看法，尽管是以一种比较暧昧的方式。他们后来也完全理解了这座新的、现代的、远比前不久拆毁的那座老城无情的新城市的可读性。**马奈，现代生活的画家，**这是 T. J. 克拉克经过研究后，对这位 1863 年的油画《奥林匹亚》的作者作出的正确评价。马奈的《莫斯尼尔大街》，加耶博特的《欧洲之桥》，比萨洛的《歌剧院大街》，都表现了一种新的忧虑。

欧斯曼实现了巴黎——现代性之都的神话，而在另一场运动中，自然主义和现实主义的画家及作家（福楼拜、莫泊桑、龚古尔兄弟和左拉）在他们对这种欧斯曼真实性的文学描述中，创造了现代的、高效的但却使人异化的城市形象，这形象至今仍是我们都市观念的样板。

这是极其成功的壮举，因为，当我们拿已逾百年的欧斯曼的巴黎与今天第三世界的新型特大城市相比，我们仍然觉得这个 1860 年的巴黎（既不是那些新城市也不是文艺复兴时期的城市）是一个完美现代城市的必要的、标准的、合理的、令人向往的典范，它是超越了现实的艺术杰作。

第七章

巴黎-机器
一个现代工业之都的神话

机器在19世纪是赞叹甚至崇拜的源泉。在城市规划中,这种对整个机械领域的迷恋产生了城市的神话,而城市本身也成了一部精准调校的机器,一个既没有冲突也没有郊区的理想都市,一如前面提到过的建筑师勒杜设计的阿克森南皇家盐场。这时,中世纪不可理解的城市消失了,因为出现了一种全新的、完全可读的、源于启蒙运动的、并且因为是宇宙进化论的所以是神话的观点。城市已经成为一种新道德秩序*的主体,正如今天还存在于一美元纸币上的共济会传说:纸币的一面印有金字塔图案,象征着永恒,另一面则是1787年新的、光明的、共和政体的总统肖像。

1850至1860年间的伟大城市规划师们最主要的愿望是改善城市的机

* 新时代秩序。

理并集中城市的正向运动(这是交通问题);而相反,集中并控制巴黎的反向运动,限制贫民区以及半贫民区的卖淫、犯罪以及各种恶习:这似乎是西西弗永无止境的苦役,用弗朗索瓦兹·萧伊的话说,是"动态的[并且]永远突破不了"的极限。因此,必须(在城市管理上、在政治上以及在文学上)将调节运动和简单地对其否定区分开。因此,反对革命的保皇分子巴尔扎克梦想的城市本该是静态的、结构完美的、重新社团化和一成不变的城市;他那个时代真实的巴黎正是作为这种新天主教乌托邦最好的对比而使巴尔扎克痴迷,他被首都的疯狂和它的残酷以及它的活力吓坏了,而这一切使得这个地方的富人、穷人、男人、女人、贵族以及资产者总是痛苦不堪,他们不停地制造各种不幸与失败:葛朗台,越来越富有,却越来越让人厌恶;高老头越来越贫穷,却也越来越没人喜欢。

巴尔扎克并不孤立。整个法国,有时甚至是巴黎的文化届都转向了这种厚古主义派别,直到维希政府时期:因为1789年的法国大革命到了1830年忽然被神话化了,由于机器的广泛使用和铁路的延伸,整个法国社会分裂为(有些人是出于害怕,有些则是因为愤怒)所谓的**抵抗派**(也即以卡西米尔·佩里埃为代表的右翼君主派和以贝利耶为代表的正统派);以及左翼**运动派**——不论是左翼保皇派如:托克维尔和奥迪隆·巴罗,还是左翼共和派如:勒德律·罗兰,这是过去与未来的对抗;这是一种当时在其他许多领域也会见到的分裂,例如自然主义者居维埃的静态模型理论遭到了拉马克的传人若弗鲁瓦·圣－伊莱尔的进化论的反对。(米歇尔·福柯强调的正是这种科学环境中的政治与文化思想转变的重要性:从描述走向分析,自然科学能使[他认为]当时的其他思想形式产生类似的变化。)

在巴尔扎克的神话里,特别是在波德莱尔的神话中,现代性(即邪恶与运动)在城市中比比皆是。欧斯曼也这样认为;不过这位出生于巴黎(理查德·科布却认为他是阿尔萨斯的阿提拉王子)的铁腕省长认为这种邪恶是可以控制的:在最终实现了现代化的巴黎,那些邪恶的冲动将化作创造与生产的理性。甚至欧斯曼计划的宗旨本来就是要使运动变得更加简单来方便运动。因而欧斯曼的行为是合乎规律的,促进生产力的,是与巴尔扎克心目中的巴黎所代表的无序运动完全相反的行为。作家与省长(几乎是同时代人,因为二者相差不过十多年),两人都意识到了劳工阶级—危险阶级所表现出来的威胁,但各自的认识却是天壤之别。

早在大革命时期,旨在改造共和国首都的“艺术家们的蓝图”(我们只是通过1889年的复制品了解到)就为自己修建“适于通行的路口”以及“消灭肮脏与腐败的策源地——空气污浊、狭窄弯曲的小巷”的愿望而辩护。这些遥远的记忆(也许还包括1848年的那些记忆以及那些曾经被街垒封锁的小巷)其实没有引起过这位省长的重视,他希望自己是一个实用主义的、革新的、现代的、高效的“拆毁艺术家”,他认为不必过多地考虑历史或意识形态。

但是,如果说欧斯曼不太眷顾历史,那么相反,他对未来却耿耿于怀,在这方面,他相当忠实地反映了第二帝国时期资产阶级的以喜爱进步为主而不是回忆罪恶的“单一思想”。从1830年起,所有在巴黎的精英都对与城市规划有关的一切感到担忧,当然,也对与整个西方国家的社会政治命运相关的一切感到担忧:这也正是孔德和马克思的忧虑,同时也是阿历克西——查理十世国王时期一位省长的儿子、共和二年那些死刑犯的亲戚托克维尔伯爵的担忧(他后来去美国是要弄明白,如果不是法国贵族的无能以及无论是波旁王朝还是拿破仑王朝的君主及其走卒们的专制,法国的未来[及其家族的未来]将会是,或者应该是什么样子)。美国的今天,美国的现实,将是法国生活的“未来景象”。抨击欧斯曼将巴黎“美国化”了的厚古主义者将会大有人在。

因而,从1830或1840年起,有人认为在巴黎,应当对一切,无论是城市规划还是政治,实行民主化和现代化。毫无疑问,巴黎应该是现代的。但它将是什么样呢?应当改造它的什么呢?如果向欧斯曼提出这个问题,他很可能这样回答:"一切"——从道路设施到安装自来水系统(巴黎在1850年只有五分之一的家庭拥有自来水),或者,从整治花园到清理化粪池(当时还没有厕所的排污系统)。问题已不再如拿破仑一世统治时期那样,重新修整一下圣-叙尔比斯广场;或者像在1808—1809年那样,强迫一千五百名俄罗斯及奥地利战俘修筑拉维莱特港湾;或者像平民国王时期的塞纳区行政长官、胆怯的革新者朗布托那样修几条新马路。(1815—1830年修筑了三十七条马路,1833—1848年修筑了一百一十二条。)欧斯曼把首都的一切都搞得天翻地覆,包括坟场,死者(也即过去)应该向生者让步:欧斯曼也确曾打算将巴黎最著名的拉雪兹公墓迁到梅里奥赛去,修建这座田园诗般的陵园是1804年耶稣会员们的"疯狂"决定,里面种满了一万两千多株树木。皮埃尔·维隆在1867年写道:"随着巴黎的欧斯曼化,它的历史也将逝去。"(但一个世纪以后,面对一个已经博物馆化了的巴黎,伊塔洛·卡尔维诺说"它是一座历史之城"。)在欧斯曼的统治下,巴黎原有的平衡发生了变化,而很快,巴黎的市中心已不再像以前那样相当缓慢地从1713年的新桥区("是全城最繁忙和人们最常去的地方")转到了大革命前夕的皇宫区;而从一条大街转移到另一条大街却要快得多,并且这种情况年复一年地出现,巴尔扎克写道:"巴黎的生活中心先是从神庙街转到那条所有巴黎人都趋之若鹜的查尔罗街,1815年,又移到了全景大道[今天的蒙马特大街]。1820年,生活中心转到了所谓的岗街[也即意大利街]附近,而现在,又渐渐地向马德莱纳街发展。"巴尔扎克死后,巴黎的生活中心转移得更快了,从1860年的和平大街移到了协和广场随后又转移到了新颖亮丽却被普鲁斯特称之为"痛苦的香榭丽区"。(在此,我们不禁要问,今日巴黎的心脏何在:电视里的肯尼迪港湾区? 或许,在因特网上?)

这种认为政治和社会改革即将爆发的思想也包含了厌恶那种在当时似乎难以避免的不卫生:在巴黎,霍乱的蔓延比政治回忆对这种新思想的影响更大。在1832年,四万名患者中大约有两万人死亡,包括议长卡西米尔·

佩里耶;在1849年的那次爆发中,有一万九千人死亡,其中包括比若元帅。对于主张现代化的巴黎人来说,霍乱就是那个时代的艾滋病,用大仲马的话来说,是“亚洲的魔鬼”,是一种来自遥远、荒蛮的异乡,从中国和印度经过俄国、波兰和东欧而传入的中世纪的玩意。由于霍乱的病因还不为人们所知,想要摆脱这种外国病的愿望就变得愈加强烈,因为当时是以科幻的方式来阐释它的病因:那些“防传染病专家”(不久之后证明他们的解释是错的)认为,霍乱的病因不是(人们后来明白的)霍乱病菌,而是缺少空气、阳光,是供给巴黎的食品和饮用水的质量问题;一句话,是由欧斯曼答应要解决的所有首都的卫生问题所造成,不过,当时的确有许多事情要做:在19世纪80年代的大约二百万巴黎人中间,相继有一万五千人死于结核病,两千人死于白喉,一千五百人死于伤寒(巴斯德的孩子也死于这种疾病)以及一千名妇女死于难产。我们还要指出,尽管欧斯曼孜孜不倦,但是直到他下台,仍留下了许多工作要做:1855年,一位共和派官员在给他上司的一份报告里谈到传染性疾病时写道,在巴黎,仍然是障碍重重,“特别是一些源于中世纪的偏见更加难以根除”。

但无论有没有这些传染病,人口的数量迫使巴黎不得不进行某种改革。首都的人口,1600年时是三十万,路易十四时代是四十万,1800年大约有五十五万,而后的增长速度骤然加快,1830年是七十万,1846年是一百万,1856年是一百二十万,1872年是一百八十万,而1896年达到了二百五十万。不管愿意与否,必须不惜一切代价为这些新巴黎人和他们的十万匹马(确切地说,到1913年1月1日,是九万三千一百八十四匹)找到新的解决办法;与今天的情况完全一样,首都的市政官员们,不论愿意与否,都无法漠视巴黎新出现的、远近不同的郊区。

安德烈·西格弗里德十分了解第三共和国及其思维方式,他玩味了1914年以前的法国百姓语言中“小”这个字眼的重要性:他说,与商务咖啡馆*有关的基本上都是小女人、小菜、小报、小家庭等等。相反,在欧斯曼的巴黎,什么都大:大人物、大饭店、大马路、大商店。欧斯曼式城市规划的最优秀专家之一弗朗索瓦·鲁瓦耶在这里提出了一种"大手笔"的理念是有道理的。

因而,欧斯曼重建巴黎是一项专制却又真正民主的事业,也就是说(其实,这相当重要):所有的人,不论贫富,都享有了更健康的生活——举例来说,这是因为拥有了更好的引水系统(水利工程师贝尔格朗的供水管网长达二百五十三公里,经过十七座桥梁,六公里高架管道,七公里虹吸涵道,二十八公里地下管道);并且还有一种更好的排污系统将人类生活污水和"犬类排泄物"冲走——的确,首都的前市长雅克·希拉克在另一种场合下谈到这些令人尊敬的四足动物时说过这番话。毋庸置疑,首都人民的健康水平因此而大幅度提高,众所周知,尽管 1884 年出现过霍乱病毒,1892 年 7 月又短暂地重现过这种疾病,霍乱还是几乎绝迹了。至于巴黎穷人的命运与健康,皇帝(是彻底的民主派[以他的方式],甚至声称自己是社会主义者)甚至资助建立了几处工人住宅示范区:如位于贺舒瓦大街 58 号的拿破仑城,它有八十六套廉租房,每单元的年租金是一百到三百法郎之间,包括一间带壁炉的卧室,一间小客厅和小厨房,公用的厕所和盥洗室在"整座房子的尽头"。后来,一种类似的想法把已经是西部布洛涅森林的东西搬到了首都最简陋的地区——万塞纳森林。

虽然如此,这个被欧斯曼全面翻新了的巴黎,还是被金钱严格地划分了等级,这正是资产阶级社会在这次重建中不得不承认的一点,弗朗索瓦兹·萧伊说过:"欧斯曼理论表面上的普遍合理性与潜在逻辑的双重属性,基本上是一种经济属性",她还说"这[……]预示了当今行政管理文本的伪善性"。可以说,欧斯曼**始终**关注经济等级,**经常**关注社会等级;正如弗朗索

* 平民的咖啡馆。

瓦·鲁瓦耶指出的,在他的建筑物里,我们会发现一种“都市元素的等级制”,它体现在了巴黎人使用的建筑材质当中,也因此,我们能够毫不费力地去识别它们:在最高端,也即最富有的人,他们的建筑使用厚重石料(条形琢石结构,这是今天房地产商的广告用语)。而(第二等级的建筑)间或有些雕刻装饰。(这对巴黎人来说很重要,对房檐下的小雨燕[巴黎大约有两千只]也很重要——它们认为欧斯曼式建筑的墙面和阳台比起巴黎东部[现代的]房屋的光滑墙面来“更有利于固定自己的巢穴”。)然后是第三等级,其建筑的某些华贵部分使用大型条石来构筑,其他部分则以小方石来填充:这些房屋的装饰(如果有的话)用的是工业陶瓷。第四等级的建筑,是金属结构的主体围之以越来越薄的砖墙,砖的使用是区分巴黎建筑等级的决定性元素。最后一等,是当今使用的水泥矿渣砖并抹以灰浆,并且这也适应了郊外独栋房屋的需求。据19世纪末勒鲁瓦-波留的精确统计,最富有阶层的房租是四千至两万金法郎,那些相当有钱的资产阶级的房租是两千至四千法郎,而百分之七十的巴黎普通住宅的房租不到四百法郎。

伴随着等级制出现了一种新的社区专门化和城市功能专门化——可能是一种受制于土地价格的结构调整,但说到底却是故意的,而这一切根本不考虑经济规律,例如外省某些城市尽管地价低廉,却要模仿巴黎的模样——建设大密度的城市。

除了建筑材料上的等级制,还有城市地理上的等级制。的确,早在1800年以前,巴黎就出现过一些街区的专门化;让·法维埃说过,从路易十三到成年的路易十四时期,市民已经有了“时尚街区的概念,那时,唯有贵族感受到它的存在”。巴黎的某些地区在1800年时就已经明显比别处聚集了更多的贵族,如孚日广场、勒马莱或圣日尔曼区;其他地方就差得多:特别是圣马塞尔区。(1789年的时候,那里几乎没有一家贵族。)

不过,当时令人深有感触的是巴黎社会等级的包容性而不是等级的差别:梅西耶在他的《巴黎画卷》里惊叹道:“唯一的一座城市,这里,一堵简单的隔墙分出两个世界,一面是朴素的加尔莫罗修女唱诗班,而另一面是男女纵情欢娱的宫殿;在同一个屋檐下,有人梦想投资百万,有人梦想着能借到一块钱!”直到 1840 年,富人与穷人为邻还是一件很普通的事情,社会等级是呈纵向按楼层划分,而不是横向按街区划分。所以,左拉的《洗衣女工》,随着她生活的日渐窘迫,一次次地往楼上搬,左拉说,身无分文又酗酒的她在楼上梦见“自己在那边的门廊下,第一次仰起头来审视这所房子”。关于这个问题,我们来听听普鲁东是怎么说的:“我当然应该做个有教养的人。但我有必要这样吗?我住得这么低使我恶心。我憎恨所有两层楼以上的房子,这种房子与社会等级相反,小人物高高在上,公认的贵族却住在底层。”

欧斯曼的大拆迁改变了这一切,尤其因为这次城市政治运动的影响意外地被一项新技术放大了,这就是大约在 1867 年发明的电梯。今天谁不愿意住在有电梯、视野开阔、充满阳光的六楼,却偏要去住以前的那种虽然豪华却十分阴暗的贵族底楼?本世纪上半叶巴黎的表象总是强调那个时代不动产的社会等级化,但那恰恰是一种没有抵御住进步的妥协。

等级制,社会专门化;还有就是在这座开始追求效率的城市里,功能的专门化。这种理念并不新鲜;建筑学家帕特从 1770 年起就鼓吹过这种理念。由于担心自由经济主义泛滥,欧斯曼的言论中没有公开出现过“功能分区”的要求。然而,巴黎的教育界还是位于圣热娜维埃芙山,这也是欧斯曼熟悉的地方,这位年轻的巴黎人当时总是从索赛－昂丹街步行到位于先贤祠广场的法学院去上课。同样,红灯区集中在蒙马特以及克利希广场的周围;商务活动集中在巴黎交易所附近;还有,食品供应则集中在大市场地区,由于交通极为便利,一切都变得非常有效。

因为在这个问题上,我们已接触到了欧斯曼的城市规划原则的核心:所谓现代城市,就是贸易、运动和各种运动的机械组合:欧斯曼在巴黎修筑了两百公里的新路,道路两侧(记住这一点)筑起了三万四千幢新楼共计二十

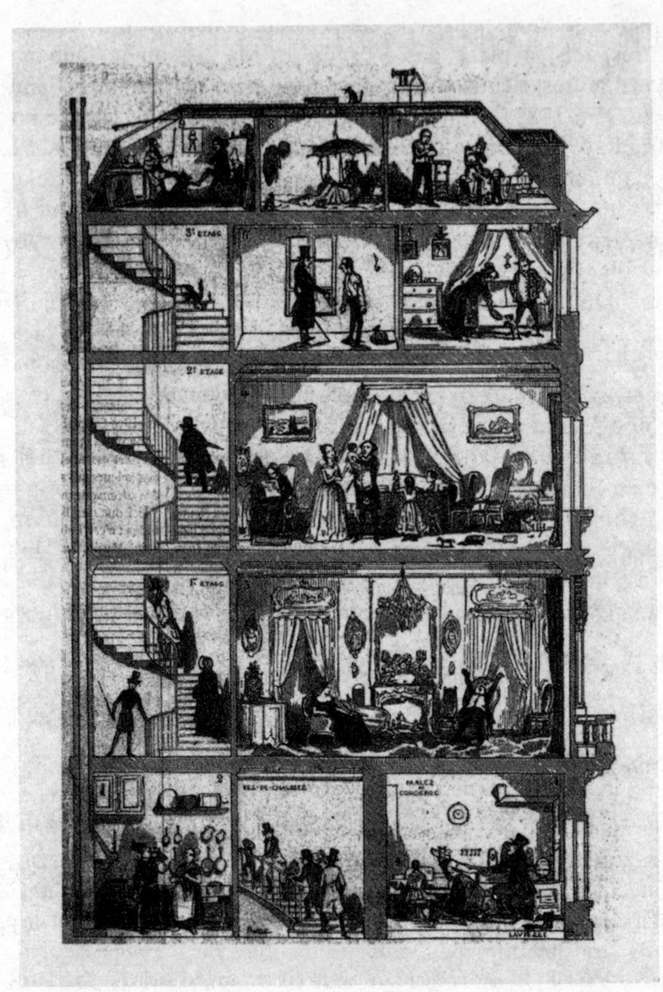

⑩ 贝尔法和拉维埃尔的《巴黎人的五层楼》,1845 年。面相学者和理论家们的巴黎是一个既“可写的”(在波德莱尔看来)又“可读的”(在当时的社会学画家们看来)整体。欧斯曼时代的巴黎社会等级还不是按占据空间的大小来划分:这种等级是按楼层来划分,虽然当时已经出现了特权街区。

版画。《魔鬼在巴黎》,1845 年 1 月 1 日。© *Colletion Roger-Viollet.*

一万五千套新居。佩莱蒙是19世纪40年代傅立叶派的城市规划师，他也曾梦想改造巴黎的交通，但他只是改进了水路交通与新铁路交通的衔接。（记住这些年代：1813年修建了乌尔克水渠；1821年，圣德尼水渠以及1825年，圣马丁水渠。）相反，在欧斯曼的交通体系里，塞纳河并不重要：因为畜力和轨道运输是其交通体系中的两个关键要素。

今天，蒸汽机车是理性工业主义的一个美丽象征。在夏季的礼拜天，人们偶尔会把它从车库里开出来兜兜风。但在当时，它可是新现代性神话的一个象征，一部无可争议的强大机器，并且常常是作为新巴黎的一个标志：埃德蒙和儒勒·龚古尔两兄弟曾描写过1867年的世界博览会："四辆蒸汽机车静卧在机器展厅的入口处，好似尼尼微的神牛，又好似埃及神庙前的斯芬克斯……它们显得是那样生动。"难怪在1867年，勒奎索市的立法会主席欧罗吉·施奈德，打断了正在进行的议会辩论而向他的同僚们宣布成交了一笔买卖，向科技性的故乡——英国出售了一台"made in France"的机车。（关于贸易的问题，我们要记住：1848年，巴黎进口了五千七百六十三吨铁轨；1854年一万一千吨；1867年，六万二千吨。）戈蒂耶写道，"想想看，可以设想一部四组舞曲叫做《铁路》，乐曲从模仿吓人的汽笛声开始，表示列车出发；然后是机车的喘息声、活塞的撞击声、铁轨的摩擦声，要模仿得像真的一样。"柏辽兹作过一首圣西门主义的乐曲《铁路之歌》，而奥芬巴赫《快乐的巴黎人》中的第一幕场景就是在一个火车站上。

因而，欧斯曼不会忽视车站和火车，但修建使私家车出行更方便的林荫大道却是他的一个夙愿（在他的领导下，首都的道路面积翻了一番。），希望今天那些在自己的城市里喜欢车轮胜于步行的巴黎人能够理解并感激他，也希望他们自己就是司机，或者，是现在每周五晚上，聚集到首都的意大利广场上开始他们每周一次的滑轮回旋比赛的数以千计的旱冰爱好者。

在弗朗索瓦一世统治时期，巴黎仅有三辆真正的豪华马车，不过数量增长得很快。1660年达到三百辆（正是在这一时期，也即1674年，孔戴亲王从布鲁塞尔引进了首都第一辆真正的玻璃豪华马车),而1772年达到了一万四千辆。19世纪60年代,每天仅从东火车站面前经过的马车就有一万二千辆。(我们可以比较一下,1950年时,每天有七万九千辆汽车驶过阿尔马广场,六万两千辆经过圣奥古斯丁广场。)反对进步的弗约,早在1866年就已经指出"马路越宽,越不好走。车辆会堵塞宽阔的路面,行人会堵塞宽阔的便道"。我们还要补充一点,巴黎的第一部交通规则是1912年由一个配备有红白色圆盘的警察来执行的,而1909年,《关于巴黎变迁的研究》的作者欧仁·埃纳尔(1849—1923)提出了右侧优先的规则;第一批交通信号灯(模仿柏林的信号灯)的出现是在1922年。第一批单向行驶的道路始于20世纪50年代。

和纽约完全相反,汽车只是渐渐地成为巴黎交通的象征(不幸的是这已成为现实):1891年,第一辆汽车穿越了巴黎(当时的汽车品牌是潘哈德,这家公司一直运营到1967年);1914年,巴黎有两万五千辆汽车——让我们想想马恩河出租车队吧*;1930年,巴黎的四十三万辆车中有三十万辆小轿车(当时,三分之一的法国小汽车在巴黎);而1980年有八十五万辆汽车。至于有轨电车,也有这样几个转折点:1854年开始试车,到1875年才普遍使用;1937年有轨电车基本消失而代之以各种公共汽车:1930年时,有一千七百三十三辆这种车,1937年则达四千零六十七辆。欧斯曼对交通运输的痴情可能是这位拿破仑三世的省长留给今日巴黎人的最后一份精神遗产,因为我们只有用返祖现象才能解释今天首都市民身上的那些不可救药的坏毛病——汽车带来了大量后患(污染、塞纳河岸的破坏、车祸、交通阻塞、景区被改造成停车场等等)。或许,这就是对原来的欧斯曼式使命的一种蓬皮杜式的、不健康的心理内化:大城市=交通=汽车。

* 第一次大战时由出租车组成的一支机械化纵队。

交通，以及与之相伴的直线是欧斯曼的城市—机器的基本原则。在埃德蒙·亚伯的《破耳朵的男人》里，有一位很久以前（曾跟随拿破仑赴莫斯科作战）被冻死，后来被解冻又复活的福伽上校，拿破仑三世问他最希望在巴黎看到什么，他回答："首先，应该把令人烦恼的弯弯曲曲的塞纳河拉直。直线距离最短……无论河流还是马路都如此。"安东尼·培根对此评论说，这是把由几代乌托邦主义者培养出来的一种几何正则性的城市乌托邦推向了极致。

在此，因为前面已经提到过，我们可以把巴黎在路易十四时期的专制主义的道路理念与欧斯曼的街道/远景/建筑之间的关系进行对比。专制主义建筑的存在是"自在"和"自为"。（我们已经强调过这个问题。）它代表并歌颂统治者。所以，这种道路的作用仅仅是为了突出皇家建筑。因此，正如我们所见，荣军院前的阅兵场为今天的我们作出了一个非常好的榜样。协和广场的历史也证明了这一点。它有幸不再像几十年前那样被当做一个停车场，但今天，它还是（不幸）成了全世界最漂亮的交叉路口。（其他地方都不像这里汇集了穿越首都南北东西各方向的马路：夏特莱广场、星形广场、阿尔马以及法兰西歌剧院广场的作用虽然相似，却都没有什么特色。）但这个绝妙空间原来的作用并非如此：在巴黎的名流们向国王提出的建议里，路易十五广场也应该如荣军院的阅兵场一样没有什么用途，况且，这地方四周是壕沟（后来被填平），根本就不可能有今天的这个作用。需要补充的是，使广场"功利化"（如果可以这样说的话）并且用巴士底狱的石头修建的协和大桥于 1791 年才完工，几乎比广场本身晚了近三十年；好几幅那个时代的版画反映了广场的原貌——像今天里斯本的塔霍广场一样，它也是濒临水岸，是一种封闭的"巴黎港湾"。（我们还记得，协和大桥是在 1932 年才扩建的，不过，这反而方便了 1934 年 2 月 6 日暴徒们的滋事）。欧斯曼认为，交通的顺畅绝不是一件小事：希多夫也许是个平庸的诗人，也因此，他对道路的新需求无动于衷，他曾在 1853 年想要把星形广场改建成凯旋大广场，

⑪ 协和大桥的拓宽工程，摄于1930—1932年。欧斯曼对城市交通的关注是很有远见的，而今天我们已无法想象一条没有机动车洪流的大马路。协和广场始建于1763年。法国大革命时期，一千多人在那里被送上了断头台，而通往广场的桥就是在这一时期修建的，其中部分石料来自巴士底监狱。1930—1932年的大桥拓宽工程使得1934年2月6日法西斯分子暴乱期间的安全工作更加困难。

佚名照片。© *Harlingue/Roger-Viollet.*

模仿光芒四射的太阳(神话!),面向巴黎,掩映在一些雄伟的大门后面,这一切与地处当今麦克马洪大街上的一个巨大无比的跑马场交相呼应。而欧斯曼,对此不屑一顾。

这是交通的困扰,但还有几个毛病:通常,大家都批评欧斯曼走得太快太远,例如他给西岱岛动了大手术。然而,这位省长,尽管是机械工程师式的城市规划者,在必要时,却懂得谨慎应对马莱地区尤其是圣日尔曼区的富人和权贵们的坏脾气。为了使巴黎这部机器更好地运转,本来计划在这些地区修好的几条路,最终却停留在了图纸上。(不过,应该为欧斯曼说句公道话,巴黎有许多规划者也都给予了某些权贵们太多的关照:因为按理说,连接奥尔良门和蒙帕纳斯火车站到克利尼昂古尔门的地铁四号线根本没有必要像今天这样兜一个大圈子经圣米歇尔广场后抵达夏特莱中转站,理论上它应该更加偏西北方向一些。但这条路修成了现在这个样子,因为决不能激怒那些科学院的院士们——他们说什么也不愿意在马扎然宫的地底下有铁路穿过,列车的振动会影响他们聪明的大脑:对于法兰西高尚文化的名声来说,幸运的是每年几百万被迫天天没完没了地在夏特莱车站地下奔忙的乘客有时并不完全了解自己城市的历史!)

因而,交通规划,往往做得不够完美,这体现在两个不同的方面。

一个真正认真负责的欧斯曼本应该多学学伦敦以及它的地下铁路运输(也即今天的地铁),1863 年,伦敦兴建了第一批地铁车站以及连接帕丁顿和法林顿大都会的地下铁路,此举立即受到欢迎:仅仅六个月的时间,两万六千多伦敦人就已经习惯了这种出行方式,也可能是因为有一本小册子说蒸汽和煤烟会对呼吸尤其对结核病产生有益的效果从而打消了他们的疑虑。这些都是 1863 年的事,而巴黎的地下铁路是到了 1900 年的世界博览会才出现的,然而,圣西门主义者米歇尔·施瓦利埃在 1860 年就与科布登谈判并签订了的法英自由贸易协定,从 1864 年起就强调在巴黎建设这种地下交通系统的重要性,这位预言家写道:“这将减少拥堵,而这拥堵有时已经到了无法忍受的地步,并且还会在这座城市的主要街道上不断加剧。"但是,欧斯曼在这方面却什么也没有做。

这是第一个失误,而第二个不足,是对环绕巴黎的防御工事所具有的潜力缺乏想象力:这种将巴黎封闭起来的新城墙,正如它的发明者梯也尔的政敌在1840年曾直率地指出过的那样:其军事上的重要性非常令人怀疑。事实上,在1870和1871年,巴黎被德法两军包围的时候,它几乎毫无作用。同样令人遗憾的是欧斯曼本人也没有想到利用这个地方来改善巴黎的公路和铁路网络。一条叫做"小腰带"的环城铁路连接了巴黎的所有出口,很显然,1851年时,它原本可以作为始发站,但它致命的劣势就是与市中心不相连通;从过去的"旧城墙"时代到现在的"外环路",在整个这段时间里,这种不足始终没有被真正地填弥上:古斯塔夫·佩莱尔在1914年对这种状况作过长篇论述,不过,1919年关于科尔努德法的争论只是针对这些地方的美学治理,而没有考虑住宅与交通的问题。

总而言之,欧斯曼很少关注公共交通事业,这就使我们又回到弗朗索瓦兹·萧伊对欧斯曼规划的批评——太过自由,但却不够集中。尽管得到治安法令允许,(当时的第一家企业始于1828年,因为1660年代的帕斯卡尔公司后来便没有了下文)巴黎的公共马车却一直属于私营领域。二十五家名称大都很漂亮的公司(如白衣女郎、三轮马车、爱妃、女市民、苏格兰女人、贝亚恩女人、巴蒂诺女人、小羚羊、窈窕淑女、女才子等等)确曾在1856年合并为一家总公司;但仅此而已:对于使用他那些如此喜爱的林荫大道,欧斯曼还是信赖私营,信赖那些拥有一辆马车或者使用四轮出租马车的人。(我们知道,四轮出租马车这个词可能是源于1650年一个叫尼古拉·索瓦吉的人,他把豪华马车用于公共运输,其机构的名称是"圣菲亚科尔")。1900年时有大约一万一千辆公共马车,而1907年又增加了两千四百辆(今天,则大约有一万八千辆)。1933年,最后一批四轮出租马车在首都消失了。不过说实话,在1850年,这些不足倒也无关痛痒,因为到1856年,普通巴黎人使用公共交通工具出行大概也就每个月往返一次。

过于个性化，同时也过于抽象：即使在最受重视的交通领域里，神话也往往超越了现实，而更加务实的拿破仑三世曾经很在理地批评自己的部下优先考虑了道路的审美却牺牲了交通工具。

交叉路口和星型环岛是这场争论的关键：至于那些原本不是这样设计的欧斯曼式交叉路口，最著名的可能就是林荫大道和歌剧院大街的交叉路口、圣日尔曼大街和圣米歇尔大街的路口；以及，最有名的星形放射状路口——夏尔·戴高乐环岛：从飞机上看，这座交叉路口的布局非常悦目：然而遗憾的是人们很少能从这个视角来欣赏整个环岛。

诚然，欧斯曼并没有制造巴黎的交通堵塞或交通事故（他甚至做了许多工作来避免这些现象），而我们最近偶然发现了一份关于萨德侯爵战绩的官方笔录，上面说他在协和广场遇到塞车，他认为是一辆豪华马车碍事，于是把剑刺入了辕马的身体里。1790 年，俄国人卡拉姆金从巴黎回国后讲过："著名的图尔纳弗几乎游遍了全世界，回到巴黎以后却被马车轧死了，因为在他离开巴黎的这段日子里，忘记了在这些街道上行走要有羚羊般的弹跳艺术，这是所有生活在这里的人必须具备的能力。"此外，哪个小学生不知道亨利四世在他那辆六匹白马拉着的大车里不幸遇刺的命运？这辆悬挂技术很差、遮着皮窗帘的笨重马车陷在圣德尼大街和拉菲罗奈里大街的交叉路口动弹不得。波德莱尔经常被吓得神魂颠倒，在《巴黎的忧郁》里，他提到了嘈杂而忙乱的马匹与车辆，"死亡随时随地都可能发生"。虽然这些都是陈年痼疾，但欧斯曼（也想解决这些问题）却常常不经意地使其更加难以化解：为什么要修一条皇家雷恩大街（起初，这并不是他的想法），却是通往圣日尔曼·德普雷教堂和波拿巴大街之间的死胡同？（不过，还应再次为欧斯曼辩护一下，无论如何，人们可以宽容这些不便：让街道保持原貌总比第一次世界大战以前某些城市规划师的设计要好，他们想把这条街延长到塞纳河的左岸。我们高兴地看到,那些科学院士们第一次在这个问题上捍卫了自己的同胞,因为要延长雷恩大街必然要拆除一部分马扎然宫的侧翼。)另一方面,我们也要批评欧斯曼想要无处不通车,包括那些用于商业的街道:这位省长对于里弗利大街和萨巴斯托波尔大街的功能到底是什么始终没有搞清。是通衢?还是商业中心?两种功能很难结合在一起。今天,我们同样要批评那些通往圣拉扎尔火车站的道路。最后,在一连串的败笔之中,我们还要指出欧斯曼并不了解电力的潜能,他认为那不过是眼科医生或眼镜商人才会感兴趣的东西。

都市的机器、行驶的机器,但也是消费更多的机器。在欧斯曼关于什么才是真正现代化城市的叙事里,最富有表现力的一个句子(主语、动词、宾语)就是1.路人,男女消费者,2.在街上携带着,3.他们购买的物品。条条大路把一个车站与另一个车站联系起来,而这些旅客同时也是消费者。

与既是海港也是大仓储的伦敦不同,巴黎从来就不是国际贸易中心。尤其到了19世纪下半叶,纽约和柏林基本上成了工业城市;但巴黎从来就谈不上是真正的工业城市,特别是在欧斯曼时代。当然,巴黎的商品世界著名,为1867年世界博览会而出版的《巴黎指南》不无骄傲地强调说"美利坚合众国……在巴黎购买了八千万的商品,而英国次之(购买了三千五百万),瑞士则是一千四百万"。拉马丁在众议会上大叫:"巴黎是一个大作坊。整个欧洲到这里来欣赏、购买我们的商品并把它们带往世界各地"。也许是这样,但巴黎这座大作坊里的手工业者都是艺术家,为自己的天赋而骄傲,他们在小范围内作业,而不是像世界贸易体系里那些缺少技能、劳动密集型的工人:1860年,仅有百分之十四在巴黎生产的家具和百分之十七的服装销往到外界。

巴黎虽然工业化程度不高,但它在金融方面的地位却更为显赫,这是因为它有众多的银行以及坐落在德吕蒙寓所对面的巴黎证券交易所,这位

《自由之声》的反犹主义记者每天早上都要向对面挥舞拳头。由于钱会生钱，整个法国的财富都流向了巴黎：1914 年，百分之七的巴黎人拥有价值至少五万法郎的资产，而全国只有百分之三的人如此。同时，三分之二拥有超过五百万法郎资产的法国人居住在首都。1820 年，遗产超过五十万法郎的巴黎人大约有四十个。到了 1911 年这个数字超过了七百人。尽管如此，巴黎的资产阶级，即使在大胆的欧斯曼时期，仍然不够大胆，女历史学家阿德里娜·多玛尔以及她的同行弗朗索瓦·福雷就说过："巴黎的富人，这个社会阶层的资产阶级贵族不懂得挥霍。在 19 世纪……虽然发财的欲望（在巴黎）很普遍，却受制于一心要维持已获得的地位。"

所以，巴黎是没什么大工业和不愿意投资的首都。但一个强烈的反差是，这个巴黎在商业上却是一个锐意革新者：虽然佩莱尔兄弟在巴黎创办的信贷公司比他们的同行兼宿敌罗斯切尔德家族更贴近于发展工业，但巴黎为 19 世纪的经济发展做出巨大贡献的却既不是银行（英格兰银行[许多胡格诺教派的难民都曾参与]的创办要比法兰西银行早大约一个世纪）、小作坊，也不是大工厂（欧斯曼把它们赶到了圣德尼平原），而是大型百货公司。

"巴黎过去不是，现在不是，将来也永远不会是一座商业城市"：米拉博的这个评价弄得我们一头雾水。其实，巴黎过去一直就是地区乃至全国极为发达的商业中心；甚至在旧制度垮台以前，就有那种固定价格的商店，这正是（鉴于今天互联网的奇迹），或者曾经是商业现代性的基本特征。某些商店甚至兼顾定价销售和新品上市，第一家这种机构的名字叫做"红地毯"，创办于 1784 年。这大概还不能被称作真正的大百货公司；不过，在经历了法国大革命之后，这些"新品商店"越来越多，例如，王朝复辟期间的"魔鬼跛子"、"双猴"、"小水手"、"皮格梅隆"、"美丽女园丁"、"三区交界购物中心"以及"小圣托马斯"等。巴尔扎克在《赛查·皮罗多盛衰记》里解释了巴黎的这种新型商业圣殿的运行机制。

但是,新式商业廊街(无论是从事实还是从巴黎的象征上来看)却更为重要。因此,瓦尔特·本雅明恰当地(因为是他将大型百货公司放在了他关于欧斯曼式资本主义同时也是超现实主义和马克思主义的文化分析的核心)提出了这个问题:"在这些新式的商店中……哪些是属于商业廊街?"

大型百货公司的祖先(也是当代商业全球化的先驱)——商业廊街的发明者,不是别人而是路易十六的堂兄——奥尔良的菲利普,他后来被称为平等菲利普,是平民国王之父。早在1786年,他把自己的皇宫画廊对外开放。由于是木质结构,这些临时性建筑被戏称为"鞑靼人的营地"。商业上与政治上都有天赋的路易十六,曾对他的这位亲戚开玩笑说:"兄弟,你是要开一爿商店吗?那以后我们也许只能在星期天见面了。"

作为商业机器,这些早期的商业画廊还是不够完善,因为它们是设在旧建筑物内。不过,1790—1791年的菲多廊街则是一种全新的设计。在1795年又出现了普拉多廊街,1799年,开罗廊街(最早的生意是版画),1800年,全景廊街,以及1822—1829年出现的十四条同样类型的商业廊街。19世纪40年代末大约有一百条这样的廊街。由玻璃和钢材制成的廊街从建筑学上来说是那个时代很前卫的工业设计,应当注意到,巴黎的第一条瓦斯灯照明的公共道路恰恰就是1817年的全景商业廊街。(卡鲁塞勒商场和部分里弗利街的照明是在1829年,而林荫大道的照明则是在1837年。)在所有现存的商业廊街中,最漂亮的要数1823年的薇薇恩廊街以及1826年的威罗—多达廊街——这是两个熟肉店老板的名字,即MM.威罗和多达,这两人合伙投资了这条廊街。当时有人说过:"为了使这条廊街尽显奢华,真可以说是不惜工本",它的橱窗、廊柱以及藻井屋顶令人赏心悦目:"大理石的地面,屋顶的玻璃天窗上绘有风景彩画以及饰有金边的各种图案。"女演员拉切尔曾在那里住过一段时间。据说,奈瓦尔也曾牵着鳌虾在那里散步,对于那些喜欢老巴黎的当代人来说,商业廊街是首都难得的一个保持原样的怀旧之地。莫里斯·伯岱尔说过:

“巴黎的廊街有一种诗意：这是一种……玻璃花房的诗意，装饰它的不是兰花、不是岩桐、也不是瓜叶菊，而是儿童玩具、乐器以及各式各样靓丽的商品，从闪光花纹的明信片到我们殖民地的色彩鲜艳的纪念邮票应有尽有。”

的确如此。奇怪的是，这些商业廊街的繁华今天已是一片凋零甚至变成了博物馆里的东西；但从1810到1850年，这些廊街是属于世界上最大胆的街道：仅在威罗—多达和全景这两条廊街上就开设了时装店、新品店和首饰店。随后出现了货币兑换商和高级妓女。在这里落户的有巴黎最时髦的拉泼斯托尔夫人的女装店以及马尔基制作的巧克力、苏斯的精美文具、法里纳的古龙香水。人们在那里买的是自己并不需要的商品，不过也常常是有生以来从未见过的新玩意儿。1828年出版的《巴黎导游实录》曾解释过，“我们要明白，在巴黎，廊街这个词是指一些有顶棚遮盖的互相连通的街道，是人们可以在里面的房屋、道路之间穿行的步行街……这些廊街普遍都有瓦斯灯照明……那些店铺都灯火通明，商品丰富，只是价格有点贵。”（由德籍英国工程师温莎安装照明的全景廊街是最早的灯光廊街之一。1818年，他在梅迪西斯泉附近为我们建造了瓦斯工厂。贵族院和欧德翁公园从1820年起使用瓦斯灯照明。西蒙－德拉特尔认为，从1840年起“瓦斯照明不再是豪华的排场而成为了巴黎街道的普通装饰”。）

因此，从结构上来看，19世纪上半叶的这些廊街就是今天的巴黎超级市场或者美国的大商城；而且像它们一样，这些新型的廊街深深地冲击着人们的观念。这尤其吸引了乌托邦主义者傅立叶，他很高兴能够将法伦斯泰尔以及整个社会的未来与建筑技术结合在一起：

“这些廊街是一种内部沟通方法，它足以使人蔑视人类文明中的宫殿以及[最]漂亮的城市。[这些廊街]是和谐大厦中最宝贵的魅力之一［……］社区内所有街道都不是露天的；通过在一楼延伸出去的宽敞廊街可以抵达社区的任何地方和所有大楼。”

托尼·莫瓦兰于1869年在名为《公元2000年的巴黎》一书里以同样的心情写道：

“一旦社会主义的政府成为巴黎所有房产的合法主人，”这是他在拿破仑三世统治时期写的，“政府将把这些房屋交给建筑师们，根据情况……在那里兴建廊街……一旦巴黎人尝到了这些廊街的甜头，他们将再不愿去那些旧街道，他们会认为，那些街道只能用来遛狗。”

1886年，雷奥·克拉尔西在一本描写从巴黎诞生到公元3000年的书里，提到了1987年将会建成一座可以开关的水晶玻璃罩以使整个城市不受风雨侵袭。这预示着，要将巴黎与大自然隔绝。

新品商店之后的1820—1830年，出现了商业廊街；而不久后，1850年左右，出于天才的本能，巴黎人综合了这两种技术发明了大型百货公司，当时的第一间大商店就是“乐蓬马歇百货公司”，左拉在他的《妇女乐园》里用比真实性强烈得多的虚幻手法把它作成了一幅极好的画。至于由阿里斯蒂德和玛格丽特·布希柯共同经营的那家在巴比伦大街上真正的乐蓬马歇大百货公司，它1852年的营业收入是五十万法郎，1860年是五百万法郎，1869年是两千七百万法郎而1877年则是七千二百万法郎。卢浮宫大百货公司收入的增长幅度也同样，从1855年的五百万法郎到1865年的一千三百万法郎，而到了1875年则上升到了四千一百万法郎。1887年，看到布希柯夫人只为他的研究院捐了一张二百五十法郎的支票，巴斯德不禁气哭了。（捐款者的名单上也有巴西皇帝的名字，但他只不过给了一千法郎。）

1830年到1840年是商业廊街的黄金时代。第三共和国的“美丽时代”

(1880—1914)是大百货公司的鼎盛时期,而另一个商业天才,生于1855年,殁于1916年的乔治·杜菲耶勒的做法使这些公司的生意得到了极大发展,他是批发销售和分期付款的发明人,至少应该算是推广者。他从分期付款销售照相器材起家。此后,杜菲耶勒转而拓展他的新客源:1900年,这位分期付款销售领域里的拿破仑已经拥有两百四十万客户。到了1904年则上升到了三百五十万。有八百个核查人员听命于他,根据客户的资金状况来核实他们的偿还能力。聪明的杜菲耶勒不仅卖商品,而且还卖给他的客户能在四百家不同的机构,包括哥纳克于1870年初创办的莎玛莉丹百货公司里使用的购物卡。他从中赚取18%的利润。想想看,如果这位虚拟销售的天才会利用互联网的话,那他赚取的巨额利润将会令人不寒而栗。

新产业,新人类,大型百货公司的开创基本上都是白手起家的男女们,这正说明了这些公司的现代性。阿里斯蒂德·布希柯是这种情况,埃尔奈斯特·哥纳克也是如此:他用仅有的五百法郎在今天的莎玛莉丹百货公司的旧址上买了一间小店。1872年,他娶了勒蓬马歇公司裙装部的一个主管路易兹·杰为妻,她有两万法郎的积蓄。哥纳克夫妇完全用自己的钱起家,一生没有借过一分钱。而卢浮宫大百货公司的索夏是一个小店主的儿子,是靠在一家有名的大商店“可怜鬼”里当店员起的家。这些新老板虽然武断、专制,却是非常聪明的企业家,为了企业的利益,他们不会忘了与部门的负责人合伙经营。他们的职业是一种天命:布希柯夫妇和哥纳克夫妇一生都没有子女。

还应该指出,今天这个吸引所有研究19世纪巴黎的历史学家注意的大型百货公司问题一直是历史学上的争论焦点,因为从1930年到1940年,这个问题在马克思主义的史学界引发过一次非常著名的争论。在美国避难的法兰克福正统派的学者认为,大型百货公司的意义必然转变为无产阶级(或者即将成为无产阶级的人)被资产阶级统治者剥削的问题。相反,在巴黎避难的马克思主义者并深受巴黎的超现实主义影响的犹太人瓦尔特·本雅明(但他在巴黎没有固定住所:1932 年,他住在邓菲尔 - 罗胥侯广场附近的一家饭店里)认为,大型百货公司的意义完全是另一回事,是属于文化范畴而不是社会范畴。他觉得大百货公司,无论是纽约的还是巴黎的、伦敦的还是布宜诺斯艾利斯的,都是一种梦幻机器,甚至可能是一种以民主方式制造梦想的机器。这里,我们可以通过对比来进行思考:在照相复制技术普及以前,艺术也是那些权贵们的玩意儿。他认为,在版画、雕刻以及博物馆出现以前,尤其是在照相术发明以前,只有特权阶级才真正能够了解和享受极为罕见的、也因此而更加"光晕四射"的艺术作品。(当然,人们大概也会反驳说,中世纪的宗教艺术的方向完全不同,不论是因为它描绘的是教堂,还是因为它强调的重点是死亡与痛苦的普遍问题。)因而,照相术在普及和提高绘画艺术作品的同时使大众都可以接近它们。本雅明在与他的基金赞助人,在美国避难并受到这种主张影响的阿多诺通信中还说,同样,大百货公司推荐给公众丰富而优质的商品,这使得人们能够憧憬并依稀看到了一个在物质上真正民主的社会,或者说,明天,所有的人都能够享受到今天的资产阶级消费者——尤其是女消费者的特权。"我买,故我在",过去的确如此,今天则成了后者的座右铭;不过除了这种党派主义的享受之外,本雅明还认为,由于有了大百货公司,无产阶级也同样可以憧憬一个更美好的世界:"通过觉醒来实现梦想是辩证思想的典范。因此,辩证思想是历史觉醒的手段。事实上,每个时代都期待着即将来临的时代;同时,还促使它早日到来。它孕育着即将到来的时代并狡猾地炫耀它(如黑格尔所说)。于一种市场经济失去稳定性的同时,我们开始承认资产阶级作为遗迹树立起来的纪念碑,甚至在它们垮塌之前。"夏特来的观点是,在大百货公司和博物馆之间只有一步之差,况且,卢浮宫博物馆最近已经迈出了这一步。

因而,这是新商业,是大型百货公司的新商业;同时也是新广告。路易·弗约在他的《巴黎的气味》一书里写道:"在所有民主的情绪中,没有一种比标新立异的欲望更疯狂、更普遍;它煽惑的东西越是低廉越是成功……

豪华的标牌、广告、荒诞无耻的欺骗、戏剧，必然如此……一个民主的民族是'**虚伪**'的民族。"在旧制度下的社团主义的巴黎，广告毫无用处，从某种意义上来说甚至是不健康的，因为（在同伴之间）它必然是不正当的。但在新的商业秩序里，广告反而是重要的，而具有非凡直觉的巴尔扎克本人，也在《杰出的戈蒂萨》里塑造了一个旅行推销员的典型。在《人间喜剧》里，他是"广告届的拿破仑"。我们也别忘了巴黎的香水发明家兼商人皮罗多，他姓赛查，全名是赛查·皮罗多。巴尔扎克认为，皮罗多的破产对于他的家庭来说就像是皇帝*的军队溃败于别列津纳河。在巴黎，广告与商业成了惊心动魄的战场。

的确，法国的广告业（尤其是报纸的广告）不如英国的发达：直到1836年埃米尔·吉拉尔丹因为开辟了小广告专栏，才将《新闻报》的订价由八十法郎降到了四十法郎，而伦敦《泰晤士报》的读者对于这种小广告早已十分熟悉。

虽然如此，在巴黎商业广告的历史上，吉拉尔丹的成功是许多人都争相模仿的榜样，如《世纪报》的股东们。后来，在1845年，还出现了夏尔·杜菲里耶（1803—1866）和他的《广告总公司》。

巴黎手工业的广告和机械化（或曰现代化）使所有人，至少使整个资产阶级能够享受到这个原始消费社会和景观社会的好处。例如，1825年出现了第一批成衣商店，1830年，位于小田园街上的库塔尔公司向各小交易所供应男士西装成衣。巴黎大革命以前的穷人，穿的常常是那些富人已不喜欢的（过时）服装：这将是一场风俗习惯的革命。到了1867年，这家拥有四十个男女工人的公司兴旺了起来。"美丽女园丁"百货公司的特色之一就是销售这种新式服装。到1866年，这家企业迁入了新桥附近一幢漂亮的大楼里。

* 指拿破仑。

商业化、广告、大百货公司以及性商业化:在巴黎,所有这些我们觉得揭示了当今大都市的、盘根错节的、现代性的元素,在1900年时已经存在了近半个世纪,让我们听听左拉是怎样描述这些新式商店橱窗里的模特,比如,"妇女乐园"这家百货公司:"橱窗两侧都安装了镜子,用一种特殊的技巧……反射出模特并使这些模特变成了无数的映像,好像满街都是待售的漂亮女人,而且在其头部的位置上还标着批发价格"。再比如,关于《娜娜》的描述:

> "她喜欢逛全景廊街。她从小就有这种嗜好,喜欢巴黎的假货,假首饰、镀金的锌制物件、纸板做的假皮具。每当她经过这里的时候,总是在这些橱窗面前流连忘返,就像从前还是趿拉着旧鞋的小女孩时那样,在巧克力糖果店面前久久不愿离去,[……]尤其着迷的是那些便宜的小摆件儿,[……]装牙签的编篓、旺多姆圆柱模型和方尖纪念碑模型的寒暑表。"

这是两个伟大神话的融合,一个,是旨在解放全人类的政治神话(巴黎公社的革命神话,马克思将其纳入了他的科学社会主义纲领中)和另一个,即欧斯曼的四通八达、商业繁荣、物质丰富的现代都市的神话,二者在某个具体的地点(巴黎)、具体的时间(1850至1871年)极为奇特甚至令人惊异地融合在了一起;可能,许多巴黎人被同时牵扯进了首都的那些相互矛盾的神话之中(至少我们可以这样想象),他们既是乐蓬马歇商店的消费者也是公社街垒上的战士,正像1789年前后的巴黎人,过去是宗教信徒,而后来成了激进共和主义者。瓦莱斯对此感到很吃惊,他指出,马德里咖啡馆"[在公社革命期间]赚的钱和在帝国鼎盛时期赚的钱一样多"。研究一下公社时期的巴黎商业应该是很有意思的事情。

很久以来,我们的头脑里已经没有了机器城市(有序而又合理)的神话。出于对肆意伤害生命的战争机器的憎恨,第一次世界大战圆满完成了机械的现代主义贬值。莎姬非常喜欢欧斯曼本应该修建的地铁,但这地铁经常闹罢工。况且,她还常常在地铁里迷路。这个调皮的小姑娘认为,巴黎的地下铁路网是一部漂亮而奇特的机器,的确如此;但它却是一部调校不良而经常出错的机器。

现在,我们很难再现欧斯曼所幻想的巴黎,是不是因为这位梦想家曾经本能地想要从神话走向真实:今天,这种方法超出了我们的能力。但无论如何,多亏了这位专横的省长,我们经常有意或无意地幻想着从他所创造的真实走向追忆他的神话。多亏了他,我们在巴黎平淡地生活着,但我们也体验着巴黎的历史。

第八章

巴黎以及自我异化的反神话

1859 年，维克多·雨果在从泽西市写给波德莱尔的信中谈到了《恶之花》:“我完全理解您的哲学(因为像所有的诗人一样,您还是一个哲学家);我不仅理解您的哲学,还接受它;但我保留我的看法。我从来没有说过:为了艺术而艺术;我始终强调艺术是为了进步。说到底,这是一回事,而您如此敏锐的大脑是不会感觉不到这一点的。前进！这是进步的口号;这也是艺术的呐喊。”

还有比这更荒谬的文学评论吗？在写给波德莱尔的信中大谈进步！波德莱尔认为“工业化的疯狂”终结了“梦想的幸福”,“摩登时代的幻想[是]进步与可完善性的怪胎”,相信进步是“一种懒汉的学说,一种比利时人的学说”,他在 1865 年 6 月写给马奈的信中说“他才不在乎人类!”在写给他母亲的信中说“他希望全人类都反对[他],……[他]认为那是令[他]欣慰的享受”。另外，他在1862年6月谈到《悲惨世界》时还说过：“这本书下流而荒诞。对此我曾表示我拥有撒谎的艺术。”

雨果鼓吹的多少有些社会民主主义以及似乎是资产阶级的现代性与波德莱尔所说的巴黎的现代性完全相反，事实上更贴近欧斯曼的现代性。欧斯曼认为，现代性意味着城市管理的标准化和规范化的最高境界，或者，也可以说是科学道德秩序的最高境界。不错，雨果的现代性比欧斯曼的现代性要温和一些；但这两种世界观却有着一种明显的相似性。但也与被剥夺和异化的感觉有巨大的差异，而这个反神话的迹象出现在巴黎，出现在波德莱尔的著作中要比在维也纳、布拉格或柏林早许多。

因而，这是用神话来定义自我的历史的第三个阶段，是解释欧洲18、19世纪的个人自由在巴黎起源的第三个阶段。什么是个人？他（或她）的自我体现是依靠公民社会还是反对公民社会？我们是谁？从哪儿来？到哪儿去？随着时间的推移，对这些恼人的难题，神话化了的巴黎（可能从1750年起，但肯定是从1830年以后，巴黎就被神话化了）给出了许多不同的答案：

在第一阶段（包括革命前夕、启蒙运动时期、沙龙和沙龙女主人时期以及巴黎——知识界之都时期），个人自由和公众利益的价值是互补的。这也正是1789年雅各宾主义者的公民义务与中央集权论的理想，今天，它仍然是（尽管已经非常弱化）法国政治文化的试金石；正如对于1787年美国宪法进行的多元文化的、多元化的、但（不管怎么说）却是主张共和的麦迪逊式两难解释在今天仍然是（尽管也已非常弱化）美国政治文化的试金石。

第二阶段，从1800年到1840年，巴黎被认为是一片建设性的、甚至过度泛滥的和普罗米修斯式个人自由的沃土。这是一个资产阶级春风得意的巴黎，一个要与中世纪的历史彻底决裂的巴黎。帕朗·杜沙特莱的亲密敌人、可怕的遗毒——卖淫所威胁的正是这个巴黎。在1848年以前相对温和的政治实践中，这也是七月王朝和以经济自由或者也可以说以国家资本主义原则为核心的(部分)法国经济重组的理想(第二种个人自由)。1848 年以后(但在另一种更为特殊的领域),这也是欧斯曼的理想。这是个人主义的理性发挥,是个人的能力通过欧斯曼的各种车站以及笔直通畅的大马路所象征的交通而得到了张扬。反过来,对于个人、对于巴黎的资产者而言,这是一个精心设计的商业城市所带来的多重效应,这个理想通过 1889 年的巴黎世界博览会和埃菲尔铁塔在欧洲得到了完美的体现。这也是金钱与股票的时代,以及马奈 1863 年的《奥林匹亚》所面对的货币化性爱的消费者和商业化艺术品的买家们那审视的目光,奥林匹亚——她本身就是待价而沽的,或者更确切地说,待价而租的:这使得我们在电影院里看到了再现的 19 世纪 40 年代的巴黎,看到了普雷维尔和马塞尔·卡尔内于 1943—1944 年导演的《天堂的孩子们》里的人物嘉朗士(由阿莱蒂饰演)。至于文学中的巴黎,这种自信的个性招致了青年拉斯蒂涅那段著名的诘问——在拉雪兹墓地的高处,他要挑战这个冷酷而又多样的巴黎:既有圣日尔曼区又有它的反衬圣热那维芙区——一方是不可思议地富贵,另一方却异乎寻常地悲惨;但二者都是自私的产物。伏盖公寓,它也是一种沙龙,其中每个房客都竭尽全力争取出人头地。

因此,这是第二种巴黎的个性形式,并且又轮到它——因为每个得胜的神话都产生对立面,将使巴黎产生第三个时代,个人自由历史上的第三个阶段,即波德莱尔时代,自我异化的时代,巴黎的商品拜物教(Warenfetichismus)时代,这是资产阶级的现代性剥夺诗人(而诗人,在这里应理解为,像波德莱尔一样,是为所有他的同胞、他的兄弟以及整个人类而激动不已的人)的时代。他的同代人福楼拜,在这种否定中走得更远:像《恶之花》的作者这样的漫游艺术家,不管怎么说,仍然是地道的巴黎人:波德莱尔与这个他也许深恶痛绝却又无法割舍的新巴黎紧密地连在了一起。而 1869 年的《情感教育》里的次要角色弗雷德里克·莫罗,却对一切甚至对巴黎都感到了厌倦：他出生在马恩河畔的诺让，或者说他来自乌有之乡，他在首都度过了毫无兴致的十年后，又回到故乡去安度一个毫无兴致的晚年。此外，弗雷德里克第一次在这部法国最伟大的文学小说中出现，恰恰是这个（次要）角色打算离开巴黎的时候也证明了这一点。福楼拜在《情感教育》里认为，逃避标志着有（或没有）巴黎的、城市的、政治的、爱情的经验。弗雷德里克和他的情人罗莎奈特，就是在枫丹白露的森林里而不是在巴黎度过了 1848 年 6 月的那些意义重大的日子。

因此，在波德莱尔的巴黎中，这种自我异化是一个转折，是巴黎神话机理中的第三个时期。与这个异化的、质变的主题同行的是诗人——当然是被诅咒的诗人波德莱尔及其《天鹅》对各类边缘人物的赞美；而今它仍然存在于每个无法适应现代性的现代人的表象之中。因而，这种异化将以各种不同的形式继续存在下去：最直接地，是以自我的形式存在于我们恐惧生存的厌倦之中；但同时也更微妙地存在于纳斯达克和 OPA 的当代资本主义对它进行的适应性改造之中：的确，21 世纪理想的"经理人"没有丝毫拉斯蒂涅式的贪婪。今天的承租人要比业主更灵活、更主动、更温和，这个新弗雷德里克·莫罗是我们商业学校的老同学，他置身于各种关系网中，会绕过障碍而不是与之发生冲突。他对需要遵循的经济战略做出的评估是否可行，完全顺应着谁都无法预测的重大事件；而他的个性也在不断地形成，解体，再形成。奇怪的是，所有在 1860 年的巴黎属于前现代主义的一种病理，今天仍然存在于已经适应了时代需求的资本主义内部。

所以，这个巴黎的最后一个伟大神话，这个异化的本源，仍然十分重要，而我们也可以把它当做巴黎历史上两个不同时期的分水岭：神话与魔幻的分界线。从 1750 年以来，巴黎的神话不可避免地链接在一起，相继有巴黎——知识界之都、法国大革命之都、欧斯曼的现代性之都、罪恶之都、女性之都、时尚之都等等。巴黎——异化之都的神话却没有产生任何反神话。

这个神话仅仅是拒绝:波德莱尔(我们还会谈到)并没有给我们指出一个更好的或全新的世界。他只是简单地告诉我们(再说,他对我们是怎么想的也不感兴趣),雨果的身上有某种幼稚:也许是天才的幼稚,同时也是全民族的幼稚,肯定是一个无与伦比的专家的幼稚;但尽管如此,仍然是不可否认的幼稚。

显然,这种演变在整个西方文化的历史上有其广泛的意义;但我们从中也能看出这种演变在破除资产阶级的巴黎神话、欧斯曼的巴黎神话的过程中迈出了一大步。破除巴黎的神话,也就是走上了一条通往1920至1930年间的超现实主义者“打杀”或“捧杀”巴黎的道路;并且在1950—1960年期间走向了从政治上庸俗化巴黎,当时,巴黎的大知识分子们对一个他们认为已经外省化了的首都失去兴趣而突然把自己变成了第三世界的代言人,而这对于第三世界来说是最大的不幸,同时对于这座光明之城来说也是最大的不幸——从此,它便任由政客和投机家们随意摆布,这种放任使得巴黎饱受肆虐:汽车、塞纳河两岸改造成的城市快线和高速公路、蒙帕纳斯大厦、意大利门附近的高大建筑等等,这种令人作呕的最后一次肆虐(至少,我们希望如此)就是那座时运不济的“弗朗索瓦·密特朗法国国家图书馆”。

自我异化,其质变即是:感觉过一种不是我们的生活。波舒埃使用过这个词,我们觉得这个词极为恰当地表达了第二帝国以后某些巴黎人的心态,但他说的完全是另一种意思:“啊,为什么赐予我的,是这脆弱的躯体[……]我既无法用它去战斗,也无法得到安宁,难道因为是每时每刻都要聚散离合?啊,难以想象的结合,同样惊人的异化!”所以,这里是指灵与肉的、精神与物质的、传统上是宗教的、后来又是笛卡尔主义的区别。

异化这个词也可以在利特雷编纂的大辞典里找到,但他表达的意思也不合逻辑,他说道:异化是在财产让与的情况下使用;或者是在疏远的情况下使用——但意思是厌恶他人而不是反感自己。

因而，尽管我们今天所理解的异化有词汇上的缺陷，但在1860年的巴黎它已不再是一个全新的问题：早在18世纪，卢梭以及其他许多人，如前面已经提到过的阿尔菲耶利和卡拉姆金，在首都就有被孤立的感觉。他们认为，这是一种社会学意义上的而不是纯精神意义上的处境。离开巴黎，这些敏感的诗人渴望借助自己孤独的散步重新恢复与大自然，甚至也许与整个人类和谐相处的状态。

相反，在19世纪的巴黎，异化绝对是真实的经历。缪塞在1829年的《西班牙与意大利的故事》中写过一首十四行诗，在这个问题上，他可能是最贴近于我们的人，他梦想一个私人的巴黎，一个属于自己的巴黎，与那个已变成使人感到压抑、变态、焦虑的大巴黎截然不同。仅仅过了二十年，他的忧虑几乎成了大家的共识，正如1847年，泰奥菲尔·戈蒂耶在谈到马奈的一幅著名油画《歌剧院的舞会》时所意识到的：这位为艺术而艺术的珠宝商说，在“歌剧院”：

> “必须毫无保留地放弃一切个性，你只不过是旋涡中多余的一粒浮尘；无论你是漂亮还是丑陋，憨傻还是伶俐，破衣烂衫还是绫罗绸缎，舞姿像狗熊还是像《宠姬》里的卡尔洛达·葛里丝，这都一样；来也罢，去也罢，你的去留无足轻重。纵然你的肺是青铜铸成，你的嗓音也将淹没在狂热的喧嚣声中，纵然你是赫尔丘勒，也不能逆潮流而上，你必须顺势而为，这正是歌剧院的美也是它的丑；人多到了视而不见的地步。”

下面就是13年后的1860年，龚古尔兄弟记录的一位萍水相逢的朋友拉瓦说过的话：

> “在巴黎，人们真的只有三分之一是自己。因为在我们的头脑里

有那么多他人的印象、主意、思想,所以我要到布列塔尼去重新塑造我的个性以便重新成为完整的自我。”

这是新的生存问题,由此几乎是不可避免地引起一系列纠结在一起的问题。米士莱认为巴黎的人群是财富的源泉:观察他们,同时又要避开他们,有经验的巴黎人能够从中学到点什么,他写道:“要判断运动,必须靠近水边,若即若离。应该**孤独而又消息灵通**;观察人群但不要陷入令人眼花缭乱的旋涡之中……处在人满为患但却孤独的巴黎之中。在那里,你将会产生极为深刻的印象。”但圣佩甫的那个约瑟夫·德洛姆对街道却有另一种感受:“很快,[他]在陌生的人群中忘却了自己的忧伤”,这位维克多·雨果的朋友兼敌人后来补充说,那只不过是一个短暂的喘息。之后,他又会得到什么呢?只有歌声、喊叫、酒鬼的争吵

或者是光天化日之下不知羞耻地亲吻,
抑或公开地媚眼秋波
在我回家的路上,人们急匆匆,归心似箭;
我听见,酒徒们通宵达旦地在街上踟蹰与叫喊。

从这个自我的敌对人群开始,只需迈出一步便会遇到都市里的孤独问题,遇到狄更斯极为欣赏的那种置身于一个熙熙攘攘的大城市之中却感到孤独的悖论(后面我们还会谈到),这是一种奇特的孤独(由于奇特而尤为痛苦),在一个按照欧斯曼更优秀的交通体系(具有讽刺意味地)而规划的、被压抑的巴黎里,它将成为被扭曲的思想特征。

巴尔扎克经常用天主教的“家庭主义”来解释这种孤独:《人间喜剧》里的女人注定只有在一个大家族中才会心花怒放,在他看来,老姑娘的人生极不完美。他认为,由于孤独,她们的脾气愈来愈坏。她们会变得暴躁与恶

毒。于斯芒,也曾相当庸俗地哀叹过那些单身汉的命运,不过是在一种奇特的背景下:他描写的单身汉是在巴黎的餐馆里意识到了自己的处境并回想起十年前曾想要娶过一位年轻姑娘:“他觉得好像和她在一起,吃着大块的瘦肉、喝着地道的勃艮第酒[……]。正是这些餐馆制作的骗人的烤牛肉和虚幻的烤羊腿使这些老光棍们充满悔恨的灵魂萌发了同居的欲望。”

我们还要补充一点,认为巴黎反对婚姻从而拒绝幸福的思想,很奇怪,有某种涉及到算术问题的具体证明。在现实或小说中,许多巴黎人事实上都拒绝多子女的家庭,甚至经常拒绝结婚,1833 年,阿纳伊·巴赞在谈到后嗣的问题时写道:“巴黎的资产者只要两个孩子,绝不再多要:一儿一女,这是他的理想,并且‘就此打住’。这是他经常重复的一句话,对此,他的妻子也都习以为常了。”据统计,这座城市比北美和西欧任何地方的单身都要普遍:巴黎从 1885 年起,每一千对夫妇中就有三百二十三对不要子女。我们可以对比一下德加的作品中描绘冷漠的家庭生活和首都妓院里的尽管龌龊不堪但有时却是热辣的私情。

孤独,进而厌倦:福楼拜在《公认概念词典》里有些挖苦地写道:在巴黎,厌倦是区分心境和精神升华的标志。尽管有,或许正因为有,太多的娱乐消遣,日夜笙歌的巴黎也是一座无所事事者们会感到极度厌倦的城市。一位关于首都风俗的女评论家,盎施洛夫人甚至还对巴黎沙龙的存在做了深刻的分析:有人陪着一起抱怨总比独自一人烦恼要来得惬意。阿尔封斯·都德认为礼拜天是一个“可怕的日子”。他觉得许多巴黎人正遭受着“礼拜天恐惧症”的折磨。当时也有许多善于观察的巴黎人对没完没了的连续工作,平淡枯燥的劳动非常反感。米士莱,在 1840 年就特别谈到了织造业是“厌倦的地狱”:“机器的震动在我们耳边不断地重复着这个词——永远,永远,永远。人们永远也不可能适应。”拉马丁认为,整个“法国”都感到厌倦。罗歇·卡伊瓦在这里可以做我们的导师,他说过:“浪漫主义导致了一种厌倦的理论”,并指出“人意识到了这是一些本能,社会在它们的压抑下受到强烈的关注,但在多数情况下,他选择了放弃斗争……"

> "浪漫主义作家……转而去寻求逃避现实的世外桃源……巴尔扎克和波德莱尔的意图……则完全相反,是力图把这些浪漫主义者只是在艺术上甘心满足的假设融入到生活中。所以,这种做法就与总是意味着一种提高生活中想象力作用的神话紧密地联系在了一起。"

真是了不起的直觉,这等于是说,厌倦,首先被看作是一种精神缺陷,很快就会是一种生存的痛苦,一种必须体验他人生活的新感觉。这种厌倦使波德莱尔在一个可憎而又无法回避的现代性的巴黎中可以用不必考虑自己处境的大量替代品来转移视线:性交易、吸毒、懒惰、暴行(坏玻璃匠的寓言),也许还有同性恋。瓦尔特·本雅明本人也在他的《廊街计划》里有一整章是关于巴黎的厌倦问题,例如在这篇所谓马克思主义的文章里,他这样写道:"知道什么是厌倦的辩证的对立面,这非常重要。"而事实上,好像有一种关于厌倦的辩证解释:厌倦是人世间所有理解景观社会的空虚而又头脑清醒者的命运,而他们始终无法上升到革命的、政治的、集体的辩证思想——唯一能够真正医治这种疾病的思想。

厌倦而又无所事事,尤其痛苦的是这与巴黎生活中虚假骗人的躁动不安奇怪地结合在了一起:埃德蒙·阿布在1867年的《巴黎指南》一文里认为"这些现代文明的大都市只不过是一群群奔忙的人"。马克思也谈到了"现代生活的浮躁";尼采批判了现代世界"过度追逐世俗性"。本雅明,更从社会学的角度谈到了这种19世纪60年代的新心态,他将表面的"体验"(Erlebnis)与深层次的"经验"(Erfahrung)区分开来,而单独的经验不会产生任何领悟。

异化、厌倦……当我们研究自我异化的神话成分时,在有关收藏家的问题上发现了一个证据，因为收藏家完全如漫游者一样仔细地观察生活，但只是从外部观察而非真正深入其中。虽然他什么也不会做，但却会买（拉·罗什福科认为，他们更喜欢买而不是卖）；这样做的同时，他完全是凭已有的想象并按照自己的标准来比较那些收藏品。瓦尔特·本雅明写道，收藏家“梦想一个更美好的世界……在那里，物品摆脱了“必须有用”的枷锁……，他们使物品改观使之成为自己的东西。他们的使命是西西弗的使命。”1939年的《游戏规则》是一部经久不衰的电影，曾被维希政府禁演，让·雷诺阿将一个收藏家作为整个巴黎大资产阶级的象征，以及犹太银行家拉·谢斯奈伯爵——一个喜欢玩具娃娃、机械钟表的收藏家，也即喜欢一切人造的活动物体，而（如果可以这样说的话）这些东西的人为性正是他自己无能的写照。

因此，漫游者的孪生兄弟是收藏家，而且，全世界只有巴黎才是他的福地：“到处都会滋生漫游者；他只能生活在巴黎。”从第一帝国时期开始，巴黎就出现过某种漫游者。1806年，他出现在一本三十多页的小册子上，其题目是《沙龙的漫游者或好好先生：加入了滑稽剧的愉快的图画考试》。但这位早期的漫游者头戴一顶“冉森教的”帽子，身穿栗色西装。他其实不过是一个游手好闲的资产者。这还不是十足的漫游者，真正的漫游者变得司空见惯是到了生理学的时代。巴尔扎克在1829年的《婚姻生理学》里给予了这种漫游者巴黎式的好评，说他的职业就是不停地在首都散步以便观察他人的生活而别人却丝毫不注意他。这种漫游者“对性感科学和视觉美食”（用今天的话说就是虚拟大餐）感兴趣。巴尔扎克在《金眼姑娘》和《费拉古斯》里还描写了另外一些漫游者。

通常，巴尔扎克的人物典型都抵御不住这个世界的诱惑或者他们自己不断膨胀的欲望。相反，漫游者的明显特点即使在巴尔扎克的著作里，也是无欲、隐退和观察。他在《婚姻生理学》中写道：“但大部分在巴黎散步的人就像他们吃饭、生活一样自然，什么也不想。[……]啊，在巴黎漂泊！难道这是美妙、惬意的人生吗？漫游是一种学问，是视觉的盛宴。散步是混日子，漫游则是生活。"巴尔扎克描写的某些漫游者之所以成为漫游者是出于自己的意愿，但有些人，如1846年他在《贝姨》里描写的艺术家万塞斯拉·斯泰伯克，是由于麻木和贫乏而堕入了无聊的闲荡之中，因为在《人间喜剧》里，巴尔扎克的漫游者与艺术家——普罗米修斯式的人物完全相反：尽管他们在思想上有某些相似之处，但是漫游者和艺术家是截然不同的两类人，漫游者既不愿工作也承受不了痛苦，而巴尔扎克认为没有这种痛苦就谈不上艺术。巴尔扎克的艺术家如丹尼尔·达尔泰或画家约瑟夫·布利多，有时也放下工作，但这只是为了更好地工作。巴尔扎克所说的漫游与禁欲苦行是两码事。

这里，我们已经大大地超越了路易·于阿尔在当时对漫游者所作的著名但却通俗的描述：他的文章《漫游者生理学》（1842年收入到奥古斯特·拉克鲁瓦的《法国人自画像》集里，之后改名为《漫游者》），的确已经相当成熟地将漫游者和街头混混、无业游民、无事生非者作了区分。但在当时，1840年，这涉及的只是巴黎的一种怠惰，这些前辈们认为，漫游者只不过是一种"游魂"，他们期待并感受城市以及巴黎的生活，却不真正地去理解它们。1840年的这种流浪汉其实只不过是伪装的乞丐，在期待着一个永远不会降临的机遇。于阿尔由此得出结论："漫游者，一种幸福而懦弱的动物，是巴黎唯一真正幸福的人，并且每时每刻都在体味着游荡的诗意"。

在1845年的《巴黎人》一书里，作者费迪南·加尔则更加敏锐：漫游者"始终完全掌控着自己的个性。相反，流浪汉的个性则已被外部世界消耗殆尽了"。而众所周知，同一时代的福楼拜和波德莱尔对漫游者迷失的个性所作的分析走在了前面。在他们的著作中，象征着自我异化的漫游者，俨然是一个重要人物，但同时也变得更加阴郁。

确切地说，弗雷德里克·莫罗不是漫游者：至少，福楼拜从没有这样来确定《情感教育》里的这个角色。但这位软弱、敏感而懒散的年轻人具备这种人物的一切特点，况且，福楼拜的小说情节（顺便提一下，《情感教育》现在是伍迪·艾伦最喜欢的小说之一）就常常是围绕着他毫无目的的散步而展开，更加说明问题的是这位外省青年在巴黎毫无用处的漂泊，因为这与年轻的拉斯蒂涅那种守时的、总是有教益的散步毫不相干——他散步的路线明确，是从圣热那维芙山以及肮脏的伏盖夫人公寓（坐落在今天的土尔纳夫大街），走到天堂般的希望之乡——圣日尔曼的私人豪宅区。巴尔扎克认为，在巴黎的右岸和左岸，不同的街区有着许多不同的属性，某些街区代表了高贵与历史；某些代表了银行与未来；还有些则是苦难。但是弗雷德里克·莫罗，他是从巴黎的“某地”游荡或者闲逛到另一个“某地”，经常连自己所处的到底是哪条街或哪个区都不知道：“他好像听见从空中隐约传来了四组舞曲的前奏。他步履蹒跚、醉意朦胧；他站在了协和大桥上。”

弗雷德里克作为漫游者也必然对时尚非常敏感，而时尚基本上属于女性：在一个以商品拜物教为标志的世界里，结婚必须有聘礼或嫁妆的女人本身也成了商品，并且出于本能，盲目地（至少在当时的文学里是这样）追逐大百货公司，追逐时尚。（欧仁妮皇后每年为她的裙子花费十万金法郎。）女人似的弗雷德里克·莫罗挥霍无度，自己的穿着也非常考究，并且他的住所也装修得雅致而温馨。

德国社会学家盖奥尔格·齐美尔的同时代人托尔斯坦·凡勃伦，于19世纪的转折期为我们解释过这位他可能从没听说过的巴黎青年，他写道：时尚，会对现代的背井离乡者产生巨大的诱惑，[因为]他们对“生活中短暂而摇摆不定的因素”更加敏感。

漫游者是资产者，而且，有的人甚至还很富有：至少，弗雷德里克·莫罗是这种人。对现代性不太适应的资产阶级观众很容易在那种将自己的忧虑极度夸大的文学人物典型中看到自己的影子。但按照一种对这些忧虑进行的粗俗解释，这个同样异化的问题在被物化并向社会阶层的另一极转移的

⑫ 路易·于阿尔所作的插图《漫游者生理学》,1841 年。于阿尔的漫游者要比波德莱尔和本雅明的漫游者优雅得多同时也不像他们那么绝望。其实,这种"没有羽毛的、穿短大衣的、抽着烟闲逛的两足动物"是社会的贵族观察家,属于社会的上层而不是下层。他也是一种闲散的人,像漫游者一样,但他那种自闭式的慵懒具有近乎纯精神的意义从而将他与乞丐区分开。

雕刻画。巴黎,*BnF,département des Estampes et de la Photographie.* © *BnF,Paris.*

同时,对首都的边缘人也会产生一种新的诱惑(远不是那么亲切):乞丐、无家可归者、地痞以及靠走街串巷为生的人。也许,在巴黎始终就存在着边缘人。但大约到了1860年,这些被社会排斥者的被神话化了的形象,的确是全新的形象,是另一种形象的新化身,这些被排斥者与资产阶级观察者本身极不相同(但也极为相近),因为后者也害怕看到自己被排除在现代性之外。布罗尼斯瓦夫·盖莱梅克写过一本很好的书,其中从13世纪到15世纪在巴黎的边缘人都是穷人。但由于有波德莱尔、马奈以及他们的同代人,这些新边缘人将成为和以前一样的漫游者:观众、厌世者,而很奇怪,不管怎么说,他们的失败是一种精神上的胜利。他们已不再是人们所想象的那些大革命前出身贫苦并且变得愈加贫苦的巴黎人。从此以后,这些新边缘人以他们自己的方式成为了真正的幻想家,类似于过去中世纪或文艺复兴时期的王公贵族眼里的弄臣和狂人。

因此,尚弗勒里认为,一切都经过"巴黎生活的假面舞会"(这是他写的一本书的题名),但是,应该了解巴黎生活的反面以便真正地理解它:亚历山大·普里瓦·德盎格勒蒙自己就是远离故乡的克利奥尔人,喜欢在夜间散步,他写道:"在那边,极为偏远的小镇上,[……]深入到一片没有人迹的街区,有某种不可思议的、无法形容的、稀奇的、丑恶的、迷人的、让人失望又令人欣赏的东西。[……]这是一座城中之城,是迷失在人群中的人群。"这并不是指与社会公开对抗的工人,甚至也不是指罪犯,而是一些与世隔绝的另类,没有任何具体的危险,但他们的存在仍然使人心神不宁。比如[多雷城的拾荒人]。

在人类学家兼神话学家马丽·道格拉斯的著作里,对现代大城市的定义并非根据它生产什么,而是根据它抛弃什么,是看它的废弃物:这恰恰是普里瓦和尚弗勒里提到过的问题,在同一时期,我们在狄更斯的巨著《我们共同的朋友》里遇到的正是这同一个问题:对伦敦的定义不是根据伦敦人自己的意愿,不是根据他们所购买的东西,不是根据他们生活中的正面形象而是根据他们扔掉的垃圾。

所以在巴黎,还要注意那些街头艺人,他们也成了多余的人,可怜而又值得钦佩。多亏了尚弗勒里,我们才知道了这群古怪的人主要是住在戈布兰区。1845 年,普里瓦·德盎格勒蒙为这些人献上了一首十四行诗《致一位年轻的街头女艺人》。当然,后来波德莱尔又写过一个没有朋友、没有住所、没有家庭、没有孩子、没有钱财的《老街头艺人》,他因贫困和公众的无情而失去尊严,"住在那个被世人遗忘的破板房里"。儒勒·瓦莱斯虽然非常看不起波德莱尔,但在这个问题上也同意他的观点并写过一些关于"银行和街头艺人"的文章。

总之,后来出现了一系列以巴黎稀奇的小手艺人、不入流的古怪行业为主题的文学作品。儒勒·雅南在 1839 年的《101 种行业手册》里对此作了详尽的介绍:看门人、小商贩、掮客、饮料贩、(替人写信的)捉刀人、职业打油诗人、高利贷贩子等。雅南说"巴黎到处都是在大城市才有的经理,经理这个词除了作为一种门槛已不再有什么意义;有什么疏通下水道的、扫马路的、修门窗的、挖排水沟的经理;以及有自己的学徒、师傅和服务部门的冒险行当;还有什么收购破铜烂铁、碎玻璃以及写诗歌与滑稽剧的行当。"弗雷德里克·苏里耶在他的《新巴黎画卷》第五册的开篇里也撰文描写了首都的"问题职业":如靠妓女生活的龟奴、代人受过的顶替人以及"职业行贿人"。1848 年 11 月,邦维尔在后来收入《巴黎速写》集的短篇小说《泰坦人的盛宴》中讲述过一个外国阔佬曾设立一万法郎的奖金,将授予一个有最出众手艺的人:所以就出现了一种活跃在低级饭馆里会熟练地往菜粥里注射食用油使之看起来像是肉粥的"注射师";专给火鸡腿上色使其看起来更新鲜的"调色匠";在五层楼上圈养山羊的"牧羊人"。不过,奖金最终被授予了一位[还活着的]"职业抒情诗人"(对所有的诗人来说,这是个特殊的现象,尤其是对抒情诗人)及其为婚庆和洗礼仪式编写的诗句。

街头艺人、诗人、以及尤其是"巴黎最弱小行业中的[……]围坐在桌旁，或者不如说是在巴黎这张大餐桌底下争抢从上面掉下来的面包屑的”拾荒者。巴黎的这些人物并不是新出现的：1698年的一条法令就已经规定了当时的拾荒人在巴黎必须走的路线；但我们可以想见伟大之王的官吏们这样做的动机并不是要去打消他们自己的焦虑。从此以后，他们的生活、他们去的咖啡馆（在莫贝广场和护墙广场），他们吃的饭菜（一毛钱一升的肉汤）使人害怕并且是作为一种警告；因为皮埃尔·希特隆说过，拾荒人“对于本世纪中叶所有［巴黎的］喜欢夜间活动的人来说是一个重点人物”。1827年，维也奈在他的《致拾荒人书——关于新闻界的罪行》里改变了对他们的看法。接着，波德莱尔也写了《拾荒者的酒》。1848年到1852年，人们喜欢上了一种所谓的拾荒人别墅，而所有民间传说（或者说所有的焦虑）都转向了这个阶层。曾经比任何人都更卖力地想把玛丽安娜塑造成共和思想的象征、后来成了巴黎公社代表的菲利克斯·皮亚，在他1869年的剧本《巴黎的拾荒人》里（该剧由弗雷德里克·勒迈特尔饰演冉神父——一位拾荒人哲学家，新第欧根尼，获得了巨大成功）好像被刚明白的这一切吓了一跳，他惊呼道：“从拾荒人的背篓中似乎看不到什么与巴黎有关的东西……想不到在这个柳条筐里，竟有整个巴黎……”此外，这正如加瓦尼早在1844年出版的《魔鬼在巴黎》的扉页上一幅画的讽喻：魔鬼脚踏一张象征巴黎地区的导游图，拿着小望远镜寻找首都的那些看不见的居民。我们从画的特点上认出这是因出版了维克多·雨果的《巴黎圣母院》而闻名的出版商黑泽尔。这个文学魔鬼左手拿着用来给垃圾分类的手杖。他还拿着一盏魔术提灯——制造幻想的玩意儿。他的背篓里露出了一大堆书，也许是些可靠的导游书，以便弄懂在一座冷酷而精于计算的城市里，社交性已经变成了什么。

（听说）曾经有过一些夜间拾荒人和“垃圾回收工”。后来，便有了跑街的、推车的拾荒人以及“废品回收工”和买通看门人以便在垃圾桶送往大街之前能随意翻检它们的“拾荒掮客”。1854年，亚历山大·仲马的《巴黎的莫希干人》为我们描述了一个“拾荒破坏者……这个名称是因为他们的职业并不是要在垃圾堆里翻找东西而是用铁钩尖破坏排水阳沟石块间的缝隙……”他接着说道,“这种行当,被警察局的一纸禁令取缔了已有八到十年,更主要的原因是人行便道取代了阳沟”。还有些专门负责给回收物品“分类”的废品分类工以及收旧货的、捡煤渣的、贩油盐的,这些人都听命于大魔头——破烂王,按照《小日报》的说法,他们中的某些人非常富有,能够享用歌剧院的包厢也坐得起豪华马车。

欧仁·布拜尔出生在巴黎,是举世无双的清洁工,是以其名字命名垃圾桶的省长,他发明的垃圾收集桶使拾荒人的工作变得很困难,因而(必然)给那些人带来了损害,尤其是有一条法律规定,只有在清洁工人到来之前的一刻钟,才允许把垃圾桶放到街上,不过,这一刻钟慢慢地变成了一小时,而这也得到了公众的默认。当局最终甚至同意了他们有权在一定的时间内把垃圾倾倒在苫布上。其实在1832年,巴黎的一千八百名拾荒者似乎已经形成了一个有组织的团体。1870年,这个团体有一万两千人,到了1903年,当阿特热在城墙脚下的那个离巴黎既遥远又近在咫尺的“贫民区”给他们拍照时,仍然还有五至六千人。

自从柏拉图以来,同样,自从上帝的选民以色列的部落分化以来,西方文化的核心就是猜想,对于天性堕落而又敬神的人来说,人间可见的真实仅仅是另一个更难以察觉的、遥远的、抽象的、真实的表象——某些人认为是永恒的和神圣的真实;而另一些人则认为是非宗教的、世俗化的、文化的或政治的真实。我们真正的生命不属于这个世界。活在人间,也就离开了另一个更遥远,但更真实的世界。

大约到了1860年的巴黎,自我异化的神话重新提出了这个经典的问题。从这种意义上说,这非常俗。但也应该看到约伯的故事——无法解释的人世间苦难,这个古老神话的巴黎版本有其新颖之处,它为这个神话在这里找到了一个新颖的背景:19 世纪的商业和资本主义的现代性。这已经不再是无法理解的事物本质或者众神正义的愤怒。说波德莱尔是一位乔装的基督徒诗人,也许;但说他是一位现代性的诗人,绝对没错。在他的著作里,瓦尔特·本雅明认为极其关键的是,成为了玩物的妓女的确表示事物的性质,但也表示一个新时代的性质;而这时,从社会等级的另一极,又游离出了软弱却清醒的批评家——漫游者。因而,这是新的商业社会,它的踪迹在巴黎、在所有证券交易所都随处可见,但通过其各种各样的碎片,人们也可以在拾荒人的背篓里发现它。

总爱开玩笑的福楼拜在给莫里斯·施莱辛格的一封信里以他的方式证明了巴黎的新精神和欧斯曼的城市改造之间的关系:“我将看到一个和以前同样愚蠢的巴黎,甚至更加愚蠢。拓宽马路得到的是更加平庸乏味;越美化越冒傻气。”这种可笑的思想告诉我们,对政治见解只做一种粗浅和庸俗的解释永远不可能使人完全满意:罗歇·卡伊瓦说过,社会环境只不过是“神话的外部因素”。

无论如何,否认在这种新思想与巴黎当代生活的商业化即商业廊街、大型百货公司、尤其是新媒体的繁荣所象征的物质变化之间有某种关系是不可能的。在奥芬巴赫的一部轻歌剧里,化妆舞会上的平民客人买下了在晚会期间让人称呼自己为某某伯爵或某某男爵夫人的权利:也就是说,在浮华的巴黎,一切都可以买卖;但新闻界尤为甚之,因为它发生了全面的演变,它比任何其他东西更好地说明了巴黎从一种文化向另一种文化的过渡。近一个世纪以来,巴黎的报纸一直是公众舆论的喉舌。而从此以后,它也是一种新忧虑的表示。

巴黎的新闻业要追溯到 1631 年的泰奥弗拉斯特·勒诺多,而早在 1748 年,德·阿尔让松就已经通过报纸介绍了大街上熙熙攘攘的人群(因而,是巴黎的大街)。报纸在法国大革命期间的重要性今天已是人尽皆知。(从1789年到1799年,巴黎出版过五百种报纸。)在巴黎,革命政界中的激进共和派以及雅各宾派的领袖们有不少是记者出身,例如:米拉博、卡拉、布里索、德穆兰、罗伯斯庇尔、于贝尔、鲁克斯、巴贝夫等。

巴尔扎克也在他的《幻灭》里描写了大量新闻与金钱之间的新关系,以及这二者与艺术家及其名声之间的新关系。但巴黎的新闻业只是因为有了埃米尔·德·吉拉尔丹(生于1806年,卒于1881年),才成为了这种大众的传媒以及会赚钱的机器,头脑异常清醒的瓦尔特·本雅明认为,新闻的内容以及标题的怪诞排列无意中反映出了现代生活的断裂与杂乱无章。

吉拉尔丹虽然是私生子,但却有良好的家境,(格勒兹曾为他的生母画过肖像,安格尔则为他的继母画过肖像),他在二十三岁的时候投身于报界。他的《时装报》很快就发行到十三万份;龚古尔兄弟喜爱的艺术家加瓦尼有时会为它作插图。

然而他并非靠时装发的财,因为吉拉尔丹最出色的创意(他是这种创意的主创人,是杰出艺术家)是社会新闻的报纸,也是新精神面貌的因和果。(这种新型的报业出现在1850年左右,1869—1870年达到高潮,当时发生了特罗普曼凶杀案,凶手将一个孕妇和她的五个孩子灭门,这的确是一个十恶不赦的家伙,因为当他被绑在断头机上的时候还咬住行刑者的手不放;皇帝本人时刻关注着案件的进展,而吉拉尔丹把这件私事变成了一件真正的国家大事。屠格涅夫目睹了对这个著名罪犯的审判。)

这种新闻关注的事物属于一种新的范畴,而且很不同于假新闻或以前的记者们为了逗他们的读者开心以及为了自娱自乐而编造的"八卦"。因为社会新闻原则上是真实的,而其中某些新闻绝对真实。它也适合于道德习俗的个性化,因为,它没有政治立场又有助于体现个人的价值。这正是将个人及其生活的波折置于社会生活中心的资产阶级现代性和庶民的胜利。普鲁斯特在评述巴黎的时候写道,这座城市就像是"一种被预测到了的重要社会新闻。"

成为公众的，但主要是私人的社会新闻并不表示公民参与社会事务，而是消费者成为了异化的漫游者之后，在比旧制度，甚至比巴黎的七月王朝以前更复杂、更陌生和更无序的公众生活面前选择了逃避，本雅明说："社会新闻是使大城市中的群众在波德莱尔的幻象中活跃起来的发酵剂。"公众生活在这里被改造成了一系列稀奇古怪的、既熟悉（因为这是一些随时可能发生在"普通人"身上也即我们自己身上的稀奇事）但又特别意外并因此而更使人不安的私人事件，因为它们有害却又无法预见。因此，这些相互之间没有任何有机联系的社会新闻是巴黎的现代性的缩影：其中有私生活的大众化，但都是杂乱的、怪异的和机械的私生活，或者，一句话，是自我异化的私生活。因此，凭着一种出色的直觉，马奈和他的1867年的油画《枪决马克西米连》把这件历史大事变成了一件政治性社会新闻：士兵们机械地瞄准这个（丧权的）墨西哥皇帝开枪，没有丝毫的表情，行刑队长正在坦然地准备补射用的枪支。（马奈在表现1871年五月流血周的作品中使用了同一种模式。）

而更能证明这一点的是，巴黎的这种新式新闻报纸的发行量巨大而且几乎是实时报导。（曾有一段时期，《小巴黎人报》的发行量要大于世界上任何一家报纸。）同样重要的是这些新的报纸为了吸引自己的读者都表现出丰富的想象力和大量的技术性：所以，我们看到了大量的证人采访以及（如有可能）对相关受害者本人的采访，采访本身就是一种新的报导形式，因为这是1836年《纽约先驱论坛报》的发行人詹姆斯·戈登·贝内特在纽约的发明。（当时有一篇文章谈到了一位母亲在年轻的女儿被杀害后的心境。）这家引起轰动的报纸附有大量的图片——照片显然是要强调社会新闻的真实性（未必）；从1890年起，《小日报》和《小巴黎人》这两家报纸都有了彩色副刊。巴黎的《新闻画报》创刊于1864年。贡斯当丹·居伊（波德莱尔对他颇为欣赏）在1840到1860年期间是《伦敦新闻画报》的通讯记者。

异化、商业化、社会新闻;而我们甚至可以大胆地尝试画一幅巴黎文化的变迁图。

相对于躁动的、左倾的以及更加未来主义的左岸,今日塞纳河的右岸更主要是政治、商务和行政办公的区域。众所周知,最近在拉斯帕尔大街与巴比伦街的交汇处,乐蓬马歇百货公司做了一则广告:"左岸曾向您呈上过存在主义、境遇主义和结构主义。今天它呈献给您的是床上用品折扣周。"

欧斯曼的现代性——无论是精神上还是物质上的现代性,例如印象主义,尤其是1870年以后,反而更加侧重于右岸地区而不是拉丁区或蒙帕纳斯区。对此,我们可以例举:卡勒波特和欧洲广场;毕沙罗和歌剧院大街;马奈和蒙托尔格街;莫奈和圣拉扎尔车站。德加出生在巴黎,住在与皮嘉尔广场近在咫尺的维克多·马瑟街,他在谈到出生在格勒诺伯尔的方丹-拉图尔时,像以往一样尖酸地说:"也许,他所作的一切都不错。可就是有点左岸的味道,太遗憾了",这是指国家美术学院、学院派等陈腐的观点。亚历山大·仲马在1854年的小说《巴黎的莫希干人》里写道:"与人类文明是从东方走向西方不同,巴黎,这个文明世界的首都是从南向北发展的;是从蒙胡热蔓延到蒙马特。"欧斯曼的那些大街是新的商业、金钱以及新剧院的所在地,同时也是异化之地。

大约在半个世纪以前,亲马克思主义的评论家们批评巴黎的前现代主义者,批评波德莱尔和马奈,尤其是批评他们没有承担起他们的历史责任。摒弃巴黎的欧斯曼式环境?有人说过,如果真想这样做,这些艺术家们就应该学习甚至超越库尔贝的榜样。选择边缘人(以马克思主义的观点来看),这意味着背信弃义,是对真正的工人阶级、真正的人民事业漠不关心,也因此而陷入了软弱无能的境地。萨特本人也论证过这一点,他认为:从1789

年以来，巴黎的知识界，因为是为资产阶级服务的，不可能超越对其主子所怀有的轻蔑。而这种暧昧的后果，只能是知识分子的自我边缘化。这恰恰就是那个见证了1848年的战斗，却只是作为软弱的旁观者——弗雷德里克·莫罗。同样，波德莱尔认为拿破仑三世的出现是一种真正的耻辱，但他认为，1848年只是一种"狂热"。他写道："六月的恐怖，是平民的疯狂和资产阶级的疯狂。喜爱犯罪的天性。"

在已经逝去的、离我们如此相近而又如此遥远的那些年代里，肩负着普世使命的工人阶级的幻想仍然是巴黎的所有进步人士的幻想，这种亲马克思主义的观点，似乎是合乎情理的。但今天已远不是这种情况了。相反，出现在19世纪下半叶的巴黎艺术与文学想象中的边缘人，对于我们来说，成为了异化的巴黎神话最突出的标志之一。我们从中看到的并不是抛弃工人阶级，相反，是波德莱尔和马奈时代的巴黎艺术家们具有非凡的理解力，理解他们的现代性，同时也理解我们的现代性。

第九章

歌剧与轻歌剧：巴黎—纽约
巴黎—伦敦　巴黎—布达佩斯

在1867年的世界博览会之际，一位幽默作家估计"意大利、西班牙、丹麦和俄国将宣布并入巴黎的版图；三天后，边界将延伸到新西兰和巴布亚地区。巴黎将是世界，而宇宙就是巴黎……巴黎将冲入云霄，直上九天，成为宇宙星际的小镇。"有人还把这有趣的玩笑当真了，查理·奥伯里夫在他的《一个好奇者在巴黎的游历》(附有一张很长的地名表，上面却没有纽约)里写道："您或许见识过文明世界各国的首都，您也许朝拜过锡安的废都，但如果没有见过巴黎的话，您就理解不了这座出类拔萃的城市"。

而到了1860年，的确，大体上来说，一般都认为按照历史的进程，现代性、科学、艺术已经选择了永久扎根于巴黎；但具体来说，各种门类，从时装到城市规划以及语言研究也莫不如此：所以，维克多·库森(他为自己能在法兰西学院创办斯拉夫研究论坛而感到骄傲，论坛的第一位负责人是亚当·密茨凯维奇）认为，巴黎（而不是柏林、华沙或圣彼得堡）因此而成为了全世界研究东欧的翘楚之地。

> 亚历山大·赫尔岑在1867年的《巴黎指南》中说过："巴黎的影响一直深入到了荒蛮的黑山（意大利语是：蒙特内哥罗）峡谷——塞尔维亚爱国者不可侵犯的腹地。[……] 皮埃尔二世的继承人，勇敢的达尼洛一世·彼得罗维奇在废除了神权制度之后，恢复了从前的国民政府，[然后]去巴黎（1857年）寻求对他后半生产生了巨大影响的思想启示。他颁布的法典、他的改革措施，以及他所制定的政策都证明了他是想让一个不屈不挠的民族去热爱文明，而他非常赞赏这种文明的优越性。他曾经把侄子送到路易－勒格朗国立中学培养，当他倒在刺客枪下的时候，他的侄子以尼基察一世·彼得罗维奇之名继承了他的事业。[……] 和他一起到巴黎旅行的达琳卡公主[他的妻子]，[……]对凡是能使黑山走进文明社会的好事，也都表现出与他同样的热情。"

然而，这热情似乎还不够。

1860年以前，在巴黎是世界之都的这个问题上，巴黎人与外国人基本上是一致的，只不过外国人可能比巴黎人更感觉它近乎是一座神奇的城市。赫尔岑还曾指出"不过，这是一种土生土长的巴黎人所没有的感觉，因为他们习以为常以至于麻木了。这是一种我们初到巴黎时的感觉。从我们的孩提时代起，巴黎就是我们的耶路撒冷，是伟大的法国革命之城，是1889年及1993年《网球场誓言》的那个巴黎。"简而言之，正如皮埃尔·希特隆所说，1840年前后的巴黎成了"一个宇宙的缩影、自由的庇护所、艺术与享乐的中心，它就是一个世界、一个宇宙、一个伟大的国家。"这当然不是什么新观点：早在帝国统治时期，就已经有些作者称巴黎为"小宇宙"，即使这种在拿破仑一世的巴黎可能显得有些过分的妄自尊大，在拿破仑三世的巴黎似乎是不言而喻的事情。

但如何勾勒出它的特殊性呢？巴黎为什么以及如何成为了世界之都而不是伦敦、柏林、罗马或纽约？从概念化的角度来说，我们可以纵向地，也可以说根据历史，根据时间，根据记忆与建筑的结合来推演并思考这座城市多变的形式：1860 年的“巴黎——神话之城”在 1760 年时，还只是初露端倪，而在 1660 年时则无从谈起。

但我们也可从空间上，即横向地将巴黎与其他 19 世纪的大城市进行比较，其中有些是特大城市（伦敦和纽约），有些则是略小一点的城市（如布达佩斯）：塞纳河畔的巴黎，这不错，但也是欧洲的巴黎，法国的巴黎。因为在国民的想象中，首都的位置不在而且从来也不曾在法国的其他地方。我们可能有许多种方式证明这一点，但我们要强调的是歌剧的重要性，这是一种在巴黎以及中欧地区极为优秀的民族音乐。这种看似拐弯抹角的方法却未必会兜圈子。

但在谈到 19 世纪之都——巴黎的特点时，还是应该谦虚一些，别忘了尽管这的确是一座绝无仅有的城市，但它在许多方面也还是与其他城市十份相似。巴黎大概除了 1940—1944 年期间更愿意与世隔绝之外，它的生活从来不是封闭的。个中原因多种多样，而最直接的原因就是什么时候都有大量的外国人（1789 年时有四至五千人，即占总人口的百分之一）；但同样也因为，巴黎人尽管有恋家的名声却偶尔还是爱出门旅行：在大革命以前，梅西耶曾善意地嘲笑他的邻居，说他们周末乘船游历了圣克鲁之后归来时，似乎经历了一番长途跋涉终于回到家中，那幸福的感觉简直就像尤利西斯一样。的确，据了解，在巴黎出生并去世的画家夏尔丹，终生只离开过巴黎一次，那还是为了去凡尔赛进见国王。尽管如此，他们中的某些人到过的地方还是要比圣克鲁远，甚至比凡尔赛还远：很多巴黎人之所以成名，正是因为他们描写了在国外的旅行经历：例如仅在19世纪初就有夏多博里昂、米歇尔·施瓦利埃和托克维尔描写了美国（塔列朗和路易-菲利普也如是，但方式不同）；古斯丁描写了俄国；司汤达描写的是意大利；巴尔扎克，是乌克兰；波德莱尔，是印度和比利时；仲马，是瑞士；奈瓦尔，是德国；马奈和梅里美是西班牙。德加虽然很欣赏高更的油画，却在1900年揶揄他说："难道你在巴蒂诺尔就不能比在塔西提岛画得好吗？"不过，这只是这位大师开的一个玩笑。

这是旅行这个词的原意，但同时也可以"在自己的房间里旅行"：丹东、马拉和路易十六（或多或少都是巴黎人）能够流利地阅读英语书刊。一位在意大利出生的英国人加里纳尼在1800年创办了一家以他名字命名的书店（至今该店名未变，只是从原来的微微安街搬到了现在的里弗利街），1850年时该店拥有大约三万册英文、德文、意大利文、西班牙文书籍。人们也可以每天花十个苏或每月六法郎在那里订阅。他还出版过《加里纳尼信使报》（"*Galignani's messenger*"，是巴黎的第一份英文报纸，亦是今天的《先驱论坛报》（*Herald Tribune*）的先驱。他们出版的法国及巴黎的导游书从1819年到1894年不断再版，深受美国旅游者的欢迎。

通过旅行与思想，音乐与戏剧（比如伯辽兹和莎士比亚，奈瓦尔和歌德，波德莱尔和瓦格纳）等各种形式的交流，巴黎像所有西欧以及美洲，至少是北美洲国家的大城市一样在19世纪实现了与邻邦的沟通——无论是朋友，还是冤家。

不仅在实践中和思想上如此，在诗词比兴的手法上也是如此。同样，皮埃尔·希特隆说过，拜伦在1822年的《唐璜》里描写伦敦时使用的所有隐喻和意象的手法，都出现在了1830年之后描写巴黎的具有神话色彩的题材当中：雨果描写了低吼、嘈杂以及闪亮的河水；维涅描写了熔炉与火山；还有（博谢纳、德鲁伊诺、雨果等人的）茫茫雾霭。直到19世纪末，这些把思想和艺术作为一种对新的外交和民族主义赌注的认同（不幸的是，这些认同都是排他的——文化/民族/大都市)在欧洲达到了顶峰。不过要知道,即使在这个可悲地宣扬领土主权的沙文主义时代,与伦敦、莫斯科或柏林相比,巴黎(以及维也纳)的特点就是它(相对地)有追求多样性的意愿,尤其是在科学领域里。

因此,巴黎也属于大城市之中的大城市,而它的魅力在很大程度上依赖于这些大城市不断增长的魅力——19 世纪所有的大城市,不仅包括它们的乡村,还包括它们的王府豪宅,正如我们在伦敦看到的汉普顿宫;马德里的埃斯科利亚尔行宫;柏林的波茨坦宫;圣彼得堡的沙皇夏宫。无论是 1789 年去世的老米拉博还是 1774 年去世的魁奈(亚当·斯密曾想把自己 1776 年的著作《国富论》献给他)的重农主义思想,都完全是立足于农业生产力之上的。阿拉斯的律师罗伯斯庇尔赞颂了共和派的农耕者。罗兰夫人(的确是出生在巴黎)认为里昂是一座"恶臭的垃圾场"。杰弗逊(种植园奴隶主,法国葡萄酒的爱好者,这个美国人与好几个法国人保持着通信联系,其中有格里高利神甫和卡巴尼斯博士),他也曾使自耕农(yeoman farmer)理想化,也许是因为这些人他一个也不认识。

但这一切在 1820—1830 年间发生了转变。19 世纪的伟大小说家巴尔扎克、狄更斯和陀思妥耶夫斯基最偏爱的地方是巴黎、伦敦和圣彼得堡。在安静的小镇子里引起混乱的城里人是查理·葛朗台(在索穆尔的欧也妮的巴黎表兄),但也是普希金的叶甫根尼·奥涅金。马克思嘲笑"乡村生活的愚蠢"(das Idiotismus des Landslebens):在他的文章里,路易·拿破仑(克拉普林斯基)是军队的选择,是官僚的选择,但更是农民的选择。对醉心于进步的 19 世纪来说,只有在城市里才能进步,即使城市同时还意味着是人类苦难更加严重的一种新形式。历史将是都市的:"in the city ,time is becomes visible";只有在 19 世纪(尤其在巴黎),刘易斯·芒福德的这种见解才有它的价值。

因而,某些人认为,在许多方面,19 世纪新型大城市的好与坏并不是巴黎所特有的。然而,巴黎在这一时期的特殊性是无可争议的:这里,首都的多功能性、这座城市与19世纪的经济和工业主义的特殊关系以及巴黎与民族或国家(巴黎是它的首都)之间的密切关系起着重要作用。因为,即使巴黎从来不曾像昨天的伦敦或今天的纽约那样是资本主义世界的首都,法国的国家意志,法兰西的民族意志也会使巴黎(她的魅力以及她的神话)的身价增长百倍。在美国,谁不记得当总统拒绝援手纽约的经济时,一家报纸的标题是:"Ford to New York City:drop dead ?"翻译过来就是:"那么:纽约完蛋了?"。类似的观点在法国是绝对不可想象的。在1871年,许多进步的共和主义者(例如克雷蒙梭)认为,巴黎公社毫无疑义,因为巴黎如果没有整个法兰西民族是不可想象的。

巴黎的首要特点或者说不同之处是它的多样性。某些城市(罗马、佛罗伦萨或威尼斯)体现了艺术与过去。还有些体现了经济与金融的现代性,如:纽约、伦敦和柏林。巴黎则不同,它是涵盖了艺术、政治、宗教、金融、管理和科学的首都,尤其是医学和生理学之都。(在世纪末,巴斯德是这个神话的化身[或者说是这个神话的蜕变]。)欧洲没有任何城市能够像法国的首都那样具有这么多的功能。

从时间上来说,城市的生命力突出了整个19世纪的多样性,也即它的美学多样性曾经表现出的并且现在仍旧表现出的那种生命力:从古罗马以及罗曼风格到昨天的最低限度派艺术,哪一种建筑风格是巴黎没有的?布莱斯·桑德拉尔从美国回到仍旧保守的俄罗斯后谈到了巴黎的现代性,他说只有这种现代性才成功地与中世纪的记忆融合在了一起。

巴黎和纽约完全不同。沃尔特·惠特曼(1819年生)对纽约的看法也正如波德莱尔(生于1821年)对巴黎的看法一样,他认为纽约代表着一种最新的现代性,但它的现代性没有半点波德莱尔的苦恼以及在卢浮宫堆满瓦砾的院子里踟蹰的小老太太。相反,惠特曼的新世界的现代性是光芒四射的、是民主的，它充满了活力、创造性以及物质与精神的力量：

> 百万的人潮——举止从容而高雅——声音爽朗——好客——最勇敢而友好的青年男子，匆匆的和闪耀的流水的城市！塔尖与桅樯耸立的城市！依偎在海湾里的城市！我的城市！

在超现实主义者以及他们的同路人朱娜·巴恩斯的眼里，1920—1930年的巴黎是一座神秘的城市，到处是幽幽曲径，深不可测，这座古城隐藏着多少奇闻轶事！但朱娜·巴恩斯在1920年代的纽约所见到的却是街道井井有条，她觉得城市的形象是合理的、有效的、发达的、可读的。今天人们常常忘记了纽约在历史上曾经是一个非常强大的工业生产基地：必须指出，直到1950年，仍有一百万纽约人即百分之三十的就业人口一直在为大约六万家工厂工作。如果说纽约的人口今天仍在上升（与伦敦和巴黎相反），这恰恰是因为旧工业区（Soho/Noho/Tribeca）的人口仍在悄然增长，人们无视那条市政当局也不想认真实行的过时法规。在19世纪，也即巴黎——世界之都的时代，纽约却是一个工业城市，从这个意义上说纽约是现代的，但这是一种具体的现代性，与巴黎的文化现代性迥然不同。

相反，巴黎与伦敦之间的关系要比与纽约的关系复杂得多。一位被流放的无政府主义者查理·马拉托认为"伦敦有点像巴黎，只不过它的一切都和巴黎相反。"但在许多方面，西方世界的文化史，尤其是19世纪的文化史，套用狄更斯小说的名字来表达就是《双城记》（*Tale of two cities*）。这两个首都在现代化过程中是相辅相成的，我们知道，路易·拿破仑和欧斯曼经常用伦敦作榜样。约翰·纳什的摄政街出现得比巴黎的林荫大道要早；海德公园比布洛涅森林公园出现得要早；查德威克的下水道要早于贝尔格朗的下水道。1832年海涅在《论法兰西现状》里写道："当上帝在天堂烦恼的时候，他就推开窗户欣赏巴黎的林荫大道。"这位德国客人认为，巴黎的中心性是毋庸置疑的。而他的同胞，《寂寞芳心》的作者，小说家泰奥多·冯塔纳，虽然原籍是胡格诺教派的法国人，在 1844 年谈到伦敦时也表达了相同的看法，他说伦敦像一幅“细密画”，是整个地球的第五元素。巴黎或许是世界之都，但伦敦也是“独一无二的城市”。（这句话也是斯泰恩·拉斯姆森描写这座城市历史的经典著作的书名。）

如果说巴黎的伟大历史始于 1750 年、纽约的伟大历史始于 1840 年，则英国首都的现代史是从 1666 年伦敦旧城的火灾开始的。正如纽约的传奇，伦敦（远超过巴黎）的这个传奇故事首先是商业和工业的传奇。（所以在 1788 年，梅西耶描述巴黎皇宫区的商业活力时写道，破旧的马莱区处在巴黎的新商业中心，“就好像威尼斯在伦敦”。）托马斯·卡莱尔在 1824 年给他兄弟的一封信中在比较了法国和不列颠的两个大都市之后指出：“巴黎的面积差不多是伦敦的四分之一，但它的生产能力却好像不及伦敦的二十分之一”。在巴黎，直到 1870 年左右，还是由木筏工人将原木从纳韦尔运往巴黎，这使得巴黎人在天气寒冷的时候反而缺少燃料，因为结了冰的塞纳河是无法进行运输的。而在 1750 年的伦敦，人们已经使用燃煤取暖；远在法国大革命以前，伦敦的烟雾在欧洲就很出名了：狄德罗把英国人天生的自杀倾向归咎于由此产生的气候原因（并且由于油腻的饮食而更加严重：太多的啤酒、太多的肉），这是当时欧洲大陆人所共知的一种“英国病”（the English disease）。在浪漫的诗境中，巴黎的烟雾是火山的烟云。伦敦的烟雾，则是工厂的烟害，而雪莱呈现给我们的伦敦像是一座烟熏火燎的地狱：

地狱是一座与伦敦极为相似的城市，
一座人满为患、烟熏火燎的城市。

所以，这是两种现代性，巴黎是政治与文化的现代性，纽约和伦敦则是工业的现代性。关于这一点,人口统计数字也是很有说服力的。1700 年,巴黎和伦敦旗鼓相当,居民的数量大约都在四十到四十五万左右。但是生活在工业与商业节奏里的伦敦人口增长的速度远比巴黎人口的增速要快,因为巴黎是行政管理之都,更主要的是文化之都。伦敦在 17 世纪里,人口增加了两倍;在 18 世纪里又翻了一番,1800 年时,成为世界上第一个居民达到百万的大城市。在随后的一个世纪里其人口又翻了三番。到 1940 年,大伦敦区有将近九百万居民,而直到 20 世纪 50 年代,这个大都市的工业从业人员的比例才降到英国的全国平均水平之下,这主要是由于英国贸易委员会的干预并且拒绝发放建筑执照。斯拉夫精神的鼓吹者陀思妥耶夫斯基曾访问过这两个首都——伦敦和巴黎(他嘲讽地讲述过他的见闻),对这两个城市他都看不起,这当然不出所料,但还是有所区别:他认为巴黎人似乎自负而浅薄。他认为伦敦人是物质主义者,会做生意而且顽固强硬。

所以说,伦敦和巴黎,如同纽约和巴黎,是两个不同的世界。但这两个欧洲首都的文化发展轨迹却非常相像:在高端文化领域里,巴黎比起美国的超大城市要更接近于伦敦。1709 年在利奇菲尔德出生,1784 年在伦敦去世的约翰逊博士以及他那精力充沛的同党苏格兰人詹姆斯·博斯韦尔(曾勾引过卢梭的妻子——通晓英语的黛莱丝)认为,伦敦是一部极为出色的大百科全书。他的经典格言是:“一个人如果厌倦了伦敦,那他也就厌倦了生活”,而在 19 世纪,构成这两个首都历史的主题也出奇地相似:寻求在首都发迹的外省青年(拉斯蒂涅、于连·索莱尔)不只是巴黎人,远非如此。让我们想想吧,萨克雷的《名利场》里有贝姬·夏普,还有大卫·科波菲尔,不都一样吗。很奇怪,正如自我异化的问题一样,现代市民的命运总是那种极度的孤独。这种感觉首先得到,而尤其是更快地得到了伦敦的重视而不是巴黎:伟大的英国浪漫主义者无论是远离伦敦(如华兹华斯)还是常住伦敦(布莱克),都认为英国的首都与其说是百科全书不如说是噩梦。的确,在威斯敏斯特大桥上的一辆马车上,华兹华斯欣赏着还在沉睡中的伦敦城的

那种强大:

> 大地再没有比这儿更美的风貌:
> (我)从未见过、感受过这深沉的宁静!
> 上帝呵!家家户户都沉睡未醒,
> 这强大的心脏仍然在歇息!

但毕竟,他就是那时离开了他所赞美的伦敦。相反,布莱克在枝节问题上不那么固执,但对伦敦的现代性的使人不安的本质却更加强硬,也更加敏锐:

> 我看到每一张迎面而来的脸庞,
> 写着虚弱,刻着忧伤。
> 在每一阵婴儿惊恐的啼号中,
> 在每一种嗓音,每一条禁令中,
> 我听到灵魂的镣铐在铮铮作响。

狄更斯(在巴黎有以其名字命名的街道,他生活的年代[1812—1870]与福楼拜和波德莱尔相差十年左右)比任何作家更能够代表英国的首都,有点像雨果或米士莱之于巴黎。但他头脑中的伦敦随着时间的推移变得愈来愈阴暗:继1836—1837年写了内容丰富的《博兹札记》之后,1839年又有《尼古拉斯·尼克贝》以及1846—1848年的《董贝父子》相继问世,都表现得很不乐观。而《荒凉山庄》里的伦敦简直就是面目可憎,到处是泥泞、烟雾,并且成为了全世界大城市中的一片"不毛之地",那里虽然百万民众被无形之网联结在了一起,但却生活在隔绝、惰性、诡秘和孤独之中。

在巴黎与伦敦的相似性方面,我们发现卡莱尔的感觉和波德莱尔的完全一样:他在《旧衣新裁》里提到了"Weissnichtwo"(意即"子虚乌有之城",

但一看便知是指伦敦），那里无论是穷人还是富人都生活在前所未有的精神痛苦之中，拥挤不堪，简直像沙丁鱼，或不如说像埃及大肚瓶里的蟒蛇。吉辛可以说是英国的左拉，对伦敦犹如左拉对巴黎一样，表现得十分悲观。最后，T. S. 艾略特在他的诗《荒原》里描写伦敦的城市规划时，使用的完全是波德莱尔的语言。欧仁·苏在1842—1843年写了《巴黎的秘密》，随后，保尔·菲瓦尔在1844年写了《伦敦的秘密》，不过他的确从没有去过伦敦。波德莱尔认为，“漫漫人生画卷”恰恰是同时展现在“伦敦和……巴黎的生活”之中。

但当我们重新审视这些相似性的时候，却发现也有许多不同之处：要研究其中一个首都的全部历史却又不涉及另一个首都似乎是不可能的，不过通常，这是相互为敌的两姊妹，一方总要给另一方制造一个真实性被歪曲了的丑恶形象。早在法国大革命以前，排法主义、反巴黎时尚以及新教和议会制是不列颠爱国主义的基石之一；而19世纪巴黎人的反伦敦情绪有时也是刻毒的，被流放的巴黎公社社员瓦莱斯说过：“据我所知，英国人对于法国的一切怀有天生的、盲目的仇恨。巴黎的每一种习惯都会刺伤他们，他们看问题总是与你戗茬，或者跟你对着干……两个首都代表了文明的两种面貌。她们像两个怒目相视的斯芬克斯，都思忖着吞噬掉对方。”在伦敦生活？列昂·福歇提出这个问题是为了做出自己的解答，这地方“对身心健康会有致命的影响”。弗洛尔·特里斯坦认为：“伦敦是一座魔鬼的城市”。后来成为法兰西科学院院士的奥松维尔伯爵同意这个说法：“所有小说、戏剧、绘画里的伦敦穷人，尤其是贫穷妇女的外表、品行、情感都不如巴黎的穷人”。曾做过记者的起义者儒勒·瓦莱斯发现伦敦具有巴黎的一切缺点（贫富悬殊以及资产阶级狭隘的自私），然而，替营利主义辩护并扼杀快乐的英国新教使这些缺点变得更为恶劣；他认为伦敦是一座“阴森、肮脏、恶臭的城市。偷情在这里绝不可能，宗教，几乎是强制的，而且令人厌恶”，“英国的上帝丑陋、冷淡、无奈……痴迷于天主教，对女人的羞耻心来说是危险的。所以,改革后的新教不会使孩子们喜欢。"瓦莱斯是巴黎公社社员,他赞扬天主教,这似乎有些令人吃惊;但英国和伦敦的新教所产生的不良影响是一种时代的迂腐,而公认的反巴黎公社派戈蒂耶,在这个问题上也与他的政敌意见一致:"英国人富有、积极、灵活,但说实在的,艺术是他们的缺项……;他们只不过是些外表光鲜的野蛮人……此外,英国人不是天主教徒——新教对艺术来说和伊斯兰教一样是有害的,也许更有甚之。艺术家们只能是无神论者或天主教徒。"

巴黎和伦敦:两个现代性之都;但因本地人以及外国人的看法不同,这二者间的差别相当明显,简而言之,巴黎在这方面似乎占有优势,尤其对那些在伦敦通常感到比在巴黎更处于生活和社会边缘的外国人、艺术家、记者、文人墨客来说。外国人(肖邦和密茨凯维奇;罗西尼和邓南遮;英裔美国画家萨金特和匈牙利艺术家蒙卡奇)常常处在以普世性自诩的巴黎社交界的核心。戈蒂耶面对着厄涅丝塔·格里丝为他烹制的意大利烩饭,高兴地喊道:"在我这张桌子上,大家可以环游世界而不用翻译!"G. K. 切斯特顿说:"伦敦是谜面,巴黎是谜底";在帝国统治时期被流放的巴西帝制的共和派仇敌与1889年刚被推翻的巴西皇帝堂·佩德罗二世的重逢正是发生在欧洲的神话之都——巴黎而非伦敦。

*

*　*

世界之都——巴黎的特点是它的内在形式不如纽约工业化,却要比伦敦更国际化。但还有一个特点就是经常革命的巴黎与非常保守的国家(巴黎是其首都)之间极为密切而动荡的关系。

在伦敦、纽约以及奥匈帝国的维也纳甚至罗马和柏林,这种政治上的关系常常显得极为复杂。谈到纽约,大家知道,正如爱开玩笑的人所说,美国是世界上唯一在这座大都市里不设总领事馆的国家。这座讲多种语言的城市曾经短暂地是新美利坚共和国的首都,而今天它甚至不是纽约州的首府。

许多美国人在这里感到非常不习惯,好像身处异国他乡。早在1643年,新阿姆斯特丹的五百个居民就已经讲十八种语言。从1820至1920年,三千三百万移民从纽约港进入了美国。而从1892至1924年,不到三十年的时间,来了差不多一千三百万移民。1870年时,这里有两万四千名巴黎的犹太人,1881年左右,从阿尔萨斯来的人把这个数字提高到了四万左右:但是,纽约从1654年起就出现了犹太人(主要是来自巴西的难民),1850年,相关的数字是五万人,而到了1910年则超过了一百万人。1890年,纽约五个行政区划中的人口,有百分之七十一是由移民或移民的子女组成,到了大约1910年,纽约俨然是一座"无国籍的"城市,但并没有因此而成为世界的甚或是国际主义的大都市。这座移民的城市或许成为了一个移民社会(或几乎是移民社会)的一面镜子。但是,一个从人口统计上来说变得理性的国家(那里,移民的子孙们成了土生土长的美国人)和一座不断变化而且永远革新的城市之间的差别实在是太大了。

不过,还是应该拿伦敦而不是纽约来进行比较,也许是它离巴黎太远,差别太大,拿伦敦来比较,这样我们能更好地理解巴黎与国家之间关系的特殊性和紧密性;以及法国政府为使巴黎成为神话所做出的巨大贡献。

伦敦,英国的首都还是不列颠帝国的首都?抑或是威尔士人和苏格兰人的首都?也许。它是爱尔兰人的首都吗?不见得。的确,不列颠政府经常出现在伦敦,但严格地说,它是皇家的政府而不是全民的政府,罗伊·波特在他的《伦敦社会史》里说得非常正确:"首都历史的钥匙是藏在不列颠帝国的历史之中"。正如18世纪不列颠的民族情感也完全是(或曾经是)为了巩固这个新的帝国。相反,巴黎从来不是一个真正的海外帝国的首都,除了1931年曾有过举办巴黎殖民地博览会的短暂插曲;而其实,这个重新反省了自我,主要是反省法国自己而不是针对欧洲或世界的重新帝国化的巴黎(非常不幸地)正在走向即将到来的灾难。

虽然巴黎对于帝国的出现无动于衷,(而这正是它的不朽性和世界性的关键因素之一）但它却始终受到法国政府（包括王朝、帝国或共和时代）的影响，从查理五世兴建的卢浮宫到那些宏伟的建设蓝图莫不如此，其中收藏了那些过去被称作原始艺术的博物馆就是一个例子。所以，多么大的反差啊——半个世纪以前的丹麦建筑师斯汀·拉斯姆森就已经非常正确地指出过，伦敦在个人领域里的能力与巴黎由政府管理城市的能力之间的关键差异以及最好的证明就是伦敦的广场公园与巴黎皇家广场的不同——虽然1630年，伊尼哥·琼斯设计考文特花园的最初灵感是来自路易十三的皇家广场，也即我们今天的孚日广场。

因为，如果说林荫大道体现了欧斯曼的才能，皇家广场包括孚日以及协和广场体现了旧王朝的才能（或不如说，体现了波旁王朝集权的才能），那么伦敦的广场公园因其形式、功能及其起源的不同就完全是另一回事了，比如1731年的索荷广场公园，尤其是那个成为了伦敦广场公园典范的1737年的格罗斯夫诺广场——首先，是因为它非常开阔（三公顷），而尤其因为它既非由国家甚至也非由伦敦市政府，而完全是由私人——理查德·格罗斯夫诺在他母亲的一块地皮上兴建的，那是1677年他母亲十二岁新婚时的嫁妆。另外还有1776年的贝德福特广场，直到1893年还是禁止公众入内的地方。

巴黎因为是在乡间重建所以空气清新：这正是幽默作家费尔南德·洛普在1930年的主张；而奇怪的是这有点像18、19世纪伦敦城市规划师们的梦想，他们全都是为自己的主子——大地主阶级服务的人。此外，这也正是人们可以在白金汉宫的横楣上看到的铭言："都市田园"。曾经有一段时间，羊群在卡文迪什广场公园的绿地上吃草，1771年，一位过路人非常生气，他嘲笑这些广场变成了牧场："这是公园，是牧场，说它是什么都行就是不能说它是广场。'都市田园'，充其量不过是一种荒诞的想法[a preposterous idea at best]。"米士莱在1834年访问伦敦时对此感到很吃惊，几乎是厌恶："贵族绅士们居住的西区可以说是得不偿失。这个地区的大部分覆盖着草场。羊群在白厅和威斯敏斯特教堂的阴影里吃草，[……]非常迷人的画面,但却不会持久”。遗憾的是马丽·安东奈特没有成为英国人,如果她的皇后山庄不是在凡尔赛而是在帕尔摩大街的话肯定会使她大得民心。

所以,与伦敦相反,或许正如M.德·拉帕里斯所说,巴黎绝对是法国和法兰西现代性之都;并且巴黎的力量及其世界性在很大程度上要归功于这种源远流长的关系。海因里希·海涅的看法并不全错:法国不过是这个伟大首都的郊区,“法国像一座花园,人们在那里采摘最美丽的花朵扎成花束,这花束就叫做巴黎。”

> 乔治·桑在1848年3月写道:“巴黎,这是怎样的美梦、怎样的激情,又是怎样的格调和秩序啊!我终于来到了这里,我在这里狂奔,我看见了伟大、高尚、纯洁、慷慨的人民,这是聚集在法国的心脏、世界的心脏的法兰西人民,是全宇宙最可爱的人民。我度过了多少不眠的夜晚,又有多少个坐卧不安的白昼啊。我如醉如痴,庆幸自己曾沉睡在尘世中,却又重返天堂。”

在这些巴黎—国家—历史之间的紧密关系中,尤其是在19世纪最初的几十年里,巴黎的不朽性,也许今天仍然是最明显、最重要的证据:所以,巴黎人本能地认为,星型广场的凯旋门(民族的)以及无名烈士墓的长明火炬也是他们自己这座城市真正的烈士纪念碑。但在这个问题上,我们也可以强调巴黎与国家之间关系密切的重要性,当我们在音乐领域里进行比较的时候,它是这个国家的首都(也许有点奇怪),并且与中欧的两个伟大首都即维也纳和布达佩斯连在了一起:这主要是指19世纪的这三个歌剧之都的魅力,歌剧是所有音乐类型里最具争议,但也最具民族性的音乐。这使得在西欧,巴黎在长达将近一个世纪的时间里成为了这种音乐的世界之都,但也是所有中欧(用中欧国家的话来说,是“中央欧洲”)国家中历史最悠久的首都;而在东部,则是一种强烈的反差,奥匈帝国两个首都里的轻歌剧的反历史主义都受到了历史的威胁,以及在第一次世界大战前夕,遭遇了无法抗拒的、高涨的国家与种族意志的威胁。

*

* *

感谢雅克·朗,法国今天有了音乐节。这就是说,法国人认为在一个文化的国度里,音乐艺术上的落后是国家的责任。但音乐艺术在法国不受欢迎却是19世纪法国人的一致看法。伯辽兹在1848年说过,只有被三色旗蒙上了双眼的人才会看不见可悲的法国音乐艺术的现状。而半个世纪以后,罗曼·罗兰甚至开玩笑说所有法国的大作曲家都是外国人。话虽然有些过分,但确实,巴黎在音乐方面的成就,通常更多地是依赖外国作曲家而不是本地音乐人的作品。1763和1777年,莫扎特曾两次来到巴黎。他虽然感到痛苦与茫然,却仍在这里写下了两部交响曲,五首钢琴奏鸣曲,以及舞曲《小玩物》。格鲁克,当时人称格鲁克骑士,受到玛丽·安东尼特的青睐,1773至1779年五次来到巴黎。比利时人戈塞克,颇受拉莫的喜爱,在此地生活了四分之三世纪即从1751年到1829年。我们再说罗西尼和凯鲁比尼,后者出生在佛罗伦萨并且是巴黎音乐学院的院长,肖邦是在旺多姆广场附近离开人世的,迈耶贝尔、李斯特、威尔第、奥芬巴赫,当然还有瓦格纳,因为1870年他与柯西玛·李斯特的婚姻而成为法国参议院议长艾米尔·奥利维尔的连襟,不过这并没有减少他对巴黎的憎恨,而且他在1870年还鼓励俾斯麦轰炸被围困的首都。某些音乐艺术方面的事实是相当有说服力的。在第二帝国时期,仅有五十人在巴黎的学校里教授音乐课。从王朝复辟到1890年,普里耶乐器厂总共只卖出了十万架钢琴。

尽管如此,巴黎也并非音乐荒漠:七月王朝时期,G. L. 博基永,或曰维尔海姆在巴黎创办了一所合唱学校;同时,巴黎还有一些合唱团如:加罗林王朝合唱团或蒙马特的雅典人合唱团——1848年改编成山民合唱团,共和国失败后变得更加平庸,1852 年又改称为蒂洛尔人合唱团。还应指出,巴黎的这些合唱团成员大多数是工人或小职员(这与外省完全相反,那里的资产阶级有时会参加官方举办的音乐盛会)。

吕奇·凯鲁比尼和弗朗索瓦·安东尼·阿本奈克(1781—1849)(他是戈塞克名副其实的传人,后者在 1769 年创办了业余管弦乐团,但在 1781 年解散)创办的巴黎音乐学院管弦乐团拥有更广泛也更正统的听众。正是从那时起,巴黎的乐迷们才学会了欣赏贝多芬:1828 年 3 月(大师去世后一周年),凯鲁比尼新组建的乐团举行了第一场音乐会,在表演了他自己的一些创作后,演奏了这位波恩天才的《第七交响曲》;两个星期之后,举办了一场《怀念 L. v. 贝多芬》的音乐会,其中包括一组大师的作品精选以及"深受欢迎的"交响曲《英雄》。这些音乐会的水平非常高:他们完美的表演为世界瞩目,受到了李斯特甚至瓦格纳的赞扬。

1861 年,儒勒·帕斯德鲁在拿破仑竞技场(即现在的冬季马戏馆)举办的音乐会使人们能够每星期都听到"大师们的音乐"(贝多芬、莫扎特、海顿、韦伯和迈耶贝尔的作品),这也为在巴黎培养出更多高雅音乐的爱好者做出了很大贡献。瓦格纳认为巴黎的音乐爱好者与更为多样、更有共性的德国音乐爱好者完全相反,形成了"一个有钱且有闲的贵族阶级",但他的这个观点是非常错误的。

然而在 19 世纪,巴黎最伟大的音乐既不是管弦乐也不是室内乐,而是歌剧。戈蒂耶像波德莱尔一样讨厌自然,他认为歌剧是唯一充满诗意的世外桃源……粗俗的现实在歌剧里是不被接受的……那里没有丝毫的现实,也没有丝毫的真实;人们是在一个迷幻的世界里……歌剧"是现代文明的仙境……那儿才是艺术、奢华、优雅等高尚生活的精髓所要达到的境界"。当时的法国作曲家们也毫不掩饰:古诺在他的自传里直言不讳地指出,要想在法国真正成名,在巴黎,只有一条康庄大道——歌剧之路,而在本世纪的上半叶,音乐学院把培养的重点放在声乐上是非常成功的,他们的大合唱也曾得到罗马大奖的提名。尼采曾像波德莱尔一样欣赏瓦格纳,他也许与这位大师不合,但不会与作为一种音乐的歌剧过不去:在他晚年的时候,比才的《卡门》(这部西班牙民族歌剧是1875年由一个巴黎人根据另一个巴黎人的小说谱写的)使他欣喜若狂,正如当初的《唐豪瑟》也曾令他激动万分。尼采在这个问题上同意瓦格纳的观点,认为只有歌剧才是真正的纯艺术(Gesamtkuntswerk),这正如叔本华对交响乐艺术的看法(无序之中会有和谐,[rerum Concordia discors]),他的看法也可以说是总结了人类矛盾与互补的欲望。歌剧集戏剧、诗歌、音乐以及所有视觉艺术于一身,实现了一种迷人的美学集锦——伯辽兹认为迈耶贝尔的《新教徒》是一出"激动人心的歌剧"和"一部音乐大百科全书",明显是一个在政治上团结自己所有公民的国家形象的各种艺术荟萃:这种包罗万象的愿望曾有过动人心魄的案例,1877年,卡斯特拉尼的一种透景画呈现出环形的巴黎景观,这景观不是巴黎的建筑,而是当时所有的巴黎名人——艺术家、社会名流、政治家、企业家,他们以新歌剧院为轴心形成了一个同心圆整体,布鲁诺·拉图尔写道:"这真是一次惊人的大检阅,以新歌剧院为轴,让上流社会的舞台围绕着它转。"加尼叶本能地把他的歌剧院变成了一切艺术的神殿;他作为巴黎人和好朋友,也不会忘了把这项成果转让给他最好的朋友们——画家、建筑师和雕塑师,譬如:包德里、布朗热、纪尧姆和卡尔波。

巴黎知识分子的这种美学嗜好,与巴黎时尚界的社会习俗完全一样(女舞蹈演员常常是时髦的赛马会会员的情人,他们在著名的歌剧院休息室里与她们相识),对于19世纪的这种魅力来说可能相当重要,但在政治上更重要。

到了1860年,在法国尤其是巴黎,歌剧与国家声望之间的关系已经是百年的传统了,因为这可以追溯到旧王朝时期,从那时起,歌剧就与帝王的声望以及首都的声望结下了不解之缘,1790年,年轻的俄国人卡拉姆金写道:"谁到了巴黎而没看过歌剧就等于到了罗马而没有见过教皇。"每个巴黎的市民都自认为有资格经常去歌剧院并且有能力对他们看到的内容做出评价，梅西耶问过一个理发师礼拜天都去哪儿？回答是“去歌剧院看他喜爱的优雅的吉玛尔小姐。他坐在今天早上来理发的顾客身旁。于是，他可以毫无顾忌地与他的邻座争执，可以和如醉如痴的观众一起大喊大叫。他已不再是一个‘剃头的’，俨然是一位音乐评论家。”的确，从那时起，在所有高雅文化尤其是浪漫主义文化的艺术形式中，歌剧可能是最大众化和最民主的形式。

因而，这是一种痴迷，对法国来说甚至是一种昂贵的嗜好，因为这需要国王从王室的费用或年俸里提取资金来补贴这种艺术，而这是那些大臣们的巨大荣幸，因为在巴黎，国王习惯给朝臣们大量的免费票。（只是到了七月王朝，这些补贴才不是从国王私人金库里提取，而是取自内政大臣管理的国库。）从路易十四到弗朗索瓦·密特朗，巴黎的歌剧与国家之间的关系可能发生过许多变化，但始终都是费用浩大：19 世纪的巴黎歌剧已经是国家的沉重负担，1828 年的费用超过了一百万法郎，也即占整个音乐机构预算的百分之六十，今天看来似乎没多少钱，但在当时却是巨大的开销。在第二帝国时期，巴黎歌剧院经理的年薪是十万法郎左右，相当于一个熟练工人工资的五十倍。当时最伟大的男高音诺丹，因在迈耶贝尔的《非洲女郎》中扮演的角色而得到了十一万法郎，这笔巨款也许能说明人才的供求关系，但其实是因为这种需求人为地受到了国家的扶持：希奥多·泽尔丁提到了巴黎在 1866 年上演过丰富多彩的歌剧曲目，仅在一年的时间里，人们就能欣赏到两种版本的《唐·璜》，一种是在抒情歌剧院演出，另一种是在巴黎大歌剧院；还有《吉赛尔》、《魔鬼罗贝尔》、古诺的《哥伦布湖》、威尔第和多尼采蒂的歌剧、阿莱维的《犹太女郎》以及一些我们已不熟悉的作品如：维克多·马思的《意大利之花》，马萨和拉巴尔的《伊夫托的国王》。（还应指出，也许某些作品我们会觉得陌生，但总的来说，我们对这些曲目要比对王朝复辟时期在巴黎演出的那些作曲家的曲目熟悉得多，因为法国标准音乐曲目恰恰是在整个 19

世纪中形成并且基本上也是我们今天还在沿用的标准曲目。)

尽管这些新作的数量繁多,它们仍然只是歌剧在1830—1880年的法国首都深受喜爱的原因之一;因为仔细想想,很奇怪,最完美体现第二帝国(好战而独裁的制度)及其建筑学上的杰作竟然是一座歌剧院而不是什么皇家宫殿、军事防线、模范殖民地或新海港。的确,前一个世纪的许多建筑学家(无论君主派还是共和派)已经在思考一个蔚为壮观的新巴黎歌剧院应该是什么样子:例如日耳曼·鲍夫朗(1667—1754)曾设想建造一个宏大的建筑群,包括一座新歌剧院,一个新皇家广场以及一个现在已经是国家艺术博物馆的卢浮宫。但直到1860年,扩建了穆夫塔尔大街的夏尔·加尼叶,才能够(率直地)回答欧仁妮皇后,说即将兴建的歌剧院其实既不是文艺复兴风格,也不是古典风格而纯粹是拿破仑三世的风格。老拿破仑已经有了星形广场上的凯旋门,小拿破仑就只能有加尼叶歌剧院了。

因为,这里要强调的是这个问题所涉及的国家与政治的领域:19世纪巴黎歌剧的重要性是(完全像这个首都一样)因为它承载着向往一个更美好世界的国家历史的象征(或神话)。

既大众化又有争议的19世纪的歌剧无疑带有政治的、民族的以及历史主义的色彩:查尔斯·罗森说过,迈耶贝尔能够赋予历史剧一种"非凡的音乐气势",不过我们要加上一句,是**民族的**历史剧。正是这种耿耿于怀的纠结产生了关于埃及的历史剧《阿依达》和《塞米拉司》;而阿莱维的《犹太女郎》、1877年圣-桑的《参孙和达丽拉》以及比这早十年的迈耶贝尔的《先知》都与古代的以色列有关。(顺便说一下,第一次在剧场里使用电灯就是1846年这部作品在巴黎大歌剧院里演出的时候。)后来,关于中世纪的:瑞士有《威廉·退尔》,意大利有威尔第的《西西里的晚祷》,而法国则有迈耶贝尔的《魔鬼罗贝尔》。再后来,关于文艺复兴的有《纽伦堡的名歌手》、圣-桑的《亨利八世》和《异教徒》以及17世纪的《鲍里斯·戈东诺夫》;最后,关于大革命的则有《安德莱·谢尼埃》和《托斯卡》。爱弥尔·左拉(他本人也写过好几个歌剧剧本）认为“法国的抒情剧，从交响乐到管弦乐都是展现剧情以及诠释人物，歌唱完全是为了表达思绪与心境，它能够表现出我们民族与众不同的睿智和激情”。瓦格纳显然把这种国家历史情结推向了极致；而“元首”，则既是（或许更甚之）国家美学主义也是国家社会主义的爱好者，他曾不失时机地几次举家前往拜罗伊特市去拜访大师的孙女，威妮弗蕾德·瓦格纳。

海涅（他欣赏路易·菲利普）也曾对《魔鬼罗贝尔》进行过善意地讽刺，但那绝对是一种历史的、政治性的解释，该剧（是关于21世纪的诺曼底贝尔特公爵夫人的儿子——罗贝尔的故事）从1831年至1893年在巴黎上演了七百五十八场。他写道，罗贝尔在他父母的榜样之间犹豫不决。其父是像“平等王菲利普”一样堕落的魔鬼；其母却是一位像彭迪埃弗里公爵的女儿一样虔诚的公主。但罗贝尔的遗传基因将他推向了邪恶——推向了革命；而母亲的回忆使他重新回到了善良，也即回归于旧制度：“这两种天性在他的灵魂里发生激烈冲突，他在两种原则之间举棋不定……［罗贝尔］是不折不扣的中间派。”

这种将巴黎的歌剧政治化正是共和主义者自己必须要关注的事情。简·福歇在一本名叫《一个国家的形象》（*French Grand Opera as politics and Politicized Art*）的书里，详尽而准确地介绍了1848年的一项提案，遗憾的是这项关于最终要将歌剧共和主义化的提案没有署名：关闭歌剧院，这首先会导致恐惧，这个“不幸的消息”将会扰乱民心。这位匿名的评论家说，但除此之外，共和国应该保留这个剧种：“歌剧……仍然是巴黎人的一种光荣。这是最辉煌的艺术。共和国的诞生不应该抛弃前人留下来的奢华、高雅以及充满诗意的遗产。”那怎么办呢？这项提案的作者认为，唯一的办法就是推出一种新的歌剧以便“将其从私人投机商的手中［夺回］并建立一个公共机构，它将隶属于国家并由国家来管理和监督……［进行］定期演出，降低票价以使平民阶级都能够接受这种奢华的演出。这是共和国的宣传机构应该为自己保留的一块有利阵地，它具有唤醒灵魂、诱惑视觉、训练听力的三重魅力；共和国的宣传应该依靠它来影响人民。”其实，这正是雅克·朗为建造巴士底歌剧院制定的纲领。

所以，19 世纪的歌剧——一种优秀的政治性民族音乐在历史之都巴黎享有无可争议的地位是不足为怪的，尤其是在第二帝国时期：这个国家的政权，甚至是民族主义的政权怎么会不重新承担起崇拜巴黎歌剧的责任呢？是的，它这样做了，（甚至可以说它需要这样做）但同时加以了修正，因为它需要一种不仅是国家的、民族的而且还要在政治上是左右逢源的巴黎歌剧，正如帝国政权本身，在不列塔尼地区是保守派，在西南部地区是红色革命者，在 1859 年的索尔弗利诺地区是民族主义者，而在 1867 的蒙塔纳区又是教皇绝对权力主义者。

当我们将歌剧（一种历史的和不满现状的音乐）和匈牙利的马克思主义评论家齐奥尔基·卢卡奇关于历史小说的解释进行比较时，我们就会理解第二帝国想从这种音乐中得到什么。

总的来说，卢卡奇的理由非常简单：历史小说（正如 19 世纪的歌剧）是一种优秀的资产阶级的民族文学。它在那个时代得以发展不足为奇，因为这与历史上资产阶级的发展、王公贵族的没落是相一致的。

因此，在 1789 至 1840 年的资产阶级读者看来，每个历史故事必然是正面的：即使昆廷·达沃德没有刺杀暴君路易十一，即使达达尼昂（他是年轻单纯但却属于资产阶级的波那舍夫人的情人）仍然是专制基督教国王的忠实奴仆，这些小说的资产阶级读者都知道在他所阅读的历史小说中，所有曲折（纵然这些情节穿插在一个充满惊奇和曲折的故事当中）必然有一个快乐的结局，尤其是涉及 1789 年和旧制度垮台时的故事。一般来说，历史的可视化，当然有助于整个巴黎歌剧，但还诠释了许多其他东西，例如，德拉克鲁瓦表现 1830 年巴黎革命的油画，其远景是巴黎圣母院的中世纪塔楼，而近景则是戴着弗里吉亚帽的自由女神指引巴黎人民走向最终的胜利——

这是历史的必然。

卢卡齐后来又说,但到了1848年,一切都打乱了。在资产阶级看来,历史似乎突然走向了社会主义和共产主义,走得太远也太快了。

也因此,他认为历史小说完全改变了腔调。瓦尔特·司各特的《艾凡赫》描写了一个外国贵族世家(诺曼人)和一个萨克逊人的后代——胜利的英雄(艾凡赫);福楼拜1862年的《萨朗波》用大量的、令人厌倦的伪历史细节填补了意识形态上的空白。无论萨朗波是输是赢,都会使读者感兴趣(也许),但这与历史的进程毫不相干。

第二帝国时期的巴黎歌剧遵循了同样的道路,经过改编后演出的《波尔蒂契的哑女》就是一个很有说服力的例子。

奥柏的这部歌剧作于1828年,它曾激发了1830年的巴黎革命和1831年的布鲁塞尔革命,而瓦格纳称它将巴黎精神(Geist)推向了光荣的顶峰。阿尔丰索是统治那不勒斯的总督,西班牙公爵的儿子,他勾引了住在波尔蒂契的哑女斐奈拉。然而神奇的是,人民选举她的哥哥马萨涅罗为护民官推翻了西班牙政权(所以文学修养深厚的马克思,在他1848年的历史书里说路易·拿破仑是第二个马萨涅罗)。但后来,他的朋友,同样是那不勒斯的渔民皮特罗将这位也成为了暴君的新统治者毒死。他死后,西班牙人重返故地,斐奈拉则逃到了维苏威的洞穴中。

1828年,这部表现人民受压迫的超级政治化的歌剧是巴黎歌剧史上一个真正的转折点。当然,歌剧里的马萨涅罗是十足的旗手形象,头戴弗里吉亚帽,还像以前一样身穿蓝、白、红三色服装,这使保皇党的审查官极为愤怒,他说:“在歌剧院,那不勒斯的革命表现得非常粗俗……当家作主的人民,尤其是马萨涅罗喋喋不休地鼓吹起义、祖国的自由……作品的色调基本上是伤感和阴郁”。

1830年的革命以后,立即恢复了演出的奥柏的这部作品成为一种象征,并且为了强调它的现实意义,曾经在1828年扮演过马萨涅罗的阿道夫·诺里，在该剧的结尾加进了一曲高亢的《巴黎人之歌》（仍是奥柏和卡西米尔·德拉维涅的作品）——几乎可以说这是七月王朝时期的国歌："英勇的法兰西人民/自由女神张开双臂/有人说，去做奴隶吧！/我们说：我们要成为战士！"

在1860年的时候，也即六月事件和巴黎工人起义失败之后的十余个年头，《波尔蒂契的哑女》的演出经久不衰。（后来在巴黎公社时期也是如此）。但这已不是原来的版本。诚然，帝国，它是现代性、人民、1789年和三色旗；帝国，就其形式来说，它还是历史，而它的领导人不敢贸然禁止这部受大众喜爱的歌剧在巴黎演出。但现在必须对它进行重新改编，使之尽可能地温和：1828年的演出强调了作品的历史同时代性。相反，1860年的演出却力图突出遥远而古老的那不勒斯的特点。在《伊凡赫》与《萨朗波》之后，大量的配角人物和丰富的布景补偿了对该剧进行的政治阉割。何况，这种策略也并非第一次使用：迈耶贝尔的《新教徒》（其中第四幕，谋反者的合唱模仿了《马赛曲》的唱法）同样被从他们认为不妥的段落里删除而代之以所谓的"嬉游曲"。

我们还要指出，从相关的审美体系上来看，加尼叶宫（据说，皇帝对修建这座歌剧院非常感兴趣）也是一种历史性的大杂烩，但实际上却是各种伪历史风格（拜占庭、威尼斯、热那亚、凡尔赛等风格）的大杂烩，也因此（就其规模和滥用来说）完全体现了那个时代的政治美学魔幻。泰奥菲尔·戈蒂耶曾写道："一种完全打乱了比例关系的怪玩意儿，一种由圆柱、横梁、浮雕、珐琅、马赛克混成的大杂烩，一种希腊、罗马、拜占庭、阿拉伯、哥特等各种风格的混合物生成了最和谐的整体……这座反差鲜明……七拼八凑的神庙非常迷人，要比那些正确无比、中规中矩的建筑更加赏心悦目：多元性的统一。"这位《珐琅与石雕》的作者在这里是指威尼斯的圣马可大教堂，而这也正是天才的模仿者，加尼叶宫的设计者做得较差的地方。面对历史，第二帝国作出了错误的选择，它在什么事情上都本能地想编造出虚假的历史参考资料,而加尼叶也没忘了在歌剧院的门面上汇集了卢浮宫的双重廊柱及其庭院里的拱形门,这两种装饰图案在当时被认为是法国建筑学中的瑰宝。

1860 年以前,巴黎—歌剧—国家—帝国之间的关系非常密切并且也为大家——无论朋友还是敌人所理解,而正是在去往旧歌剧院的路上,皇帝差点被运气不佳的刺客——奥尔西尼的炸弹杀死。

要总结第二帝国的歌剧(曾经是神话的、革命的音乐但变成了虚幻的、魔幻的而且是假民主的音乐),就必须知道在所有巴黎的建筑中唯有加尼叶歌剧院(以及荣军院)真正使"元首"感兴趣。1940 年 6 月,当阿道夫·希特勒闪电式访问巴黎的时候,他也没忘记在建筑学家施佩尔以及罗丹以前的学生后来成为了"阴毛大师"的阿尔诺·布莱克的陪同下参观了这座剧院,他提了一些自己完全知道答案的问题,显示出他十分了解这座剧院。据野史记载,该剧院的法国门卫拒绝了他应得的小费。这是一个很重要的细节。

因而,这种国家—民族的认同在中欧国家的大城市里是不存在的(至少我们可以这样说)。因此,从贝多芬的《费德里奥》到 1905 年理查德·施特劳斯的《莎乐美》,在整个 19 世纪,无论是布达佩斯还是维也纳(尽管也相当出色)都没有产生过伟大的歌剧也就不足为奇了,这个缺憾的原因是奥匈帝国的这两部分基本上是多元文化的政治实体,没有深厚的民族根基并且与它们的两个首都也没有特殊的关系。

但相反,那里却上演过大量的轻歌剧,而这种音乐,尽管方式不同,却代表了奥匈帝国的两个首都维也纳和布达佩斯从 1850 年直到第一次世界大战时期的特点。

在中欧深受青睐的轻歌剧在巴黎却普遍地受到蔑视:左拉说奥芬巴赫是个坏家伙,而且应该"把他掐死在舞台的[角落]里","我一听到 M. 奥芬巴赫那刺耳的音乐,便会狂怒不止……这种愚蠢的闹剧绝不应该如此轻率地拿来卖弄。”在1867年的世界博览会期间,加米尔·皮勒坦在立法议会上批评说“轻歌剧是拙劣的艺术”。1870年以后,在实现了共和的法国,歌剧失去不少政治作用,但这种衰落并没有使轻歌剧在巴黎的价值得以提升。当然,我们可以举夏尔·勒科克及其1872年的《昂戈夫人的女儿》(反对革命的作品)为例,但这毕竟只是极个别的例外。

相反,轻歌剧在维也纳和布达佩斯与在巴黎的遭遇迥然不同,它是19世纪的一种优秀音乐。

在所有人都赞同国家统一的巴黎(甚至那些左派如巴黎公社社员,或右派如莫拉斯分子都愿意自己的民族团结在一起),歌剧被理解为一种民族历史的史诗,既是音乐剧也是国家的庆典。而布达佩斯或维也纳与这没有丝毫相似之处,甚至通常是反犹的日耳曼民族仍犹豫是否要与多语言的帝国和亲犹太的哈布斯堡王朝统一起来:在19世纪末,许多讲德语的奥地利人(包括艺术家兼流浪汉希特勒)梦想建立一个首都设在柏林的大日耳曼帝国。尽管《风流寡妇》的故事的的确确发生在巴黎,但实际上,弗朗兹·莱哈尔(出身斯拉夫农民,但已日耳曼化和匈牙利化了——他的兄弟后来是帝国军事力量中的匈牙利军团的将军)在剧中描写的却是不明国籍的人物,可能是来自于某个理想国吧。

轻歌剧不仅有各种戏剧情节的杂交,还有各种音乐血统的杂交,因为中欧的轻歌剧属于意大利的谐歌剧以及奥地利德语区的“歌唱剧”的前身:我们举轻歌剧《茨冈男爵》(*Der Zigeunerbaron*)为例,剧本讲述了一个被皇后玛丽·戴莱丝赦免的匈牙利贵族的故事,是一部汇集了约翰·施特劳斯的维也纳华尔兹舞曲、匈牙利小说家莫尔·约卡伊所写的剧本加上一种德国的军乐以及吉卜赛歌曲的作品。维也纳大剧院的经理弗朗兹·姚纳评价这部作品时说“它是民主的胜利”。

在维也纳,在布达佩斯,认识历史(接受歌剧)似乎意味着想要终结摇摇欲坠的帝国。承认并欣赏轻歌剧,就是想让已经存在的能够继续存在一段时间，有人在1900年评论从1848年起就领导着这个“中央帝国”的老弗朗索瓦·约瑟夫时说过：“但愿人长久”(so lang er lebt)，而他也一直活到了1916年。所以，奥匈帝国的轻歌剧是属于两个民族的，而就其社会性来说是属于中性的。轻歌剧的内容是一些具有温和社会批评色彩的幻想。它的观众在统治阶级中要少于在中下层资产阶级中的观众，匈牙利的历史学家皮特·哈纳克指出，这使得轻歌剧(在巴黎属于贫乏的艺术)在布达佩斯成为一条通往更高文化水平的道路。

巴黎—歌剧，巴黎—文化，巴黎—法国，巴黎—历史。

与其他国家的首都不同，正是通过这座世界的中心城市——诚如共和二年的雅各宾党人所说，法兰西民族看到了自己的特点，而如果说巴黎是19世纪的神话之都，那也是因为法兰西人民与国家希望如此。

一个神话能够掩盖另一个神话；但一个神话也可能承载着另一个神话。得到法国神话支持的巴黎神话有助于法国人认识自己的历史地位，也有助于在法国境内外的外国人理解这个伟大的国家，理解法国与它的首都之间源远流长的关系，这种关系让我们必须思考欧洲最终统一后的巴黎将会是什么样子。

第十章 巴尔扎克、波德莱尔、左拉：19世纪文学想象中的巴黎

巴黎，现代性之都。也许，这就是19世纪首都历史的神话起源，是Ur-mythos优秀的原始神话，是唯一构成巴黎人的世界观的叙事——无论是巴黎的知识分子（直到德雷福斯事件以前，人们还不这样称呼他们）还是普通的资产者。无论是大百货公司的新商业还是古斯塔夫·埃菲尔（共济会的共和主义者）的大铁塔，抑或是金属结构的国家图书馆和福拉察的圣拉扎尔火车站，它们所昭示的正是这种现代性，一种同样也会产生爱挑剔的对立面的现代性，正如老巴黎的反神话以及更为重要的、人群中孤独的个人——自我异化的反神话。

1830至1840年的普罗米修斯式英雄结束之后，得胜的资产阶级的个人自由在巴黎又开始受到质疑。这是一个新版的神话《约伯》以及“一切都是永恒的苦难”——福楼拜如是说。但这个与人类一样古老的神话，现在

却适应了新时代的需求。从此以后,整个巴黎重新回到了拾荒人的背篓里。这个巴黎的现代性神话有着许多不同的际遇。它使某些人激情高涨,却令某些人厌恶至极:在巴尔扎克的著作里,巴黎是一种令人恐惧的社会现代性。在波德莱尔的著作里,巴黎似乎成了新道德灾难的场所。而左拉则稳重得多,他认为巴黎基本上成为了一个追求物质现代性的地方:我们正处在变迁潮流中。巴黎的神话时代即将结束。魔幻的时代已经来临。

当时的政治学家和社会学家巴尔扎克认为,巴黎是一个特别需要研究的领域。正因为如此,巴尔扎克的人物特征都是崇拜自我和权利的。这也必然会产生青年拉斯蒂涅发自内心的呐喊:“巴黎,咱俩较量一下吧!”正是通过他的社会背景(我们太了解了),我们走进了巴尔扎克人物的内心世界。也许,《人间喜剧》里的每个人物都是独特的,但每个男人、每个女人都是在庞杂的社会类别中占有一席之地的典型,其基本规律如此明显以至于尽人皆知,那就是:阶级斗争的规律;而在这种斗争中,每个人都向自己的同类发起频繁的进攻:这是年轻人与老年人,老实的人与不老实的人,富人、平民与穷人、外省人与巴黎人、男人与女人之间永无休止的战争,巴尔扎克说:“婚姻是一场殊死的战斗,在此之前,双方向上苍祈福,因为相爱到永远是所有行为中最鲁莽的举动,战斗马上就会开始,而胜利,也即自由是属于最机智的人。”

否定这条巴尔扎克定律的例子真是太稀少了。而对于每个洁身自好的外省女人来说,比如《幽谷百合》里的女主人公莫尔索夫太太——这个名字很有意义*,有多少淫荡、贪婪与恶毒的榜样啊,尤其是在巴黎。巴尔扎克,这个真正平民出身的知识分子新贵,如愿以偿地摇身一变成了天主教贵族、有机论者和保守派。他那种朴素的犬儒主义至今仍使我们感到诧异,他说:

* 这个名字有死里逃生的意思。

> "天主教对他来说具有事实的权威:最美好的哲学思想也无力制止偷窃,当看到十字架,当耶稣和圣母——为社会存在而献身的崇高形象,把整个人类都挽留在痛苦的道路上并让他们忍受贫困的时候,关于自由意志的争论也许会提倡偷窃。"

虽然波拿巴本人也是1796年意大利犹太人的救世主,1798年在开罗出于投机而成了伊斯兰教徒,1802年在签订《政教协定》的时候成了天主教徒,而在《圣赫勒拿岛回忆录》里又成了启蒙运动的信徒,但他绝不可能比这说得更好。

但是,并非只有这种相当低劣的心计。其实,巴尔扎克也认为只有基督教精神、基督的慈悲才能制止巴黎的自由主义和成为了疯狂个人主义的恶行。他在《乡村医生》里说道:"过去,我把天主教看作是一大堆被巧妙利用的迷信和猜测,而理性的文明应该揭露它;但现在,我承认它在政治和道德上的必要性;这里,我通过宗教这个词本身的价值理解了它的强大:宗教意味着约束并且当然,还有崇拜,或者说,这种宗教是构成能够给予社会一种持续形态的唯一力量。"所以,极为遗憾的是"今天,就社会的总体情况来看,那些有教养阶层的虔诚度远不如普通民众——上帝允诺他们终有一天会上天堂以补偿他们曾甘心忍受的痛苦"。在思想上令人遗憾的还有,法国贵族阶级变得极为庸俗,他们敌视科学家、艺术家以及小说家,极少考虑奖励这些人当中的佼佼者。"由于根本没有去上帝那里寻求救赎的能力,这些平民百姓憎恨一切不属于他们的力量。"

因而,总的来说,他认为现代性是令人恐惧的,而巴黎比其他地方更有甚之,不过,当时的进步作家们考虑到他无与伦比的创作手法谅解了他这种令人不快的观点:因此,雨果想起了巴尔扎克曾对敌视知识、敌视科学进步的上层统治阶级做出过严厉的批判,这位《悲惨世界》的作者写道:"这位伟人具有民主的思想和心灵。他只不过对君主体制抱有幻想。用不了多久他就会承认民主思想是美好的。”弗里德里希·恩格斯更进一步,他在1888年即马克思去世后五周年的一封信里写道:“我从巴尔扎克的著作里学到的东西要比从所有当时的历史学家、经济学家、专业统计学家的著作里学到的总合还多。巴尔扎克也许在政治上是正统派,他的伟大著作是一曲哀悼必然垮台的上流社会的长恨歌;他的全部同情都站在注定要灭亡的那个阶级一边,但是,尽管如此,当他让他所深切同情的那些贵族男女行动的时候,他的嘲笑是空前尖锐的,他的讽刺是空前辛辣的。”

巴黎是这种巴尔扎克世界观的核心,而这座城市作为善与恶的化身——主要是恶的化身始终吸引着他:莫尔索夫太太为那个在“可怕的巴黎”中生活的费利克斯·旺德奈斯而担忧。沃特兰告诉年轻的拉斯蒂涅,“在巴黎,要么你靠自己天才的智慧,要么靠下流的狡诈来开辟自己的道路”。城市的美丽丝毫不能打动他;他觉得巴黎丑陋、肮脏与恶臭:

> “如果说,大多数市民居住的房屋散发着恶臭,如果说大街上的空气掩盖了商店后院里令人窒息的腐臭;你要知道这是因为除了这种污浊的空气外,整座城市的四万多所房子的地基完全埋在垃圾堆里,而当局并不想认真地用水泥墙把它们隔离起来以便能够阻止腐臭的烂泥渗透到地下而污染井水,并且在地底下继续沼泽化即‘Lutèce’(吕代斯)——这个词很有名,在凯尔特语里是指恶臭发酵的沼泽地(至少巴尔扎克是这样认为的)。”

从1828年他的文学生涯之初(巴尔扎克出生在1799年,几乎是新世纪的开端),直到1850年他的逝世,其著作中的巴黎随处可见。将其青年和成年时期的作品《老实人的法典》和《高老头》联系在一起的《费拉古斯》中的主角就是巴黎。

> 他在关于这本书的一篇注释里写道："如果作者成功地描绘了巴黎的某些方面并跑遍了城市的每一个角落，从圣日尔曼区到马莱区、从街头小巷到贵族客厅，从（私家豪华）酒店到屋顶阁楼；从妓女到把爱情寄托在婚姻里的贵妇人、从生活的繁忙到死亡的安息，那么也许，他会有勇气去继续这项工作。"

然而他这样做了，并且在《金眼姑娘》里阐明了巴黎生活的基本法则。书里面的巴黎就像一个战场，"是一个人们都戴着假面进行殊死搏斗的战场"，"那里，你必须杀人以避免被杀，必须欺骗以避免被害。""你必须像一枚炮弹落入到人群中去，或者你必须依靠腐败与狡诈。"这座城市是一个"巨大的欢乐场"，一个"恐怖之地"。"在那里，一切都在冒烟、燃烧、闪烁、沸腾，到处是熊熊火焰，蒸发升腾，然后又死灰复燃，迸发火星，最后灰飞烟灭。"巴黎是欲望之都，是拜金狂与情欲的场所，一句话，是一个长期社会斗争的战场。

这是巴尔扎克的基本观点，但他对首都社会结构的各种成分还有非常具体的分析（常常缺少记载）。他认为，这个都市社会是建立在"一无所有者——工人、无产者"基础之上的。社会是一件为有产者服务的工具（我斗胆说是一架机器），这些有产者无耻地剥削工人，并且以承诺给他们金山银山来欺骗他们，因为巴黎完全被"投机的魔鬼给吞噬了"。这些巴黎的穷人之所以卑贱是由于工作和恶习的折磨，尤其是酗酒，他认为从政治上来说这是非常重要的："如果没有小酒馆，政府还不每个礼拜被推翻一次？这些巴黎人形成了一个卑贱却强大的群体，他们心灵手巧，虽然暂时相安无事，但像火药一样易燃易爆，随时会因酗酒而引发革命的火灾"。

但在巴黎的平民当中，巴尔扎克真正感兴趣的只有仆人，因为说到底，他并不关心工人或工人阶级，也几乎不怎么关心这个工业化的新世界，这令人吃惊，因为当时的那些偏爱巴黎的科学家们的声望居然对他没有产生影响。此外,巴尔扎克的巴黎工人,不是在工厂里,这也许是因为他所了解的那些工人的确是分散在许许多多的小作坊里,规模更大的新工业,都集中到了郊区(主要是在北部而不是南部),这在我们看来很容易理解:由于房租昂贵,巴黎复辟时期和七月王朝的新兴工人阶级(也包括新兴工业)不得不把重心转向了城市的郊区,而那里的薪金和房价都不太高。巴尔扎克并不了解这些,但却本能地反对这种做法。

后来,在巴尔扎克的世界里出现了小资产阶级,他们勤奋工作,是既渺小又伟大的人物,他们为了"欲望而殚精竭虑",好像"受到了利益的鞭策……野心的驱使"而精神抖擞。巴尔扎克认为,这个社会阶层(以及记者——一个特殊的阶层)是所有人中最典型的巴黎人。凌驾于他们之上的是真正的资产阶级:即大商人,"巴黎的肚子……对他们来说,是个谜,他们看到的是社会的反面,他们是倾听这个社会告解的神甫,他们看不起这个社会"。囿于自己的特长,他们没有也不可能有开阔的精神境界,"虚荣心表达了所有的欲望"。这个资产阶级,无论是上层的还是中层的,嫉妒、模仿而又厌恶贵族阶级。然而,巴尔扎克的巴黎资产阶级却只有一个梦想:那就是和贵族家庭联姻。

相对这个新的精明而富有的资产阶级,巴黎的画家和文学家的处境不妙。巴黎艺术家的命运一点都不值得羡慕:"巴黎的艺术家们被生产的需求搞得疲惫不堪,无力去实现昂贵的梦想,也厌倦了贪婪的魔鬼,他们都想通过加倍努力的工作来填补因懒惰而留下的空白……[他们]徒劳地幻想能同时得到世界与荣耀、金钱与艺术。"最后,首都的贵族阶级几乎没有什么幸福:虚荣心在贵族当中要比在资产阶级中更为盛行。正如前面提到的波德莱尔对在巴黎生活的看法,巴尔扎克的贵族阶级在慢慢地消耗自己的生命。真正的贵族并不存在。在《驴皮记》和《金眼姑娘》里,巴尔扎克描绘了一幅"空洞的生活,永远也等不来的快感,长期的烦恼,精神、心灵和思想的空虚,厌恶巴黎千篇一律的盛宴以及假面具、早生的皱纹、或疲惫或富有或智慧的各种神态"的令人伤感的图画。简而言之,"将巴黎称作地狱,绝非一个玩笑"。

这种权威性的分类让我们不得不想起巴尔扎克最忠实的读者之一,卡尔·马克思在七月王朝的最后阶段以及在小拿破仑(用这位可怕的论战家所喜爱的名字叫做克拉普林斯基)即位时所写的有关巴黎的文章。在《路易波拿巴的雾月十八》里,马克思的态度鲜明:只有两个真正的社会阶级:工人群众和资产阶级统治者。大量农村人口的存在,却没有引起他的任何兴趣。凡是重要的都是城市的,甚至是巴黎的:正是在首都,那些焦虑不安、逐渐衰退的有产阶级和人数日益增多却越来越贫困的无产阶级发生了激烈的对抗,而这完全符合支配着机械论和赤贫化之间关系的铁律。但在这个略显粗糙的论述里,时代的见证人兼历史学家马克思极为出色地详述了他的论点,和巴尔扎克的做法一样。所以,马克思本人也极为细致地区分了奥尔良党人和正统派的不同,而且,他还区分了巴黎的银行和金融,区分了梯也尔和基佐,区分了路易·拿破仑和秩序党。他也没有忘了解释农民和官僚的政治独立性。作为经济学者的马克思没有什么东西可以传授给我们,但作为 1848 年的历史学家兼哲学家的马克思,至今仍然深深地吸引着我们(人们常常会发现,马克思的学说特别吸引那些说不喜欢他的人),而巴尔扎克是他的同路人。

波德莱尔认为,巴尔扎克是一个"小说家、大学者、发明家和观察家;还是一个懂得有形生命和思想发展规律的自然主义者。他是一位名副其实的伟人,是一个发明方法的人,而只有他的方法是值得研究的"。确实:假如巴尔扎克只会在唯物主义的社会分析领域里复制文学典型,那他可能就是一个极其枯燥的人,然而,巴尔扎克所创作的人物(例如皮罗多,巴黎的保皇派香水商,《塞查·皮罗多盛衰记》里杰出的人物)却既是文学典型又是生动的人物形象。我们可以将描写巴黎生活的经典画面加以排列来简介这个皮罗多:一位信基督教的父亲、不幸的商人、毫无学识的小布尔乔亚。但巴尔扎克的皮罗多不仅仅如此。他不仅是别人恶劣行径的受害者（这不出所料）而且还是他自己的直率、过分、单纯以及狡诈的受害者。

在巴尔扎克所描述的巴黎，每所房子、每个房间都有其自己的特点。例如坐落在今天的土尔纳夫大街并住着高老头的伏盖公寓，其墙纸的颜色与伏盖夫人的睡袍都表现出了这个人物的特点。巴黎的每所房子和每个街区都如是：因此，圣·马塞尔镇就成了社会失败的小镇，正如圣日耳曼镇对于那些厚古而又无嗣的贵族来说也是失败的小镇，这个地区与拉菲特街以及它那些不规矩的银行家们完全不同。因为，巴尔扎克把有钱人安置在了这里——位于"蒙马特区和索赛·昂丹大街之间以及那瓦兰大街的尽头和林荫大道之间的地带"。听起来这好像是在描述一个军事要塞！

所以，巴黎的一切都在相互冲突，而在这场社会大厮杀中，必然形成了一个阶级对另一个阶级的压迫，但是这种压迫也存在于每个社团、每个阶层、每种职业、每一个人以及每个家庭的内部，《贝姨》里的老元帅于洛谈到他那个腐化、堕落的弟弟时说："他败坏了我们大家的名誉……，他盗窃了整个国家。他使我名声扫地，他使我恨不得去死。他彻底毁了我。"索穆尔，葛朗台老爹，借助大革命以及土地投机而成了葛朗台先生，却折磨死了他的妻子和女儿。他那个在巴黎破了产的兄弟朝自己的脑袋开了枪。在大革命期间做粮食生意的高老头，被他的女儿们折磨、虐待而耗尽钱财，却是他自己在精神上宠坏了他的女儿们。最初将拉斯蒂涅一步步引入上层社会的导师是沃特兰——那个苦役犯、在逃犯、同性恋，所有边缘人中的另类；还有鲍赛昂夫人，是圣日尔曼镇上最为出众的贵妇，但她也是被侮辱与被损害的。**"在巴黎，人对人是狼"**。

所以毫不奇怪，巴尔扎克认为，北美洲的印第安人世界——这位菲尼莫尔·库柏（顺便我们要指出他在巴黎生活过许多年头）小说的读者所了解的印第安人世界，是一个最佳表述巴黎社会地狱的现实——也即人与人之间争斗的人类学范例。有些人认为巴尔扎克塑造的人物就是"穿斯宾塞服装的莫希干人”和“穿礼服的易洛魁人”。超现实主义者的朋友瓦尔特·本雅明说过:“也正是在阅读这些小说的时候,巴尔扎克才理解了这位‘长枪’创造者[我们把他算作是巴黎的超现实主义者……]的一个伟大思想就是要强调其著作里的“每一棵树、每一个海狸的巢穴、每一块岩石、每一张野牛皮、每一叶静静的小舟、每一片水边的树丛所具有的深刻含义……,敌对各部落交战时的诡计在库柏大量描写过的美洲密林深处散发出恐怖的诗意,[要关注]巴黎生活中最微小的细节。过客、店铺、豪华马车、站在十字街头的人,必须读懂它们的含义”才能真正理解巴黎。在这里,我们还要记住,巴尔扎克的巴黎意味着死亡之地:从拉雪兹公墓(是逝者长眠的微型城市)到1824年修建的蒙帕纳斯公墓直到自杀者的领地——皇宫区。因为,在巴尔扎克的著作里,的确有巴黎的征服者,但更多的是屈服者:前者是拉斯蒂涅;而后者,是夏贝尔上校——波德莱尔式的失败人物以及悲剧式的漫游者,他最终完全丧失了自己的社会人格。巴尔扎克写道:“也许,这是一个被大家遗忘的人物,也许他像一粒被抛进旋涡的石子随着激流飘荡,飘荡,泯灭在这个满是污泥浊水的巴黎中。”夏贝尔在给弃他而去的妻子的信中写道,“安静地生活下去吧,我再也不会收回那个可能是被我自己搞得广为人知的名字。”

也许,巴尔扎克的巴黎并不仅仅是一座地狱,因为巴尔扎克认为巴黎还是一个与众不同的地方,是充满智慧和强烈情感的首都:“如果说这里很少有真实的感情,那么像别的地方一样,这里也有高尚的友谊,无限的忠诚。”高布塞克和帝勒特并不比《人间喜剧》里的医生奥拉斯·毕昂松或者后来成了修女的拉斯蒂涅的表姐鲍赛昂这样的人更能代表巴黎。巴尔扎克是这样描写的:巴黎,

“是世界之首,一个渴求天才和引领人类文明的大脑,一个伟人,一个不断创新的艺术家,一个有远见的政治家——他必然有大脑的皱

褶、伟人的怪癖，艺术家的幻想和政治家的冷漠。它的形象是萌发善与恶的温床……这座城市就像大家所喜爱的那些斩浪前行的、亮丽的蒸汽轮船上的发动机一样……热情、真诚。巴黎难道不是一艘装满了智慧、极为壮观的巨轮吗？”

贝尔纳·吉昂总结得非常好，他说巴尔扎克“对巴黎是爱恨参半”。这位《金眼姑娘》的作者认为巴黎是“最美妙的妖魔”。巴尔扎克的巴黎也是一个老相识，人们经常看到巴尔扎克的人物在这座城市里不断往来的身影，正是由于描写了那些孤独的小路，我们才细致彻底地理解了巴尔扎克的巴黎，而他的描写要比福楼拜详尽得多，例如，拉斯蒂涅从圣热娜维埃芙到居住着他那冷漠但却高贵、友善、圣洁的表姐的圣日尔曼区所要经过的小路。此外，这也是文学上的寄托，因为巴尔扎克本人也喜欢在巴黎散步。他说，只有一小部分喜欢散步的人在“品味他们的巴黎”，对他们来说，巴黎是他们挚爱的女人。斯塔尔夫人、苏泽、让里斯等人的“女性”小说对巴黎的描写是模糊的，甚至根本没有。巴尔扎克的小说（以及多数现实主义的小说）对巴黎的描写则清晰而又具体。

*

* *

皮埃尔·希特隆的看法非常正确：在所有法国的伟大诗人中，波德莱尔的“生活总是与巴黎紧密相联”。波德莱尔认为，在巴黎行走，就是理解自我，1780年的梅西耶、1788—1793年写过《巴黎的黑夜》的拉斯蒂夫·德·拉·布列东或者今天的雅克·雷达正是如此。

据路易·托马斯1912年的记载，“在圣路易岛上，波德莱尔把什么地方都当成是自己的家；无论是在街上或是在岸边，简直就像在自己的房间里一样随便。来到岛上，他认为并没有离开自己的家：所以别人看见他趿拉着拖鞋、光着头、穿着一件工作时的夹克衫。”

我们还要说明，波德莱尔在巴黎至少搬过四十三次家，他年轻时代的大部分时间是住在左岸（在那里出生），而从 1845 年起就生活在右岸（直到去世）。1855 年 4 月，他在给母亲的信中写道：“一个月以来，我不得不搬了六次家，家徒四壁，睡在那些故纸堆——那些被人退回的（我最重要的）稿件堆里，从一个旅店漂泊到另一个旅店。”他的第四十四处住所（至少，是在陆地上！）正如克洛德·皮舒瓦所说，“从 1867 年 9 月 2 日起”，就搬进了蒙帕纳斯的坟墓。

年轻时的波德莱尔热爱巴黎。他曾在里昂住过很短的时间，那是一段艰难的时日，而巴黎无论是好是坏，或更多的是坏，都是他不断诅咒却又割舍不下和无可替代的家：他在 1858 年写道：“我憎恨巴黎，憎恨十六年来我所经历的残酷生活。”1859 年，他在写给戈蒂耶的信中说，天气太热了：“巴黎简直被烤焦了，阿波罗神每天都把大量融化的铅水倾泻在那些沿着大街散步的路人身上。”但在 1865 年，他又说天气太冷：“这是什么季节呀？……到处是污泥与雪水！巴黎的那些漂亮花园只有在阳光下才更显美丽。”“这个人群与石块堆砌的大杂烩”激怒了他。巴黎是“一座该死的城市”，“一座肮脏的首都”，一座“到处是污泥的城市”，一座“邪恶的城市”，一座“可怕的城市……荒淫无度”，一座“阳光照耀着堕落的动物的瞬间快乐”的城市。

但尽管如此（或许，正因为如此，）巴黎在他的著作中随处可见，如 1857 年《巴黎的风景》、1859 年《巴黎的幽灵》、1860 年的《巴黎之梦》，后来都收集在《巴黎画卷》或者 1861 年至 1862 年的《小散文诗》中，这些散文诗也是以巴黎为主题的，至少是以巴黎为背景。巴黎不是波德莱尔；但波德莱尔就是巴黎；只不过这个不断在他著作中出现的巴黎并不是一个具体的、有形的巴黎。在波德莱尔的著作里，这座城市一点都没有他的同时代人巴尔扎克或米士莱所描写的巴黎那样生动和详尽;而且,正如皮埃尔·希特隆所说,《巴黎的忧郁》里的那座象征诗人登高眺望城市的山岗(是指肖蒙高地或蒙马特高地)当时并不属于城里而是在巴黎的郊外。本雅明对此作了解释:"在《恶之花》里没有一丁点儿要描写巴黎的动力。这足以将它与所谓'伟大城市的抒情诗'明显区分开来。波德莱尔在巴黎的喧嚣中提高了嗓门,就好像一个人在浪涛的背景声中大声嘶喊。他的话……混淆在这些喧嚣声中向远处传去,产生了一种晦涩的含义"。确实:当时的政治是以《情感教育》为核心;相反,在波德莱尔的巴黎,正如皮埃尔·希特隆所说:"拿破仑三世之所以能在首都存在,就是因为贡斯当丹·居伊为他在那里画了肖像"。在奈瓦尔的巴黎中极为常见的飞鸟,在波德莱尔的巴黎中却不见踪影,人们只能在那里找到猫——静谧而不祥。也没有任何人物的雕像。巴黎只有一个地方是清晰的(卡鲁塞勒广场),但这是为了唤起对全世界各个时代的不幸者和边缘人的回忆:"昂朵玛格,我想起了你!"

波德莱尔的巴黎完全是抽象的,或者不如说完全是想象的。在波德莱尔看来,巴黎只不过是一种精神状态,犹如表现人类苦难的一部优秀戏剧。也许,按照对应规则,巴黎成为了整个人类的暗喻,昨天以及今天的暗喻,但它更暗喻了遭受欧斯曼的现代性打击的那些人们的可悲处境(因为波德莱尔是一个以自己的方式信仰冉森教的诗人);而正是在这个首都,人性的弱点以及现代性的空虚处于最纯粹的状态。正是在这里而不是在其他任何地方,

> [……]我们滋润着自己可爱的悔恨,
> 正如乞丐喂养他们身上的白虱。

正是在巴黎,邪恶与自我毁灭的诱惑——这些恐怖的幽灵一直都与我们如影相随,而这比任何地方都更加明显并且不可抗拒:

蠢货！如果我们努力，
使你摆脱她的王国，
你的亲吻又将复活，
你那吸血鬼的尸体。

皮埃尔·埃马努尔并没有全错，他把波德莱尔描绘成了一个基督徒诗人，作为一个人他脱离了上帝也就脱离了自我，他写道："罪孽，挣扎，修行的清醒，救赎的痛苦，精神的鞭笞以使自己得到升华，这些都是基督教的问题，这些功课也是基督教的传统。波德莱尔的'基督'腔调正是源于这些东西，源于新柏拉图主义……""在人间，恰恰是魔鬼掌控着我们这些木偶"，而萨比娜·梅尔基奥尔－博奈在谈到这种内外都不可改变的距离，在谈到需要既联合又斗争时说过"波德莱尔提出了这个自我意识以及每个人要永远与自己的一切习性作斗争的要求：用诗人的话来说，这就导致了'在镜子面前生活与睡眠'"。波德莱尔这种人的身上同时具有恶的欲念和善的渴望，既爱慕又憎恨巴黎。波德莱尔的巴黎之夜既是静夜沉思、苏醒、安详，又有对白昼纷杂生活的焦虑。

所以，巴黎的新特点就是，在这座城市里，1860 年欧斯曼的新现代性以及热衷于进步、普选的民主大众的现代性：一句话，"物化主义"的胜利以及世界博览会时期波德莱尔极度蔑视的所谓美国风尚——这种美式作风摧毁了人类残存的、已经退化了的品质，使得人类的老毛病（甚至永恒的毛病）得以充分发挥、变本加厉。他在 1855 年指出，"这些可怜的人［法国平民］被野蛮的哲学家和实业家完全美国化了，以至于没有了区分物质世界与精神世界、自然与超自然的概念。"他在 1859 年写给维克多·雨果的信中说"在我们令人苦恼的巴黎，在我们的纽约式巴黎，只需一日，就可以将你彻底改变。"

因而，巴黎是一座地狱，但，是一座谁都不愿离开的地狱："巴黎的生活

(我们理解为巴黎人对现代性的体验)产生大量(大量,我们认为是相对的)神奇而富有诗意的人才。这神奇之人就在我们周围,像空气一样浸润着我们,而我们却看不见他。”波德莱尔又写道,“他就是画家,是真正能够……用色彩和线条使我们看到并理解身穿礼服与皮靴的我们是多么伟大而富有诗意的画家”。是“真正的画家”,但也是漫游者,因为,根据他对他所拒绝的现代性的理解,这个自我边缘化的人最容易理解将他这个清醒的旁观者与那些可憎又可爱的人群每天都要体验的新现实分开的差异。漫游者厌世,然而又是喜欢群生的人。也许,波德莱尔的人群压垮了敏感的人,但他们也保护了这个敏感的巴黎人,因为这个人群都是由像他一样的个体构成的社会边缘人:“待在人群中的快感是一种享受数量增长的神秘表现。”这也正是最著名的《恶之花》中的一首十四行诗《致一位过路的女人》的主题,那是一位在人群中偶遇的女子:

> 难道从此,我只能会你于来世?
>
> 远远地走了!晚了!也许是永诀!
> 我不知你何往,你不知我何去,
> 啊,我可能爱上你,啊,你该知悉!

而波德莱尔认为,无论如何,能使雨果成为一个伟大诗人的正是这位伟大的民主主义者对于这个新的、厌恶却又割舍不下的人群的直觉:瓦尔特·本雅明指出,雨果“是第一个为其著作使用了集合书名的人:《悲惨世界》、《海上劳工》”。巴尔扎克描写的大罪犯(还是那个沃特兰)是误入歧途的艺术家、边缘人,但却是支配者。雨果的犯罪分子则是惯犯,对于犯罪更加专业,是一个“不公平社会”可悲的产物,而且是巴黎贫民窟的反社会帮派和苦役犯。波德莱尔在《巴黎画卷》里有献给雨果的三首诗,其中之一是这样开头的:“愿上帝保佑这座人满为患的城市,‘一座万头攒动、充满了梦想的都市’”。他在《现代生活的画家》里写道:“对于真正的漫游者来说,对于热情的观察者来说,在人群中,在动荡不安、反复无常、瞬间和永恒的生活中选定住所,是一种巨大的享受。”

多亏有了这样的人群(巴黎人),波德莱尔式的漫游者(应该理解为聪明而又蔑视物质的巴黎人)才会到处(或无处)为家:“正如那些正在寻求一个躯体的游魂,当[漫游者]愿意时,他可以进入任何人的角色。唯独对于他,一切皆是敞开的……与这种神圣地献身于诗歌和怜悯的灵魂相比,与突如其来的变故相比,与陌生的路人相比,人们所说的爱情是多么渺小、有限和软弱啊。”

因此,这种波德莱尔式的散步者与卢梭的孤独梦幻者完全相反。让-雅克·卢梭是一个受伤害和不被理解的人,但却很敏感甚至是爱记仇的人。相反,波德莱尔的人物却只有悔恨,并且蔑视一切——包括他人和自己;关于这一点,相当说明问题的是,两种空间性,真正使波德莱尔感兴趣的巴黎的两种空间,是漫游者栖息的临时住所(因为必须有个地方居住);以及公共的、叫不出名字的街道——在那里也游荡着另外一些既有他所喜欢的也有他讨厌的社会边缘人,也即诗人的伙伴或同类:拾荒人、老乞丐、衣衫褴褛者、被所有人抛弃的老女人、毫无姿色的妓女以及希特隆所说的“因他们的苦难而与世隔绝的盲人、病人以及已经远离生活而行将就木的人,还有小偷、骗子、街头艺人等等”。

与世隔绝,但也崇拜保护真正漫游者的人造物。的确,波德莱尔认为这种人为性只不过是一种权宜之计,时间长了便会显出它的软弱,但对于肉体来说,尤其对女性来说,却仍然是更为可取的,而女人都有自然性和肉体性。(一位讽刺家说过,“女人不会将身体与灵魂分开。她们像动物一样头脑简单——因为她们只有肉体。”)因而,这是可怕的自然性,它关系到第二性、巴黎的花园、比利时人或者翁弗勒尔海。在这位诗人看来,唯有人为性似乎可以接受,并且,他觉得在所有这些人为方法中,可能巴黎的生活最程式化,最有讲究,也因此最令人向往。优雅的巴黎女人之所以吸引波德莱尔恰恰是由于她的人为性。她必须是难以接近而且无情的人。在《火箭》集里,波德莱尔为我们开列了一张“神态明细表”,它会“使女人(应该理解为巴黎女人)摆脱天生的庸俗并使她成为一个迷人的尤物”:

> 美丽、迷人的气质是
>
> ·
>
> 慵懒的神态
> 厌倦的神态
> 轻率的神态
> 无耻的神态
> 冷漠的神态
> 审视自己的神态
> 支配的神态
> 自信的神态
> 恶毒的神态
> 生病的神态
> 猫的神态——幼稚、慵懒、调皮相结合。

在此,我们要指出,波德莱尔对时尚非常感兴趣,而巴黎那时已经是时尚的世界中心,而这是一个出色的人为技巧、化妆用品和风格化的世界,并且这主要是为了那个时代的女人。他对巴黎的所有时装都感兴趣,也包括“花花公子”——那些“自恋的低能儿”的时装,因为,小说《拉·芳法罗》里出现的纨绔子弟的原型,被描述成一个“大懒虫”,“一个可怜的野心家、一个著名的倒霉鬼”,他不放弃一丁点儿自我表演的机会,而且,当泪水充满眼眶的时候,会马上跑到镜子前去看自己哭泣。花花公子认为"酷爱化妆和美物……只不过是精神上优越的象征。……要成为一个伟人以及自我的圣徒,这是唯一重要的东西。""女人与花花公子相反"。我们还可以走得更远一些,德克希勒·德洛尔认为:"巴黎女性就是睿智的男人"。波德莱尔认为,只有男同性恋者才会要聪明的女人。

从社会边缘性的困扰、漫游者的软弱以及崇拜人造事物到对死亡的纠结只不过一步之遥:这里,我们可以将十分理解他那个时代的巴黎的波德莱尔和仅仅会观察巴黎的戈蒂耶加以比较。在这里,马奈可以作为衡量这两位作家的一个参考标准。波德莱尔时常称赞马奈的天才,而戈蒂耶却不是这样,曾经在1830年的《爱尔纳尼战役》中身穿红背心的战士,到了1863年却变得温和了,而且成了"欧斯曼主义者"。因为,如果说波德莱尔讨厌自己所处的那个时代,戈蒂耶却十分钟情于它,所以他认为马奈的《奥林匹亚》是值得鄙视的,戈蒂耶写道:"这什么也不是,说到它,我们非常气愤,这是想不惜一切代价来吸引人们的注意力。"这使得在关于1863年的《奥林匹亚》的问题上,他站在了漫游者圣·维克多的一边:"人们像经过停尸房一样,急匆匆地从马奈先生那散发着霉味的《奥林匹亚》面前走过。艺术堕落到了如此的地步,我们也真是无话可说了"。乔治·巴塔耶说,马奈的《奥林匹亚》是"第一幅……它的观众嘲笑不止的杰作"。

波德莱尔与马奈:正如保尔·瓦莱里曾指出的,是相似的两种不安;但这里也有令这些巴黎艺术家同样担忧的问题:死亡与卖淫。很显然,这是巴黎的艺术、文学和历史上的老问题——从中世纪末的维庸(我们已经讲过)到于贝尔·罗贝尔以及他为1796年的沙龙展览所做的两幅画:其中一幅表现的是一座真正共和的博物馆;另一幅是同一个地方,却已成为废墟,画中还有一位画家,"是世界末日的最后一位幸存者,以及一尊台基上的阿波罗雕像[复制的]"。沃尔涅和梅西耶,两人在描述巴黎的时候都提到了今天已经消失了的古都:巴比伦、底比斯和迦太基。但在欧斯曼的巴黎,死亡的问题(与异化的问题极为相近),具有更多的现实性,并且,在波德莱尔的著作(塞瑟岛之旅)里以及在马奈的作品里随时都会遇到,例如《死去的斗牛士》、自杀者陈尸床上的画面,或者在另一幅画中,强大、无情、恐怖的北方军战舰“奇尔沙治号”正窥视着南方军军舰——一旦它从瑟堡出发,必然面临着死亡的命运,而不久之后也的确如此。我们还要补充一点,其中还有装满巴黎人的列车匆忙驶向这条通往死亡之路。

人们对波德莱尔关于他那个时代的巴黎的现代性及其组成成分的见解有各种评价。有一种诱人的说法是把波德莱尔当成了那个世纪末的现代主义的伟大先驱,是从 1890 年到 1930 年旨在超越 19 世纪欧斯曼的资产阶级现代性的世界观的鼻祖。同样,在 1930 年,T. S. 艾略特(英国/美国诗人,他极为欣赏反犹主义的莫拉斯——“法兰西行动”的头目)认为“甚至今天有偏见的批评家都愿意把波德莱尔当做自己信条的导师”。艾略特接着说道,“与兰波同样或更甚之,波德莱尔是一个神话的主体。波德莱尔是全世界现代诗人中最伟大的典范”。乐观主义者雅克·雷达在谈到这个论点的时候也许更慎重些,他写道:“假如目的之一是将语言转为现实,波德莱尔和他的忧郁是包括巴黎文学在内的整个文学的完美典范,而其中,漫游者诗人的见解和直觉超越了哲学家的思辨和社会学家的判断”……

波德莱尔是现代主义的先驱,或曰重新发现无意识、怀疑自我本质的先驱,并且间接地,是旅行和探索非西方文化的先驱。但有些观点,例如亲马克思主义的观点则完全推翻了这些积极的评价。这些关于“社会学家波德莱尔”的评价过于苛刻。因此,贝托尔特·布莱希特认为“布朗基的失败是波德莱尔的胜利——小资产阶级的胜利。布朗基失败了,波德莱尔取得了[死后的]成功”。布莱希特认为布朗基是一个悲剧式的人物,而波德莱尔则是一个喜剧和悲剧兼备的人物,“正如雄鸡高唱凯歌宣告了背叛的时刻到来”,而人们很容易理解这位马克思主义作者的辩证推理:波德莱尔这位诗人中最典型的巴黎人（以他的方式）理解了现代性，但这是为了摒弃它。他承认了我们的失败。相反，执着的布朗基却坚持自己的革命梦想。布莱希特认为，他宣告拯救我们（马克思主义者）的灵魂。

瓦尔特·本雅明的马克思主义观点也属同一类型，但却更为复杂。他写道："波德莱尔是一个试图将商品的体验与讽喻的体验联系在一起的孤家寡人，这种做法必定会失败；在这种情况下，人们看到他的抨击力度远不如现实残酷。'因此，在他的著作里，有一种今天看来似乎是虐待狂或病态的意图，仅仅是因为这个意图不够现实——但只是毫发之差。'""商品体验"，按照本雅明的观点，（我们很容易理解）是人，尤其是女人已成为可以讨价还价的、消费与生产的商品而不是公民。（这不由得使我们再一次想起了马奈在 1863 年所作的油画《奥林匹亚》。）

相反，本雅明所说的"讽喻的体验"更难以理解，并且需要兜一个大圈子，去了解本雅明对遭受"三十年战争"和诸侯纷争蹂躏的 17 世纪德国的"市民悲剧"的分析：在这种戏剧里，当时舞台上流行的爱情与慈悲的基督教价值观（本雅明在一篇没有通过的博士论文里非常认真地研究过）不再有说服力。也因此，当时的戏剧家所使用的讽喻本身似乎也是错误的：由于这种失败无法承载令人信服的寓意，17 世纪德国的讽喻只能是一种"创作风格"。所以，很奇怪，这种巴洛克戏剧的德国观众认为（不管为贵族服务的本地作者们愿意与否），真正的后果（那些成为了人为的、隐含的但却是深刻的基督教隐喻的后果）是颠覆了以往教会和贵族们所宣称的传统价值，而贵族们自认为是子民们的教父，并且得到了教会的认可。所以，"三十年战争"的讽喻，以它的失败而强调了现实变成了它所希望的反面。这种失败（在本雅明的著作里）也是波德莱尔的失败，他也是一位拒绝理解那个时代的无产阶级和工业现代性的深层意义的讽喻家。

因而，波德莱尔这位讽喻学家就把妓女看成是他所厌恶的物质性的最完美体现。（有趣的是波德莱尔给艺术下了这样的一个定义："何为艺术？

卖淫。")但是波德莱尔所不懂的是(至少,本雅明这样认为)在一个刚刚成为了资本的、拜物的和景观的社会里,这种基督教的、道德的、讽喻的归因论已无法使人信服。在1860年的巴黎,如果认为妓女仅仅是一个落入风尘的不道德的女人,能够真实地反映出欧斯曼的巴黎,那是荒谬的。本雅明在谈到第二帝国时期的巴黎卖淫业时补充道,卖淫"也可以被认为是一种'工作'"。1860年的妓女是无产者,是所有女人中最悲惨的。有德或无德——波德莱尔(以及奥古斯丁等人……)的这些困扰,超出了这个问题的范围,而在这里,我们可以重温巴黎卖淫业的历史:旧制度时期,这是消遣(我们已经看到了),而从第二帝国起就商业化了(我们在后面还会细说),在帕朗·杜沙特莱看来,卖淫业是绝对的邪恶,而奇怪的是波德莱尔也这样认为:动荡的生活及时代的局限性可能有一定的影响,一方面,在1864年客居布鲁塞尔时,困苦的生活重新激活了他仇恨的遗传基因;另一方面,从1866年(次年他病逝,而1867年的世界博览会于他来说,意味着物化主义统治了现代生活)2月起,波德莱尔病得很厉害,他几乎没有时间来适应欧斯曼重建巴黎所产生的大量新事物。无论如何,他既拒绝接受(或不能理解)巴黎妓女在欧斯曼时期发生的变化,又强烈地反对女人成为商品,所以波德莱尔给他的著作制定了一个"目标"(借用本雅明的用语),这个目标(对理解了波德莱尔所不理解的那些人来说)似乎是虐待狂的甚至是病态的。也许,波德莱尔是基督徒,但他是一个恶意的基督徒。这方面同样值得注意的是,尽管他是个地地道道的巴黎人,却不承认,或者说不愿意了解产生一种新理念的物质、金钱以及工业上的原因,而在巴黎,他其实比任何巴黎人都更理解这种理念的后果。

这是一种在细节上和整体上都十分严厉的批评,而奇怪的是,这位在生活中和作品中对时尚、对漫游者(也即拒绝在自己厌恶的社会里占据一席之地的失去了个性的个人)极感兴趣的波德莱尔,却没有认真思考过"漫游的经典场所——商业廊街"在他那个时代的文化与经济史上是多么的重要。波德莱尔,由于不喜欢经济,也就弄不懂当时的政治。这里,我们可以列举他在《我心赤裸》里写的有关 1848 年革命的日记,有关“[他在]1848 年的狂热”。他写道:“1848 年之所以迷人,就因为它本身太荒唐……六月的恐怖、平民的疯狂以及资产阶级的疯狂。天生喜爱犯罪。”

*

*　*

巴尔扎克认为巴黎是社会现代性的神话之都,而波德莱尔则认为是道德上(无论是否人道)的现代性之都;奇怪的是,自认为是平凡的“真理战士”的左拉认为,巴黎是非常有限的物质现代性之都。左拉年轻的时候北上巴黎,开头几年非常艰难,像拉斯蒂涅一样,这个年轻的艾克桑-普罗旺斯人在圣马塞尔区——这个巴尔扎克所说的社会彻底失败之地遭受了挫折:这正是他一生中最悲惨、最潦倒的时期,他住在圣热娜维埃芙高地的罗兰街 4 号:“我刚选定了一间新的小阁楼,贝尔纳丹·德·圣-皮埃尔的大部分著作就是在这里完成的。一间真正的玲珑小屋……”。实际上,这是小旅店里一间没有暖气的斗室,和他一样身无分文的朋友塞尚曾到这里看过他。

正像皮埃尔·希特隆所说,左拉比其他任何人都更执著地想“画一幅巴黎的全景画”,他的小说中有十卷都与首都有关。他在 1884 年回忆自己的青年时期时写道:“我曾梦想写一部小说,巴黎及其房屋构成的海洋将是其中的一个角色,某种类似古代祭坛的东西。”1898 年,在他发表了《我控诉!》之后曾被短暂地流放到伦敦,他认为“因为[他]所做的一切,而这样被迫离开我如此热爱、如此赞美的伟大巴黎”是极不公正的!其实,左拉真切地热爱巴黎(“我深爱这座伟大城市的天际”),正如他的小说——恰好就叫做《巴黎》中的主要人物:皮埃尔,他“相信法国的启蒙使命,相信巴黎是今日以及明日世界的智囊,一切科学与正义都将在这里产生。平等、自由的思想随着大革命的风暴已经远去,而才能与勇气的彻底解放也即将开始”。

这个带有浪漫色彩的梦想有着许多不同的后果(我们顺便指出),我们再回到皮埃尔,他是一个奔向革命的神父,甚至打算炸掉蒙马特高地上的圣心堂。(我们还要指出),左拉也不喜欢这座为救赎后革命时期的法国的大量罪孽而修的新建筑,他认为:“人们无法想象比这更愚蠢的荒诞。巴黎,我们伟大的巴黎,却被这座为赞美荒谬而兴建的神殿俯视和装点。在经历了科学世纪之后,这个光天化日之下,高高在上的土玩意儿,这种表功的无理需要,难道是可以容忍的吗?”

但是在左拉有关巴黎的小说里,人们记住的并不是他对19世纪末首都的居民和古迹所进行的心理或道德的精辟分析。甚至也不是精辟的社会分析:巴尔扎克的巴黎和马克思的巴黎一样,在社会关系上表现得极为细腻;这两位直言不讳和形而上学的天才也非常敏感。相反,关于左拉,儒勒·勒麦特尔在1884年谈到《娜娜》时说得相当不错:她“变成了最平庸最粗俗女人的代表”,因为,左拉也利用了这些著名的标准化生理学,这些具有神话色彩的解释,或至少是19世纪的巴黎社会的典型解释;但他笔下的那些形象都是具有夸张意味的,如那个可鄙的阔佬——缪法,为了讨娜娜高兴,按照她的命令脱下了宫廷的制服“……铺在了地上,她叫他在衣服上跳,他就跳;她让他吐口水,他就吐;她命令他用脚踩金绶带、鹰徽、勋章饰物,他就踩。”这好像不是在巴黎,而是在战后柏林的表现主义作品中以及玛琳·黛德丽的《蓝色天使》里。

此外,吸引左拉的主要是巴黎的整体而不是它的细节。在左拉的著作里,巴黎是一个庞然大物,是房屋的汪洋大海,巴尔扎克和雨果偶尔也有这种感觉,左拉描写皮埃尔时说:“甚至城市没完没了的喧嚣,都使他产生了汹涌的海潮冲击着崖壁的幻觉”。或者,巴黎是一台失控的巨型机器,他写道:“而黛妮丝感觉像是一台在高压下运行的机器,引得四壁都在震动。早上再也没有了冷清的橱窗;现在,这些橱窗里面好像热气腾腾、兴奋异常。”左拉的巴黎是一台发疯的火车头:巴黎交易所,是“在蒸汽推动下轰鸣着的机车”,他还描写过一间投资公司——世界银行,这使他想起了“一列锅炉里填满了煤的火车,着了魔似地在铁轨上飞驰,直到它精疲力竭,在最后的撞击中爆炸。”至于《妇女乐园》里的职员们,他们好像被这台机器裹挟着,没有了自己的个性,而只是简单地把他们自己的能量汇集在一起。

左拉在他的《巴黎的肚子》,尤其是在《妇女乐园》里极好地理解并描绘了这座(仅次于伦敦)资本主义的首都:在《妇女乐园》里,有对巴黎的大型商店——这部包罗万象的售货机的经典描写,因为在巴黎,欺骗性、虚伪性以及人为性使得生意兴隆:所以,左拉在《贪欲的角逐》里谈到布洛涅森林时说它像“一幅新鲜的风景画”,并且它似乎具有“可爱的虚假性”。(有趣的是,普鲁斯特也使用了同样的语言,尽管是以他的方式:这位《在斯万家的那一边》的作者认为,恰恰是布洛涅森林的“复杂性”使其成为了“人为性的场所”,而“从这个词的动物学或神话学的意义上来说,它是一座花园……”)。

经营着“妇女乐园”百货公司的奥克塔夫·慕雷,娶了黛妮丝——附近一位小商人的侄女,这些小商人必然被勒蓬马歇或萨玛利丹这样傲慢的大百货公司置于“死地”——无论是这个词的原意还是商业上的意义:

> 左拉写道:“好像[这个]庞然大物,经过不断扩张,对这个穷地方感到羞耻和厌恶——这个它起家后被它掐死的地方,它转过了身,背后是那些泥泞的小巷,而它暴发户的面孔迎着充满阳光的、喧嚣的新巴黎。”

在这个人声鼎沸的新巴黎,无奈的黛妮丝不顾她的亲友反对,自我感觉满意:“她认为这不错,巴黎明天的健康需要这种苦难的肥料……不错,这是血的代价,任何革命都有牺牲,人们只能踏着死者的尸体前进。她害怕成为一个邪恶的灵魂,害怕她的工作伤害了亲朋好友,如今,这种恐惧,面对那些无法医治的痛苦,融化在了悲悯之中,这些痛苦是每一代新人分娩时的阵痛。"小说的结论是"在那边,巴黎伸向远方,但却被这个怪物蚕食着,变得越来越小,那些房屋变成了四周的小草棚,然后变成散落在远处的蒙蒙烟尘;那些建筑似乎消失了,左面的两条线就是巴黎圣母院,右面的小尖点是荣军院,天边的先贤祠,可怜,比痦子还小,几乎看不见了。天幕垂落处,隐隐可见夏蒂永高原,那辽阔的乡野像是一条长长的项链。"这就是左拉天才的直觉:一个甚至到处是古迹和建筑精华的巴黎,一个到处都可以领悟到自己历史的城市,变得微不足道。

左拉的巴黎是金钱与现代性的同义词,但也是一种更紧张的实际生活:《贪欲的角逐》是左拉最好的小说之一,其中展现了巴黎的各种女人,但她们的共同点是厚颜大胆,无论是那个乱伦而精明的勒内·撒卡尔,还是追求物质成就的西多妮。她(小说《贪欲的角逐》里的一位年轻奸妇)"蜷缩在阴影里,嗅着这令人颤抖的宁静,这种情爱的馨香,就像是一种来自下体的冲动,就像是得到了一种安慰,全城的人都接受并理解她的羞愧。""巴黎,是一个让所有人都兴奋不已的大染缸,是令人恐惧的至善与至恶的大杂烩,[以及]是蜜粉与粪便混淆而成的葆春药。"左拉的巴黎没有波德莱尔的巴黎在心理上的敏锐性,也没有巴尔扎克的巴黎在社会学上的独特性。但左拉比其他任何作家都更成功地向我们传达了他的思想:19 世纪末的巴黎对那些想要从远处或近处了解它的人具有强大的影响力和吸引力。

因而,这是关于巴黎的三种大相径庭的看法,因为这是从(波德莱尔)凄凉的巴黎到左拉相对的乐观主义,然而,这是三种神话的观点,因为都已经被历史化了:我们从这三位在巴黎出生或寄居的作家的著作里所看到的城市是在茫茫无尽的时间长河中航行时的想象。

在无数关于神话的定义中,最适用于巴黎历史的可能是这个定义:即把神话看作是一种自创的、世界起源的叙事,并且是根据过去与未来解释现在:1871 年的巴黎公社社员正在死去,因为他把 1789 年以及自己的生命都理解为是走向一个更美好世界的必经之路。

但这里,我们可能还要记住克洛德·雷维·斯特劳斯提出的关于神话结构的定义,他认为神话是用来解释那些无法解释的东西。在这种象征性的背景下,神话是一种理想的结构,这种观点把我们引向了本雅明的巴黎——19 世纪之都,引向了巴尔扎克、波德莱尔和左拉的不同的巴黎。

现在,我们不可能见到比这三位作者的巴黎更加相互不同的描述了,这三位作者中的一人已于 1850 年去世,其中最年轻的一位也是出生在 1840 年。然而,我们觉得这些 19 世纪不同的巴黎风景画都是真实的。“巴黎,19 世纪之都”:瓦尔特·本雅明的这句妙语是正确的,因为,正是在这座大城市里(而绝不是在伦敦和纽约),用《巴黎的忧郁》里的话来说就是,那个时代的源于“(它那些)错综关系”的一切矛盾得到了解释。

第十一章 巴黎的魔幻：巴黎，娱乐之都

从 1750 年起，巴黎是知识界的神话之都，然后就是欧斯曼的现代性之都；从 1789 年（尤其是 1830 年后）起，是自由之都。1831 年时，海涅认为，这股政治狂热是世界的一种新宗教（后来托克维尔也有类似的观点），而巴黎则是这种宗教的新耶路撒冷（不过这观点绝不属于那位《论美国民主》的作者）。

但四十年以后，泰奥菲尔·戈蒂耶在 1871 年的 10 月（即他所憎恨的巴黎公社运动之后的几个月）也反思了巴黎在世界上的地位；而他的思想与海涅，这位德国犹太人的思想完全相反。在戈蒂耶看来，巴黎的确是世界的唯一，但那是因为它的智慧、它的漂亮而不是它的形而上学，他说过："如果巴黎之光熄灭了，世界将陷入黑暗，就好像太阳落山不再升起。宇宙中那么多的星辰都无法代替这唯一能独自照亮世界的光明。精英的思想也会蒙上

阴影。”他又说，多么幸运啊，世界人民不允许法国毁掉巴黎，然而法国却想这样做，他补充道：“［外国人］太需要它了，他们知道并且承认这一点；俄国的太子就说过，巴黎阻止了世界变得愚蠢。”这位太子（这是非同寻常的太子，因为他就是未来的亚历山大三世）来驰援巴黎！我们已经远离了无政府主义者普鲁东的那些现代化的或革命的梦想，或者欧斯曼省长的那些更无情的梦想。

1870 年以前的巴黎对于福楼拜、马奈或波德莱尔也即对那些完全理解首都神话的人来说，厌倦与厌世是致命的敌人，波德莱尔曾写道，“这个可怕的巴黎，这个我本能地恐惧着的巴黎，这个在我梦际中乌黑发亮的幽灵，使我那可怜的爱人万分痛苦”。但 1900 年，面对美丽时代的魔幻，厌倦在享乐之巴黎已是一件不可能的事，一位有先见之明的评论家在 1867 年写道：“厌倦，就是敌人；我承认我不明白在巴黎为什么要烦恼。似乎应该满怀信心并刻意树立自己的信念，因为这在日用品市场上是根本买不到的”。

巴黎，这座预示着人类未来的火山爆发之后，摇身一变成了上流社会社交和享乐的人造魔幻之都。以前的神话是自然而然形成的，任何人都没有从中得到任何好处；但现在，失去了神话色彩的巴黎，在世人的想象中成了一部为世界各国特权阶级制造奢华和消遣的机器。无情但却普世的神话结束之后，便是唯有行家里手才能品味的雅趣时代。保尔·菲瓦尔在 1867 年的《巴黎指南》上发表了一篇文章，为他在皇后大街（即今天的福熙大街）见到的一切所倾倒：“树林、湖泊、敦实的敞篷马车、两轮出租马车、微笑的集市、漂亮的市场！［……］多么精美，令人眼花缭乱啊！盛满了嫁妆的箩筐一个接一个，洋溢出爱情的浪花。这里有全世界的诱惑，有勤奋、角逐与背叛。”《巴黎生活》是一本创刊于 1863 年的杂志，它的副标题就是“高雅生活”，该刊一直发行到 1949 年。

智慧、优雅，当然还有选择乐趣的能力，戈蒂耶说过：“人们批评巴黎作为一个高尚的城市，缺少理想、怀疑灵魂、没有信仰、蔑视道德并极尽追求物质享乐之能事。这是怎样的误解啊,或者,简直就是诬蔑。”因为巴黎的乐趣(这位天才的诗人兼小说家后来成了平庸的哲学家这样认为)似乎是一种对单纯享受的超越,而奢华在这里是一种理想:喜爱美食的巴黎人“寻求精美的小菜,他的放荡[是]香槟酒引起的微醺……他的毛病实际上并非淫荡下流,他把蕾丝、绶带、花边弄皱只是为了调情,闲聊风流韵事、传播情感八卦只是为了消遣。他喜欢一张漂亮而厉害的嘴巴更胜于性感的亲吻。由于很有鉴赏力,可以说他把物质都精神化了,他除去了物质的重量并给它安上了翅膀……我们吃的是什么?通常我们自己并不清楚。然而,却知道使用什么酱油、什么调料以及制作和上菜的方式!”的确,因为正如先知的波德莱尔大约在 1860 年所说,“魔幻源于自然。所有记忆中凌乱的材料被分类、整理、协调并接受这种强制的理想化——其结果导致一种幼稚的感觉,也即因为非常淳朴而具有一种神奇的、敏锐的感觉。”

阿兰·科尔班在《瘴气与花香》一书里极为出色地描写了巴黎的除臭史,为巴黎除臭,这可以看作是在同一背景下,产生这些新感觉所必需的孵化器。

当然,巴黎的这些娱乐并非都是在第二帝国时期发明的:曼侬·莱斯科早就对此非常渴望,而拉斯蒂夫·德·拉·布列东也曾有过非常有趣的报导。阿尔弗雷德·缪塞认为,早在戈蒂耶以前,巴黎,尤其是它的托尔托尼地区以及巴黎咖啡厅的周边就已经是一个“人间天堂”了。

然而,可以说直到 19 世纪下半叶,这种巴黎的娱乐思想,就像城市一样,仅仅是外来的思想。从那以后,这种思想,正如阿尔弗雷德·德尔沃在 1867 年出版的《巴黎的娱乐》一书所说,完全扎下根来,并且根深叶茂。“在任何地方……都不可能比在巴黎更有机会感受到生活中纯真而又理智的无忧无虑[这是关键词];漂亮的身材、怡人的气候、富有以及传统,都充分地表现出这种无忧无虑”:这是犹太作家斯蒂芬·茨威格 1932 年的一段语录,是在历史上最残酷的战争之后十几年以及 1934 年 2 月法西斯分子骚乱之前仅仅两年时说过的话。

因而，这是些新娱乐，其物理环境是因为有欧斯曼重建巴黎后的现代主义冲动（现在已经停止）的旧影响，其道德环境是放弃了平民的并且通常是极端自由主义的巴黎。

1860 年，泰奥菲尔·戈蒂耶对巴黎的一些新剧院还有过感人的描写：

> "当时[这是指他的年轻时代]的这些观众们并不挑剔，他们满足于差不多能看见、能听见就行了；他们耐心地排着长队买票，经常要等好几个小时而且风雨无阻；他们蜷缩在窄小的包厢里，挤在狭长的过道里，忍受着后排观众的推挤。空气中散发着各种难闻的气味再加上瓦斯灯的烘烤，这一切似乎并没怎么妨碍他们。"他接着写道，"不过，这样的剧院，与主要是由令人窒息、昏暗弯曲的小巷，低矮而肮脏的房子，幽深的院落构成的城市十分匹配。"

到了 1871 年，这一切都消失了；戈蒂耶为此欢欣鼓舞；但他没有对我们说的是，伴随着欧斯曼十字镐的破坏，这种真正的巴黎老剧院（圣马尔丹门剧院、昂比古剧院、弗里剧院等）——一种最真实的巴黎的平民文化形式也消失了，夏尔·蒙斯莱 1879 年在他的《小巴黎》里哀叹波比诺滑稽剧院："波比诺，我们的波比诺，已经二十岁的波比诺"：

> "勿庸置疑，法国各地的律师、医生、法官都经历过波比诺剧院……波比诺剧院对于一个大学生，就如旺多姆圆柱对于一个士兵都是不可或缺的。波比诺剧院填补了法学院、医学院以及法兰西文学院的不足。"

取代了平民和大学生舞台的那些戏剧(以及音乐)是全然不同的种类:首先出现的,是在古典剧院里上演的拉比什或奥芬巴赫专为帝国鼎盛时期的新兴资产阶级量身定做而轰动一时的剧目;其次,在1880年以后,又出现了一种伪平民化的新娱乐形式(是魔幻的形式并且通常是与民歌手兼精明的中间商阿里斯蒂德·布吕昂的名字联系在一起),即歌舞—咖啡馆的形式(巴黎有六十多家)以及这些咖啡馆里所谓的街头歌女,德嘉是这种社会演变的专栏作家(事情总是这么残酷,因为他总是觊觎一种他本想摆脱的现代性),他曾为好几个这种歌舞—咖啡馆里的歌女画过像,例如艾玛·瓦拉东(1837—1913),以及也称作“狗皮”的黛莱莎:她喜欢唱的是《啊,他可真累人》,

我可爱的费迪南,
总爱向前伸出
他的小爪子。

这些歌女的收入奇高,例如伊耶芙特·姬尔贝每晚甚至能挣1000金法郎,尽管大家都觉得不值。爱德蒙·德·龚古尔从一家歌舞—咖啡馆回来之后写道:

“我看见那上面有一个身穿黑色服装的小丑。他唱了一些无厘头的东西,不断被嬉笑声、喊叫声、疯狂的跺脚声——傻乎乎的圣基舞所打断。整个屋子里的人情绪激昂、疯狂不已……我不知该怎么说,但我感觉有点像是闹革命。”

⑬ 《在歌舞—咖啡厅里》，大约作于1860年。巴黎——罪恶与娱乐之都。威尼斯在18世纪曾经是欧洲的舞会、艳遇、间谍以及卖淫之都；1840年以后，巴黎继承了它的许多精华，尤其是与性欲和娱乐有关的东西。按照我们的裸露标准以及我们对性感的宽容，这种歌舞—咖啡厅里的法国康康舞是相当正经的——但对于许多亨利·詹姆斯的同胞来说，这样的场景似乎是一种野性。

佚名照片。© *Collection Roger-Viollet.*

烹饪的历史(或者不如说,美食的历史)为我们提供了这种巴黎的神话向娱乐和商业化转变的一个佐证。

巴黎的美食,感谢上帝,不只是一种魔幻;而阿尔弗雷德·费耶罗,在那本珍贵的《巴黎的历史与词汇》里说过,据他所知,巴黎的烹饪史源于十四世纪末国王查理五世的御厨纪尧姆·梯莱尔的一篇文章《食谱》。1577年,一位威尼斯的使者得到一些最新情报,立即对尊贵的共和国当局说“法国人最愿意干的事就是吃以及制作他们所说的美味佳肴”。在伟大世纪里,这些国家或城邦的传统(君主集权政府继承了这些传统)更加精益求精,费耶罗说:“美食艺术成了巴黎人的话题。‘方砖炉’——炉灶的祖先……[熬制羹汤的炉灶],取代了巴黎人家中的壁炉。”

我们将法国和英国的烹饪加以比较便可以说明味觉的高下:在大不列颠,斯图亚特王朝的新君主独裁制垮掉后(最初是在1641年,到1688年彻底垮台),英国的绅士们,也即一般的贵族(主张现代化的、富有的、殷实的乡绅),把自己的烹饪理念强加于整个民族:于是就产生了英式烤肉、布丁、“肉馅饼”或圆面包,这也许是些富有营养的食品,但却不太精细。而巴黎则相反(巴黎的贵族是服从于路易十四和路易十五君主极权政府的,是服务于国家的),正如诺贝尔·艾里亚斯所说,法国厨艺的传播是来自凡尔赛而不是乡村。自从有了专为国王做家具的布尔以后,在巴黎的圣安东尼区也有了专为贵族、名人服务的家具匠,他们在豪华的私家饭店里尽可能地模仿凡尔赛的家具风格和习俗:mutatis mutandis(作必要的修改),在这一点上,美食与家具走的是同一条路。

这是一些与味觉相关的问题;但是,巴黎餐饮业的社会史也很有意思。

18世纪的餐厅对旅游者和外国人很冷漠,常常是老熟客坐在桌子的中央,因此也最靠近菜肴。一位德国客人在1718年写道:“这对那些吃饭慢的人来说太不幸了!”,他徒劳地请仆人给自己分餐。结果他还没开始吃,“桌子上就已空空如也了。”

1765 年，巴黎餐馆里的客人在各自的桌子上用餐，这项发明是一大进步，正如 1770 年出现的个人看菜谱点菜的用餐方式也是一大进步，这种方式可能由普罗旺斯伯爵的大厨师安东尼·波维利埃在 1786 年于皇宫区新开业的英国餐厅里使用后而得到了普及。巴黎在 1789 年已经有五十多家这样的餐馆，其中有好几家也选在（似乎是本能地）皇宫区开业，也即在加米尔·德穆兰于 1789 年 7 月 13 日对群众讲演的地方，还是在这里，奥尔良公爵创建了他的拱廊——商业廊街和大型百货公司的雏形。所以，据说共和二年的宪法是在孔戴亲王的厨师长梅奥的家中起草的；1793 年的 1 月，也是在皇宫区新开的一家餐馆里，山岳派国民公会议员，勒佩尔蒂埃·德·圣－法尔热遇刺，他也可以说是当今“吃鱼子酱的左派人士”的鼻祖，因为（虽然他是大富翁、大贵族）他对处决国王投了赞成票。

让里斯夫人说过，雅各宾党人既不讲礼貌、不懂规矩也不喜欢美食；但是，帝国的建立，尤其是帝国的垮台，使得巴黎的餐饮业有了一个新的飞跃：到 1825 年，已经有三千家餐馆。餐馆的种类繁多：其中一些新餐馆仅仅是低级小饭馆，布庸－杜瓦尔连锁菜馆创办于 1855 年，《贝德克尔旅行指南》和《纽约时报》都推荐这家餐馆，它们是那个时代的麦当劳：快速、简单、便宜。巴黎在 1860 年时甚至还有两家英国餐馆，一家在卡布西纳大街，另一家在黎胥留大街，至于它们的成绩：用通晓法国习惯的英国人泰奥德尔·泽尔丹的话来说就是一般般。

但是，还有一些餐厅简直就是享受的圣殿：巴尔扎克在《邦斯舅舅》里把巴黎的餐厅说成是纵欲淫乱的场所，而罗兰·巴特说的非常正确：巴黎人最有说服力的幸福感之一（至少是男性想入非非的幸福）是与一位年轻、漂亮、聪明的女性在一家豪华的大饭店里交谈，这也可以说是“口欲期三程式”吧。

在王朝复辟时期，芒达尔街与蒙托格尔街交汇处的罗歇·德·冈卡勒餐厅是这种聚会最漂亮的地方：巴尔扎克曾对它大加赞赏。在路易·菲利普时期,这些高档餐厅都搬到了林荫大道。风流雅士(也即马奈和格里菲将军的同代人)都到巴黎咖啡厅、托尔托尼咖啡厅、富豪咖啡厅、英国咖啡厅里相聚。芭贝特正是在这种地方为他们筹备盛筵;高老头也是在那里为他心爱的女儿点菜;而罗莎奈特也是在那里勾引她的情人弗雷德里克·莫罗。还有,马塞尔的女佣弗朗索瓦兹也是去那里提高她的手艺,因为她觉得,这家餐厅"好像有一个非常漂亮的布尔乔亚式小厨房……这儿有许多活儿要干。嘿!我会从中赚很多钱……"能在这里用餐就已经是很高雅了,年轻时的波德莱尔,也是一个赶时髦的人,他在1847年的《拉·芳法罗》里滔滔不绝地赞美了松露:"这是一种西贝勒女神的神秘暗色植物,是一种美味的病态植物,被她深藏的时间比贵金属还要长久,这是一种挑战隐居者学说的鲜美物质,像挑战帕拉塞尔斯学说的金子一样;将新旧世界分开的松露,会使你账单上的钱数在品尝希俄斯酒之前就翻好几倍。"

从1848年以后,凡是能像这样饕餮的餐厅都意味着巨额的投资。曾经有一家这样的餐厅卖了三十二万法郎;马克西姆餐厅的开业是因为有勒波迪糖业公司的经济支持;而英国咖啡厅的厨师年收入是两万五千法郎,这与当时的一位专区区长的年薪差不多。作为地区的名人,这位厨艺大师甚至被选为地区的议员:龚古尔指出"这就是巴黎人伟大的疯狂。"糕点大师施维父子的名声享誉世界。1869年,这个家族的第四代传人发明的糕点甚至出口到了纽约和圣彼得堡;美国的大饭店就是大约在1850年聘请了第一批巴黎厨师。奥芬巴赫的《快乐的巴黎人》里最后一幕场景就是一个餐厅。

巴黎的餐饮理论(和它的社会史一样)的发展轨迹也是先从手工业和美食开始向着厨艺的神话发展;然后走向了美丽时代的贵得令人咂舌的魔幻化厨艺。因为,巴黎的美食,这表面上看来是无聊的问题其实也是神话与魔幻的问题,也许正如海涅所说:"我们应该赞美法国人,他们关心人类的两大需要:吃得好和公民平等"。

D. 8021 (1319) E. 18040 (1319)

Les Artistes de l'Opéra à la Reine d'Angleterre devant la rue Lepelletier. 18 et 27 août 1855.

17 雷昂·莱蒙纳里(1803—1879),《1855年的8月18和27日。歌剧院的演员们在勒派尔蒂耶大街上欢迎英国女王》。莱蒙纳里是法国行政测绘员。他留下了两千多张素描和水彩画,出色地记录了1840—1850年期间巴黎的各种庆典,尤其是那些欧斯曼的"景观化"杰作。维多利亚女王和阿尔贝特王子于1855年8月访问了巴黎,而在这年的4月,拿破仑三世和欧仁妮先行访问了伦敦。两国从此联合起来抵抗克里米亚战争(1854—1856)中的俄国人。市政厅前的老马路是位于右岸最具欧斯曼特色并完全重建的地区,从这次访问之后,它就被命名为维多利亚大街。

素描。巴黎,卡尔纳瓦莱博物馆藏。

18 居斯塔夫·加耶博特(1848—1894),《巴黎,下雨的一天》,1877 年。我们经常通过印象主义者的眼睛来看欧斯曼的巴黎,这些人用各种方式来描绘这位 1870 年下台的省长的成果。有些画是非常令人喜爱和值得称颂的,例如,马奈、德加、莫奈、莫里索、毕沙罗等人的一些作品,尤其是雷诺阿的作品。不同的是,加耶博特的作品更有思想,更精确也更严谨。这幅画曾于 1877 年在由加耶博特主办的印象派沙龙里展出。

素描。巴黎,卡尔纳瓦莱博物馆藏。

19 居斯塔夫·加耶博特(1848—1894),《欧洲大桥》,1876年。这幅油画的主题是以铁路和钢铁的桥梁表现欧斯曼式巴黎的现代性。这个现代性也可称作是巴黎的个人自由、孤独甚至异化:趴在桥栏上的工人丝毫没有注意到路上的那对资产阶级夫妇,他们的华丽服装与桥的建筑风格很不和谐,远处的房屋也是如此。甚至那只孤独的小狗似乎也象征着什么。巴黎19世纪艺术家们的思想变化无常,先后有浪漫主义、现实主义以及印象主义,而主要是这些人的作品使巴黎享有了百花齐放的世界艺术之都的美誉。

油画。日内瓦,小宫博物馆。©*Erich Lessing/AKG-images.*

20 F. 杜富尔,《不朽的新巴黎》。欧斯曼是一个粗暴的现代化主义者,是那些想留住生动历史记忆的人的仇敌。然而,他并不反对保持历史的原貌,前提是这历史的确已具有了不朽性。其实,省长还是倾心修复了许多巴黎的景点,其中就有巴黎圣母院。宫殿与教堂在新首都有它们的一席之地,但那不过是为他的杰作锦上添花。

彩色石版画。*Paris,BnF,département des Estampes et de la Photographie.* © *BnF,Paris.*

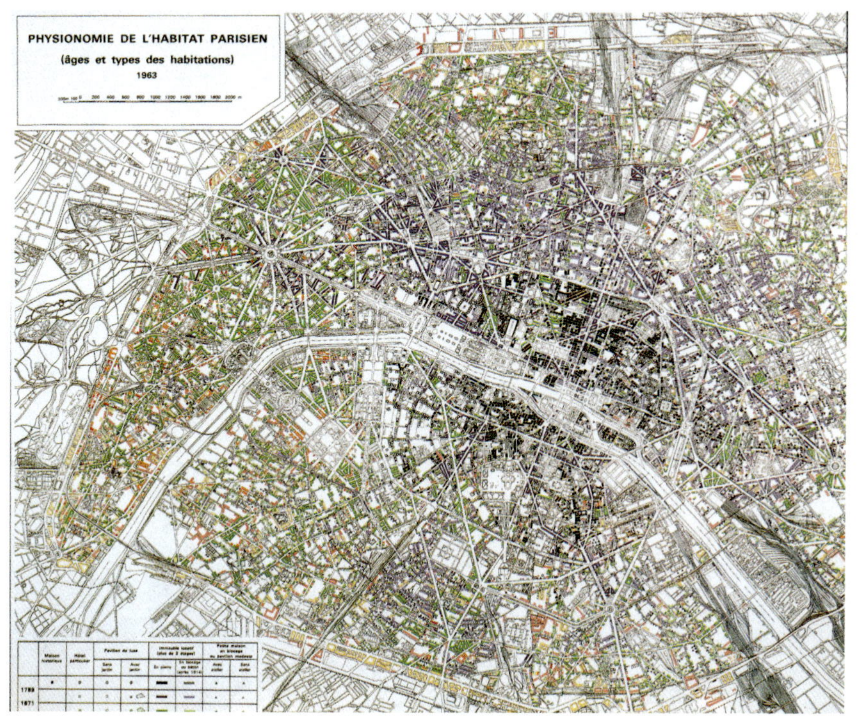

21 《巴黎地区房屋示意图》,1967 年。这张图用颜色标明了建筑的类型和年龄,一眼就可以看出欧斯曼重建的首都地域广阔。巴黎的现代和文艺复兴时期的私人建筑非常少(更遑论中世纪的巴黎建筑了)。相反,欧斯曼的特征却到处都是:事实上,这座城市的现实就是他的形象。具有讽刺意味的是,我们怀念巴黎——曾经的黄金时代之都的思想正是缘于这个当时是超级现代的巴黎印象。

摘自 *Jacqueline Beaujeu-Garnier, Atlas de Paris et de la région parisenne,Paris,Berber-Levrault Éditions, 1967.* © *Berger-Levrault Édition,Paris. Courtesy of The Harvard College Library, Harvard Map Collection.*

22 雅克·朗贝尔,《摩天楼大街:为解决巴黎地区住房问题的宏伟计划》,1922 年。自从纽约高七层半的公正大楼(1868—1870)建立以来,摩天大楼成为都市现代性的经典标志。为了现代化,巴黎似乎也应该有自己的摩天大楼。幸运的是,尽管有奥古斯特·佩雷、柯布西耶和蒙帕那斯的大厦,这种"美国化"(借用波德莱尔的语言)并没有成为现实。这幅画表现了假如欧斯曼的巴黎(曾遭到 20 年代的超现实主义者的非议)也被废弃的话,就像半个世纪以前它曾取代了中世纪的老巴黎一样,那将造成不可估量的灾难。

绘画,根据建筑师奥古斯特·佩雷的草图所做。 *L'Illustration, 22 février 1922.*

23 奥诺雷·杜米埃(1808—1879),《流浪的街头艺人》,约作于1865年。杜米埃的街头艺人与波德莱尔散文诗里的街头艺人是同时代人。波德莱尔这位漫游者,家境富裕,但他非常憎恶资产阶级的、异化的以及拜物主义的生活,而选择了作一个社会边缘人。而这些街头艺术家却没有这种选择。那个孩子,巴黎的流浪儿,面带不屑的表情,但他那精疲力竭的父母已经知道他们的生活是没有出路的。

水彩画。*Hartford (Conn), The Wadsworth Museum of Art, The Ella Gallup Sumner and Mary Catlin Sumner Collection Fund (1928-.273). © Hartford, The Wadsworth Museum of Art.*

24 欧仁·阿特热(1857—1927),《巴黎,拾荒人的木板屋》,作于1910—1914年。在资产阶级社会的模式里,拾荒人的地位在漫游者和街头艺人之下,他们处在城市的现实和想象之间的模糊区域内。由于好奇心的驱使,阿特热多次为这些人照相。他的作品吸引了反欧斯曼的超现实主义者,从1926年起,他们在自己的杂志上为他出了专刊——《超现实主义革命》。

胶印画。巴黎,奥赛博物馆藏。 *(C) Photo RMN-© Gérard Blot/droits d'auteurs:© Atget.*

25 欧仁・阿特热,《瓦朗士街7号院》,摄于1922年6月。阿特热喜欢这个古怪的巴黎,也是安德烈・布勒东的朋友们所喜爱的巴黎。一辆雷诺牌敞篷运动汽车,速度与豪华的同义词,停在了第二十区的一户平民家里。小汽车作为资产阶级甚至是贵族阶级的象征是1891年出现在大街上的,最早的一批汽车是潘哈德和勒瓦索制造的,最早的批量生产始于1896年。

照片。© *AKG-images.*

26 让·巴普蒂斯特-爱德华·戴塔耶(1848—1912),《巴黎歌剧院的落成典礼,1875年1月5日:查理·加尼叶欢迎伦敦市长一行的到来》,作于1878年。加尼叶歌剧院是皇家庆典的主要场所。1870年9月4日,帝国被推翻,所以这是几年以后由共和国主持的揭幕典礼。此时,在这座宏伟建筑宽敞的楼梯上,法国和巴黎的显贵们身穿简朴的共和或布尔乔亚服装,欢迎来自君主制伦敦的衣着华丽的同行。

水粉画。凡尔赛和特里亚农城堡藏。 *(C) Photo RMN-© Gérard Blot.*

27 埃德加·德加(1834—1917),《芭蕾舞——魔鬼罗贝尔》,作于1872年。我们常常是通过德加来了解他那个时代的巴黎女性:跑马场上优雅的女郎、内衣与时装模特、演员或妓女,以及在这部吉阿科摩·迈耶贝尔的歌剧中跳舞的修女们。

油画。纽约,大都会艺术博物馆藏。 *Havemeyer Collection, Bequest of Mrs. H. O. Havemeyer, 1929 (29.100.552). ©AKG-images/Erich Lessing.*

28 夏尔·梅里翁(1821—1868),《1853年的新桥》。梅里翁与马奈还有(不知为什么)贡斯丹当·居伊一样,是波德莱尔最喜爱的艺术家之一。这座好像是皮拉奈斯画的新桥:神秘、可怕、像监狱,一句话,代表的是中世纪。这也是欧斯曼让夏尔·马维尔为老巴黎拍下的照片以作为永久的纪念,虽然这位省长曾全力想把它拆除。

版画。巴黎,*département des Estampes et de la Photographie. © BnF, Paris.*

29 托马斯·肖特·博伊斯(1803—1874),《圣·艾蒂安杜蒙教堂和圣心堂》,作于1839年。夏尔·梅里翁的新桥的异化与波德莱尔精神在这幅反差强烈的浪漫主义画面上表现得非常充分,雨果非常欣赏它的风格。这座教堂的哥特式元素(排水槽、护墙垛)和文艺复兴式的窗户在背景是18世纪冷冰冰的新古典主义——圣心堂的映衬下更显突出。

彩色石版画。摘自 *Picturesque Architecture in Paris, Ghent,Antwerp,Rouen,ect.Paris, Bibliothèque historique de la ville de Paris.* ©*AKG-images.*

30 贡斯丹当·居伊(1802—1892),《衣着暴露的女人陪着男人围坐在桌边》。我们认为现代生活的真正画家是马奈,他在1863年画的《奥林匹亚》里表现了一个成为性工作者的妓女。而在这之前四年,当波德莱尔在写《现代生活的画家》一文(刊登于1863年的《费加罗》报上)的时候,他选择了贡斯丹当·居伊,这位当时著名的反映民俗和克里米亚战争的画家,同时也是受到龚古尔兄弟好评的画家。

素描。巴黎,卢浮宫博物馆。*DAG (fonds Orsay). (C) Photo RMN-© Christian Jean.*

31 巴里森姐妹歌舞团的三姐妹在弗利－贝尔热歌舞厅的化装室里，摄于1890年。世界各地的演员和观众纷纷来到这个欲望之都，包括美国人。同样，巴里森姐妹（罗娜、索菲娅、英格尔、奥尔加和葛特鲁德），由于她们的歌舞充满了挑逗性暗示使她们的巡回演出在当时非常出名。

照片。巴黎，*BnF, département des estampes et de la Photographie*. © *BnF, Paris.*

32 保尔·科林(1892—1985),《约瑟芬·贝克》,作于1929年。巴黎也是深邃的黑人文化之都,包括列奥波尔德·桑戈尔和艾梅·塞萨尔,还有更为开放一些的约瑟芬·贝克(1906—1975),她出生在1917年曾爆发过种族大骚乱的圣路易(伊利诺伊州)。1925年出版的黑人杂志使她成了法国歌舞剧的女主角之一。四年以后,她的朋友保尔·科林在自己专为纵情爵士乐歌舞的巴黎而作的版画集《黑色浪潮》里为她做了好几幅石板画。两次大战之间是法国海报的黄金时代,其间就有菲克斯-马索的《准点》(1932年)和卡桑德尔的《诺曼底号邮轮》(1935年)。

彩色石版画。巴黎,*BnN,départment des Estampes et de la Photographie.* © *BnF, Paris.*

巴黎美食的理论化始于格里莫·德·拉·雷尼耶(1758—1838)，他在成为美食家之前是哲学家。他主持的“哲学午餐会”受到高度评价，他写道，“在精神和哲学上都非常重要的厨艺是一座还未被任何作家开发的宝藏”。巴黎是他的福地，因为他觉得“巴黎绝对是美味佳肴的所在并且唯有它能够为世界上所有文明国家提供出色的厨师”；但还因为，巴黎的美食是文明与沟通的伴侣。他认为伟大的厨艺是一门艺术，在他看来，“[云雀]和鹌鹑之间[……]的差别与伟大的拉辛和今天我们不愿点名的某位悲剧作家[之间]的差别是一样的，我们不想侮辱任何人”。菜谱与格言、厨艺与文学就像是一块金牌的正反两面，犹如厨艺与政治的关系，他在评论一道他非常爱吃的菜肴时说：“至于人们把这道菜叫做奈克尔式菜汤，也许是出于嘲弄或者反话，因为它好吃极了。”

如同大部分哲学家和他们的传人(博马舍、雷纳尔神甫、巴特勒米，巴伊、里瓦洛尔、尚福尔)一样，格里莫也反对雅各宾的理想。在他看来，共和二年不仅是一次政治灾难，而且还是一场美食灾难。他认为，哲学午餐会之后到来的是这种糟糕的时刻：“从每条街的阴沟里炮制出来的那种博爱餐的布告贴满了我们所有的建筑物，到处都弥漫着该隐和亚伯式的兄弟情，因为当所有的墙上都贴满了这种布告的时候，法国人从来没有如此缺少自由与平等”。

格里莫对巴黎的厨艺评价极高；不过，他的同代人、《口味生理学》的作者布里亚-萨瓦兰(生于1755年，卒于1826年)则更有甚之，他完全打乱了品尝的规则。

这位“会吃”的理论家，亦可以说是当今的若赛·波维的前辈认为厨艺的进步是社会现象；而布里亚也没有忘记“为了给自己的著作加序并且给科学奠定永恒的基础”，而编造了许多哲学警句和见解，例如“有生命才有世界，活着就要吃”；或者，“美食源于一切与人类相关的认识，因为人要吃饭”；最后还有，“美食与自然史有关，与物理学……化学、商业、政治经济有关”。简而言之,在他的著作里,“各民族的命运都取决于他们的进食方式”,几年以后,这个观点又被他的弟子欧仁·布里福特在1846年出版的《餐桌上的巴黎》中加以发展,他比他的前辈们更强调了美食在“世界之城——巴黎”中的形象和历史上的地位。布里福特觉得一切关于大城市的研究都是神奇的,他还说过,尤其是“假如一座城市非常重要,不仅仅是因为它的辉煌、它的辽阔,还因为它的强大、它的活力以及它铭刻在文明中的情感……[而]如果这座城市叫做巴黎,那么一切都因它而变得伟大”。

布里福特继续写道:“当巴黎开始用餐的时候,整个地球都骚动起来;来自世界各个角落、所有领域里的新发明、新产品,那些地球表面新生长出来的一切,地底下深藏的一切,海洋中隐匿并滋养的一切,空中飞舞的一切;所有这些都急匆匆跑来展现自己以便得到特别的关注、抚慰或品尝。对于法兰西来说,巴黎的晚餐是国家大事。”

烹饪在巴黎的前景越来越广阔,完全达到了艺术的境界:德拉克鲁瓦在1850年写道:“我一边看着天花板上我的作品一边在想,这幅画只是因为昨天我用彩笔对天空做了修改才让我喜欢,我想,一幅画的好坏如同一道菜的好坏,它的各种原材料完全一样:而艺术家决定一切。”

格里莫认为,美食是哲学的伴侣。布里福特认为,美食是巴黎——19世纪之都神话的组成部分。但是后来,到了19世纪下半叶,关于巴黎的美食理论,像社会新闻一样,骤然变得商业化了。

早在七月王朝时期,巴黎的某些报纸就致力于研究高档厨艺。烹饪期刊《美食》创办于1839年;而布里斯男爵(1813—1876)是在巴黎的报纸上开辟美食专栏的第一人。然后是夏尔·蒙斯莱,也是一位烹饪专栏的作者、巴黎的重要人物,因为埃米尔·德·吉拉尔丹(他的名字也载入了巴黎的时装、广告以及社会新闻的史册)让他负责编辑夏多博里昂的《墓中回忆录》。最后，接替蒙斯莱的是居尔农斯基（1862—1956），其真正的名字是莫里斯·萨扬，他把这种已经商业化的巴黎美食进行资产阶级化甚至大众化。他在1907年创造了“比邦多姆”* 这个《米其林指南》的广告形象，今天，这个瘦身后并成了在政治上十分得体的形象正在为英国和美国的《米其林轮胎》广告增光添彩。还应该补充的是，居尔农斯基创立了一个美食家学会，其成员包括议长安德雷·塔尔迪厄以及诗人莫里斯·梅特林克。

罗兰·巴特在他的《神话学》（在本书中是魔幻学）中也非常关心法国的美食形象。他在1957年说过，有一种是“隐性的厨艺”，甚至是一种“装饰性的厨艺”。在杂志《她》的烹饪专栏（一个“真正的宝库”）里，“最主要的品种，就是甜点……《她》的厨艺纯粹是视觉大餐。这明明就是梦幻厨艺，《她》的摄影师们证实了这一点；此外，他们只是抓拍了菜肴的一瞬间，犹如一件可望而不可即的商品，仅仅看一眼便已经消费完了。严格地说，这是一种烹饪广告，百分之百的魔术，尤其是当我们注意到这份杂志的许多读者属于低收入阶层”。太正确了，然而，所不同的是，这种现象的历史分析可能会把我们带回到上个世纪末而不是20世纪50年代。

成为了景观的美食在意识形态上的危害对某些人来说可能比另一些人更为严重。相比之下，“美丽时代之巴黎和娱乐之都”的极其阴暗的魔幻形象在巴黎的另一种享乐领域里相当突出，即色情的形象，确切地说，就是性产业。

巴黎，性之都，对某些人来说是一个光荣的称号（大约从1865年起，“高卢人放纵的性格”这个词才成为了法语的常用词）。一位参与编纂1867年《巴黎指南》的人曾设问过：“玛比尔花园的名声已经传播到了何处？”

* 米其林的轮胎人形象。

"如果没有听说过我们在那儿所见过的夏娃的女儿们,那简直就是巴布亚的野人或者鄂吉布瓦部落的孩子!这是有点吵闹的青年之家,这里有外省人的好奇、有女模特的梦想、有大学生的疯狂,偶尔也有隐名埋姓的上流社会女人的轻浮。"

确实,这种"大学生们的狂热在全世界都存在,而尤其是在那些信奉新教的英语国家,巴黎在很长时间里意味着(今天在某些地方仍意味着)恣情纵欲并且多少有些下流。某些巴黎人从中得到不可否认的满足,流放中的儒勒·瓦莱斯写道:"如果说巴黎是鼓励偷情的同谋,伦敦则相反,似乎要全力阻止轻浮与情爱。到哪儿去做爱呢?……人们被伦敦的设计师逼入了道德的绝境。"但人们也可以把这种名声当做一件巴黎将再也脱不掉的涅索斯紧身衣:超现实主义者的朋友以及为电影而发明了"第七艺术"这个称谓的意大利人里奇奥托·卡努多在1922年说过:巴黎,成为了"现代世界的大脑和生殖器,在性爱的领域里,[巴黎]用女性强烈的诱惑力和男性强大的繁殖力来影响世界。巴黎在性爱的领域里以伟大巴比伦的绝对权威影响着世界……巴黎是现代世界的巨大熔炉,犹如古代的巴比伦、尼尼微、孟菲斯、克利特、雅典和罗马。巴黎是当今世界的城市形象"。帕朗·杜沙特莱认为,或许还有欧斯曼也这样认为:城市的卫生、它更多的可读性,它宽敞的马路以及瓦斯照明灯,一句话,社会的个性化和现代化应该是在使城市资产阶级化的同时要教育那些还未被赶到郊区去的危险阶级。历史的讽刺是,事实并非如此。相反,首都在道德与物质上的改革,不仅没有取消卖淫反而使后果更加严重并加快了它的蔓延。

我们可以把第二帝国后期卖淫的恶劣形象,看成纯粹是早在这个世纪上半叶就困扰着帕朗·杜沙特莱的:巴黎 = 卖淫 = 极度伤风败俗的延续。但我们也能看出在这个世纪的最后三十多年里,巴黎在性的表述、性的商业化及其文化内涵等方面有了某种转变:先是在旧制度下,性意味着城市的社交性，而后是帕朗·杜沙特莱和19世纪40年代的资产阶级对性的妖魔化，从那以后，性的“大众化”和性的商业普及化可以看作是产品的消费。

确实，性的商业化在帝国以及美丽时代鼎盛时期的巴黎并不是一种史无前例的现象。早在法国大革命以前，梅西耶就提到过，皇宫剧院曾上演过一部“所谓的野人与一位女性同类公开交媾”的戏并且“每张票的售价是24苏”。卖淫的货币化是其属性（这是所有职业中的第一属性）。通过《龚古尔兄弟日记》的摘录，人们可以玩味一下这种商业化，至少，可以对其作出评价。“日记”中谈到了当红的演员兼妓女阿黛勒·库尔托娃，在晚会上，她心情非常急切，对第一位想要陪她回家的先生说：“好的。”对第二位，她说“也许行吧。”对第三位，她不得不说：“不可能。”对第四位，她终于忍不住了：“这他妈的职业连女工都不能雇。”同样，有人把霍尔当斯·施奈德（莫尼公爵的女友，公爵本人是皇帝的非婚生兄弟）说成是“王子一条街”，这是当时那些商业街的有趣传闻。但通常，龚古尔兄弟还是从一种更为批判的角度来理解巴黎卖淫业的这种变化。

> 他们在1864年1月16日写道，“卖淫业有了很大的变化。曾几何时，妓女们是漂泊的、流动的、奔波的，一般不易察觉。这种事情只能悄悄地说，一带而过，或在远处观察。今天，巴黎的妓女有固定的场所，公开在大街上的咖啡馆里坐台，跃跃欲试，在行人面前排成行，而且既对公众放肆又对共济会的小伙子们亲热。”

他们偶尔会有沙文主义的思想，把责任推给外国人，说：巴黎成了“外国人的妓院……没有一个法国人包养女人。她们都属于汉诺威人、普鲁士人、荷兰人。这是崇拜阳物的1815年。”……

> “现在，老头子们侵入到了风流场所。我不明白是哪种野蛮、下流

的风俗引来了成千上万的乌拉尔人、巴西人、摩尔达维亚人,导致了这种西伯利亚的哥萨克人或美洲猴子的阴茎异常勃起。巴黎成为了某种皇宫,在那里金钱像布吕歇元帅一样,直接指挥一个姑娘。几年以后,在巴黎将不再有法国人的肉体享乐。”

这是纯粹的排外思想吗?但有时却是更为清醒的认识,因为龚古尔兄弟也明白外国人在这个问题上起不了什么大作用。性的货币化也许有其国际性的因素,但更重要的是当时的时代精神,这场戏的主要角色,也即公众的娱乐消遣使他们特别受到触动:

“有一种包厢是相当漂亮的卖淫场所。剧院像是淫乱的怪圈,这真是一件令人欣赏的怪事!从舞台到休息厅,从幕后到前台,从休息厅到舞台或者从休息厅到休息厅,舞女的大腿、女演员的微笑、女人情迷的眼神,这一切交织在一起,从各个视角画出了性欲、放纵、私情。无法想象这么小的地方集中了那么多的欲望刺激、那么多的交媾诱惑。这里就像是女人的夜间交易所。”

强调金钱的新作用并将一切都货币化,这便是找到了正确的方向:在1840到1850年,资本主义和工业主义(新现象)在整个法国,甚至在巴黎仍然令人极为反感。但二十年之后,在七月王朝的繁荣和帝国的鼎盛时期(应该再一次提到莫尼公爵,他在法国工业繁荣的这两个阶段中表现出色)之后,大部分舆论谅解了事物发展的这种新规则。也因为有了这种变化,卖淫(某些舆论认为)已不再是这个世纪下半叶那代人所认为的卖淫(像波德莱尔印象中的那种)——那种由于工业现代化而导致的全面衰退(这是波德莱尔拒绝接受的观点)。从此,卖淫成了一种职业,一种职能:马奈的《奥林匹亚》不是一个极度贫困的女人。与其说她是待价而沽莫如说她是待价而租。面对她的顾客，她毫无敌意，但不报有任何幻想。正如《情感教育》里极为令人尊重的阿尔努夫人（奥尔良人，但弗雷德里克认为她是克里奥尔人），奥林匹亚（这个名字本身是一项体育活动）甚至还有一位有色人种的女佣。女佣的手里拿着别人刚送给她的一束鲜花。她成了一件商品，在某些人看来，她就像是行尸走肉。保尔·瓦莱里把她描写成了代表"极度的淫秽……[她]使人想起所有大城市中暗藏并保留着卖淫活动和习俗中常见的兽性和原始的野蛮"。他似乎还应该补充说明，所谓大城市是指所有现代性的大城市。

在这种性与金钱相关而不是与资产阶级道德相关的新环境中，巴黎的被彻底地、公开地商业化了的性客体的使用率必然不断上升，自1890年起，首都有大约三十家脱衣舞会以及数量相等的（如果不是更多的话）妓院以及《小东西》的作者阿尔丰斯·都德特别喜爱的那种使他从法定妻子那里无法得到满足的反常性欲在那里得到满足的啤酒屋。1893年，当石英艺术舞厅里的大学生们"慢慢地推出一个一丝不挂而迷人的莫娜"时，当时的警察局长实在难以接受：发生了斗殴、抓人以及死人的情况。但到了1919年，第一次没有因为在弗利贝尔热歌舞厅有裸体女人表演而引起任何麻烦。要知道1923年这家歌舞厅的收入达到了一千万法郎，虽然比巴黎大歌剧院少（一千二百万），但却比法兰西喜剧院或巴黎歌剧院要多。而事实上，所有与首都的娱乐相关的机构或多或少都会以性来牟利，在谈到歌舞—咖啡馆的时候，让·洛林写到："这是展台，是枯燥无味的性展览……是光天化日之下的丑陋，是丑陋的东西在夜间通过灯光变幻来加以美化。"

显然，我们也可以从那些摆脱了"性苦难"的男人和女人的性解放这一角度来思考这一切，按照某些历史学家的观点，这种性的苦难可能构成了19世纪末单身生活的特点——尤其是那些独身的无产者。例如，柯莱特并不十分悔恨自己参加了1912年在巴塔克兰剧院的"《巴黎美女》的裸体舞表演”。我们所知道的瓦尔特·本雅明却完全是从另一个角度来评价这种演变:他写道,“就大城市里的卖淫形式而言”,大城市在这里明显是指巴黎,“妇女似乎不仅是作为一种商品,而且,按照这个词的准确含义,她还是一件大众商品。因为有了化妆品,表现个人的化妆更有利于表现职业,这就已经暗示了这一点。而后来,身穿歌舞演出服的姑娘们更突出了这一点。”

光明的巴黎、典雅的巴黎、娱乐的巴黎;赛马和彩票(约瑟夫·奥雷于1867年发明);体育(新引进的橄榄球和足球);杂耍歌舞厅(《红磨坊》始于1889年,《奥林匹亚》始于1893年);巴黎的咖啡馆(第一家是于1672年由一位叫做帕斯卡尔的亚美尼亚人创建的,而到1900年已经有两万七千家,即每一百个巴黎人拥有一家咖啡馆);还有巴黎的屋顶(旧制度时的屋顶基本上都是石板和瓦片,只是到了1840年以后首都才出现了锌板制作的屋顶):所有这些事实,这些原理,这些机构,交织在一起直接指向了一个概括性的和应该救赎的问题:巴黎——魅力之都的问题;而正是在这片土地上汇集了巴黎19世纪末(也许,远早于这个时期)的全部有形和无形的广告元素。圣伯夫特别喜爱圣路易岛上和塞纳河堤岸的旧书商;戈蒂耶赞颂了卢森堡公园和植物园;阿尔弗雷德·德·缪塞在诗中说他“爱这阴霾的天气,爱这些来往的路人,还有那,滚滚浪花之下/安详而神圣的塞纳河”。1844年生于巴黎的阿纳托尔·法朗士,在他的自传体小说《皮埃尔·诺齐埃尔》(1899年)里也非常怀旧:

> “如果说我曾品尝过出生在这座思想丰富的城市里的甜美,正是因为当我沿着河岸从波旁宫漫步到巴黎圣母院时,听见那里的每块石头都在讲述着一个人类最美丽的故事——古老而又现代的法兰西历史。我看到卢浮宫的侧影像一块珍宝;新桥,那结实的桥面曾经是如此地弯曲,三个多世纪以来,它承载了多少漫游的巴黎人以及疲惫工作的

街头艺人……这里可以看到太子广场及其周边的砖墙房屋。可以看到古老的司法宫、皇家小教堂上的尖顶、市政厅以及巴黎圣母院的钟楼。在这里比在别处更能感受到祖辈们的劳动成果，感受到时代的进步，感受到一个民族的延续，感受到先辈们所完成的工作是多么神圣，我们感激他们给予了我们自由和学习的快乐。”

在1844年的《魔鬼在巴黎》的文集里，乔治·桑有一篇非常尖刻的文章叫做《巴黎一瞥》，她直言不讳道：“我憎恨巴黎的程度到了我无时无刻对让外国富翁们称赞这个美丽首都的魅力与价值的一切都视而不见，充耳不闻。这种憎恶已经是偏执的状态。”但是，二十年后，她转而称赞巴黎——娱乐之都的魅力，她还为1867年世界博览会的《巴黎指南》写了一篇在巴黎漫步的文章，她在给总编的信中写道：“尊敬的朋友，我曾答应您要研究巴黎的广场和花园，换句话说，研究大自然如何适应这个沙尘瓦砾的世界。”那就是：“事实上，我不知道世界上还有哪座城市比充满着梦幻的巴黎更惬意的地方了。[……]春秋两季，阳光明媚，[行人]**‘如果他知道自己的幸福’**，就是极度幸运的人。”她又说，也许，欧斯曼那些宽阔的新马路“用艺术家的眼光来看，过于笔直了”，但它们“非常安全[并]使我们能两手插在衣兜里一直走下去而不会迷路[……]”。

她很同意这一点：巴黎人在这个“大家都说巴黎和美国一样，‘时间就是金钱！’”的时代，总是行色匆匆，不过首都仍然到处都是生活的情趣。如果说她觉得蒙梭公园那类英式假花园很可笑，相反，她认为首都的“装饰性花园”却是一种真正的神奇。在圣·雅克教堂被“新鲜草坪围起来”的新环境里，谁又会不高兴呢？这一切都十分迷人，甚至连回顾它的修葺工作也十分迷人——当巴黎人看到来自外省的百年老树“一夜之间，用它们巨大的树荫覆盖了这些新花园”时都感到十分惊讶。

巴黎成为犯罪之都的观点曾导致了对巴黎的花园以及周边的乡村进行

重新评价。但这一次，巴黎，娱乐之都的观点导致了对巴黎的近郊区重新划分阶级。1824 年，英国的拿破仑传记作者威廉·哈兹利特发现，与伦敦完全不同，巴黎没有近郊区：出了城门，就是乡下；距纳伊一百米开外（一百年前），他遇见过一个牧羊老人、狗和羊群。然而，从 1860 年起，巴黎曾有过三个明显不同的近郊区。第一个近郊区（在格勒奈勒、伏吉拉尔、贝尔维勒、梅尼尔蒙当）原来的样子可以说已不复存在了，因为它被欧斯曼纳入到了巴黎的 intra-muros（城里）。第二个凄凉的郊区在南部和东部，但更主要的是在巴黎的北部（圣德尼、奥贝尔维利耶一带）。那里聚集着一大批昔日的巴黎贫民，至少我们可以说欧斯曼几乎从未关心过他们的命运：从 1850 年起，尽管拉扎尔兄弟是"帝国业绩"的好心见证人，他们在谈到这些新的城乡结合部时也认为"那是真正的西伯利亚，几条小路蜿蜒其上，没有石砌的路面、没有路灯、没有商业、没有水，也就是说什么都缺乏"。关于这个问题，菲利普·塞甘曾指出，皇帝的愿望是"用一个完整的塞纳省，也即八个附属区来构建一个完整的巴黎"，然而十分遗憾的是，他的愿望并没有实现。

最后，第三个郊区是巴黎人享乐的郊区。这主要是首都的西郊：阿斯涅尔、阿尔让特伊、凡尔赛、赛夫勒、布吉瓦尔，圣-日尔曼-昂莱。吉拉尔·德·奈瓦尔在 1854 年说过："我在想，为什么不到凡尔赛或圣日尔曼区去住？[……]其实，早、晚乘半个小时的火车算什么？在那儿能拥有整个都市的资源，却又几乎是住在乡下。"

另一些人对维西内和勒拜克地区也有过类似的考虑，它们的发展直接与通往首都的新铁路有关。这两座天堂中有一个地产大王，他叫阿尔封斯·帕鲁，是皇帝的异母兄弟莫尼公爵的好友。1856 年成立了一家拥有几百公顷土地的公司，1858 年，这些土地被分成了许多小块地皮出售。九百八十块地皮很快就销售一空。从 1862 年起，奇迹出现了，一条由国家资助的铁路修到了这个地区；此外，我们还应知道，在很长一段时间里，直到

1875 年,每个当地的新主人乘火车去巴黎都是免费的。1866 年,跑马场的建立更加肯定了这种土地分块出售的成功,而在 1966 年,维西内的一位名人还能够提出把“社区不动产”分类以便“不损害优雅城市的特征”。

阿斯尼埃尔镇,同样也载入了史册。它的人口从 1856 年的一千三百人增长到了 1886 年的一万五千二百人。那里的娱乐活动有帆船、游泳、划艇。那里还可以射击、骑马、散步、听音乐会以及逛市场。1867 年,阿斯尼埃尔镇,甚至也模仿巴黎西部的休闲娱乐区,举办了一个小型展览会。龚古尔兄弟在 1867 年的小说里描写过一个马奈特·萨洛蒙,她像那些“格勒奈尔的女演员”以及“失业女郎”一样,喜欢去那里度假。但不仅限于她们:夏季的每个礼拜日,有六千巴黎人往来于此,古斯塔夫·多雷的画集里有这样一幅讽刺画:巴黎人兴高采烈而来,却又不得不依依惜别这每周一次的天堂。1873 年,莫奈画过一幅《阿斯尼埃尔的塞纳河》。雷诺阿则画过《莎杜的泛舟人》以及《煎饼磨坊的舞会》。

神话如果没有一个能够说明问题的具体遗迹就不可能持久:如果巴黎公社的街垒没有能够证明不断革命的神话(1789 年的大革命在 1830 年得到认可)合理,那么这个法国大革命的神话就不可能继续存在。而魔幻,虽然在精神上要贫乏得多,但为了显得真实,它也需要更为实在的物质支持,而这种支持是不可抗拒的居家享受原则。

毫不奇怪,巴黎的魔幻时代也是物质的时代,是电梯、电气(欧斯曼曾经忽略的),“每层都有煤气”、浴室和更加卫生的时代,一句话,是今后的布尔乔亚女性所追求的舒适与雅致的时代。家具的风格反映了这种变化:亨利二世的风格适用于餐厅,这是联系家庭的亲密生活与广告“在城里用晚餐”的纽带。但女主人的卧室应该是更舒适,更个性,更柔情(也更魔幻)的路易十六风格。她在巴黎的新式公寓里不再需要她母亲已经习惯了的小客厅,而相反,如莫尼克·艾莱博所说,是要将整个家居女性化。这种对资产阶级的新式内装修的追求甚至到了夸张的程度。1864 至 1877 年出版过九卷《19 世纪拿破仑三世时期的私人建筑学》的作者赛查·达利是这种理念的捍卫者。例如,他的设计是,从整体上来看,巴黎的公寓应该与林荫大道的理念完全相反;但从细节以及人为性上来看也应该完全不同,因为这位建筑师虽然是傅立叶主义者,他设计客厅的手法与现实生活中的家庭常用的手法完全不同。维奥莱-勒-杜克在 1875 年的《现代住宅》里也提到过这个问题。

魔幻是令人愉快的。它的消亡将与众不同。但它并不具有普遍性:毕竟,祖辈名人的画像、路易十六时代的家具、壁炉以及那上面的座钟和古花瓶都不是一般人所能企及的;这也正可以区分 1900 年的魔幻化巴黎和 1840 年的神话巴黎:大革命或者现代性的巴黎神话是"包容"的体系:巴黎——19 世纪之都,这是曾经在整整一个世纪里都伴随着矛盾甚至革命的首都。魔幻,则完全相反,是一种"排他"的思想体系。普通人并不去银塔餐厅用晚餐,关于这一点,弗洛伊德曾开过一个玩笑:一位维也纳富翁,也许是弗朗索瓦·约瑟夫的朋友,施舍了一个乞丐,几个小时以后他发现乞丐坐在了首都的一家豪华餐厅里。他教训了乞丐一番。乞丐回答:"怎么!为什么我不能来这里?我没钱的时候不能来,可我有了钱还不能来,那到底怎么样我才能不挨饿?"再者,在那些勉强能够去巴黎豪华餐厅吃饭的人中间,有多少人真正感到很随意:在 19 世纪,数不清的酒杯、刀叉以及餐盘的摆放都极有讲究,每一件餐具都有专门的用途,而只有内行才完全知道怎么用,这种深奥的用餐法,当然也是一种排他的方法,皮埃尔·布迪厄在他关于《高雅》的文章里详述了这种用餐的规矩。

世纪末的巴黎并没有制造不平等,但这个魔幻的巴黎却创造了一个特殊的新领域:把烹饪、时尚、舒适变成了一种艺术形式,这是对贵得令人咂舌的快感的认可。旧制度下的富人吃得好是因为他富有。一个世纪以后,到英国咖啡馆里来用晚餐的客人则因为他是内行、艺术家、花花公子、遛马路者、奢靡的漫游者,而且主要是——巴黎人。

这座城市的内部是排他的,但在巴黎以外也是排他的:说娱乐的巴黎、魅力的巴黎、无比惬意的巴黎、美丽时代的巴黎等等,言外之意也就是说外省与首都截然相反;外省只能意味着烦恼、厌倦、失败。巴黎成了娱乐之都,这当然应该重新审视巴黎与外国人的关系,不过也要反思巴黎与法国其他省市的关系。

我们知道,有些革命者曾设想法国各省的行政区划地图应该是长方形的(有点像美国和加拿大西部的州或省),每个省的首府都有一条自由大道连接两边的革命广场和正义广场,这样的布局是为了让雅各宾分子在散步的时候能殊途同归,无论在何处都能够认清**方向**——无论是**方向**这个词的本义还是其政治上的转义。1801 年,让·巴蒂斯特·皮如克斯为巴黎提出过这样一个奇特的徒步教育修正案:他觉得有些巴黎街道使用的还是中世纪的名称,这已经过时并且也缺乏条理,皮如克斯提出用各省市的名称来命名首都的街道,省市的大小应与巴黎街道的大小相对应。(最长的那些大街应继续使用法国各条江河的名称)这样,在巴黎的每一次散步就成了一堂国家地理课。

这种对法国及其首都的认同是使巴黎神话能够广为流传的关键因素之一。一篇由法布尔·代格朗汀、丹东、德穆兰署名的文章早已解释过,外省不应妒嫉巴黎:这个"光明的中心也是爱国主义的中心,因为巴黎[……]就像圣城耶路撒冷,远不止是一座特殊的城市,而是所有民族共同的祖国和圣殿"。米士莱认为,巴黎也许是"全世界真正的[焦点]",但是,这个世界的使命感并不妨碍米士莱的巴黎还是整个法国的缩影:他认为右岸"代表的是法国的北方——工业和商业(林荫大道)。南部表示法国南方(旧式教育和贵族阶级)",那是圣日尔曼镇。米士莱欢呼"始终激励着巴黎人的这种精神，但也必须指出，有时，这种精神也会使巴黎人在外省变得可憎"，因为"这种精神使巴黎团结一致，并［……］通过巴黎，开始使法国团结起来"。1937年，这段庄严的讲话得到了保尔·瓦莱里的响应：

> "巴黎符合法国人固有的复杂性。各省市、各民族以及大相径庭的习俗和表达方式应该有一个相互之间联系起来的有机核心，一个相互理解的基础和媒介。事实上，这正是巴黎的伟大、特殊和光荣的职责。"

这是一种我们可以从"法国政治模式"的角度来思考的职责，皮埃尔·罗桑瓦隆说得非常好，他认为，在法国，一切都摇摆于（雅各宾的［或合法国家的］传统所代表的）构成当今国家日常生活的"普遍性"或普世性思想与合作社会主义、地方主义，甚至个人自由之间。在那种全民都疯狂的情况下，首都的居民必然会有一种巴黎的地方主义，这就是首都居民非常珍视而外省的同胞们却很少感受得到的地方主义。但是受到巴黎——世界之都的神话全力支持的巴黎——伟大民族之都的神话能够协调这两极：巴黎在保留着自我的同时也代表着整个国家。在有千年历史的埃及纪念碑周围，在巴黎生活的心脏——协和广场的中央，矗立着法国各大城市的雕塑。同样，凯旋门同时也是法兰西的凯旋门，无名烈士墓，也是巴黎市的烈士纪念碑，巴黎的两种颜色与代表着几百年历史的王朝统治的白色结合在一起是所有政权——源于法国大革命的君主制（1830—1848）、帝制或共和制都高举的唯一标志。

事实上，这种使巴黎具有神话色彩的评价有时似乎是合情合理的，因为的确，巴黎的人口在整个19世纪中已经全国化了：到1867年，几乎三分之二的巴黎人出生在外省。从不太光彩的一面来说，百分之七八十的妓女在1765年还都是来自那条著名的圣-马洛/日内瓦一线以北，这条线在19世纪区分了过去的法国和未来的法国;帕朗·杜沙特莱也同样谈到过巴黎在1816至1821年招募妓女的情况。但到了19世纪末情况已经完全不同了:美丽时代的巴黎,性工作者的出身已经普遍化、全国化、甚至国际化了。

不过,在19世纪下半叶(尽管具有这种事实上的代表性,尽管有巴黎大熔炉的效应,尽管是"法国式普遍性"的神话),第二帝国,尤其是第三共和国时期的巴黎人已不会有米士莱的那种包容性的愿望了。在1848年革命的影响下以及在这座还没有彻底共和化的农民城市拒绝反对波拿巴主义的影响下;同时,鉴于巴黎成为娱乐之都后的魔幻化,巴黎与(令人苦恼的)外省之间的距离越来越大:1864年,马拉美从图尔农中学写了一封信给他最要好的朋友,这位朋友自己也因没有去过马拉美想要去的巴黎感到失望,信中说:"首先,图尔农不能代表整个世界,再者,你总有一天会来巴黎的,或者通过大学,或者通过你自己的努力。"而几个月之后他又说:"我需要伙伴、需要巴黎的女人、需要绘画、音乐。我渴望诗人。"用旁松·杜·泰拉耶的话说,今后,巴黎将是"所有头脑中有智慧之光者的祖国……",这正是小说家泰奥多尔·缪莱所理解的贝桑松的年轻诗人古斯塔夫的思想,他写道:"一个非凡的名字回响在古斯塔夫的耳边,一个充满激情与魅力的名字:巴黎!巴黎!……伟大的首都巴黎,这是明智而又谨慎的父母为他们的儿子而起的名字,象征一个布满荆棘的地方,一个邪恶的巴比伦……",阿尔弗雷德·德尔伏则说过"宁愿在巴黎活三十年而不在乡村活一百岁"。

从此,一道不断加宽的鸿沟将巴黎与法国其他地区分开,龚古尔兄弟(他们是皇帝的表姐马蒂尔德公主的朋友[却是反波拿巴主义者])把这种隔阂归因于第一帝国和法国大革命的影响:"1889年革命的社会影响,权力集中到巴黎:用铁路上的行话来说,巴黎成了所有在外省创造的财富的始发站。二十年后,富家子弟一个都不会留在外省"更何况,"我们感觉外省已经荒芜。大革命将一切能力都召唤到了巴黎。一切,从聪明才智到劳动果实,都流向了巴黎。这似乎是一座巨大而有吸引力的城市:有点像章鱼城——奥雷里亚时代的罗马”。尽管这两兄弟为拥有贵族头衔和许多外省的朋友而感到骄傲,但他们确信大家不可能真的向往外省的苦恼——那里甚至连下雨都是“一种消遣”。这两位出生在首都的兄弟认为,外省人觉得“凡是印在纸上的就具有权威性,他相信自己书房里的书,相信他所阅读的报纸。外省人的一个不足就是:缺乏批评的意识,笃信书本”。而福楼拜,虽没那么偏激,却也持类似的观点:“不再爱巴黎,是衰退的标志。离不开它,是愚蠢的标志。”也许正因为此,靠巴黎的小说维持生命的包法利夫人(她甚至在餐桌上一边跟丈夫聊天一边阅读那些小说)也查阅巴黎的导游书,并用手指点出首都的一条条经典游览路线。

卡特琳娜·贝尔多曾评论说,布列塔尼人的形象在巴黎明显越来越差了:布列塔尼曾经是一个新修的铁路可以直达的民俗地区,一段时期之后便受到了冷遇,这里的居民,尤其是朗代尔诺的居民更是被人嘲弄。贝卡西娜是这种巴黎式嘲弄的幽默人物形象。巴黎什么都好,外省,什么都不是。现在的银塔餐厅门前还可以看到“向城市进军,到国外去”的口号:除了这两种办法,没有得救的可能。

兼有巴黎与外省两种身份的人太少了。但偶尔也还是会有的,丹尼尔·阿雷维描写佩吉时说他“太土了根本不可能成为真正的巴黎人,[但]又是太典型的法国人而不能看不起他。对那个当面诋毁、污蔑他的人,他特别应该重复蒙田说过的话,蒙田这个外省人公开宣称深爱巴黎乃至它的缺点”。蒙田和佩吉!在这里,这是两个风马牛不相及的榜样。

所以说,对外省的轻视可以说是全方位的,包括餐饮方面:通过人们喜爱的菜肴可以知道他们属于哪个民族,也可以知道他们属于哪个省。奥古斯特·吕歇早在1867年就说过:

“因此,俄国人随和、相信人,在所有外国人中,他吃的最多也喝的最好。英国人则相反，既不会吃还总觉得别人在骗他。美国人花钱多，浪费多，食量大也不喝酒，饭后又没完没了地喝[……]意大利人是谁都看不起而且易怒，他有偏见也有钱；你只要顺从他就会让他满意。外省的法国人喜欢考究、复杂、难做的菜肴，但只会喝低档的酒。也许只有巴黎人，才真正会欣赏刚端上来的菜肴；如果说他甚少抱怨，那并不是他不懂行，款待他是一种乐趣。"

或许，由于事物都有两面性，外省人间接地从这种魔幻中得到了好处：巴黎，娱乐之都，这必然会让人觉得外省人更朴实、更单纯、更诚挚，而且，在某些人看来更有基督教的虔诚，1915 年，弗兰西斯·雅姆在给奥古斯特·乌尔卡德的信中写道："当你皈依了上帝，在各地清新的山谷里散步时，我深受感动！当你厌倦了在巴黎的泥泞中漂泊，厌倦了使你眼神疲惫的灯光，重又回到米歇尔[神父]教堂[在法国的西南部]休憩……而将目光落在祭坛的烛台上，我又是多么高兴啊。"在这个世纪末，关于这个问题的讨论真是百花齐放，有 1874 年弗列维·杜尔维勒的《巴黎的垃圾》、1881 年夏尔·代斯马兹的巴黎之《犯罪与放纵》以及 1883 年的奥雷连·肖尔的《巴黎的狂欢》等等。普鲁斯特在参观梅塞格里斯的圣-安德雷-德尚教堂的时候写道："这座教堂多么有法国味啊！"：他好像对另一座同样的教堂——坐落在圣-安德雷-德萨尔大街的那一座说过同样的话？某些外省人，也包括某些巴黎人（也许是因为他们严肃的秉性）有同样的看法，他们认为巴黎不仅是纵欲、虚伪、堕落之都，而且还是不为人耻的同性恋（与今天的背景不同）的毒害之都。沙龙里的罗贝尔·德·孟德斯鸠，《追忆似水年华》中的查尔吕斯伯爵以及第一次世界大战后的考克多，也许是巴黎人里面的巴黎人。李安娜·普吉、玛蒂尔德·德·莫尼、伊丽莎白·德·格拉蒙、克莱蒙-托奈尔公爵夫人以及美国人娜塔莉·巴尔妮至今仍闻名于世。这个问题变化得非常快：巴黎大革命期间及其之后的康巴塞莱斯，1820 至 1830 年间的费耶维和古斯丁纳,他们的同性恋都是众所周知的,但很少有人议论。巴尔扎克的著作对沃特兰的同性恋更多的是暗示而不是一种解释或描述。不过,莫泊桑却非常直率,他在1881年的短篇小说《保尔的女人》中,描写了一个年轻人因怨恨而自杀,但他的情妇表现得更讨女人喜欢而不是男人。到了1900年的巴黎,这个问题已是司空见惯了。此后,人们公开评论男性卖淫的问题:1887年,卡尔利耶省长在他的《两种卖淫,社会病理学的研究》一书里讨论了男性卖淫,而据估计,在1900年的世界博览会期间,巴黎有四千五百名男性靠卖淫生活。让·洛林是第一个描写巴黎名流同性恋的人,也是第一个把男同性淫乱作为诗歌主题的人。

巴黎—外省:不可逾越的鸿沟。包容—排斥:包容是因为分享而快乐;但同时还有排斥——无论是这个词的原意还是它的转意。排斥外省人;也排斥一无所有者。但我们还可以更进一步,因为在这个欲望的魔幻之都——巴黎,相当一部分资产阶级甚至也被排除在这个怪圈之外:时髦的巴黎风尚并不是所有的巴黎人都有份;关于这一点,相当说明问题的是在19世纪的巴黎戏剧(例如,库特林的剧本)里,通常,一切都以小资产阶级的见识为主,他们嘲笑那些能够成功进入上流社会的邻居或朋友们,甚至嘲笑他们的失败。

这是排斥与侮辱。那么,被这种魔幻排斥在外的幸运儿,如果有的话,在哪里呢?也许在巴黎的社会名流中,这个"比制度的寿命还长久的群体,经历了所有的革命后依然保持着(这个群体)自己"。巴尔扎克并不知道龚古尔兄弟在1868年曾使用过这个词,但他却不无讥讽地使用了它:

"在今天晚上的演出中,巴黎的社会名流都聚集在意大利人的周围。因而,这次聚会就引出了如下的思考:伟大的法兰西贵族社会已经消失了;只剩下金融家和轻佻的女人或者外表轻佻的女人。而消失得无影无踪的正是那种典型的、巴黎上流社会的传统女人。"

直到两次世界大战之间，这个词才具有了我们今天所赋予它的“气质高雅”的意义。同样，《上流社会名录》的第一次发行恰恰是在1904年。但正如好学校的主要特点就是它们的规模不大，巴黎的社会名流这个词本身就很特别，它只涵盖了巴黎人口中的极小比例。那么，这个魔幻体系中的真正巴黎人在哪儿呢？那些谁都不想排斥的人在哪儿呢？在研究院？在法国高等学院？或许，在圣日耳曼区的沙龙里？在赛马会？在法兰西银行的两百个家族里？在法兰西学院？甚至还可能，根本就没有这个地方。

第十二章 美洲的白人与黑人想象中的巴黎

"可怜的墨西哥"，在1867年的普埃布拉战役中打败了马克西米连皇帝的法国联军，却在1911年被流放到巴黎而结束余生的墨西哥独裁者波菲里奥·迪亚斯(1828—1916)总喜欢这样说："可怜的墨西哥，离上帝太远而离美国太近。"不过，它的专制也许与巴黎相去甚远，但在精神上却与巴黎非常相近。关于美洲人在巴黎的问题，我们显然可以谈谈拉丁美洲以及巴黎在这片大陆上的声望，巴黎，也是一个拉丁民族的首都、是上帝的长女，但却是超级现代并且反对教权的首都；这是从弗朗西斯科·米兰达(1792年在第一共和国内任职的委内瑞拉将军)和流放巴黎的西蒙·玻利瓦尔直到菲德尔·卡斯特罗派驻巴黎的那个可怜的大使和所有关于法国大革命的著作中最有趣的小说《启蒙世纪》(*El Siglo de las luces*)的作者阿莱霍·卡彭铁尔之间的一种绵绵不绝的情愫。

对于刚刚获得解放的北美洲来说，维多利亚时代的英国一直是一个非常重要的榜样。比如亨利·詹姆斯，他后来甚至成了不列颠的臣民。再比如他的画家朋友约翰·辛格·萨金特，其父母都是美国人，他在巴黎生活过很长时间，后来定居伦敦，只是在他二十岁的时候才第一次回到美国，那还是不得已，他是要去美国开国籍证明以便能更好地在国外生活。

相反，前西班牙的殖民地在取得了独立以后却断然背离了自己以前的祖国（西班牙和葡萄牙）；也可以说，转向了另外两个世界：一个是因其现代性而令人欣赏又因其政治与经济的权势而令人厌恶的英—美世界（伦敦和纽约）。另一个，则是巴黎。下面是阿根廷文学批评家胡安·帕布洛·埃查圭在 1911 年 5 月的《巴黎日报》上发表的评论："我们认为法国是一个有教育意义的民族；我们的思想、我们的情趣、我们的文明恰恰是源于这个民族；而多亏了这个民族，我们才期望有一天成为拉丁传统名副其实的继承者。" 1888 年，葡萄牙的民族小说家，《马亚一家》（*Os Maias*）的作者埃萨·德·凯依洛斯（1845—1900）也来到法国的首都定居。

到巴黎来的南美洲讲西班牙语或葡萄牙语的游客和作家人数很多，甚至可以说数不胜数，在卡洛斯·富恩特斯（最近还出任过墨西哥驻巴黎大使）的著作里巴黎是一座极具象征性的城市，而尤其是在他 1975 年的小说《我们的土地》中，巴黎是一座"终极城市"，在那里，有经验的观众能首先觉察到人类末日即将来临时的先兆。我们也不应忘记，首都曾经是（的确，有过很短的一段时期，1910—1911 年）世界阿根廷探戈舞的圣地。巴黎的大主教阿迈特早在教宗庇护十世之前就极不赞成这种优美而性感的舞蹈，布宜诺斯艾利斯的上流社会原先也看不起这种舞蹈，最终因其在巴黎取得巨大成功而接受了它。遗憾的是卡洛斯·伽德尔出生在图卢兹而不是巴黎！

但在这里，还是应该将巴黎在拉丁美洲的神话这个如此丰富的课题先放在一边：英语美洲和拉丁美洲是两个大相径庭的问题。正如两个英语国家即美国和英国的伟大传统本身——尽管这明显是另一种不同的背景，与亲法国的爱尔兰传统也相去甚远,想想这些人吧:17 世纪的天主教难民(麦克马洪和轩尼诗)、政治家(西奥博尔德·沃尔夫·托恩,1763—1798)以及在巴黎的爱尔兰作家:詹姆斯·乔伊斯和出生在都柏林而死在巴黎的塞缪尔·贝克特。或许有必要描述一下英国人对巴黎的看法:美国人的排法主义(不过,并不太严重)经常是带有同情的色彩。英国人的排法思想(我们已经提到过)要严重得多,也固执得多。正如女历史学家琳达·克蕾指出的,恐惧天主教和集权的法国——这种带有蔑视色彩的恐惧(我们已经说过)是构成 17 世纪以来不列颠民族情感的元素之一。由此还引出了一个牛津大学的笑话,是将原阿克顿勋爵在谈到极权政治的后果时说的一段话做了修改:"Culture corrupts, but French culture corrupts absolutely"*。还有许多我们简直无法理解的美国人对巴黎的看法。19 世纪末,德芳夫人的朋友霍勒斯·沃波尔以及新生的北美共和国驻巴黎的公使托马斯·杰弗逊,二者都是讲英语的人,而最初,二者都是英王乔治三世陛下的臣民。两人经常参加巴黎的沙龙。但他们一个是共和派,另一个却不是。他们对巴黎的看法也完全不同。

从 1780 到 1960 年,在大约两个世纪的时间里,巴黎在北美人的思想中占有很重要的位置。自由,宝贵的自由:这基本上就是巴黎神话在美国的基准点,从奴隶主杰弗逊,直到本世纪非洲裔美国作家第一人詹姆斯·鲍德温莫不如此。许多美国人认为(亨利·詹姆斯非常明确地认为,詹姆斯·鲍德温则是基本上认为),在巴黎逗留是一种启蒙与解放的旅行。这是去寻求和探索生存与思想的自由,是丰富内心世界的机会。现实主义小说家威廉·迪安·豪威尔斯(1837—1920)赞叹道,巴黎是"一个神奇的地方

* 这句话意为:文化腐败,但法国文化绝对地腐败。而阿克顿的原文是:All power tends to corrupt; absolute power corrupts absolutely. 即一切权力皆倾向腐败;绝对权力,绝对地腐败。

(“a wonderful place”),唯一真正的世界之都”,其最主要的优点十分明显,那就是:“自由,自由……”

当然,(尽管更谨慎,也更庸俗)许多美国人也同样认为巴黎是提供那些难以启齿的反常习惯和快感的特大城市,是一个只要你有钱就可以为所欲为的城市,我们也可以直率地说:许多美国人认为巴黎也是一座充满性、酗酒和毒品的城市。在海明威以及他的大多数朋友看来,巴黎是永无休止的花天酒地,尤其可喜的是物价不贵。他们认为巴黎就像是一个高级妓女:用诗人 E. E. 卡明斯的话来说就是:巴黎,是“the putain wih the ivory throat”(象牙嗓子的妓女)并且还“是温柔的美人儿”(此处用法文)。我们还记得色情狂亨利·米勒为当时在蒙帕纳斯地区最红火、最漂亮、最舒适的红灯区“斯芬克斯”编写过广告手册。那里甚至有空调设备。今日之美国要比“老欧洲”更加放荡,而我们很难想象美国人在当时所表现出来的惊奇、激情和赞叹。

美国人从性的角度来评价巴黎的魅力是从旧制度的末期开始的。约翰·亚当斯(波士顿的显贵,1783 年驻巴黎的外交官,并且后来是美国的第二任总统)认为,巴黎和凡尔赛不朽的法兰西贵族精神,深为世人所赞叹。而在本杰明·弗兰克林的眼里,这种不朽性就完全不同了,1780 年,七十四岁的他,却依然贪恋女性的友情。

他出生在波士顿的一个贫困家庭(后来从家中出走),来到费城以后拼命想成为一个标准的资产者。有了钱以后,他像当时的英国绅士一样积极投身到社会公益和科学工作中(他发明了著名的避雷针)。但是,在巴黎的本杰明则完全不同。法国人是否把他想象成了一个野蛮贵族的样子?即:他不戴假发却戴着一顶使让-雅克·卢梭高兴却让当时的费城人吃惊的海狸皮帽。的确,弗兰克林也同样毫无邪念地接受了法国上流社会的情感习俗。总之,哲学家兼大包税官爱尔维修的遗孀,并没有如他所愿同他结婚,但在巴黎女人的陪伴下,他如醉如痴,正如他对他的一个侄女说的:“我对他们说过,……我喜欢贵妇人;后来,他们就介绍所有的贵妇给我以便让我吻她们的脖子。因为这里的习惯不是吻她们的嘴唇或脸颊,前者被认为是过分大胆;而后者则可能会破坏脸部的化妆。”

当然,弗兰克林有些品行不端的同胞对皇宫区为富豪们提供的那种娱乐也非常感兴趣。诗人朗费罗的连襟、美国的雨果——托马斯·阿普尔顿说过:“美国的好人死后都去了巴黎”,可能是去追寻文化与精神的更高形式。但是在19世纪末,奥斯卡·王尔德(这位不知悔改的讽刺家,因为是同性恋而在伦敦遭受侮辱、关押和流放,后来,身心憔悴地死在巴黎)发表了这句名言的另一种版本:“美国的坏人死后都去了巴黎”,可能是去追寻不太光彩的娱乐。巴黎——性之都与巴黎——自由之都,这就是那些严肃的美国人所想象的一种永远不变的巴黎魔幻,20世纪30年代的亨利·米勒曾写道:“巴黎最动人心弦的是它的空气中都弥漫着性欲。[……]美国远比欧洲杂乱得多;但我不知为什么,人们没有轻松的心情,大家都不敞开心扉。”

从1789年至今,美国人认为巴黎是一种个性能得到充分释放的地方。不过,就在旧制度结束以前,巴黎在许多美国人的心目中仍然是政治自由的世界之都。在那些既是巴黎人也是美国人的自由主义哲学家中,最著名的可能仍要数托马斯·杰弗逊——《独立宣言》的作者和美国的第三位总统。这位杰出的弗吉尼亚人经常来法国旅行;例如,尼姆的“方屋”就曾经被他当做弗吉尼亚州里奇蒙市的一座公共建筑的样板。他对那个时代使用的、第二帝国时期基本已经程式化了的并且今天大体上仍然沿用的波尔多葡萄酒的分类法特别感兴趣。最后,我们要指出,杰弗逊曾努力将他所见到的在法国南方种植的葡萄与橄榄引进了弗吉尼亚。他与萨利·赫明斯之间的关系是在巴黎开始的,而她既是一位女奴又是他刚去世不久的妻子的异母姐妹。赫明斯本人和他生有两个孩子:最近的DNA检测证实了这一点。

总之,杰弗逊认为,真正深邃久远的法国既不是外省,当然也不是凡尔赛，而是巴黎。他喜欢说每个人都有两个祖国——自己的国家和法国，但对这个寄居巴黎的人来说，一方面，这是指弗吉尼亚，而另一方面，是指启蒙时代的巴黎和女沙龙评论家（当时人们不这样说）拉法耶特、自由派贵族西格尔、拉·罗什福科以及克莱蒙－托奈尔家族的巴黎。（还应该记住，尽管这是既相似又不同的领域，许多有才能的巴黎人从1780年以后就开始定居美国：仅在建筑领域里，我们就可以列举华盛顿的城市规划大师朗方以及虽不太出名但在某种意义上可以说是美国大学校园创始人的约瑟夫·拉梅，其代表作之一是他为纽约州设计的斯克内克塔迪联合学院。杜邦家族，也称作德·内穆尔家族，是所有法国移民中最有名的，也许是最奢侈的移民，不过仍然是移民。）

后来，大革命的失控、恐怖专政以及波拿巴主义损害了巴黎——自由之都在美国的声誉：但对它的怀念并未因此而完全消失，所以，19世纪巴黎的各种社会主义乌托邦思想在美国都引起了某些共鸣，例如在波士顿远郊区的布鲁克农场的自由承租人把傅立叶主义的理想当做典范。同样，1830至1840年在巴黎生活过的阿尔贝·布里斯班（1809—1890）曾经是这种巴黎世界观的坚定信徒，维克多·孔西德朗也曾试图将这种世界观移植到美国，尤其是移植到德克萨斯州。

巴黎，自由的土地，路易·施瓦利埃以赞同的态度引用了小说家施坦贝克（他后来到了美国，在越南战争期间从极左派变成了极右派，或曰准极右派）的一段文章：“这些地方萌生了自由，不仅是政治自由，而且每个人都有权利和义务以及走遍世界和冲出宇宙的强烈意识……回到巴黎，我相信就是找到了自己的家。”在法国大革命二百周年的庆典上，杰西·诺曼身披三色旗演唱了“马赛曲”：我们根据她所属的种族和国籍来理解这段插曲；这位黑人女歌唱家在巴黎的出现也代表了对两个姐妹共和国神话的怀念甚至也许是这种神话的延伸，两国各自都是为自己的文明使命服务的；也因此，他们总是争吵不休，但也总是（？）联手合作。幽默作家们的看法很对，法美关系其实一直是务实的,因为总的来说,不管怎样,只有当生意进展顺利的时候,他们之间的关系才严重恶化。

政治与个人的自由,但也是文化的培育:19 世纪的巴黎是成千上万来自美国的朝圣者的麦加——他们是为了寻求高雅文化的最优形式。19 世纪 40 年代的美国女权主义者玛格丽特·福勒认为,巴黎是一所卓尔不凡的学校,“在那里,无知不再令人难堪,因为这里有许多学习的方法”。她还说过,就她所知,巴黎是“唯一一所老师的确比他们的学生更有才能,更有知识”的学校。这也是《最后一个莫希干人》的作者詹姆斯·菲尼莫尔的观点,他于 1826 年到 1833 年在欧洲生活过,主要是在巴黎。这位拉法耶特的朋友在巴黎(主要)研究的是共和政府与君主政府财政支出的比较学。他写道,巴黎是欧洲的中心。在巴黎居住是每个美国人在去参观世界其他地方以前必须经历的学徒期:“它的文明、它的习俗以及它的能力有助于我们对外省的欣赏,使我们摆脱自己的偏见并培养我们更谨慎更有分寸地接受新思想的意识。我建议所有的旅行家在穿越阿尔卑斯和比利牛斯山脉之前,巴黎是第一个要停留的地方。”弗朗西斯·帕克曼是美国的米士莱,他认为巴黎,尽管某些没有良知的英国人出于嫉妒而说它的坏话,仍然是“现代欧洲的雅典”。

这一时期,巴黎的文化在美国有着无与伦比的魅力,而聪明的杨基佬能够把它变成一种真正的产业:1840 年,一个美国投机商团体在全国巡展了一幅迪比夫的油画《亚当与夏娃》,这位画家是巴尔扎克一部小说中的典型人物——极端无知的“杂货商”最喜欢的一位艺术家。他们因此赚了至少五十万法郎。这些会审美的商人心怀感激地又来到巴黎,花了四万法郎向伊萨贝、拉米以及他们的两位朋友订购了四幅关于《美国独立战争》的油画。

美国人认为,巴黎是文化与自由之都,这个政治问题(法国的自由、美国的自由）吸引了我们的注意力，而且，我们在法国人对美国的主要看法中，尤其是在托克维尔的著作中也感觉到了这个问题。在这位忧郁的贵族看来，美国非常重要，因为这个社会在巴黎以及法国大革命可悲地失败了的问题上取得了成功：唯有美国人能够将政治民主的建设与个人自由的发展结合起来，个人自由是中世纪骑士阶级创造的一种非常脆弱的价值观，而法国的贵族阶级没有能够用它来抵制瓦卢瓦王朝及其继任者的集权主义。英国也使托克维尔很感兴趣，因为英国的贵族阶级，尤其是乡绅（country gentry）居然能够在一个与他自己国家相似的国度里确保这种政治价值观的存续。但是托克维尔认为大不列颠只不过是昨天的法国本来可以成功的一种版本。相反，他希望美国的今天是法国的明天。虽然如此，应该加以说明的是，那只是希望法国在政治上如此，因为，在社会层面上，这位《论美国民主》的作者对美国（1830 年以后，他再也没去过）几乎没有什么热情。托克维尔为美国奴隶制的残酷、执政党的平庸和专制、新贵族（如律师阶层）的膨胀以及对印第安人的欺凌（印第安人在现代社会里的失败可能使他想起了法国贵族阶级与社会的格格不入，他们也好斗、厚古和无效）而感到痛苦。再说，在文化上赞赏、在社会上否定的这种不平衡也同样存在于这种法美文化界限的另一方，因为许多在法国的美国人（如亨利·詹姆斯）对法国社会仍在传播许多有害的贵族遗风感到震惊。（这也是今天仍深受欢迎的戴安娜·约翰逊的小说《离婚》的背景。）

因为，如果说托克维尔以及许多人都对一个尽管粗鲁，却炫耀高贵而陈旧的政治价值观的人民感到惊奇，那么从某种意义上来说，许多美国观察家也以眼还眼，他们对一个原本细腻的民族却（徒劳地）自诩为强硬派以及共和主义者感到惊奇。的确，在 1789 年，永远乐观的杰弗逊（他于巴士底监狱被攻占几个星期后离开）认为巴黎和整个法国社会一定会支持他的同胞已经宣告的自由与平等的新原则。（而实际上，1789 年 8 月法国的《人权宣言》也同样，至少是部分地受到弗吉尼亚《人权宣言》的启发。）但约翰·亚当斯和接替了杰弗逊任美国驻巴黎的公使古维诺尔·莫里斯(受其母亲影响,原先是胡格诺教派)则更加悲观。他们问道,如何将精神上极为挑剔的自由与共和主义原则嫁接到一个充满集权主义、宗教偏执、贵族等级和排他思想的社会里呢?

这是长期不和的开始。法国人偶尔会很欣赏美国人的政治或工业体制,但这并不能阻止他们怀疑,甚至厌恶美国所代表的社会价值观:一个内在的公民社会本身强加给法治国家的种种限制,这在巴黎看来似乎是非常值得赞赏的。但是,这个美国社会(迪斯尼、麦当劳、死刑、乔治·W.布什的宗教狂,甚至美式多元文化的急切愿望)在巴黎并没有激起什么热情。好奇心与相似性不一定能产生友谊与好感,甚至有时倒显得很危险。

公众的自由、个人的自由、性爱的国际化,这些就是美国人想象中的巴黎神话的各种元素。但是,在介绍某些美国名人(马克·土温、亨利·詹姆斯、海明威以及1920至1950年常住巴黎的非洲裔美国人)作品中的各种意识之前,先就美国在首都的一般形象作一简单介绍。因为这些美国人在巴黎的生活有其特殊性,几乎与所有在巴黎的其他移民不同,他们有时试图(甚至经常实践)在文化上融为一体;但绝少有在国家上的融入。(同时要指出,到美国去的法国移民也微乎其微:挪威的人口不到法国的十分之一,却比18世纪时欧洲人口最多的国家[包括俄国]输送给美国的移民还多)。在法国,有许多显赫的家族原籍是英国。(这里可以列举爱尔兰科涅克酒之父轩尼诗和麦克马洪元帅;或者政治家兼法国参议院议长英格兰人威廉·亨利·瓦丁顿以及格雷维总统的女婿威尔逊。)但是,也许除了朱利安·格林外,巴黎的历史上怎么没有出现过一位杰出的美裔公众形象呢?而尤其触动我们的是从1780年至今,当然除了被占领期间,始终都有成百上千甚至成千上万的美国人住在巴黎:我们已经提到过的富尔顿和他的全景影院,与大革命同期的还有出生在新罕布什尔州的本杰明·汤普逊,世称朗福德伯爵,巴伐利亚国王将其封为贵族,像著名的巴蒙蒂埃一样,他在法国做出了很大努力来推广使用马铃薯;还有1792年在巴黎的革命诗人乔尔·巴尔洛,他是法国荣誉公民并且还是国民公会不幸的候选人;1812年,他是皇帝身边的美国公使。他在奔赴与拿破仑大军汇合的途中死于波兰。

19世纪,有好几百位美国人来巴黎——世界艺术与科学之都学习绘画和建筑,而其中大约有五十多人早在1830年就已经在巴黎研究与实践医学:1839年,一位弗吉尼亚的年轻医生莱温·史密斯·乔尼斯听了他的外科医学老师讲述在欧洲的游历之后,在给他父亲的信中写道,毫无疑问,还是应该去巴黎,“他那些关于巴黎的无穷魅力的生动描述,极大地激发了我要去欣赏这座城市的欲望。”必须指出,在这个领域里,第一位在巴黎行医的女医生是一位美国人;奥尔良家族的牙科医生也是一位美国人;曾在1870年9月4日帮助欧仁妮皇后逃离巴黎去英国避难的埃文斯大夫也是美国人。美国历史上的社会和政治大动荡总是引起巴黎的反应。例如在20世纪的20、30年代,1929年金融危机前后的旅游者和知识分子数量的增加或减少与经济走势的涨跌是息息相关的。而这些反应中最奇怪的可能就是1865年美国北方派胜利后在巴黎避难的南方联邦分子的反应。一位“法国绅士”对以前的奴隶主维拉尔德夫人说,1871年的巴黎公社社员比黑人更坏,她反驳道:“这样说黑人是不对的,因为美国黑人一直都忠实于他们的主人”。在以前的州联邦里,把公社社员在法国的所谓恶行与“占领者”北方佬相提并论是常事:尚姆的一幅画表现了1867年在一辆巴黎的公车上,一个无情的杨基佬和一个凶恶的南方佬,在惊恐万分的市民面前互相射击。1867年,在巴黎的十一万九千名外国人当中,有三万四千名德国人、九千名英国人,以及四千四百名美国人。1927年,贸易委员会估计有一万五千名美国人住在巴黎。警察局(乐观主义者? 还是悲观主义者?)估计的数字更高:三万五千人。

这些在巴黎的美国人,不论他们原籍是欧洲人、非洲人或是土著人常常会感动民意。在后者中,最著名的是 1900 年世界博览会期间布法罗·比尔在巴黎的访问,但最成功的可能要算是 1845 年在卢浮宫举办的一次印第安艺术展所产生的影响。那真是一场盛会。出席这次盛会的有维克多·雨果、冯·洪堡男爵(德国学者,伟大的探索者)以及乔治·桑(似乎总是期盼自然主义和田园牧歌式的生活,即使是以其最为独特的形式)。美国画家乔治·卡特林创作过一幅相关的画在美术馆展出,担任过埃德加·艾伦·坡的翻译的波德莱尔在 1846 年对这幅画大加赞赏。这些"红皮肤的人"——当时大家这么称呼他们,容光焕发,身上画着油彩,戴着饰物,乘着公共马车来到杜伊勒里公园,美国驻巴黎大使将他们介绍给平民国王。(今天在凡尔赛博物馆里有一幅卡尔·吉拉尔德描绘此事的油画)。这次"show"取得了巨大的成功,不过也许除了那些当事人自己:由于气候的不适应;他们中有些人患上了结核病;所有的人都想回家。

巴黎,自由或文化的神话之都,后来则成了娱乐的魔幻之都:许多美国人,尤其是亨利·詹姆斯都这样认为。然而,很自然地会有这种情况——我们往往对自己经历过的伟大时刻视而不见;比如在巴黎,美国人中的美国人马克·吐温(1835—1910)就是这种情况。吐温被他那个时代的美国神话所困扰——那是一片充满人性希望的土地,他同时也关注美国黑人的悲惨现实——这片大陆上原罪的象征,他虽然在巴黎生活过许多年头,却几乎什么也没有看见,什么也没有理解,因而人们不禁要问他为什么还要选择待在巴黎呢,既然这座城市的一切都使他厌恶,包括这里的气候,他在 1879 年写道,法国"根本没有冬天,没有夏天,什么好处也没有……巴黎很冷,总是雾霭蒙蒙,雨下个没完……该死的巴黎"。安德雷·莫洛亚在提到这位《哈克贝利·费恩历险记》的作者时说,正是读了他的著作后对美国产生了好感。从某种意义上说,这种好感用错了地方,因为吐温是属于那种常见的、令人气恼的典型:排法的美国人典型(或更确切地说,讨厌巴黎的美国人,因为吐温只在法国的巴黎住过),而他不得不在那里生活可能是为了不断地娇宠他那永远无法满足的坏脾气。

密西西比河上的水手塞缪尔·克莱门斯——当时还不叫马克·吐温,是在新奥尔良发现了某种法兰西风格,以及某种克里奥尔厨艺。后来,他对巴黎的印象(负面的)被嫁接到了这种殖民地思想(相对正面的)的主干上。也正是在路易斯安那州,吐温学会了几句法语。在1822年的日记里,吐温称赞了法语:"这是一种多么美丽的语言啊。"但显然,他总是带着嘲弄的口吻说法语。杂志《两个世界》发表过一篇他的短篇小说。吐温打趣地把这篇法语文章翻译成了滑稽可笑的英语。他的法文兼收并蓄而又支离破碎,至今令人称奇。他读过赛维妮夫人的著作,对她的书简很感兴趣,但却看不起其作者。他不喜欢《萨朗波》,也不喜欢拉伯雷和保尔·布尔热(伊迪丝·华顿的朋友)。吐温欣赏圣西门和阿纳托尔·法朗士,但对巴尔扎克、波德莱尔或保尔·瓦莱里不感兴趣。他所了解的1789年革命史完全是通过反法的卡莱尔和极为反动的伊波利特·泰纳的著作,这两位作家,一个将整个事件描绘成地中海的两大外国财团之间的肮脏战争,另一个则把大革命描写成一个病态和变态的法国必然经历的阶段——其间,人民中的渣滓篡夺了政权。

《哈克贝利·费恩历险记》是美国文学史上的里程碑。一个黑人,从前的奴隶,终于有一次,而且是头一次作为具有人性与尊严的人出现在书里。同样,在1889年一篇题为《关于犹太人》的文章里,吐温是一个普世主义者。但是,什么规则没有例外?吐温认为,法国人,尤其巴黎人是一个特殊的种族。法国人的民族主义,也许甚至法国国民的思想都使他不寒而栗。法国人是最好战的民族。他们是一个野蛮的民族,堪与缅甸人和土耳其人相比。法国女人应该有什么样的美德?回答是:"不偷窃并且只有一个情人。"一个知道他父亲是谁的法国人是真正幸福的。(这句名言在大西洋彼岸的美国有很大的影响。)勇敢的格言是什么?厚颜无耻。他开玩笑说,一个法国女人在死者的床前,发疯似地为她的丈夫以及她的九个孩子和九个父亲祈祷。通常,是妓女们在领导法国("in big and little details")。1870年焚毁圣克劳教堂的恰恰是法国人而不是普鲁士人。没有一个法国人会有足够的胸怀来欣赏德国和它的文化。吐温对定居在巴黎的美国人没有丝毫的好感:他批评他们变质了,自己放弃了国籍并模仿他们的主人。说说他的优点吧,(虽然如此)吐温还是因左拉曾为德雷福斯辩护而对他十分欣赏,他还欣赏圣女贞德,并曾为贞德写过一本他错误地认为是一本很好的书。左拉和贞德:奇怪的比较,不过却很容易理解。左拉的勇敢("全法国最具男性气概的人")和圣女贞德的纯洁这两种品质与他在1890至1895年寄居巴黎时的所见所闻毫无关系却非常相似。

所有的巴黎人都不喜欢美国,而所有的美国人也不曾爱过巴黎。然而无论如何,尽管吐温令人相当不舒服,却是一剂有用的解药,不仅可以医治偶尔支配着描述法美关系的温情主义,而且可以治疗一种认识,也许太抽象,即认为巴黎的神话无处不在。巴黎是19世纪之都,也许。但大家并没有理解它。

现在可以真正松一口气了,我们放下马克·吐温不谈而着手讨论亨利·詹姆斯精美而细腻的作品,他虽然也像吐温一样经常住在巴黎,但却与他截然不同。1843年生于纽约的詹姆斯在伦敦、巴黎和日内瓦受过教育,1875—1876年他曾在法国的首都住过一年,在那里他为《纽约论坛报》撰写了一系列非常有见地的文章。与吐温完全不同的是詹姆斯法语说得非常好,证明是:他的英语散文写得非常细腻,其中却用法语特有的表达方式加以修饰。詹姆斯在他的故事集《地域风情》里半开玩笑半认真地写道,斯克里布大街和里弗利大街之间的方圆三四公里成了当时的美国游客聚集的社区,其中最神圣的地方(the most sacred spot)是歌剧院大街和卡布西纳大道的交汇处。

出于兄弟团结的情感，他在第一次世界大战期间的1915年，即去世的前一年，从美国国籍转入了英国籍，詹姆斯是一个伟大的欧洲人，然而，他始终认为法国（也许，他的确更爱意大利）是一个非常优秀的异国他乡，是一个有经验的美国人能够在这里极好地学习（我在这里摘录他的法语原文）“理解生活”的国度，用神话的语言来说就是理解历史的方向和目标。詹姆斯认为，巴黎的生活更愉快真实，因为设计得更巧妙，也不太清苦。魅力、喜悦、秀丽、“clever”（这个词无法翻译），这些词常常出现在他的笔下。巴黎的一切他都喜欢，甚至包括那个林荫大道上过分聪明、过分“clever”的歌剧院。（某些巴黎的画家甚至“odiously clever”[可恶地聪明]）

他在《奉使记》中写道，在巴黎，交谈使思想活跃，“在乌利特（马萨诸塞州的一个小城），有一些不同的观点，但只有三到四种观点”。的确，在巴黎，沙龙的习惯是有时（甚至经常）让人说出反面意见。这可能使人不快。（詹姆斯作为美国人，尽管非常高雅，却必然是民主派。）但他认为，人们能够容忍这些已经使卢梭恼怒的滥用词语，因为巴黎人这样做不是出于对抗或是掩饰的心理，而是为了得到述说和倾听的快感。在文章中，他也许觉得凡尔赛的雕塑以及花园像法国其他许多事情一样，被“治理”（詹姆斯用的这个法语词，也是难以理解的）得太好了。但这一切属于法国的环境，而詹姆斯对此很少抱怨。

亨利·詹姆斯无论是从整体上还是从细节上都很好地理解了他那个时代的巴黎。同样，从1875到1876年，他从巴黎寄往纽约的信中详尽而理性地介绍了艺术的商业化（一种让龚古尔兄弟茫然不知所措的现象）。詹姆斯不理解印象派艺术家（参观了杜朗·吕埃尔的那些印象派画作之后，他觉得那是“一种令人沮丧的劣质画藏品”），不过，他对当时过于雕琢的绘画反而更不喜欢，他评价梅索尼埃的一幅油画时使人想起了波德莱尔对凡尔奈的油画的评价，画中的军服、靴套以及纽扣的真实性无法弥补创意的庸俗与谬误。詹姆斯在文章里始终无法理解那个美国富商为购买这幅画竟花了七万三千美元，他挖苦地指出，这笔惊人的巨款足以使这幅最初他认为很平庸的油画，似乎真的变成了一幅不错的作品。他总结道，在巴黎，商人们对艺术品的推销本身就是一种艺术。

詹姆斯最好的小说是1903年写的《奉使记》，他花了大量的笔墨来描写巴黎的代表性。故事的梗概是：纽萨姆夫人是富有的艺术慈善家、有残疾，是马萨诸塞州乌利特市的一个实业家的遗孀（这座城市的名字今天看来好像有点可笑，但它在当时，甚至在当今的品牌“护丽特”发明之前就很可笑），她委派史瑞德（这个人物使人想起了作者）把这位寡妇的独生子查德·纽萨姆带回到商业利益至上的马萨诸塞州，而这孩子早已打上了巴黎的烙印。刘易斯·朗贝尔·史瑞德（代表亨利·詹姆斯，而这名字是出于对小说《路易·朗贝尔》的作者巴尔扎克的敬意）非常了解法国以及它的文化，尤其了解他居住过的首都。他料想会在那里遇见一个被放纵生活惯坏了的或者多少有些流里流气的查德，这种生活是他在美国通过阅读穆尔热的小说《波希米亚人的生活场景》（詹姆斯认为，这部作品因1896年普契尼的歌剧《波希米亚人》的首演重新具有了现实意义）而想象出来的。

然而，恰恰是这个法国化了的查德，这位巴黎化了的美国青年，总体上有了很大进步，并且变得更热衷于艺术，更懂得生活。他的巴黎女友比他大十几岁（其实是他的情人——史瑞德后来突然明白了），是一个完美无瑕的女人，她的魅力和端庄突显了她的纯洁却映衬出了纽萨姆夫人的庸俗和浅薄，夫人也很了不起，但那是在乌利特而不是在巴黎。故事的结局很不好。史瑞德，变得极为清醒，巴黎使他明白是他自己毁了自己的生活。他与纽萨姆夫人的婚事告吹。（这令人苦恼，因为他需要她的钱来维持他的文学杂志）查德抛弃了维奥奈夫人而回到了美国。他也许在那里发了大财。

这部出奇复杂，读起来又很费力的小说却使所有对巴黎历史感兴趣的人入迷，首先并最直接的原因正是故事的情节围绕着巴黎的历史展开；但更主要的是因为小说将两位美国人（一个年轻，另一个上了一些岁数）在道德上的变化归因于巴黎。由此巧妙地揭示了欧斯曼的首都——成为了娱乐之都的巴黎。詹姆斯在书里向我们描绘了巴黎——世界文化之都,一个年轻的美国人能够在这里找到出路;但同时,书中也讲述了在巴黎,一个敏感的人能够学会摆脱已成为令人不安的现代性魔幻。正如欧斯曼的巴黎一样,查德其实天性并不太聪颖也配不上那个法国女友,但他在巴黎却很有长进。而他的变化——影射了欧斯曼,在某些方面也是令人不安的。可惜的是这位会做戏而又肤浅的年轻人带着假面具,小说中,他的一个朋友说过:"他就像一本已不如从前那么受欢迎的旧书(进行了注解和修订以后)的再版。"总之,就像巴黎一样。

虽然唯美主义的詹姆斯完全感受到了首都正在从神话走向魔幻,虽然他对这种变化也感到某种不安,虽然他不得不承受人们在马奈特别是波德莱尔的具有神话意义的作品中感受过那种异化的沉重压力,但这一切并不令人吃惊;在他的小说中很容易见到一些巴黎特有的问题,比如,漫游者的问题,这非常关键,而且,这种漫游者也在詹姆斯另一本非常好的小说——1875 年的《罗德里克·哈德逊》中出现过。(我们已经知道,一个有经验的漫游者,其首要天赋是能够"满怀激情地尽情感受快乐"的能力,这个定义波德莱尔应该能够理解,虽然他一度想改变它,因为,《恶之花》的这位漫游者不单单是享受者,而且还是一个懦弱的享受者。)

而艺术市场与漫游者,这两个巴黎的问题在《奉使记》里都被归结为收藏家的问题。漫游者是一种异化的人物,他们关注自己的环境和被他们当做庇护所的家。本雅明式的漫游者是精神贵族,游离于他认为不可避免的现代性之外,却收藏因在数量上和相似性上都具有了一种新价值的物品,这种新价值高于一个既讨厌又无法抗拒的市场所赋予的价值。所以,那位大西洋彼岸的具有现代意识却又不懂行的女收藏家高丝特瑞小姐的公寓与历史的化身——谨慎(甚至神秘)的贵族夫人维奥奈(查德的女友)的寓所之间存在着巨大反差,后者处于新世界、新景观社会和现实之外,而以自己的方式成为了贵族漫游者:史瑞德到她家去拜访时看到她被所继承的珍品包围着,而从这些高贵的藏品中一眼就能看出,她的沙龙与高丝特瑞小姐那俗气的小博物馆截然不同,或者与青年查德那乍看起来还算可爱的住所也完全不同:"史瑞德在那里[维奥奈夫人的家]看到的藏品并非是出于时代风尚或出于好奇的需要,而是长久、缓慢的积累……查德和高丝特瑞小姐是四处淘换、购买、分类、筛选和比较收藏品,而他眼前这位出奇沉静的女主人,只是默默无语地接纳与收藏。"

詹姆斯认为,从19世纪70年代开始,巴黎生活中最突出的特点之一就是:神话与魔幻——珍品之都和商业化之都并存。詹姆斯崇拜写这种题材的法国小说家(尤其是龚古尔兄弟,他是他们的朋友和信徒),他认为小说只不过是对历史叙事的虚构;而作为小说家的詹姆斯,此时完全理解了巴黎正在脱离现代性而向弗洛伊德、普鲁斯特、乔伊斯和马恩的现代主义迈进。欧斯曼,以进步和未来的名义,建设了一个无毒的、神话般的以及代表着进步的巴黎。19世纪60年代出现了许多林荫大道,其后,便是巴黎——革命之都神话的再现:1871年的巴黎公社。在1903年,詹姆斯仔细地倾听了城市的这段历史:在圣日尔曼镇上的一间公寓里,史瑞德靠在窗边,倾听着周围的喧嚣。

> "他听到了院子里泉水流淌的声音,还有,从远方传来巴黎的喧嚣……从远处,从院外,从主楼的另一边,巴黎的各种混乱、撩人的喧闹声传入他的耳鼓。长久以来,史瑞德头脑中总是突然涌出一阵阵幻想,一种骤然的感觉,这些幻觉都与历史有关,是既清晰又模糊的预感和假设。而在[伟大革命诞生的前夕],这些声音犹如革命即将开始的征兆,时断时续地传到了他的心里。从中他预感到了革命,他嗅到了公共精神的气息,或更简单地说是血腥的气息。"

詹姆斯不喜欢法国的资产阶级,却很欣赏"**巴黎的工人阶级**",他们比英国或美国的工人更生动、更聪明而尤其是更有人情味。

他还谈到了巴黎的历史以及自我的复杂性。年轻而天真的萨莉·波科克（查德的妹妹）自认为理解了巴黎——它的诱惑、它的机理，“巴黎的大时钟”，也可以说理解了欧斯曼的那个过于简单可读的巴黎。而史瑞德本人，虽然是更深刻的现代主义者，却为他在巴黎的见闻、城市的喧闹以及日常生活中的种种难题所困扰。巴黎的光芒使他眩晕，而小说自始至终，詹姆斯都在不断地使用巴黎的光芒这种寓意来解释史瑞德（也即他本人）的自我堕落，堕入了更为复杂的境地——也堕入了更大的疑虑。詹姆斯写道：“这天早上，巴黎展现在他的眼前，像伟大而辉煌的巴比伦，像一个硕大而刺目的物体，像一件晶亮耀眼的首饰，这首饰的各种成份因无明显界限而相互间无法区分。一切都闪耀着，颤抖着，化成了好像是连续不断的一堆或浅或深的东西。”因而，史瑞德在倾听巴黎及其历史的同时，学会（在这方面他是典型的美国人）了更好地认识自己，而且也更好地理解了爱情在自己的生活中以及巴黎人的生活中是多么重要：这里，法国首都更有人情味的神话超越了美国清教徒式的、更为严峻的神话，至少是乌利特的那种神话。

史瑞德出现的时候已经五十五岁了。这位鳏夫因他年轻的妻子以及他的独生子在几年之中相继去世而一直沉浸在悲痛之中，甚至茫然不知所措。到了巴黎之后，他就像是一个在博物馆里“从一幅比一幅聪明”的油画面前走过的参观者，而这些画他却看不懂。对于这种不幸，巴黎当然无能为力。不过多亏了这座城市，多亏了一个巴黎女人，多亏了维奥奈夫人，史瑞德最后变得更加清醒，也能更加正视自己、更加独立、更加自由。他的婚约废除了；而他的出版生涯，可能也结束了（纽萨姆夫人可不喜欢不听话的人）。但他的失败却给了他非同寻常的满足：“从这种梦想得到而又失去了某种东西的感受中，他意识到了自己的渺小、顺从和被抛弃；[但这一切]像是一首咏叹消失之物的诗。”

然而,美国人在巴黎最风光的时期既不属于吐温,也不属于亨利·詹姆斯或者伊迪丝·华顿——这些19世纪富有的男女们,而是属于著名的欧内斯特·海明威的《迷惘的一代》以及他在那个超级魔幻化巴黎的众多朋友们。罗伯特·麦卡蒙曾梦想娶富有的女同性恋威妮弗蕾德·埃勒曼,而她对他并不感兴趣,但却帮助他结识了许多20世纪20年代在巴黎的美国名人,他声称自己认识至少二百五十位当时居住在塞纳河两岸的美国画家和作家。

首先,令人感触颇深的是这帮不太招人喜欢的作家及艺术家对首都认识的肤浅性。这些复古派自以为已经熟悉的巴黎是一个根本不存在的巴黎,一个旅游手册和广告宣传画上的巴黎。詹姆斯对巴黎的真实生活极感兴趣:例如,1875年,当他还年轻的时候,就热切关注法国当时错综复杂的政治斗争,他和甘必大一样最先理解了共和国的未来也是法国所有城市与农村的未来。

这一切在“迷惘的一代”身上找不到丝毫踪影。谁能从他们的著作里读出战后法国的苦恼,1914—1918年的伤痛,经济的混乱,法西斯主义的先兆?从某种意义上说,另一位被流放的美国人T. S. 艾略特(他也和亨利·詹姆斯一样是哈佛大学的老校友,而且还是莫拉斯的崇拜者)定居在伦敦而不是巴黎太可惜了,因为艾略特完全理解“迷惘的一代”的心态,他当时写道:“如果我来巴黎生活的话那就要远离他们,绝不依赖他们。”什么巴黎人?什么安德烈·布勒东?什么超现实主义?什么野兽派?什么马蒂斯?什么毕加索?什么巴黎学派的俄国和犹太画家?什么1934年的骚乱?艾略特对这些根本不感兴趣。他说过“最应该做的,是将巴黎当做一道风景或一种传统而不是当做人群聚集的地方,这些人大部分都无聊而浅薄,就会浪费时间,只适合在咖啡馆里搞一些愉快的聚会。巴黎最大的危险是它过于重视精神,并且这座城市,像是兴奋剂,用一种体验伟大脑力活动的甜蜜梦幻来哄骗你,却不脚踏实地地去工作。”这些美国作家吃、住、生活在一个封闭的圈子里，最喜欢读的也是他们自己的或者一些不入流的著作：当时的巴黎竟有五家出版社发行英语书籍以及许多英文杂志，其中最重要的是欧仁·乔伊斯的《变迁》，从1927年到1936年，它的订户甚至达到了四千份。

所以，很遗憾，人们会问20世纪20年代的巴黎之所以吸引"迷惘的一代"，是不是因为战后的汇率对这些客人极为有利。（法郎的贬值从1919年1月的5.45法郎兑一美元跌到了1926年7月的50法郎兑一美元。）菲茨杰拉德（装腔作势的酒鬼）以及他后来发疯的妻子全部身家只有七千美元：这在纽约是太少了，但他觉得在巴黎，这或许足以过体面的生活呢？关于这一点，有必要对海明威及其朋友们在著作中关于巴黎人吝啬的许多评论给予反驳，人们很容易这样想：由于和巴黎只有金钱和性的关系（这两件事经常错综复杂地交织在一起），他们有机会见到的那些法国男人和女人的知识和道德水平的确显得粗俗：海明威笔下的一个人物杰克·巴恩斯坐在咖啡馆里，想召一个妓女来聊聊天。但遗憾的是由于这个年轻女人根本不懂得沟通而使他非常失望甚至反感。他由此得出结论，巴黎，对于像他这样一个深受伤害的人来说是多么令人失望啊。当时在巴黎的阿莱克斯·斯摩尔在评论他的朋友们时说的不无道理，"一切想掌握法语或者用亲眼所见来获得法国真实印象的真诚努力在他们看来都是赶时髦或者装蒜。正是由于这种对法兰西的文明与文化的故意视而不见，我们也许应该更无情地批评蒙帕纳斯的那些（现在已经解体了）美国帮。"

无论是两次大战之间还是第二次世界大战之后，美国黑人的生活远比"迷惘一代"的作家们要丰富得多和有意义得多。许多公认的看法是，"享有特权的白人"（White Anglo－Saxons Protestants）文学旅游者只是巴黎小商品的普通消费者。但他们的黑人同胞却相反，是真正的创造者、是卖方而不是买方：在一个文化消费的魔幻社会里，这是独创性甚至是某种高贵的表现。的确，美国的黑人和白人来巴黎寻求美国当时还没有的生存与工作自由，在这方面他们是相似的。但应该指出，他们寻求自由的方式不同：白人是用他们力所能及的破钱包在魔幻中寻求；黑人中的大多数，是在巴黎的神话遗迹——自由乐园中寻求，在工作中、在日常生活的娱乐和快乐中寻求。因此，应该重视非洲裔美国人在巴黎存在的历史沿革，它虽名不见经传却比海明威以及葛楚德·史坦（“傲慢而虚荣的油炸甜点”）的那段历史更为感人。

第一批有机会从美国来巴黎的黑人可能是托马斯·杰弗逊带来的男女奴仆们（我们已经提到过）。从19世纪中叶起，还有一些原籍路易斯安那州讲法语的自由黑人来到巴黎，其中有些人自己就是奴隶主。而只是大约在1886年，由于演员伊拉·阿尔德里奇扮演的《奥赛罗》深受欢迎，才真正开始了非洲裔美国人在巴黎的历史。仲马将军（1762—1806）的生母是一个海地女人，他的孙子亚历山大·小仲马张开双臂欢迎这位美国戏剧演员并说道：“亲爱的兄弟，我也是黑人。”从此以后，他们原先时断时续的交往很快频繁起来。1894年，哈佛大学的文学博士同时也是美国“美—非研究”的鼻祖W. E. B. 杜波伊斯经常光顾卢浮宫和巴黎的一些剧院，他尤其喜爱莎拉·伯恩哈特的表演。

1891年，一位英国圣公会黑人主教的儿子亨利·奥赛瓦·丹拿（1858—1937）的到来是一个非常重要的标志，他在费城学习了美术之后定居在巴黎——他所谓宁静的避风港，而他取得了真正的成功。从1894年至1899年他有好几幅油画在美术沙龙里展出。1923年他获得了荣誉骑士勋章，丹拿在巴黎帮助并培养了一代黑人艺术家。他的一幅油画收藏在奥塞美术馆。（同样还应该指出，一位罗丹帮助过的年轻女人梅塔·弗·瓦立克·福乐［1877—1968］最先在她的雕塑作品里表现了黑人。）后来，还有一些美国黑人进入了博纳尔、莫里斯·德尼以及爱德华·维亚尔常去的朱利安美术学院学习。

从意识形态上来看，正如W. E. B. 杜波伊斯的杂志《危机》经常指出的,第一次世界大战向美国黑人提出了一个令人不安的良心问题,怎能不为民主而战斗呢？但为什么要为排斥黑人的白人的民主而战呢？美国黑人士兵在法国——人权神话的祖国受到热烈欢迎,在一定的程度上解决了这个令人烦恼的两难问题。在1914—1918年期间,有十六万美国黑人士兵在法国服役,在大部分时间里,他们是为自己的国家服役,但也有些人加入了法国军队。爵士乐正是这样通过一个黑人军乐团开始在巴黎流行的。据说,在一次这样的音乐会上,极为严肃的总统普恩加莱被人看见正在忘乎所以地用脚悄悄地打拍子。从1919年起,陆续来巴黎的有西德尼·波切特和约瑟芬·贝克,而后者在1925年的10月演出了经过巴黎的导演精心改编而具有了非洲韵味的"黑色舞蹈"。1933年阿姆斯特朗来过巴黎;"艾灵顿公爵"分别于1934年在普雷耶剧场,1937年在红磨坊表演了**纽约棉花俱乐部**的音乐。

大多数在巴黎的美国黑人都过着平静的生活,他们每天都与巴黎的百姓接触,与他们的白人同胞没有什么特殊的关系,而后者也根本不关心他们。曾有人说过"所有的人,包括匈牙利人、德国人,世上的各种人,包括画家、收藏家、艺术评论家、作家以及美国的旅游者都去过葛楚德·史坦那间坐落于福勒吕斯大街的房子。"不错,所有人,但却有一个例外,那就是除了史坦小姐和托克勒斯小姐的非洲裔美国同胞。不错,黑人女画家兼诗人格温多琳·本妮特曾受邀到她家里喝过一次茶,但也仅此而已。

对这些非洲裔美国人来说,巴黎当然是一个公共自由的首都(在这里他们可以说和写他们喜欢的东西),但他们认为这里也是一个日常生活更加自由的地方,通常也是一个性自由的新环境。因其侦探小说在巴黎的成名要早于在纽约的契斯特·赫姆斯并没有说错:"我认识的所有美国黑人都有一位白人妻子……例如理查德·怀特的第三任妻子,以及奥利弗·哈林顿,他是拉丁区所有外国白种女人的宠男……"舍伍德·安德森在1921

年就已经发现:“现在,巴黎的德国人不多见了,却到处都是中国人、黑人、日本人在悠闲地散步。我经常看见黑人与他们年轻的白人女友一起在饭店里用晚餐或在街上并肩散步。大家并不注意他们。这在美国的城市里会引起骚乱。”一般来说,巴黎的大众也欢迎他们,欢迎那些饭店业大佬(Brick - top),而尤其欢迎那些音乐家。约瑟芬·贝克更是取得了神话般的成功。

巴黎的超现实主义者对这些不寻常的客人特别感兴趣,并且把他们的出现(不过常常是资产阶级)看作是西方世界的正统文化行将瓦解的先兆。这是一种误解;另一种误解就是许多非洲裔美国人认为,在巴黎,更使他们感兴趣的是非洲而不是巴黎人。“哈莱姆文艺复兴运动”尽管很有当地的特色,但它要比人们通常想象的更受惠于巴黎。兰斯顿·休斯(1902—1967)在蒙马特当勤杂工的时候(他可能是 Brick - top 最出名的员工)经常来巴黎,并且是最先想到将巴黎与纽约的生活方式进行比较的黑人作家之一。与来自特立尼达的克洛德·麦凯一样,诗人康提·库伦也是在巴黎结识了艾兰·洛克之后,在巴黎——又是在巴黎,发现了列奥波尔德·桑戈尔和艾梅·沙塞尔提出的观点:“黑人气质”。

随着 20 世纪 30 年代的经济危机、战争以及德国的占领,一切都中止了;但到了 1945 年,这一切却重又得到了更好的发展,可以说,20 世纪 50 年代标志着巴黎人与非洲裔美国人相互交流的高峰期。成千上万的黑人大兵和美国人定居在首都,他们中有餐饮商人勒卢瓦·海纳斯,他在克罗塞尔大街上的餐厅享有一定的知名度:马丁·路德·金曾光顾过这里。在 20 世纪 20 年代,非洲裔美国人主要落户于蒙帕纳斯,《法兰西行动》的雷昂·都德在谈到这个地区时很客气地说它成为了“为外国人服务,尤其是为美国人服务的淫荡场所。”美国记者乔尔·罗杰斯认为,“克里希大街是巴黎的百老汇和 42 街。那里才是首都夜生活的中心,大多数各种肤色的美国人都到那儿去逛。如果你得知你的朋友中有人到巴黎来了,你就去到那儿找他吧,他百分之九十九在这条街上,在红磨坊和皮嘉勒街之间……”这是在两次世界大战之间的情形。但从第二次世界大战以后,这些非洲裔美国移民聚集到了蒙帕纳斯的周边地区:到1960年,还有三千人左右。战后,所有这些客人中最著名的可能就是《土生子》的作者理查德·赖特了。他曾经是共产党员,被美国政府拘禁,正是由于法国当局的坚持,赖特才拿到了护照从而使他能在1946年来到巴黎。萨特和波伏娃向首都的知识界大力举荐他。赖特与阿里奥尼·迪奥普一起在巴黎组织召开了黑人艺术家和作家大会;W. E. B. 杜波伊斯给他们发来了贺电。在20世纪20年代,巴黎曾经是爵士乐,曾经是约瑟芬·贝克以及她那昙花一现的香蕉舞裙,而到了20世纪50年代,对于许多美国黑人青年,如安吉拉·戴维丝来说,巴黎反而成了一所激进主义的大学校。无论是对是错,无论是好是坏(每个人对此看法不同),这也许是巴黎——自由之都神话的最后回响,现在看来,这比转瞬即逝的1968年事件更严肃,更重要,也更有希望。

巴黎的这一页历史伴随着1948年11月11日抵达巴黎的"脚穿破袜,怀揣四十美元"的詹姆斯·鲍德温逝世已经结束。因为,非洲裔美国人在巴黎的英雄时代(或曰神话时代)与这位小说家一起结束了:今天来自纽约的黑人艺术家很少在巴黎定居。再者,鲍德温本人好像也相当无情地说过他不是来巴黎,而只是离开了纽约,他还说过"酷爱巴黎的同时又冷淡甚至讨厌法国人是完全可能的"。他又警告说:"一个真正想了解人们生活的旅游者——而人们在生活中又不愿意接受他,是不幸的,也很少见。"

要理解为什么作为少数族群的非洲裔美国人对巴黎的看法改变了,显然应该注意到20世纪60年代的"民权运动"。特别是在第二次世界大战以前,对于那些在自己国家里只是二等公民的人来说,去巴黎,就是选择(并获得)了自由的权利。但是1960年以后,这就偏离了原来在美国本土进行的解放斗争。尽管他常常说巴黎不好,但早期的鲍德温感觉作为一个巴黎人相当不错;而戴维·利明也完全有理由认为《乔万尼的房间》这部教育小说是所有鲍德温的著作中最有巴黎味儿的一部。小说刚出版的时候,鲍德温喜欢将其与詹姆斯的《奉使记》加以比较:他这部小说的寓意不也是强调了最糟糕谎言的可悲后果,也即缺少真诚面对自我的可悲后果吗?

但这一切突然改变了:在60年代以前,对于一个黑人来说,留在美国就意味着忍受侮辱并且不得不或多或少地将白人对黑人的看法压在心头。这一时期过后,对美国黑人来说,到巴黎来反而是选择了一种精神的享受。1963年8月,鲍德温和演员威廉·马歇尔一起在巴黎组织了向马丁·路德·金的华盛顿进军的抗议活动。但几个月之后,当他的画家朋友,也是非洲裔美国人波弗·德拉内,收到一位亲戚从田纳西州诺克斯维尔市寄来的信时,他又该作何感想呢?信中写道:"肯尼迪总统之死陷我们于悲痛之中,我们觉得前途渺茫"。还在巴黎与这种命运作抗争吗?在一部用哈罗德·弗兰德描写黑人乐手生活的小说改编的电影里,一位芝加哥的小学女教师在巴黎访问时有过一段意味深长的对白,她说:"情况比五年前好多了;并且明年会更好。但这并不是由于黑人待在了巴黎,这是因为那些黑人留在了美国。"

不大喜欢巴黎的爱默生在1833年说过:"我们去欧洲是为了使自己美国化"。1960年以后,这已经没有什么意义了。

1890年,纽约的画家蔡尔德·哈萨姆只对纽约的生活中使他想起欧洲的景象感兴趣。但1900年以后,他的油画向我们展示了纽约人的纽约。艾金斯也是如此。同样,1910年前后,巴黎的先锋派画家毕卡比亚、杜尚以及格莱茨穿洋过海去领会现代主义的精神,而没过多久,纽约的形象也成了立体画派的形象:毕卡比亚说这是"纽约的极端现代性",所以好几位欧洲的艺术家例如乔治·格罗兹、某些构成主义画家以及达达主义画家,能这样来表现他们甚至从未见过的城市。不久之后,逃离了"第三帝国太平盛世"的贝托尔特·布莱希特在谈到纽约时说,他认为这座城市是不可摧毁的:它建立于岩石之上,将延续千秋万代。

佛罗伦萨是14世纪之都;罗马则是17世纪之都。巴黎,正如拿破仑对拉卡斯说的,是19世纪的世界之都;纽约是20世纪之都,巴黎的神话,纽约的魔幻:也许,这就是我们的现代性的全部文化历史。

第十三章 巴黎世界博览会：从神话到魔幻

1855 年 8 月，泰奥菲尔 · 戈蒂耶在看完了泰奥多尔 · 巴里埃尔的一出十五场的戏剧《巴黎的历史》(巴里埃尔是一百多部这类作品的作者)后，在日记中写道："巴黎现在很时髦[……]它吹嘘自己的多利安和吕底亚时尚[……]"。的确，在这一点上戈蒂耶的思路正确，因为从 1860 到 1937 年，巴黎人非常喜欢自我欣赏：这也许是他们的小毛病吧。然而，真正值得巴黎自我炫耀的并非戏剧，而是在一个半世纪中的各届博览会，尤其是 1867 和 1889 年的世界博览会。瓦尔特 · 本雅明认为，从 1850 年到 1890 年，博览会"取代了博物馆"。他又说"要比较一下这两种现象的思想基础"。这想法确实不错，因为，19 世纪的巴黎博览会，无论从哪方面来讲，的确都是一种文化与想象力的博物馆，况且，在博览会上，尤其是在 1855 年的世界博览会上，有好几百幅绘画作品参展。在将近一个世纪的时间里，1867 年的巴黎世界博览会可以看作是赞美巴黎——世界之都神话的总宣言，但到了1930年，这个神话被弱化了，因为巴黎成了法兰西殖民帝国的首都。

所以，这是重温从1750年的巴黎知识界到1830年的巴黎神话再到美丽时代的巴黎魔幻的全部过程；但在博览会上，这得到了极为广泛地传播。被选为德芳夫人与乔芙兰夫人的"晚宴嘉宾"寥寥无几；无套裤汉中的激进分子不到六千人；波德莱尔生前只卖出了三千套自己的著作。多少有些亲斯拉夫并原则上反对彼得大帝为把俄国与欧洲联系起来而一手炮制了圣彼得堡社交准则的费奥多尔·陀思妥耶夫斯基认为，沙皇国家的首都是世界上最抽象的城市。但是，被神话化了的巴黎却更抽象。许多在这里生活的人并不太关注这些，至少我们可以这样认为。而世界博览会则不同，对巴黎印象的改变触动的不是几百人，而是几百万观众。在这一点上，还是瓦尔特·本雅明能够打开我们的思路：

> "世界博览会是一所使无缘消费的广大群众学习认同交换价值的高等学校……一切只许看，不许摸……世界博览会改变了商品交换价值的形式。博览会创造了一种使用价值成为了配角的环境。博览会开创了一种供人们去休闲的魔幻。"

第一届世界博览会，也许直到今天仍是最著名的，那就是1851年吸引了六百多万观众（其中十万零八千名法国人）的伦敦水晶宫世界博览会。1855年的巴黎世界博览会，是伦敦博览会在法兰西帝国的复制品，仅有五百万观众。（引进了新发明的金属旋转门使我们认为这个数字基本上是正确的。）但是到了1867年，就从五百万上升到了一千一百万；1878年达到了一千六百万；1889年：三千二百万；1900年则大约是五千一百万人。（直到1970年，大阪世界博览会的观众才超过了这个数字。）参展商的人数也是同样的情况：1851年的伦敦是一万四千家；1855年的巴黎是两万四千家；1867

年是五万两千家;1889 年是六万两千家;而 1900 年达到了八万三千家。1937 年的博览会出现全面暴跌:仅有三千四百万观众和一万一千家参展商。这届博览会也出现了巨额亏损:收入一亿五千万法郎而支出却达十四亿四千四百三十万。总之,直到 1900 年都是直线上升,而到了第二次世界大战前夕却突然变得无人问津。

19 世纪是巴黎神话的伟大时代,而巴黎是知识界之都的思想始于 1750 年,巴黎是世界之都的思想则始于拿破仑时代。因此,毫不奇怪,博览会甚至工业展览会都不是始创于 19 世纪,即使我们把所有这些展会都归功于这个世纪。

节日是雅各宾主义最有特色的一个侧面:为了调和他们相互矛盾的理论("勒·莎普蒂埃法"的个人自由与道德界的社群主义),雅各宾主义者在其所有的庆祝活动中竭力鼓吹谅解、博爱和包容,就像在音乐中,男、女、老、少的合声配合独唱一样的和谐。还有"最高存在的节日",即不幸的马拉主义者的节日:巴黎和外省的雅各宾主义者正是利用这些数不清的机会大力宣扬其政治信条的单一性(他们这样认为)。从这一点到旨在表现全人类创造性的工业节(像狄德罗的《大百科全书》一样),只有一步之遥,而迈出这一步也很容易,尤其是旧制度为宣扬法国人的劳动品质,也曾尝试举办小型手工艺品展览会(也许借鉴了中世纪的集市贸易)来彰显国王的子民们的聪明才智,1719 年,在卢浮宫的一座大厅里,举办了第一次对公众开放的展览会。

同样,罗伯斯庇尔和大卫很理解工艺技术节日的必要性,但他们几乎没有时间去认真关心这些,一般人认为 1798 年 9 月 22 日在战神广场开幕的展览会是巴黎的第一个大型工业节庆活动,那正好是第一共和国诞生以后的第六个年头,一天不差,而这是在黑夜与白昼的时长完全一样的(共和!)年代。参展的有一百多种手工艺产品或者是世界著名企业的产品,如:科布兰和萨伏纳里的挂毯、圣戈班的玻璃、彩色墙纸、服装,其间还有一些真正的新事物——蒸汽机、冶金和化工产品。内政部长,弗朗索瓦·德·纳夫沙多是这次展览会的策划者,这次展览是共和新政的一个非常重要的组成部分,即狄德罗的政治理念,虽然仍是雅各宾主义,但却温和了许多,因为此时它关注的重点已不再是共和主义农耕者的道德而是生产与交换,一句话,是市场经济。

整个1798年的展览会都围绕着一座工业神殿,观众们都必须去"参拜神殿中央的[工艺]守护神像"。旧制度麻木、无能、奢侈、欺骗从而昙花一现(当时大家都这样认为)。督政府想利用鼓励工业、上进和竞争来改变这些成见。一百一十位参展商中的佼佼者被给予奖励,其中多数是巴黎人,如手表制造商宝玑;印刷厂的皮埃尔-菲尔曼·蒂多以及格罗-伽幽区的织造厂。

有必要强调这一插曲的政治特色。比较重视展览会的督政府是站在右派一方(弗朗索瓦·德·纳夫沙多语),但它同时也是左派,首先,因为它公开羞辱旧制度的思想,同时也因为它并没有摒弃而是修改了共和二年的重要原则。而这正是第一次巴黎展览会的原则,我们只要研究一下当身穿古罗马服装的领导人抵达会场时它所使用的修辞,就能够发现这一点;拥护共和的队伍簇拥着代表共和国的演员们——统一而不可分割的整体;最后的结尾,是胜利的队伍伴随着装饰了旗帜的古代战车,是人民主权的象征。因而这里面有共和主义思想,但也有量才录用的体制:三十三岁的公民皮埃尔·奥利奥是住在格朗德-特鲁昂德里大街的屠夫,他因取得了角力比赛的胜利而受到热烈欢呼,正如画家卡尔勒·凡尔奈,他在一次赛马会上虽败犹荣。

在夏普塔尔的鼓励下,拿破仑同意恢复这种政治与工业的结合(第二帝国还记得这项措施),并于1801年(仍然在卢浮宫的庭院里和战神广场)举办了一届艺术与工业展览会,这次展会的共和意识不浓,但却更吸引人,因为展会上有一间绘画和雕塑厅,艺术必然能填补(至少,我们可以这么设想)这个制度在民主上的缺憾。另外,艺术家们并不喜欢这种大杂烩,所以不得不开辟了两个展厅,一个是手工业展,另一个则是美术展。

王朝复辟时期也举办过展览会:1819 年的展览会特别成功。但当时的自由企业家们对这些展览由他们其实不喜欢的政府主办而感到不满。因此,这一时期的巴黎展览会又变成了手工艺展而不是真正创新的工业展览。

七月王朝的到来使这股潮流发生了逆转:从 1834 到 1839 年,企业家们表现得非常积极。1844 年在马利尼广场举办的第十届工业展览会有将近四千家参展商。展会上有一个很值得欣赏的机器展厅。之后就是 1849 年的展览会,这次由米歇尔·施瓦利埃组织的展览会意味着政治标准的回归,他(像弗朗索瓦·纳夫沙多一样)也像当时许多展会的组织者一样,曾经是雅各宾派,后来是圣西门主义者,最后成了自由主义的信徒。还应该补充一点,这些行为使拉比什产生了灵感而创作了一部名叫《共和国的商品展览会》的轻喜剧。剧中一位英国客人盯着一棵患了怪病的自由树(1848 年在巴黎种了一百多棵)感到非常吃惊。这时,音乐声起,乐队唱道:“是不是巴黎的空气有问题?”

但只是在 1855 年,巴黎才第一次举办了世界博览会,19 世纪共有二十六届世界博览会,其中有六届即总数的四分之一是在法国的首都举办。正如阿尔弗雷德·费耶罗指出的,“唯有像拿破仑三世的法国和第三共和国那样自豪、那样集权、那样强大和乱花钱的国家才能承担得起这种展览的巨额赤字”。事实上,从 1855 年到 1889 年,至少对启蒙运动时期的现代性的真正子孙们来说,“巴黎”、“现代性”和“博览会”成为了同义词。

承办 1855 年的世界博览会有好几个原因。小拿破仑的新政府是靠政变上的台,因此他对自己的国际名声总有挥之不去的隐忧,必须重树他在克里米亚、在意大利、在印度支那、在塞内加尔、在墨西哥以及当然,还有在巴黎的权威。皇帝必须取悦于反对教权的民族主义者(帮助意大利反对罗马教廷)同时也取悦于教会(帮助罗马教廷反对加里波第)。但他还应该使新兴的企业家放心,而他们的成功会使人联想到新政府的成功并没有因此而忽略与工人阶级所害怕的失业作斗争。这就是要重建巴黎的(部分)原因。(鉴于重建巴黎几乎没有用正常的财政支出以及皇帝有过黑手党的前科,有人开玩笑说拿破仑三世[曾经是意大利烧炭党党员]被判终身在巴黎服苦役,正如有人在谈到没收奥尔良家族的财产时说"这是鹰的初次飞翔"。这些也是"欧斯曼的最佳收益"。)因此,大家都被动员了起来:教会、资产阶级、工人阶级(最终能得到一些便宜的商品),还有创作收入十分惊人的艺术家们,他们使1855年的博览会锦上添花,并使巴黎的画家们与国家之间源远流长的关系达到了最佳状态。这个政府也许在这方面给予了太大的关注:五百多万的观众中有将近四分之一的人参观了美术展部分。但愿法国的神甫们能更加感恩,因为许多教堂都收到了国家花重金购买的绪尔比斯油画作为礼物,这是让教徒们和不太信教的画家们都高兴的一种方式。

应该说,这届巴黎世界博览会至少和1851年伦敦水晶宫博览会同样出色。(此外,这两座城市在环境上的竞争十分激烈:其中就有气候问题,克洛德·维基耶在一本博览会的广告册子里写道:"巴黎,品味与休闲的大都市能够为它的客人展示比雾都伦敦更明媚、更纯净的天空,更快乐、更友善的精神面貌,这难道还用说吗?"。)国家决定担负起博览会的建设费用,由一家私人企业(工业场馆建筑公司)在皇帝特批的一块土地上施工:德拉克鲁瓦愤怒地指出,如果这种巴黎的商业与习俗的美国化一味地继续下去,也许用不了多久杜伊勒里花园将被卖掉。皇帝的堂弟拿破仑亲王,亲友们都称他"普隆—普隆",被任命为总监。他在开幕式典礼上的讲话着重强调了法国举办展览会的资格。讲话中没有提到督政府时期具有共和思想的各种展览会,但我们从中了解到,这个新王朝"按照一世皇帝的惯例",把头几年的时间都用于筹备1855年的世界博览会了。

然而,除了这些政治—商业的数据外,1855年世界博览会的一个新元素就是对机械化的崇拜以及认为人类未来的关键是工业化,是全世界的科技能力,而巴黎则是这种科技能力的大本营。两位理工科毕业(米歇尔·施瓦利埃[当时是自由贸易主义者]和弗雷德里克·勒普雷,始终是基督徒——他们是亲家)的组织者认为,博览会应该是展示未来生活的一个舞台,是作家米尔库尔在《巴黎之夜》一文中所理解的那种生活,他以1855年的巴黎为出发点为我们描绘了这座城市在1955年的样子:“空中一百个巨大的探照灯像许多人造小太阳将光明洒满整个城市。它们代替了上帝创造的太阳。”再也没有黑夜。商店昼夜营业。专为1955年世界博览会而建造的巨大水晶宫将庆祝这座“永恒耶路撒冷”的辉煌。阿尔塞纳·胡塞耶,在他的《巴黎以及29世纪的巴黎人》一书里也充满激情:2855年的巴黎,香榭丽舍大街的“路面将用空心铁砖铺成,上空是水晶玻璃的穹顶,城中的金融家们像蜜蜂和大黄蜂[嗡嗡地忙乱着]……大熊星座的资本家与水星上的投机商在谈生意!就在今天,有人刚把金星自燃后剩下的残片当做股票来投资”。龚古尔兄弟在戈蒂耶的陪同下参观了这届博览会:

> “我们在这个被称作博览会的大怪物里徜徉……难以置信的万神殿……工业技术的通天塔……普吕多姆斗兽场、由理工大学复制的哈德良离宫……这里有世界各地的微缩景观,是一个未来的巴比伦,20世纪的巴黎……”

这既是理论上的技术性,也是实践中的技术性;因为正是这些因工业化生产而使大家的经济能力都可以承受的日常生活用品让1855年的巴黎公众欣喜若狂:集中供暖锅炉、辛格缝纫机、金属家具、价值二十法郎的印度开司米羊绒——而仅仅在几年前,包法利夫人却还要花四百法郎从鲁昂的商贩手里购买(或者,因太贵而不买)。科雅兄弟编制的以幻想发明一种新机器为主题的游乐活动引起了轰动:这台机器的入口处,羊群被整只地吸了进去,而出来的已经是羊排和价格低廉的羊毛大衣。整个博览会取得了巨大的成功。阿卜杜·卡迪尔也许深受感染,他说“此地[是]受到上帝的关照而活跃起来的智慧宫”。欧内斯特·勒南说得更通俗一些,他认为“整个欧洲都[跑来]参观这些商品”。

1855 年的诺言在 1867 年被刻意地加以发挥。而且,这届博览会还有帝国政治节日的意义:随着亚历山大沙皇二世、苏丹王、威尔士王子的来访以及俾斯麦对法国倒数第二次的访问——他在好友冯·毛奇将军的陪同下和他的主子,当时的普鲁士皇帝,不久后在凡尔赛又成了德意志第二帝国皇帝的威廉皇帝一起访问了巴黎(俾斯麦、威廉、沙皇以及他的儿子亚历山大曾在银塔餐厅共进晚宴),今不如昔的帝国从中恢复了一点元气。另外,也正是在这次外交会晤上,拿破仑三世交给了威廉一份将要实施的新巴黎总体规划图(除了部分细节)的复制品,它对我们来说非常珍贵,因为原图已在 1871 年的市政厅大火中丢失。

但是,总的来说,外交只不过是博览会的副产品,博览会的主要目的仍是,或者说比以往更加赞美整个人类文明的进步并且告诉世人巴黎是文明进步的核心力量。1867 年的博览会因此而变得十分重要,而且其规模比 1855 年的世界博览会还大:在主体建筑的边上设有一百零一个小展厅:包含了日本、巴伐利亚等国家的展位。这届博览会比 1855 年的工业化程度更高,组织的也更好,勒普雷仍是博览会的总监,他审查了整个设计思想。1855 年时,高档的工业产品放在金属结构的展厅中央,但小心翼翼地用石块和石膏包裹着。1867 年则相反,勒普雷设计了一个巨大的拱形展览长廊,观众在走向中心区的时候会依次从大型机器(如德国克虏伯公司的大炮)面前经过,然后进入美术和精品展厅。米勒的油画尤其受到好评。在各个展区的中央,按照儿童跳棋(同时象征着进步、普世以及社会形象——而今后,进步也属于它的范畴)的方式摆放着一整套世界流通的各种货币。

新博览会的规模更大、更工业化同时也更国际化,而这首先要从地理上来说。博览会上有清真寺、俄国的乡间别墅、瑞士木屋、土耳其凉亭、瑞典农场、英国灯塔、埃及宫殿以及单峰驼和牲畜棚。有幸得到优待券的人可以参观埃及的微缩景观(当时正在开凿苏伊士运河)以及战神广场上的斐拉神庙的复制品和“木乃伊标本”。在长廊下,“轻衣薄衫、浓妆艳抹、大胆挑逗的巴黎女青年装扮成施蒂利亚人、[……]西班牙人、荷兰人为路过的观众斟酒”。“皇室委员会特许发表的国际公告”中说“在这座形似地球的圆形宫殿里浏览,就等于是环绕世界,各国人民走在一起:曾经的敌人在这里肩并肩,和平共处。正如天地之初,万物和谐,神灵注视着这个钢铁的世界。”从空间上来说,博览会的确是全世界的神话,从时间上来说也是如此,因为,博览会上再现了劳动的历史,观众能够亲眼见到把欧洲社会引向更高级文明的各个阶段。龚古尔兄弟说的不错:这次博览会,坚定地面向未来,使今天成为了不可抗拒的未来的前奏,其中一位在1867年6月写道:“我走出博览会的时候仿佛自己置身于未来而看到今天的巴黎像是一件保存完好的珍品。从这些陈列着现在的展柜中产生了一种过去、死亡和历史的感觉。我们生活的时代开始后退,成了博物馆里的古迹。”我们还要指出,就法国史上最薄弱的小学教育领域来说,这届博览会标志着在这个伟大民族的教育史上有了一个转折,外省的七百名小学教师受到了皇帝的接见。博览会中有一个展台产生了巨大的影响,这就是小学课本展览,而第三共和国特别钟爱的《常识课本》正是始于这一时刻。

为使大家都能到这里来参观,新铺设了多条公共马车轨道以方便人们加入到这种露天的弥撒中来。也正是在这次博览会上,出现了我们今天在塞纳河上看到的游船,当时的动力是蒸汽机,速度很快,个头很小(所以这种船的别名有苍蝇的意思),这也是模仿伦敦已经运行了一段时间的游艇。旅行商托马斯·库克至少输送了一万两千名以世界博览会为旅游目的地的、有组织的英国游客,伦敦—巴黎—伦敦的全程价格是一英镑十六先令。

⑭　1878 年的世界博览会,战神广场公园:由 Monduit, Gaget, Gauthier & Cie 公司按照巴托尔蒂的设计打造的铜质自由女神像上半身。自由女神照亮世界的工程始于 1876 年。她的手臂和火炬在 1876 年的费城世界博览会上展出,上半身则是在 1878 年的巴黎博览会上展出。这座成为了圣像的雕塑于 1886 年耸立于纽约港的入口处。

立体照片。 *LL/Roger-Viollet.*

迪斯尼没有教给我们什么好东西，而龚古尔兄弟，正如大家所知，却从中看到了法国文化衰退的证据："世界博览会，[是] 法兰西的美国化、优先于艺术的工业、侵占了绘画位置的蒸汽脱粒机、室内厕所和室外雕塑——一句话，是物质的大杂烩。"后来，马克西姆·杜冈把这种胡作非为视作恐怖之年的先兆。

1878年的世界博览会是19世纪所有博览会中最没有巴黎韵味、没有世界性却最有民族性的一届博览会，它的目的不是鼓吹巴黎或现代性，而是为了庆祝法国在经历了恐怖之年的恐怖性悲剧之后，国家得到了复兴。加布里耶尔·阿诺多描写了灯火通明的和平节，他说人们庆祝6月30日，这是"人民的节日，[并且]是共和国真正的洗礼"。博览会的第一周就迎来了二十万观众。人们在那里可以欣赏到因《二童游法国》而非常出名的勒克鲁佐锻造机。巨型热气球（能承载五十位观众）特别受欢迎。

相反，1889年的世界博览会标志着巴黎——19世纪之都的鼎盛时期。这届博览会从某种意义上说也是一种游园会。（巴莱说世界博览会是饮料业与卖淫业的联姻。）博览会专为儿童设计了费尔南多马戏场，还在一个蓝色大象的肚子里铺上了甬道。水牛比尔与他的男女牛仔们还有和他一起来的"红皮肤人"，共计二百余人外加二十头水牛和一百五十匹马被安置在了奈伊区。

但这届博览会基本上可以说是一部十分严肃的大型文化机器。另外，它的规模（九十五万八千七百五十二平方米；六万家参展商）也证明了当局对这次博览会的重视程度。1878年的博览会是亏损的，而1889年的博览会则有盈余。阿道夫·阿尔方（欧斯曼重建巴黎时的二号人物）的助手，公共工程部长吕西安·多特莱斯姆从头至尾负责了这项工作：这位以不变应万变的政治家虽然相当平庸，但却保住了他三朝元老的头衔，他负责的工作显然太重要以至于当局不能以此来做政治赌注。

这届博览会(以及为它而新建的大铁塔)符合了好几种文化诉求。首先,它明确主张共和(远不是像1878年的博览会那么巧和)。开幕式典礼的日子是精心挑选的:1889年的5月5日,正好是凡尔赛三级议会的一百周年,一天不差。展会期间,揭幕了石膏模型——达卢的雕塑“共和女神的胜利”,这也使人想起那种具有象征意义的巧合。共和思想的歌颂者,巴黎人于1855年为其举行了隆重葬礼的雨果以他的精神和形象出现在博览会上,在一幅《历史全景》画中,人们看到雨果正在欣赏一座寓意法国的建筑,它同时还有其他几种寓意:国防、祖国、劳动。巴士底狱的复制品和圣安东尼大街(这里成了热气球、竞技和巴克斯酒神节的游艺园地)赢得了公众的赞赏。

所以,这届博览会完全是主张共和的,而随着时间的推移,几乎是公开地反对教权思想:埃菲尔的合作者弗朗兹·儒尔丹在盛赞了“博览会以及它那些赏心悦目、色彩纷呈的建筑艺术在阳光下熠熠生辉和法兰西的精神、高卢人的热情以及理性主义的胜利”之后,用这种新式展览会来反对“沉闷的史前经院哲学”。正是这种对比冒犯了教会,而尤为甚之的是后来儒尔丹又毫无顾忌地从神学转向了建筑学,用埃菲尔铁塔所表现出的高卢人的快乐(他又能怎样想呢?)来对比新近从蒙马特高地冒出来的圣心堂塔尖所带来的难以名状的痛苦,所以,这个圣心堂必然与“三百米高的铁塔”为敌。不过,天主教的论战者们也以其人之道还治其人之身,鲜为人知的莱恩《宗教周刊》这样写道:“这个全新的埃菲尔铁塔是一座通天塔,是一具丑陋的、可怕的、雄性骨骼的标本,与白色的圣心堂极不和谐”。

这届博览会不仅是主张共和的,也是爱国的,因为它有欧迪翁附近的丹东雕像以及两个法兰西女神的雕像:一个在工业宫为各国分发花环,另一个矗立在一眼泉水之上普照世界。这届博览会还具有社会性——由于信奉新教的部长儒勒·齐格弗里德的坚持,博览会上的一座建筑被用于社会经济活动和工人的住宅。但其实,更主要的是博览会洋溢着科学至上的气氛。巴黎(多亏了欧斯曼,而成了都市现代性的神话之都),依靠这次博览会并且也通过这次机会成为了进步、技术性、科学至上和理性主义之都,故而也是光明驱逐蒙昧——启蒙主义之都:无论从光明这个词的转意——启蒙,还是从它的本意来讲,都是如此,因为首都被一千一百五十盏电弧灯和一万盏白炽灯照得通亮。巴黎实现了它的神话并把这神话融入了儒勒·顾丹的杰作《进步之泉》所象征的本世纪的伟大思想之中,在这件作品里,我们所说的进步是通过一位"头戴弗里吉亚帽的法兰西女神"站在船舷之上来体现的。而我们又该怎样来看待被遗忘了的"电气工程师"M.赛迪奥在1885年提出的那个设想——"太阳擎天柱"呢?那是为巴黎设计的电灯塔:它高三百六十米,远在十一公里外的荣军院广场上都能看见,他解释说:"这是一个刻有历史伟人雕像的圆柱体[并且]……应该比以往的任何建筑都高……这个巨型光源似乎也只能安在那上面,因为19世纪的智慧能够人为地制造出雷电并控制它来为人类的需求服务。"一切都戴上了"科学才智"的桂冠。

机器展厅也受到好评,它全部是由钢铁和玻璃等现代建材构造,高四十五米,长四百二十五米,宽一百一十五米;阿尔贝·拉帕朗在他1890年的《钢铁世纪》一书中说得非常正确:"这个盛大的节日[世界博览会]史无前例,是对钢铁的大力颂扬"。

这座建筑以及它的一万六千部机器令人惊叹不已;但工程师埃菲尔的铁塔却是一种激情。顽固派当然批评这个铁塔。仲马、布格罗、莫泊桑和梅索尼埃认为,大铁塔只不过是丑陋的工业烟囱,是连"商业化的美国都不愿意要的讨厌玩意儿……是巴黎的耻辱"。但它受到了普遍地赞赏,甚至有点过分。这座建筑在当时是出奇地轻巧,是值得赞赏的无用之物,在建造过程中只发生过一起严重事故。大铁塔很快就成为了法兰西爱国主义的象征:埃菲尔在攀爬了一千七百一十级台阶之后展开了一面巨大的三色旗,他高呼道:“这是唯一一面旗杆长达三百米的国旗。”在当时的一本进步杂志《画刊》上,还是那个弗朗兹·儒尔丹满怀激情地说,铁塔“像命运一样,注定无法改变,它骄傲地昂着头,三色旗在那上面高高飘扬,似乎在召唤全世界人民来亲证它的辉煌,整整一个月来,全世界人民以一种宗教的狂热不厌其烦地重复着这位新神灵的名字”。阿哥诺尔·菲努阿尔也以他的方式表达了相同的看法,他对自己的女儿们说:“这座建筑[是]一个耸立在大地上而直面世界挑战的荣耀光环!”

无论是从它所带来的利益还是声誉来说,1900 年的世界博览会规模更大,而且也取得了圆满成功:它标志着连接巴黎万塞纳门和马约门之间第一条地铁的开通(差不多比伦敦的地铁晚五十年!)。人们对协和广场上的电灯印象深刻,电灯的普及使得在晚间参观博览会的人络绎不绝。博览会上还安装了能节省体力的电动步道。博览会也是世界各国人民骄傲的时刻。历史电影的票房收入就是一个证明:《奥斯特里茨》的票房收入是 42127 法郎;《法国大革命》的收入是 16385 法郎(而《耶稣受难》只有 5139 法郎)。沙皇尼古拉二世亲自参加了亚历山大三世大桥的奠基礼。德国没有参加前几届博览会,这一次表现得非常积极(莱茵河对岸的参展商得到了两千种奖励和好评),德国的观众比英国和俄国观众的总和还多。经历了对德雷福斯的审判和平反之后,这届博览会也是一次民族和解的举措:两万零二百七十七位市长应邀到巴黎参加一次史无前例的盛大宴会。在这次盛宴上,每位来宾享有两瓶葡萄酒,从中人们看到了第三共和国的缩影,它也许原则上仍是雅各宾式的共和政体,但在实践中却相当温和,它由巴黎集中领导但领导者却是外省的激进社会党人,有人恶狠狠地评论说,他们有时“是红皮白心,但永远会投机”。

这届博览会因有相当多的游艺活动而吸引了大量的观众,其中百分之十七的人拥有摄影机(柯达摄影机始于 1888 年)。一个非常有意思的巨型

⑮ 1889年的世界博览会:机器展厅。1889年的博览会是巴黎——19世纪之都历史上的一个伟大时刻,这次展会最辉煌的亮点是机器展览馆:面积达6平方公里,跨度达110米的顶棚没有一根过渡性支柱。一座洁净的展厅专门用于托马斯·爱迪生(1881年的国际电气展览会时他就已经是主角,那次会上他同时点亮了一千只灯泡)的493项发明。因欧斯曼的重建而成为了一部都市机器的巴黎似乎是在炫耀这种三十年前使波德莱尔恼怒的现代化生活的理想场所。

佚名照片。© *Collection Roger-Viollet.*

⑯ 1900 年的世界博览会:艾菲尔铁塔和天象球。全球化并不新鲜。从经济上讲,这可以追溯到中世纪末葡萄牙的扩张,也许甚至可以追溯到农业新石器革命时代。从文化上来说,世界博览会在巴黎始于 18 世纪 50 年代,1840—1850 年达到鼎盛时期。1889 年,巴黎,还有伦敦和纽约仍然是现代性之都。到 1900 年,尽管有这个"天象球",转折已经开始。

佚名照片。© *Collection ND/Roger-Viollet.*

⑰ 1900 年的世界博览会:宏伟壮观的大门。1900 年的博览会留下了许多遗迹,但最为壮观的建筑是这座动人心弦的大门,遗憾的是它已不复存在。不过它真是极为罕见的华美,还有门上面的"巴黎女性"雕像:她高贵、开放、倔强、似乎有点矫情,是莎拉·伯恩哈特与德拉克鲁瓦的自由女神的奇妙结合。

佚名照片。©*AKG Paris.*

摩天轮吸引了许多人,那是1893年芝加哥世界博览会上的复制品,它一次可以乘坐一千六百位客人。某些娱乐设施相当古怪,甚至很滑稽,如“倒置宅邸”是哥特风格的小房子,但却被做成了底朝天,烟囱朝下的建筑。而其他更为成功的东西有:早在1867年的博览会上,爱德蒙·德·龚古尔就非常喜欢的一座“日本乡村小屋……围以竹篱笆墙、雕花大门以及几棵小树”。这种异国情调在1889和1900年世博会上因为全景电影的出现而风靡一时,而这种电影使巴黎的观众能够进行虚拟的环球旅行——可以看到印度、中国和卢西塔尼亚的风光以及真实人物的特写,这也是1931年的那个殖民地博览会令人不安的预兆。

但是,从意识形态上将1900年的博览会和1889年的博览会区分开的,一是它与科技之间的关系,二是它与现代艺术之间的关系;或者是它与这两者的结合——现代性之间的关系。1889年的世界博览会之所以大有作为是因其有这样一个背景,即当时的艺术属于“公共科技”和社会实验这片广阔天地。相反,1900年的世界博览会所展示的新艺术只不过是微缩化和女性化的家居物品,所以,贬义地说,这些东西算不上是历史。取代了1889年的埃菲尔现代理性主义的是1900年的更为现代主义的、过于个人的、甚至被私有化了的理念,正如这届博览会上由齐格弗里德·宾设计的新艺术之家;因为,正像瓦尔特·本雅明所说,现代风格(Modern Style)的真正意义,不是它所表达的个性而是它所处的社会环境,他说的完全正确:“[新艺术]体现了想通过科技使艺术从供奉它的象牙塔里走出来的最后尝试……差不多就是在这个时期,办公室成了生活的真正重心。与现实脱节的人把自己的家当成了世外桃源。”衰落与消失,当时属于第三共和国官方认可的艺术——新巴洛克风格的急速膨胀以及新索邦大学和坐落于黎胥留大街上的旧国家图书馆的那些伪路易十三风格的厅堂都证明了这一点。因而,在这种怀旧甚至守旧的新巴黎新艺术和真正主张现代化并拒绝一切伪历史化的维也纳新艺术之间,同样存在着冲突。在这种新的心态影响下,钢铁建筑,至少,那些与美学有关的钢铁建筑在巴黎也必然开始消失。的确,大宫和小宫是钢铁结构,但那些钢铁骨架都被隐藏了起来。博览会入口的标志比奈大门的确是钢铁制成,但令人震撼的不是大门本身而是大门上方的巴黎女人雕像——《巴黎女性》,雕像高五米,典雅的衣着是由和平大街上的服装设计师帕甘提供的式样。

令人不安的迹象是:法国参展商因他们的高雅品味而受到鼓舞,但德国人却因他们的创新科技而得到了奖赏。列宁的看法是正确的,他认为1900年的世界博览会,无论从哪方面来说,都暴露了资产阶级梦想(似乎应该说是魔幻)和工业主义现实之间的差距,而很快,在1914年,这就成为了极度血腥和野蛮的现实。

巴黎1899:这意味着巴黎,19世纪的神话之都。巴黎1900,它给予了我们一个已经无法完全掌控科学及其命运的、资产阶级社会的、被美学化了的首都。但更为严重的是,在1931年的巴黎殖民地博览会的背后,若隐若现地露出了一些更为令人不安的问题:世界经济危机;法西斯主义在意大利和德国抬头;而在法国,僵化的政治制度开始没落。巴黎,曾经的自由革命之都,后来的资产阶级现代性之都开始了自我反省:世界主义作家保尔·莫朗是科学院士,后来也是维希政府的大使以及伊迪丝·华顿的好友,在1930年给首都精神下的定义就是"谨小慎微的农民思想"。1940年溃败的前夕,巴黎只不过是一个胆小如鼠的国家的首府和地域辽阔的殖民帝国的首都,也许这个帝国很大,但仅仅过了三十年,在经历了最初的惊喜之后,在殖民者和被殖民者都感到宽慰的叹息声中垮掉了。

在日常生活中,社会与经济的演变通常是非常缓慢的。但是,具体现实(尤其是我们以神话方式想象的现实)的概念化(我们已经对此习惯了)有时会使历史(或至少,我们所想象的历史)发生惊人的转变:就我们思想上的这种转变来说,斯大林的共产帝国以及20世纪40年代末和50年代的巴黎知识分子同情共产主义的顽念好象离我们已经很遥远了。1931 年的殖民地博览会,也已经很遥远了。然而,从真实的时间上来说,这届博览会却离我们相当近:有一张照片显示了利奥泰元帅在博览会上向约克公爵夫人致敬,她不是别人,正是王太后——伊丽莎白二世刚刚去世的母亲。

1931 年的殖民地博览会有其前因,也必然有其后遗症。至于后者,有 1933 年(仍是在巴黎)的海外领地沙龙展,还有 1935 年的法国占领安德列斯群岛三百周年展览会,而 1935 年也是征服马达加斯加四十周年。1937 年的世界博览会在天鹅岛上专门划出了一块地方来兴建殖民地展厅;随后,直到 1942 年仍为其海军和帝国(主权受到威胁的两个领域)自豪的维希政府在巴黎同时庆祝了“殖民地的探索者和先驱”以及“殖民地文学一百五十年”。

至于前者,这股殖民潮的前因则要追溯到很早以前。一切是从 1855 年世界博览会上的一个殖民地展区开始的,其物质遗产是蒙苏里公园里的一幢(后来)成为了巴黎气象台的建筑,是突尼斯的贝伊王宫——巴尔杜宫在巴黎的复制品,1855 年的突尼斯还是一个(准)主权国家,原则上是由奥斯曼摄政。

相反,1867 年在战神广场举办的世界博览会上的殖民地建筑已经荡然无存,虽然第二帝国作了许多努力来扩大法国在亚洲、非洲以及墨西哥的影响。1878 年的世界博览会也有殖民地展台,但规模要小得多:阿尔及利亚的清真寺、突尼斯的大巴扎以及摩洛哥小店的复制品都集中在一幢建筑里。殖民主义在 1889 年表现得最充分,这一时期是欧洲人在非洲穆斯林和黑人的领地上大举扩张的最后阶段。这届博览会上不仅有殖民地的产品,还有非洲和亚洲城市的微缩景观。基本上都是一些异国风情的低档小商品。同样,在一条模拟的开罗大街上,人们还可以在一家叫做《美女法特玛》的俱乐部里欣赏到阿尔及利亚舞娘的魅力。于勒·费里似乎对此非常反感。后来,符号学家们也对这块面对着陆军总部修建的假城堡的殖民地展区遗址很感兴趣,并且对这个有关"社会经济",有关殖民、军事以及经济的展览会很感兴趣,这是能够对当时的殖民主义动机进行研究的机会。

1900 年又迈出了新的一步,因为美丽的殖民帝国价值观卷土重来。某些组织者(如欧仁·埃蒂安,殖民游说团的领军人物)更喜欢强调教育、贸易或战略目的。但给人印象深刻的恰恰还是对非欧洲人的戏剧化:所以,很简单,当局在这里炫耀的是"我们殖民地的公民——军人或平民、手艺人在公众的面前展示他们的技能"。1913 年,路易·布兰特在筹备未来更大规模的博览会计划中提出了某种更高尚的东西。他的纲领非常明确,他写道:"我们有广阔的海外帝国,它运行得已经非常完美,它那神奇的资源已得到大幅增长。应该为它做出总结,将它描述得生动活泼,将事实与成果呈现于公众和舆论面前。这就是博览会的使命。"当局决定 1916 年在马赛举办殖民地博览会,而 1920 年将在巴黎举办新一届世界博览会。

战争中断了这些计划。但是,从 1918 年 11 月 13 日起,马赛市议会开始重新落实这些计划,不过他们的热情导致了后来的苦涩:因为这届殖民地博览会的目标已变得非常宏大,马赛已不适合承办此事了。当局同意马赛举办了一次小型的国内殖民地展览会,而让巴黎去承办已经期待了十年的大型国际殖民地博览会,原计划 1925 年是举办该展览的最后期限,但由于这项计划的规模太大而不得不延期举行。

1927 年,利奥泰元帅终于接受了博览会总监的职务,这位大胆的、无可指责的总督多年以来一直强调军队的社会作用,他的就职可以看作是实现这项计划的可靠保证。从某些方面来说,利奥泰也许是一个无可救药的复古主义者,例如,(至少在表面上)他一直担心摩洛哥苏丹王的权威。但这位信奉天主教的军官还是一位大胆的现代主义者。保尔·拉比诺在一本充满希望的书——《现代法国》中说得非常好:卡萨布兰卡想成为一座高效率的现代城市。利奥泰的殖民主义思想就是:人类中大部分不发达地区的人民,必须是在欧洲和美国的庇护下走向未来和现代性。

因此,这种博览会观念的失败是其野心的罪有应得。因为必须指出,1931 年的博览会不仅是殖民地博览会,而且还想成为世界博览会。博览会的初衷并不是非要宣扬法国一家独大,相反,是要表明法国殖民者的使命是整个人类向前迈进时不可或缺的一部分。这种世界性博览会的愿望落空了。尽管利奥泰做了许多工作,他两次(1928 和 1929 年)去伦敦力邀英国人来参加展览,但他们像德国人和西班牙人一样回避了邀请。表示愿意参展的有美国——它只带来了弗农山庄园的复制品(殖民种植园,乔治·华盛顿的家产),以及比利时、荷兰、葡萄牙还有墨索里尼的意大利。意大利殖民地部长兰查·迪·斯卡雷阿亲王在开幕式讲话中感谢了热情好客的法国之后,又大谈了“白种人的荷马史诗”。

所以,世界博览会(像这样的殖民地博览会)还有另外的意义。它强调了三个问题:首先,殖民化是思想与技术上的现代性,这是利奥泰一贯坚持的观点;其次,殖民化是法国人民和从没有被简单地当做是异国风情的殖民地人民之间不同精神境界的交融:他们也有不可否认的尊严;最后,殖民化是法国在国际斗争中物质上的制胜手段。

因此,博览会的宣传非常强调为了全体法国人的帝国战略利益以及帝国的经济收益:“法国人,你的殖民地每年从你这里购买一百四十亿法郎的产品而你可以控制八十亿法郎的原料。[……]你为此付出了什么呢?十六万五千殖民军士兵和二十亿法郎。”结果呢?二十亿法郎的支出确保了二百亿的收入:“这种投资收益你常见吗?”

此外,这也正是利奥泰自己在 1928 年 11 月为永久性殖民地博物馆奠基时宣称的,不过更委婉一些罢了:殖民地展览会主要应具有“经济实用的特性”。它是“不断创新”的起点,组建了殖民地管理局以及殖民地行署将分散的管理要素通过巴黎整合在一起。利奥泰坚持要在博览会门口设置两个象征性的“问讯处”以方便那些想了解帝国经济实力的国内外商人和企业家。殖民地使用的法国造机器被集中在法国展厅。在《官方信息》中有一条广告很说明问题:“在各殖民地,也请诸位使用弗洛特曼空气压缩设备,地址:巴黎(第十区)马冉达大街 B1 号”。

同样,博览会还强调了殖民地在保卫他们的祖国母亲时能够做出军事上的贡献。当孩子真可怜,法国不是已经在自己的殖民地里找到了所需要的以及将需要的保卫者吗?而的确,从 1914 到 1918 年有一百万殖民地的士兵在法国军中服役,其中二十万五千人阵亡,也可以说他们是为了法国而牺牲。用国民议会的殖民地财经部通讯记者和激进社会党人雷昂·阿尔尚博在 1928 年出的一本书的名字来解释,那就是《最伟大的法兰西》精神。

虽然殖民地博览会很务实,但更有信仰狂热。殖民功绩(nouvelle gesta Dei per Francos)* 是被民族主义小说当做一种伟大事业来描述的,《生活》杂志评论道:“事实上,殖民主义运动难道不是我们的第十次和第十一次十字军东征吗?”那些在生活中常常充满了痛苦与牺牲的伟大殖民者(如布拉柴)难道不是古代骑士阶级真正的传人吗?

狂热、实用,但却与政治无关:因为如果你想沿着多梅尼尔湖去寻求共和国在其不同的殖民地实行它认为有效或谨慎的不同治理形式的理由,那是徒劳的,有阿尔及利亚式的海外省、有间接管理(摩洛哥)和直接管理(在赤道非洲和西非)等多种形式;同时既有相对的包容性(至少,对于某些阿尔及利亚和塞内加尔的老战士是这样)也有对一切社会精英的排斥,尤其是在印度支那。博览会上看不到任何政治动乱的迹象——而不久,在第二次世界大战后,解放运动形成了不可抗拒的潮流。里夫战争、轰炸叙利亚以及已经爆发了印度支那人民和共产党人的起义,这些从来都没有被提到过。

激进社会党的总理阿尔贝·萨罗在 1920 年提出了一种殖民博览会的理论,认为博览会应该“在第三共和国领导下形成一个法国积极对外扩张

* 意为新“法兰克人的神圣事业”。

的高潮”。然而，1930 年由殖民地部长波拿巴主义者弗朗索瓦·皮埃特里授意起草的文件根本没有提到这个共和国，而且在博览会的活动期间，拥护共和的政治观点也极为罕见。甘必大这个名字从未被提及，也没有出现他的信徒欧仁·埃蒂安。同样，儒勒·费里虽然参加了一次庆祝活动，但却是在圣迪埃而不是在巴黎。

这届殖民地博览会闭口不谈殖民政策的问题，也很少提及第三共和国，相反，却大谈殖民者的文明使命。新教及天主教等宗教使者的作用也被大书特书。（况且，这也是利奥泰元帅的要求）。《世界犹太人联盟》的作用只字未提，但由“教师协会”负责开办了一所“殖民地土著人法语学校”的分校。

这就是传播文明的理论，但殖民者的积极作用也得到了广泛的印证，有时是从反面。所以，在达荷美展厅，观众和参展商可以细心琢磨一下“祭牲塔”的意义，整个塔被细心地饰以骷髅，据说（根据博览会导游词）这些都曾是当着达荷美国王贝汉津的面被处死的奴隶的遗骸，而他曾经企图获得德意志帝国的援助。

后来，利奥泰元帅的第一副手马塞尔·奥利维尔，大费口舌地为这种文化进步的问题做了辩解：

> “在 1910 年，人们很自然地喜欢上了具有新鲜感的异域风情。人们想更光鲜、更真实地重现曾经在 1878、1889 以及 1900 年世界博览会上殖民地展区的成功——那种风景如画的环境（尽管有些虚假甚至过分）[……][但是]另一种思想[……]鼓舞了[……]未来博览会的主办者……今后，随着殖民事业的重要性在人们的思想中逐渐明确，一种异国情调的博览会创意逐渐丰富、发展起来，以期达到更高的目标。那不再是人为地重现建筑学上的模仿以及各种表演队伍和异国他乡的氛围，而是在观众的眼前展示殖民化的成果及其现在和未来实况的缩影。”

这种论调十分微妙:一方面应该指出,这些遥远的国度依靠殖民主义,逐步走上了文明的康庄大道。但反过来,也应该强调非欧洲文化内在的精美,这是一种有趣的对比,因其双重性而使人想起博览会的动物园里那些“表面上自由自在的动物”。法国前殖民地协会(FFAC)曾要求划出一片地方来观察俾格米矮人及其配偶们的生活,这项计划被断然拒绝:博览会的组织者明确宣称,在任何情况下都不容许有妖魔化土著人的展览。FFAC 在万塞纳被拒绝后,仍然为巴黎引进了一座美拉尼西亚人村,不过这些卡纳克人没有被安置在万塞纳而是城市的另一端——布洛涅森林的旧动物园里。曾经在新喀里多尼亚生活过的极右翼记者并在维希政府任过职的阿兰·洛布罗,在这里的食人族茅屋里遇见了他以前的一个学生,名叫普鲁斯佩尔。后者还是孩子的时候“每天都去教会学校。从那时起,他像法国儿童一样,知道自己的国家叫做高卢而他的祖先是高卢人……十二年后,当我在巴黎又见到他的时候,仍然是食人族”。

万塞纳门附近以及集美博物馆里残存的这届博览会的部分艺术品相当好地体现了博览会受到各种艺术思想的影响。那个利奥泰元帅客厅里的美学装饰就非常有说服力。在一把“反映爱国主义以及共和思想”的沙发椅(那上面有一只带有“共和”缩写字母的公鸡)后面,配有安德雷·于贝尔和伊凡纳·勒梅特尔的壁画《亚洲的吠陀神话对法国的贡献》,也即揭示大梵天的梵文印度神话。而当时的殖民地部长保尔·雷诺客厅里的装饰画则象征着“马格里布的精神财富”。那上面有一个非常像耶稣的伊马姆领袖;一位戴面纱的女人手里捧着一本打开的圣书;还有一个骑在马上的土耳其枪骑兵——可以说是穆斯林中的《圣乔治屠龙》。还有一些壁画象征着法兰西民族与正义女神以及自由女神在一起。

这些建筑的手法非常细腻,甚至有点过分,因为用夏尔-罗贝尔·阿格隆的话说,那是一种“建筑学上的色彩与美观偶尔胜过正规写实主义的艺术表演”。同样,喀麦隆展馆(几乎与真实的巴木姆人的茅屋一模一样)是非常成功的,甚至太成功了。安德雷·莫鲁瓦喜欢“[这些]红、黑、白色的柱顶中楣,非常像古希腊的瓶饰”。同样,他觉得巴黎复制的吴哥窟神庙也像是一座亚洲的大教堂,这情景显然使人想起两种灵性即西方的灵性和殖民地的灵性相结合而成的殖民主义。莫鲁瓦甚至具体地阐明了这种相似性:从东京湾展览馆观看柬埔寨的神庙,使他想起了从圣路易岛上观看巴黎圣母院。

这届博览会的电气化程度,即它的“声/光”形象震撼了公众。是大型旅游活动?也许。但备受赞赏的吴哥窟照明以及图腾喷泉的灯光也有其象征的意义:利奥泰认为,巴黎灿烂的灯光照亮了吴哥神庙说明了每个殖民者应尽的义务:这个神庙中的光明就是法国为其殖民地带来的光明。

超现实主义者和共产党人批判了这届博览会,措辞甚至相当激烈:“必须回击死刑与空话,坚决要求立即从殖民地撤出并审判那些在安南、黎巴嫩、摩洛哥和中非大屠杀中犯下罪行的军人和政客。”在苏联的展览馆组织过一次反博览会行动:阿拉贡和埃卢瓦尔从自己家里带来了原生态艺术品,非常漂亮,他们把这些作品摆在了那些糟糕的绪尔比斯小塑像对面,这一切用了两条文字说明:一边是“黑色偶像”,而另一边是“白色偶像”。利奥泰认为,博览会在承认非欧洲人高贵性的同时,要坚持强调西方的科技与殖民地原始主义之间的差距。超现实主义者认为,这种差距是巨大的,不过,这是原始艺术所蕴含的大量奥秘与机械化和超级机械化社会的枯燥无味之间的差距。《绑鸭报》也曾讥讽过这一点,不过比较温和,它说约瑟芬·贝克被推上了“殖民地皇后的宝座”。约瑟芬很客气,她对招待过她的著名议员奥古斯特·萨巴蒂埃说:“我很高兴和萨巴蒂埃阁下在一起。我教他跳肚皮舞、摇摆舞和辟娄舞以及所有的……萨巴蒂埃阁下真是聪明绝顶。啊,太棒了!”

尽管有这些讥讽,反博览会运动却仅仅吸引了五千多人,而整个博览会仅在一百九十三天的时间里就为八百万观众售出了三千三百多万张门票,

⑱ 1931 年的国际殖民地博览会:吴哥窟神庙和瓜德罗普的喷泉池。吴哥窟神庙是利奥泰元帅的万塞纳博览会的“华彩乐章”。往届博览会曾经展出过一些柬埔寨的复制品如:1878 年的吴哥通王城的神像路和 1889 年的一座吴哥塔的复制品。但是,神庙第三层的复制品在乔治·格罗斯列的策划下引发了真正的“吴哥热”。为这股热情而大量运用电力照明(可以说是“声光技术”的先驱)是不足为怪的。

立体照片正片。巴黎,布朗利博物馆。© *Photo RMN*-© *Jean-Gilles Berizzi.*

其中有四百万是巴黎人，并为成千上万的中小学生组织了“修学游览”。塔迪厄（后来的议长，当时人们都称他为美国人塔迪厄）的看法不错，他认为这届博览会取得了巨大的成功，是“一次胜利、一堂教学课、一个希望”。利奥泰（他在同意主持博览会工作以前，很有预见性地要求将八号线地铁一直延长到沙朗通门以便运送大量的人群）在1931年11月说博览会取得了“出人意料的成功”。做过维希政府部长的罗米耶认为，人们表现出来的激动回应了组织者的期待，他写道：“殖民地博览会复元了欧洲的高贵精神。”

塞纳区议会主席让·德·卡斯德拉纳兹在开幕式上说：“怀着爱国、团结、博爱、和睦的思想，各国人民来到绿树掩映、充满喜悦的巴黎参观、欣赏和爱恋真实的法国形象——一个属于世界五大洲的法兰西。”也许如此。不过，1871年的巴黎人，无论是欧斯曼省长的敌人还是朋友，并不曾这样来看待他们的这座城市。

1937年的世界博览会也是一种倒退，尽管方式不同。让·法维埃认为这届博览会“没有什么特殊目的”，人们还记得有两座面对面的展馆——各自都想成为新文明的见证人，即（共产主义的）苏联展馆和（法西斯的）纳粹德国展馆。保尔·瓦莱里在一篇长文里想起了笛卡尔：“因为整个［1937年的］博览会时期恰好是《方法论》发表三百周年之际……，所以它同时包含了历史、哲学和诗的意境。”然而，对共和国来说，这届博览会的确是一次理论与实践上的失败，尽管有好几位“［巴黎的］大型调解机构”的共和派负责人认为它是一次加强“部署”的机会。

这是政治上的倒退，也是建筑学上的倒退。1889年是钢铁的时代。那是一个欢欣鼓舞的巴黎，是现代性之都。虽然1900年的风格已经开始倒退，但仍然寻求将传统（古代巴洛克建筑的华丽曲线）和体现当代性的“面条风格”结合在一起。1937年本身也是要求现代化的年代，因为正如安德雷·拉维耶所说，这是与历史决裂的年代：“那些拙劣的饰有丰乳女人的阁栅、精雕细琢的柱顶叶饰都消失了,取而代之的是朴素而结实的建筑,鲜明的纵向线条代表了向往进步的冲动,而突出的横向线条则强调了这种建筑的永久性。"然而事实上,这种 1937 年的建筑本身也是复古主义的,因为它是想回归到君主时代法国古典的不朽性,而不是走向德国及美国式包豪斯*的现代风格。

1937 年是一种回归。正如法国艺术杰作展览会所表明的,巴黎进行了自我反思,会上展出了包括四百三十幅绘画在内的一千三百件作品,这个展览是由画家德洛奈发起并得到了议长莱昂·勃鲁姆的支持。他们的思想的的确确是为印象主义和现代主义而辩护,但最终还是因为强调了法国本土文化的传承性才使他们的思想具有了价值。法国展厅里几乎没有一台机器,相反,却有一台民俗演出。

巴黎,法兰西帝国之都,这在 1931 年似乎很重要;但是,与巴黎——19 世纪之都相比,这算不了什么。这就是神话与魔幻的差别。

* Bauhaus,一种现代主义建筑思想。

第十四章 超现实主义和老巴黎神话的终结

自我的本质是什么？我们最神秘的心理结构是什么？这些都是超现实主义的大问题。要想深入到无意识中的各个角落，要接触我们最原始、最重要的天性，最著名的超现实主义方法可能就是自动写作了。他们认为（至少最初是如此），这是揭示我们生活中神秘冲动的最好方法。安德烈·布勒东发表的第一次超现实主义宣言提出了这样的定义："超现实主义……阳性名词。纯粹的精神无意识活动，人们想通过它，用口头或笔头，或其他一切方式，来观察真实的思维过程。"米歇尔·里法泰尔把这些相互衔接的意象说成是"连续隐喻"。

他们的第二种方法不是（不出我们所料）那些真正的超现实主义瘾君子（如克勒韦尔、阿尔托或死于过量吸毒的瓦什）从"身份不明的女人那里"搞到的毒品，而是"客观偶然"。这是指不期而遇的游戏：他们认为，随意将一些句子或一些图画罗列在一起，可以(从整体上)得到怪诞的新图画或神奇而具有启发性的新句子，其经典的例句(这要感谢城堡街上的超现实主义者的法伦斯泰尔)至今还是那句“(精致的)一尸体一喝新酒”。同样，马克斯·恩斯特认为，超现实主义的绘画首先是拓印，也就是说随意将浸了石墨的纸张放在木地板上：“这样得到的画面，经过一系列自动产生的暗示和嬗变，好似睡前幻象，越来越失去了相关材料[木材]的特性而形成意想不到的精美图案从而可能揭示烦恼的原因，或者也可能得到这个原因的幻影。”超现实主义的摄影师们也以同样的方式来进行思考(如果他们敢于这样想的话)：当时的超现实主义者、安德烈·布勒东的追随者并尽力遵循他的在布朗士广场一希拉诺咖啡馆演说的亨利·卡蒂亚－布列松认为，在所有定义其作品的各种规则中，首先就是要顺应偶然性的引导，“随波逐流……被照片拍摄下来而不是主动去拍摄照片”。

因而，一切梦幻都受到欢迎，但这主要是指巴黎的怪人怪事所能够产生的梦想与幻觉。埃米尔·吉拉尔丹的读者们，拿破仑三世的子民们，他们在阅读社会新闻的时候怀有某种很容易理解的不安，这种新闻业的创新使他们认为，在被工业主义和资本主义改革并失去平衡的社会生活中，任何事情都随时可能发生，而且人人自危。但是，在1860年令平民报纸的小资产阶级读者感到不安的东西，到了超现实主义时期，反而成了见多识广的巴黎人散步中的乐趣，安德烈·布勒东写道：“巴黎，你蕴藏着多少美丽、青春与活力啊——我多么希望能从你那比极夜还长的黑夜中抽出几个小时！我多么希望你所蕴含的、永恒的、无意识的能力能够赋予每个人以免他倒退和受苦！”巴黎的这些既无法解释也无法预料(也因此能使我们走得更远、更快)的社会新闻(它们也成了“客观偶然”)却令超现实主义者欣喜若狂。安德烈·布勒东的小说《娜佳》的结论强调了这个问题：“人心，美如地震仪。寂静的王国……一份晨报足以提供我要的新闻。”后来，他又以飞机在海上迷航时发求救电报的风格写了一篇故事，是一篇与《娜佳》的故事毫无关系

(或全都有关系?)的叙事。对于在歌剧院大街上的阿拉贡来说,对于索赛·昂丹街上的苏波或者拉法耶特街上的布勒东来说,漫步在巴黎就能够感受这座城市,从这个角度来说,就是用“行走”来生活。安德烈·布勒东在《田野的钥匙》里道出了个中的原委:

> “多年来,没有外在需要的、把我们带到一座城市的同一个地方的脚步证明了我们对这里的某些在逆光或背光的情况下不易察觉的东西越来越敏感。当人们走进一条长而曲折的街巷时(如黎胥留大街),只要稍加留意,就进入了可以判明交替出现的贫困或富裕地区的号码范围。也许应该为每个人制作一张地图,在他经常去的地方标上白色,不愿去的地方标上黑色,剩下的地方根据好恶的程度用灰色系列来标明。”

那么,超现实主义者的巴黎就是“白色”区域,是探索由神秘、意外、惊讶构成的内心世界的首选之地。他们认为,在这座城市里,一切都是隐喻、不期而遇、客观偶然,痉挛之美,并且还有——精致的尸体。阿拉贡在成为斯大林主义者之前,以他的方式解释道:“除了精神能够感觉到的现实外还有其他的关系也非常重要,如巧合、幻想、虚构、梦。这些不同种类的东西结合在一起而融汇成新的门类即是超现实性。”只有在巴黎而不是在其他城市里,有经验的观察者才有机会偶遇这些几乎是魔术的玩意儿,“这是些永远也关不严的锁”,而他多少都会有些办法进入自己的内心世界。瓦莱里说过,宁可“凭良心写出……一部较差的作品,也不会处心积虑地……憋出一部最美的杰作”。显然,超现实主义者推翻了这种可悲的资产阶级观点,一位意大利的超现实主义画家基里柯在1924年写道:巴黎的魅力是这座城市“所有的墙上贴满了招贴画和形而上的惊奇;Cadum牌香皂的儿童画像以及Poulain牌巧克力的红色小马驹,显现出古老神话的神圣而令人不安的庄严。”

不仅阿拉贡,其他许多人也认为,巴黎“某些街区的奇特之处是它们的另一副面孔,而那张最常见的面孔仅仅是其最表面的现象”。巴黎的地图,对超现实主义者来说,也是他们自己的心理图,虽是神秘莫测,但也许用不了多久就可以破译。阿拉贡的“巴黎农民”喊道:“把我的心拿去吧,你将在那里看见巴黎”,这个聪明而朴实的巴黎老乡面对首都的这种或那种景象常常感到不适应,巴黎既是这种不适应的原因也是其完美的表述:他写道“在我面前,是一片旷野,一片令人心旷神怡的牧场,我保证,这就是索尔尼埃餐厅……这时的瑟克雷丹大街极为冷清,空无一人……”。正如马丽-克莱尔·邦卡尔在她的一篇关于超现实主义巴黎的精彩文章里所说,布勒东认为,“[这座]城市顺应诗人的无意识,适合他的方法,增强了他的信心或使他产生了信心”。按照荣格的集体无意识论,巴黎是所有城市中最有利于意识的推理与无意识提供给我们的素材的结合(对于艺术家来说这至关重要)。对于那些不想(或不能)阅读弗洛伊德或查阅拉康(是超现实主义者的朋友)的人来说,夜间相遇在巴黎已经足够了;而超现实主义的漫步者,这个自我精神分析的漫游者,正是在首都沿街散步时遇见了重大事件或突然而意外地发现了揭示其心灵深处的客体,即那些意想不到的心理现象。安德烈·布勒东写道:“我非常喜欢那些在夜里把自己关在博物馆里的人,为的是能在关门的时间里,在昏暗的灯光下随心所欲地欣赏一幅女人的画像。所以,关于这个女人的事情,他们一定比我们知道的要多得多。”同样,超现实主义者认为把自己封闭在巴黎**里**,并**向**巴黎敞开心扉,就能够达到认识这座城市和认识自我的更高境界。瓦尔特·本雅明认为,布勒东的见解已经把“这座博物馆内化了”。的确如此,在超现实主义者看来,巴黎最好的博物馆就是巴黎本身。他们认为首都就是一种集体无意识,集体的和杂乱的回忆,每个人在那里做这种精神上的散步时都会产生突发的灵感。巴黎代表了“多元决定论,诗歌的情人”,并且梦想着“它自身的存在,因为梦是一种能量的释放”。同样,超现实主义者认为巴黎比其他任何地方更是一个既神奇又神秘的所在,它通过诱使梦幻者梦想得更遥远一些来打碎客体之间普通的或密切的关系,阿拉贡在1924年写道:

“马德莱纳大街上的现实主义刚刚被推倒了一大片,从这个豁口望去可以看到一些连绵不断的景致,红磨坊的工地、维隆镇、正在拆除的巴黎城墙、杜伊勒里公园广场的雕塑、戈布兰艺术学校那几个用发光字母组成的“原谅”照亮了夜空,地铁穹顶上的“布兰”巧克力广告上奔跑的金色骏马……”

欧仁·苏曾为那些醉心于中世纪犯罪残余的读者写过《巴黎的秘密》,而这些残余不久后便在欧斯曼化的、理性化的、划分区域的、可读的巴黎中失去了自己的地位。超现实主义者也推翻了这种做法。布勒东、阿拉贡、玛格丽特、马克斯·恩斯特、曼·雷都认为,这个第二帝国规划的现代化巴黎必然是欺骗,是不健康的幻觉,是生活的倒错,欧斯曼式建筑的正面外墙与他们的朋友基里柯的作品中那些没有门窗的街道一样可悲,唯有神秘的巴黎才真正值得他们关注。巴黎从1750年到1830至1840年是神话的高潮阶段;1890年:快乐巴黎的魔幻走向没落;而第三阶段是,1920年巴黎的达达主义和1924年的超现实主义者(他们本身是老达达主义者的异己分子)宣言。这就是巴黎,因为布勒东、阿拉贡以及苏波,而结束了一个时代,而故意摧毁了19世纪伟大的巴黎神话。到这里,我们也结束了这次巴黎之旅——从1860年的一个理性可读的巴黎到超现实主义者的神秘(不)可读的、不同神话的巴黎。

超现实主义是这次神话之旅的尾声,为了更好地突出这个结尾,让我们简短地回顾一下首都的文化史,以便强调到1850年时,标志着从一个巴黎神话向另一个巴黎神话发展过程中的那几个阶段。

保尔·狄埃尔在由加斯东·巴士拉作序的书中说过:“希腊神话中最有寓意的人物每一个都代表着一种心理作用,而他们之间的关系表达了陷于矛盾心理(升华还是堕落)中的人类的精神生活。”这里,宙斯代表了精神;阿波罗代表了各种欲望的和谐;哈得斯代表了压抑,等等。或者如列维-斯特劳斯所说,“同一性是一种我们必须参照的虚拟坐标以便解释某些事物,但它从不是真实的存在”。

许多19世纪的巴黎作家和出版商所整理出的无数典型和类型也许恰恰回应了这种理解与普世的需求。从空间上来说,这些类型的作用是横向的(每个有经验的巴黎人能够从中找到一种他的朋友或者敌人所做的在他看来是令人信服的描述),但从时间上来说,也是纵向的——运用这些解释现在的社会—心理学武器并把它们与过去联系起来,那么每个时代(尤其是当代巴黎)就都是可识别的、可认同的和可定位的。(我们可以把那些广为流行的生理学看作是那个时代的、平民的、深受“学院派”画家和资产阶级欣赏的伟大历史杰作。)在那些作品中,以及在现实主义文学中的巴黎,特殊案例和个人只是因为他们的代表性以及作为一种广义社会形而上学的象征才使人感兴趣。包法利夫人并不是一个特例;包法利夫人——“说的就是我呀”;而法国天主教神父杜邦鲁大人认为这本小说对于“任何一个在教区忏悔的人”来说都是一部杰作。被警察追捕的沃特兰不再是单独的个人,“而是一个堕落民族的典型,一群野蛮聪明人的典型”。不过,这种所谓广泛代表性的文学原则不会让所有人高兴,1824年,深受欢迎的文学批评家洛朗在评论雨果关于拜伦的一篇随笔时,尖刻地说道:“这种要表达整个社会的抱负——因为必须用这些先生们的语言来回答他们,这种抱负只不过是为那些用于空想以及总是陷入神奇理想世界和幻觉的诗歌添上荒诞的一笔。”

但是时代并没有认为这位执拗的评论家说得有理。在19世纪的巴黎人看来,斯各特、雨果以及许多画家、作家和历史学家的各种典型和类型交织在一起，构成了一个整体，一种神话，也可以说是一张新的“温柔乡”地图，或在他们看来是表达了整个现代生活不温柔的一面。在艾凡赫和瑞贝卡之后（因为在这个问题上，历史小说是所谓现实主义绘画和小说的绪言），巴黎的文学家和画家，不厌其烦地为他们的公众创作了无数的女工、女店员、纯情少女、半上流社会的女人，善良的妓女、狠心的银行家（通常是犹太人）、怪癖者、奇异人、反常的巴黎人等等（而在他们的思想上，这些都是真实的）不一而足。在基里柯不朽的作品《美杜莎之筏》里，每个人物、每个生活细节都将巴黎观众的视线引向困扰着画家的全景，即一个社会和一个不幸民族的整体概况；而杜米埃的天才正是把那些小人物变成了一部伟大戏剧中的群众演员，即：他那个时代的巴黎平民日常生活中的角色。

同样，我们在阅读巴尔扎克的时候不可能不被他书中的文学典型与类型的重要性所打动，（贝克特说巴尔扎克的人物都是“千人一面”。）奇怪的是，戈蒂耶在谈到波德莱尔的时候甚至说《恶之花》的灵感“［是］源于［典型］”而不是［源于］普通人。波德莱尔对这个问题也表达了类似的看法，他解释说，与“自然主义者”相反，他的意思是说这些人是我们所认为的现实主义小说家，波德莱尔从1846年起就自认为是“超自然主义者”：

> “在艺术上，我是超自然主义者。我相信艺术家不可能在自然中找到他要的典型，而是用他想象中出现的最优秀典型，作为天赋观念的天赋象征，并且是在同一时间。”

乔治·桑认为，福楼拜的《情感教育》最诱人之处，恰恰因为它是一场“生动活泼的表演，其中每个典型都要与一组同谋或受骗者共同参与”。

所有现实主义或自然主义的文学都有过这些卡夫丁轭形门的经历。因此，布瓦尔和佩居谢，这两位巴黎人的职业和社会经历的（可笑的）波折引起了福楼拜的兴趣（而今天仍使我们感兴趣），因为我们随时可以把他们划归于一个十分重要的范畴:19 世纪 60 年代首都资产阶级的范畴,也是自中世纪以来,尤其是从 1789 年以来,这个社会阶级的历史范畴。同样,龚古尔兄弟认为,加瓦尼版画(这些画经常被他笼统地命名为:《带羽毛的男人和女人》、《资产者》、《艺人》、《小商人》、《哲学家》等等)原来的诱人之处,在我们今天看来,恰恰是这位现实主义艺术家作品中的极其平庸之处。这两兄弟(保守派和反犹派)是自然主义者,也是福楼拜和左拉的朋友,在他们看来,他们的朋友加瓦尼的典型和类型所构筑的全部想象比孤独或怪癖的个人更真实、更常见,一句话,更现实。(显然,超现实主义与这种观点完全相反。)

与文学典型结合在一起的是 1820 年至 1860 年在巴黎流行的生理学;证明这一点的有 1825 年的布里亚 - 萨瓦兰的《口味生理学》(我们在前文关于巴黎的美食中提到过他);1841 年的于阿尔的《大学生生理学》;特别是儒勒 · 黑泽尔于 1845—1846 年出版的《魔鬼在巴黎》、《巴黎和巴黎人》几乎是出版界前所未有的成功。而巴尔扎克在 1829 年则著有《婚姻生理学》,1841 年则有《职员生理学》以及《巴黎大街的历史和生理学》。此外还有巴黎女人、女才子、装卸工、女店员以及世上最不幸女人的生理学。1835 年,美国记者的伟大先驱纳塔尼尔 · 帕克尔 · 威利斯曾说过,在巴黎也许能找到适合所有欧洲国家的生理学,在这之后他还补充道,很容易准确地辨认出美国人:“来欧洲以前,我没有意识到在美国人的脸上有些特殊的东西非常明显”(“that is altogether peculiar”)。显然,法国人没这个本事,不过对他来说,在欧洲区分一个英国人和一个美国人简直易如反掌。

据估计,仅在 19 世纪 40 年代,这些著作在巴黎就售出了大约五十万册。还必须强调的是,在同样的环境里,靠黑泽尔(我们在前面已经见过这位伟大生理学家的魔鬼般的拾荒人形象)养活的作家们并非都是无名之辈,因为其中还有乔治 · 桑、夏尔 · 诺蒂埃、泰奥菲尔 · 戈蒂耶、吉拉尔 · 德 · 奈瓦尔、巴尔扎克、阿尔塞纳 · 胡塞耶和阿尔弗雷 · 德 · 缪塞。

尤其给人印象深刻的是这股热潮恰逢百花齐放的繁荣时期：巴黎的生理学时期也正是巴黎漫画家们的鼎盛时期，即绘画典型的鼎盛时期。从1830年至1870年，即从七月革命到照相制版术的发明，这四十年既是巴黎神话、音乐剧、市民喜剧的伟大时代，也是法国漫画以及菲利庞和他的漫画《梨》、格朗威尔、亨利·莫尼叶和杜米埃的黄金时代。波德莱尔曾说过，加瓦尼和杜米埃是"《人间喜剧》的补充"。这里，我们还应该提到哑剧，以及因为普雷维尔与让-路易·巴罗在1943—1944年拍摄的电影《天堂的孩子们》而名声鹊起的丑角——两位德布罗（让-巴蒂斯特和让-查理）深受大众的喜爱。泰奥菲尔·戈蒂耶说过："哑剧，这是真正的人间喜剧……它根本不需要巴尔扎克的两千多种人物个性，而只需四五种典型就能表达一切。"

欧斯曼的巴黎因此而成为了机械体系，成为了可拆装的、可解释的、有效的和可读的机器；关于这一点，菲利庞在1832年根据皮埃尔·努马·巴萨格写的一篇关于巴黎十二个区划（直到欧斯曼建立二十个区划以前，巴黎使用的一直是1795年的区划体系）的文章画了一张图，其中巴黎的每个区都有自己的巴黎女性形象，每个形像都被当做一种典型，而她的相貌与该区特定的建筑完全匹配。

我们再回到1920—1930年代，巴黎的超现实主义者显然完全推翻了这一切，很难想象有比这两个时代更全面、更巨大的反差，而这一切发生在非常短的时间里：1896年，既是埃德蒙·龚古尔的去世也是超现实主义的教父安德烈·布勒东的诞生。我们常常抱怨不得不体验历史的提速。但布勒东与我们（相隔半个世纪或更长）的差距却远小于布勒东与左拉（相隔不过二十年左右）的差距。

因而，超现实主义成了欧斯曼神话的死敌，也是生理学神话的死敌——因其过于可读，但并非简单地、绝对地是所有神话的敌人。所以，研究过俄狄浦斯、艾柯、纳瑟斯和忒修斯的超现实主义画家(如:达利、恩斯特、马松)不在少数。安德烈·布勒东有一篇遗作名为《论某些残存的神话和一些正在形成的神话》。布勒东写道,超现实主义者"根本不想亲自去做推广新神话的荒唐事"。但紧接着又补充说他们还是愿意"为某些具有光晕的人或物而献身"。

强调这些永恒的神话与超现实主义之间的关系,就是为他们的学说争取到了历史性的和普遍的认可:从20世纪20年代末到整个30年代,面对共产主义和法西斯主义意识形态——无论是真诚还是被歪曲了的普世神话,他们(尤其是布勒东)努力炫耀他们探索人或物的本质的方法也同样具有普遍的意义("是创造一种适合于我们自己的辩证法的时候了……[并且]它使……我们在精神上高于列宁和托洛斯基的布尔什维克主义"),这个意义,说得更全面一些,就是一种经历了对神话的恐惧之后,必须也必然与真正的政治革命神话结合起来的超现实主义革命神话的意义。(我们还记得,布勒东的著作中有一本书的名字就叫做:《连通器》。)在巴黎,超现实主义诗人的敌人和郊区无产阶级的敌人难道不是同样的吗?革命既可以是内部的也可以是外部的。两种进攻中哪一种更有效?是武装的无产阶级在思想上的进攻;还是成功地毁灭了资产阶级文化准则的价值观的超现实主义文人在思想上的进攻?马松认为,超现实主义艺术家的颠覆性本质是明摆着的事情:"一件艺术品、一首诗、生物学或精神分析学领域里的一个新发现的唯一证明,就是有助于促进从人类到全部社会准则的嬗变,有助于揭露社会的、道德的和宗教的虚伪,也因此而有助于揭露统治阶级"。阿拉贡使这位马克思主义幻想家瓦尔特·本雅明痴迷,后者的主要直觉就是关注漫游者的问题——这种漫游者是头脑清醒却被欧斯曼的、资产阶级的巴黎边缘化和异化了的旁观者。

出于对笛卡尔主义和僵化的西方文明的蔑视,超现实主义者有时会狂热崇拜所有共产主义的神话与文化,而尤其崇拜第三世界(当时还没有这个称呼)的神话与文化,比如,第三期《超现实主义革命》杂志,就已经祈求过达赖喇嘛的庇护:“我们是你最忠实的仆人,啊,伟大的喇嘛,赐予我们你的智慧,请用我们欧洲人蠢钝的大脑能够理解的语言指引我们。”

因而,布勒东认为,在整个地球上,新感觉(通常是视觉的)能够植入“潜在的情绪并[引发]思想突变”的地方数不胜数。例如:北极光照耀下的纽约(1941 年离开法国后,整个第二次世界大战期间,他都生活在这里);加拿大的加斯佩半岛;或者亚利桑那州的大峡谷。

虽然如此,在日常生活中,布勒东和他的朋友们仍然是极为“巴黎”化的人,而如果说所有的神话(除了理性主义的神话、资产阶级的神话、甚至欧斯曼的现代性神话)都令超现实主义者入迷,那么这个新奇的巴黎神话特别令他们陶醉,作为这种对巴黎痴迷的间接证明,我们引述他们中的一位——罗歇·卡伊瓦于 1937 年所写的关于首都神话的一些文章中最能说明问题的片段:

> “新书不断出版,城市是其中最主要的角色,而巴黎这个名字几乎总是出现在标题中,这足以说明读者喜欢这样。在这种情况下,它又怎能不使每个读者内心确信,并且今天我们仍然确信,我们所熟悉的巴黎并不是它的唯一,那不是真正的巴黎,而仅仅是亮丽的、但却过于标准的舞台布景,舞美师们永远不会拆穿真相,而它掩盖了另一个巴黎,真实的巴黎,虚幻的、难以捉摸的夜巴黎。”

所以,巴黎是,而且几乎必然是超现实主义者们神秘的神话之都。像整个人类一样,这座城市以及它的恐惧和梦想,都是超现实主义文学所关注的核心。的确,超现实主义者布勒东的巴黎既不是大资产阶级的超现实主义者苏波的巴黎,也不是多情的郊区居民艾吕亚的巴黎。但他们都或多或少是巴黎人:他们因此而决意远行直到世界尽头,其中有些人果断地离开了巴黎;但这是为了重蹈奥尔良时代的辉煌之路。布勒东在美国顽固地拒绝讲英语。他们的文献(除了很少一部分)用的都是法语甚至巴黎方言:奈瓦尔、洛特雷阿蒙、兰波、波德莱尔和他们的冤家对头阿纳托尔·法朗士、巴莱以及后来的瓦莱里全都如此。他们的杂志在巴黎出版,绘画展览也是在巴黎举办。1938 年举办的第一届超现实主义国际展览会也是在巴黎,随后的 1947、1959、1965 以及 1974 年的展览会还是在巴黎举行。阿拉贡从没有去过美索不达米亚,而这是因为(他认为),要了解这个国家他只须去布特-肖蒙高地散步足矣。巴黎以其无数的秘密吸引着他们,并且(奇怪的是)还以它的纯洁吸引着他们,正如布勒东在《连通器》里所说:

> "应该一大早就去巴黎的圣心堂高地远眺,城市,在她舒展以前,缓缓地揭开了美丽的面纱。终于,四下里出现了冷清、孤独、毫无激情的人群,像一艘船,划破了集精华与糟粕于一身的黑夜……这是最美的时刻,是伴随着纯洁的美,是一面完美无瑕的镜子,这里面曾经出现过的、现在正出现的一切,可爱地浸润在将又一次升起的美景里。"

的确,巴黎的某些地区,因为过于可读,很少使布勒东及其战友们感兴趣。比如,很难想象他们会在奈伊、福柯或亨利·马丁大街上散步或梦想。菲利普·苏波讲述过他的生活:"我曾经在香榭丽舍大街和蒙梭公园里玩滚铁环——蒙梭公园,这阴森的花园,虚伪的神殿!"他大概是想说,本书中也提到过,这个幽静的地方曾在 1871 年掩埋了几百名被枪杀的巴黎公社社员。但他们认为有些巴黎的花园是非常适于孵化神秘与神话的,因为这些地方将"大自然与人类的梦想"结合在了一起,其中有些花园就像是"贤惠的女人",而那里的男人则化作了钉耙、铁锹、石块。阿拉贡认为,巴黎的这些花园是占卜者。在关于梦的问题上,他觉得上面提到过的布特-肖蒙花园特别有启发性。这正如以前曾多次提到过的商业廊街一样。瓦尔特·本雅明认为,最初,大约在1820—1830年,这些廊街已经表现出了商业资本主义的本质。

巴黎历史上的第二个时期把这些商业廊街变成了自我异化的绝佳之地,廊街成了巴黎漫游者所喜爱的场所。奈瓦尔曾牵着一只螯虾在那里散步。但到了第三个阶段,廊街则成为超现实主义派别最钟爱的地方,例如,阿拉贡认为这些地方是一个神秘的所在,是一个"人在里面游走的大玻璃鱼缸……包藏着好几个现代神话"并遭到了"由第二帝国的一位企图改造巴黎的省长引入首都的美国式本能"的威胁。

早在1921年4月14日,厌倦了蒙帕纳斯而寻求一个栖身之所(那天正在下雨)的达达派(超现实主义的前身)躲进了歌剧院廊街的赛尔塔咖啡馆。不久后,阿拉贡在《巴黎的农民》一书里对当时正在拆除的这家咖啡馆寄予了同情,他认为这也表现出了有形事物的脆弱,日常生活中实体的短暂。比如,这些遭受威胁的巴黎廊街以及流动的临时性社交场所、红灯区、妓院。阿拉贡说过,正是在这些地方他能够得到"意外收获",而阿拉贡认为,这种"意外收获",其实是"他生命中最可靠的品质"。

在巴黎散步,但只是有选择地去某些地方,尤其是去那些形状使人联想起生命的流动性、液体性、不稳定性的地方:我们知道安德烈·布勒东对海森堡的不确定性原理极感兴趣,后者论证了在某一给定的时间内无法测量粒子的速度,因为要进行测量就改变了物质的性质——他因此而获得了诺贝尔物理学奖。下水道、阴沟、塞纳河是超现实主义者特别偏爱的地方。不错,欧斯曼也关注巴黎的供水系统。但这可以说是为了排水、是为了净化;所以我们没有把对这位铁腕人物的回忆与液体联系在一起,而是与极为坚固的一切、与林荫大道、与可读的并被编了号码的建筑物联系在一起。(波德莱尔虽然喜欢"天气多变,风雨无常……"的巴黎,但也厌恶无拘无束的水流,至少,在这一点上他与那位铁腕省长是惊人地一致:"我希望驯服水流，将其囚禁在堤坝的几何形墙体之间。”）相反，超现实主义者认为，整个巴黎像是躁动和令人不安的汪洋大海：《巴黎的农民》说过，“类似的情景极为罕见”。巴黎有海洋的“辽阔、丰富的流动性和动荡性以及整体性”。阿拉贡写道：“在你们的花坛前[所以，是巴黎的花坛]，我挥动着手帕，就像站在船舷的一个游子。而船已悄然离开。信步在花园里……最简单的愿望，就是晚霞映照着我的衣衫。太阳遗留下一盆天竺葵。”

苏波在他的诗《韦斯特维戈》中写道：

> 当所有的街道都成了河流，
> 我爱这流淌着巴黎的血液的大河
> 她像荡妇一样肮脏，
> 但她也不过就是塞纳河，
> 与她交谈就如同向自己的母亲倾诉。

在回答他们的杂志《为大革命服务的超现实主义》于1933年3月12日提出的一份调查问卷（要求描述一下圣德尼门遗址在公元409年的风貌）时，罗歇·卡伊瓦说那“是一个水银湖”，而安德烈·布勒东则说是“一层美丽的石油，无意识的天鹅经过这里，像朵朵白云”。这些流动的画面经常出现在安德烈·布勒东的著作里，他在《可溶解的鱼》中说过：“在圣-热那维芙山上，有一个巨大的饮水槽，夜幕降临的时候，巴黎所有焦躁不安的牲畜、神奇的植物……都到这里来纳凉。多么珍贵的血液源源不断地流淌到这里[……]。”苏波也常来到这既是巴黎的大海也是巴黎的母亲河——塞纳河边散步：

> [……]我漫步在圣米歇尔大街上
> 心无一物，

数着如此熟悉的街灯，
来到了塞纳河旁，
站在巴黎的桥边，
我大声说：
所有的街巷都是你的支流。

布勒东认为，“巴黎的中心区”也是位于圣－日耳曼－洛克斯鲁瓦堤岸一带。

巴黎的散步场所会微妙地溶解，因而，也不断地动荡着。正如许多评论家所指出的，超现实主义者的神秘巴黎全都是流沙。在阿拉贡的著作里，巴黎的景色“永远在变化与运动：大门、花园、喷泉、橱窗”；而在卡伊瓦看来，地铁的出入口是城市难以满足的大嘴巴。巴黎的超现实主义者有一个特殊的词汇表：“敞开、放松、滑动、流动、下雪、起飞、倾覆、漂泊、溶解、分解、疏松”。将巴黎化为“一片相当于自己面积的大海”对于布勒东的朋友和信徒们来说是一件无法想象的事情。

流动性加上运动和女性化。我们再来听听阿拉贡是怎样说的：“歌剧院的廊街是大海。栏杆像海藻一样轻轻地摇曳。当我发现橱窗里，一个游动的身影在各种货架间滑行的时候，似乎还处在这种梦境之中。这身影比女人正常的身材略小一些[……]似乎紧贴着橱窗移动。”布勒东认为，太子广场，“没错，就是巴黎的生殖器”，当然是女性的生殖器，因为这块呈“三角形”的场地显得“微微有些隆起，而一道裂隙将它等分为有绿色植被的两半”。

这是些可以从心理上启发我们的散步场所，更因为通常是在夜间散步，从而也使我们熟悉了神秘。因为巴黎的黑夜更使人感到陌生。阿拉贡认为，它是“巨大的黑色幻觉”，而依靠黑夜，叙述者感到了“超越自我的力量[……][他感到，他]触到了被死亡包裹着生命的具体感觉[……]。黑暗或旋涡,这就像:黑夜吞噬了他的船队”。1933 年,布拉塞因他的六十二张黑白照片集《巴黎之夜》(*Paris by Night*)而引起了大家的注意,尽管实际上,正如艾黎可·哈赞所说,吸引超现实主义者的是巴黎的黑夜而不是黑夜中的巴黎。

超现实主义者的散步和弗洛伊德的心理分析之间的相似性不仅明显也是自觉自愿的,也许这是因为 1919 年就已经想象出的自动书写要作为一种必须表达“真实的思维过程(这也是自动的)”的无意识行为(因而也是梦)。虽然,他们以前很欣赏弗洛伊德(布勒东在 1921 年去维也纳拜访过他),不过也有所保留。他们对弗洛伊德关于婴儿性欲的论述不怎么感兴趣,布勒东认为,不管怎么说,艺术家,尤其是超现实主义艺术家不是医生;反之亦然,医生也绝不是艺术家。他在谈到心理分析时写道:“接受他喋喋不休地谈论梦的问题就已经够给面子了。”总之,说到精神病医生:是“他们监禁了萨德,他们监禁了尼采,他们监禁了波德莱尔。”不过,本来是诗人却要当科学家的弗洛伊德也对他们以牙还牙,他声称“要把那些表面上拿我当守护神的超现实主义者们看成是百分之百的疯子,或者是纯度百分之九十五的酒精”,这位维也纳人与这些巴黎人之间的主要分歧是:关于梦的分析在弗洛伊德看来是有可能治愈疾病的第一步,而超现实主义则认为是终极目标。弗洛伊德认为,所有心理冲动都不是积极的,相反,所有超现实主义作家,都可能会像他们中的某人那样在卧室的门上挂上牌子:“诗人在工作”。与心理治疗医生相反,超现实主义者接受所有的自发性,其中当然包括精神病人梦幻中的自发性和在巴黎散步时所产生的自发性。布勒东认为,超现实主义“渴望收集所有的心理力量”。他在《娜佳》中写道,精神错乱与非错乱的界限明显缺失不会使我认为思想和感觉这二者的结果有什么不同的价值。

因而,真实的巴黎很重要,甚至非常重要,而且比心理分析更重要。但奇怪的是,这座城市的过去,反而好像根本没有引起布勒东及其朋友们的真正兴趣,他们的巴黎是一座“摆脱了自己历史事件的城市”。超现实主义研究所(坐落于格勒奈尔大街15号)曾提出过一个问题:“巴黎在公元409年(显然是一个非常重要的年代)的时候有多少居民?”,对此卡伊瓦玩世不恭地答道:“409人”,因为那时“是根据巴黎居民的数量来确定年代的”。巴黎的历史,就词的严格意义来说,尤其是巴黎的政治史,只有当这种历史是拒绝,从而证明他们自己的文化叛逆时,才使超现实主义者们感兴趣,苏波写道:

> “今天我学会了尊重那些拒绝叛变的人,[并且],正是在阅读已经遗失的有关巴黎公社的旧书时,我开始懂得了什么是尊重,理解了什么是伟大。我觉得也许没有什么东西能比巴黎公社的控告书更美……这些人就是我今后的榜样。”

这样关注巴黎的历史并非真正地关注。

这种冷漠同样存在于超现实主义者提交的一项关于修改巴黎古迹的调查报告里,而今天,这些古迹的基本原理和不变性仍然显露出这座城市的久远历史。应该怎样对待这些古迹呢?超现实主义者的回答(毫无敬意)是:将巴黎圣母院钟楼做成油瓶状;协和广场上的方尖碑用一只女人的手臂来支撑;贝尔福的石狮子穿上铁钎;圣-雅克钟楼重又变得神秘莫测,某些人想把它用“环形的原始森林保护起来”;或者,我们已经介绍过,还有些人想把它“小心翼翼地插在小教堂的塔尖上”。他们对先贤祠广场比对先贤祠更感兴趣一些,莎姬也经常把这座建筑与巴黎其他古迹混为一谈。她父母和朋友的看法也如出一辙,加布里耶[做手势]喊道“说真的!就好像你知道这是啥。就好像有人知道那是啥。这一切[用手指],都是吹牛:先贤祠、荣军院、赫伊兵营,街角的烟铺。对,都是瞎吹。”

在超现实主义者的巴黎,一切都还在原来的位置;但却都被歪曲、“被去历史化”和被重新组合,比如玛格丽特的油画所表现的物体和脸部完全是写实主义的,甚至是精细的,却重新进行了排列或删节以便表现,或者至少暗示与它们原本想表现的东西相反:“这不是一个烟斗”。同样,巴黎的屠宰场使画家马松感兴趣,但这可以说是古代希腊人和罗马人宰牲祭坛的现代版本,而玛丽－克莱尔·邦卡尔完全有理由得出这样的结论:在超现实主义者的巴黎,“场所只是方位标识,从来没有用全面的手法来描绘过它,仅仅是简单地命名而已;[……]事件发生的场所如此令人惊诧以至于它们在读者身上引发的是一种痛苦而不是舒适的认同”。同样说明问题的是,巴黎绝少(甚至可以说从未)出现在超现实主义者的绘画中,而苏珊·松塔格的看法很贴切——超现实主义者(文学)的巴黎收集了一堆“都市的碎片”,是一堆遗失物品的大杂烩。的确,在他们看来,巴黎的街道很诱人,但这是因为那些街道能产生联想与幻觉而非街道本身;在这种秘密应合论的领域里,1938 年的超现实主义展览会上的巴黎超现实主义圣地(微微安大街和尼古拉·弗拉梅街或全景廊街)的作品,不是与具体的历史记忆在一起,相反,却与女模特们裹在了一起,整个展览因为平淡而必然使人想起另一类主题的展览:“巴黎,秘密激情之地”。其中,安德烈·马松的作品似乎特别成功,他恰当地将“象征主义与暗示,富有诗意的梦幻与弗洛伊德的名声”结合在一起,正如一个模特的下部露骨地显示了:“在铺满粗盐的地上,竖起的小红辣椒,像勃起的微型阴茎直指模特的生殖器”。

巴黎的神话(或首都对抗欧斯曼的反神话)以及所有其他的神话越来越重要,正如超现实主义者奥登所说:“[第二次世界大战之间和战后的超现实主义者提出的]构建一个新神话的主张变得更加迫切也更加极端。超现实主义者并非把神话看作[是] 某种社会状态的虚幻表现,而是作为一种可能的行为方法。”我们甚至可以更进一步来证明恰恰是神话的魅力导致超现实主义者,或至少,导致他们中的某些人染上了最坏的政治习气。

超现实主义者在政治上是幼稚的，并且和过去一样，纠结于那些装门面的广告效应，他们完全误解了专制制度提到的那些神话的意义，而这些专制制度，我们已经说过，经常得到他们的支持。比如属于右翼的有德里厄·拉罗谢尔（先是达达主义者的同志，后来是超现实主义者），1945 年，他因为崇拜他那个“又大又红的东西”——法西斯主义而丧命。属于左翼的有阿拉贡，他转向斯大林主义的过程是众所周知的，而他的战友艾吕雅的转变倒不怎么费力。后者在 1927 年说过：“所有诗人有权利和义务支持他们深入到他人的生活中去，深入到共同生活中去，这样的时代已经来临”；而他后来完全转向了斯大林主义。布勒东在 1950 年为他们共同的朋友萨维斯·卡兰德拉在布拉格受到的审判而写了一封公开信，后者在忏悔中承认（我们在这里引用他忏悔时使用的非超现实主义语言）曾为西方帝国主义强加给捷克斯洛伐克的歧视性封锁而工作，旨在破坏它的经济繁荣并将其纳入马歇尔计划，艾吕雅在回信中说，他“与那些为自己鸣冤的无辜者有太多的事要做而不会去关心声称自己有罪的罪犯”。

无论是好是坏，超现实主义想成为新神话，因而也是其他神话——包括某些政治神话或宗教神话的伙伴。但是，应当怎样来看待这个与 19 世纪可读的巴黎完全相反的超现实主义者的巴黎呢？超现实主义标志着巴黎神话的复苏还是终结？或许，它本来就是魔幻而不是神话？因为它是基于排斥、怪僻、神秘和金钱而不是包容、普世和集体想象。

敏锐的布勒东在 1935 年提出过一个问题：“超现实主义会否与资本主义社会一起消失？”不错，这个问题提得好。而如果说杜尚在布勒东的葬礼上说“他像一颗悸动的心”那样爱过，并且“他是这个信仰卖淫的世界里的真爱情人”没有错的话，那么反过来，我们就能够说，成为了纽约人并且极为时髦的萨尔瓦多·达利是纽约大资产阶级的宠儿，他以前的朋友都认为他是“美元迷”。让-保尔·克莱斯佩勒有理由把超现实主义者的拜金狂看作是“超现实主义者最可悲的污点。永远也无法抹去”。

巴黎超现实主义的“故作风雅”也是魔幻。安德烈·布勒东自称对露娜公园里平民的乐趣很敏感;而索尼娅·德洛内,对布丽叶舞厅里的平民们的烦恼很敏感。不过,人们要警惕布拉塞和科泰兹自吹的那种对平民巴黎的好意,他们拍摄的照片在我们今天看来偶尔有些感伤,甚至清高。布勒东厌恶每天都在地铁里奔忙的人,他写道:“这些人,只要承受得了自己的工作——不论痛苦与否,都不值得去关注。如果他们自己没有强烈的反抗意识,又怎能提高他们的觉悟呢[……]。”玛丽-克莱尔·邦卡尔说过,超现实主义的巴黎神话“仍然是势单力薄,而且,任何地方都找不到一种让大家都有与阿拉贡同样想象力的方法[……]”。朱利安·格拉克认为,布勒东想把超现实主义变成一个封闭的社会,甚至一个秘密的社会,这位大师写道:民众的赞许“是无论如何都要避免的。如果你想避免混乱,必须绝对阻止公众进入。我还要补充一点 ,应该用一种挑战和挑逗的方式让他们待在门口发狂。”

原则上,超现实主义者是无国界的世界主义者;但在许多方面,他们是极端的巴黎人,也即巴黎的地方主义——因而此处这个词是贬义的。应该把布勒东和他的“深居简出”与愿意拥有更多公众的德斯诺进行比较。他们的世界主义即使没有争议,至少也是很特殊的。的确,在殖民主义和纳粹德国迫害犹太人的问题上,安德烈·布勒东的态度无可指责;但相反,超现实主义者的女权主义却极为暧昧。

布勒东和他的朋友们痴迷于女性以及用阴阳结合的理论来述说她们在天地之初的和谐神话。他们认为,拯救了人类的**想象力**这个词应该只属于阴性名词:“电力大厦前的裸体女人像唤起了圣洁的感觉而不是色情。”布勒东在拥抱娜佳的时候想到了圣体。巴黎的颜色(蓝与红)不仅是纸牌的色彩,还包含了对立法则,蓝色代表的是女性、水和黑夜;与之对应的红色代表了男性、火和光明。超现实主义者,尤其是朱娜·巴恩斯笔下的巴黎地区通常被女性化了。

尽管如此,在他们的生活中以及在他们的作品里,吸引超现实主义者的女人是一种机械女人(例如,在曼·雷最著名的照片中,赤裸的女艺术家梅雷·奥本海姆像是被拴在了一部机器的轮盘上)。在《巴黎的农民》里,女人有一头"爆炸式秀发",是具有现代机械主义力量的头发;也就是机械头发。所以,这是机械女人,有时,甚至是客体女人、童女、仙女。

超现实主义者所说的女人是一种女神,但却很遥远、抽象,是一种"痉挛之美"却支离破碎。"我们沿街闲逛(这里是指布勒东的《娜佳》和巴黎的街巷),并排走着,但距离拉得很开。"超现实主义者的女人是性爱和诗情画意的媒介而不是"自我享受,或自主创造"。娜佳问:"我是谁? 还活着? 独自一人? 这是我吗?"

超现实主义的原则是世界性的,因为这涉及到了思想解放,一切思想的解放。但它的实践,无论是从哪方面来讲都是排他的,这个毛病从 1926 年开始养成,当普罗科菲耶夫的芭蕾舞《罗密欧与朱丽叶》5 月 18 日在莎拉·伯恩哈特剧院首演之际,阿拉贡和安德烈·布勒东呼吁剧院的观众怒斥他们(从前)的两位同僚(马克斯·恩斯特和胡安·米罗),这两人(阿拉贡认为,卑鄙地)同意为这部作品绘制布景是应遭到谴责的妥协行为——芭蕾舞是一种低级艺术。(毕卡比亚对于当时深受巴黎人喜爱的瑞典芭蕾舞的兴趣也招致了类似的严厉指责。)

从那时起,排斥成了超现实主义最常见的行为之一,例如:1922 年开除了查拉和达达主义者,1927 年开除了阿尔托和维特拉克,因为他们拒绝了共产主义;1932 年开除了阿拉贡和萨杜尔,因为他们接受了共产主义思想;1938 年开除了艾吕雅,因为他太左;1939 年开除了达利,因为他太右。超现实主义者的社团思想要比象征主义者严重得多,那些支持(或反对)安德烈·布勒东(教父)的超现实主义者也是当时巴黎的各种社团中最爱争论的人,甚至也许是整个巴黎历史上最爱争论的人,争论 17 世纪的古代人与现代人,今天看来,这么说并不过分。

也许,超现实主义的本质就是魔幻。超现实主义真是现代主义神话的意识形态吗?也许在某些方面是这样,例如,在超现实主义与电影和摄影的关系上是这样,并且,有趣的是,超现实主义者的女性要通过写作出名就不如当个画家或摄影家:而梅雷·奥邦海姆却沉缅于这两种行当。但总的来说,超现实主义是排斥而不是真正的设想或真正的神话。布勒东的朋友们在巴黎寻求的不是一个新巴黎,而是一个虚幻的幽灵,一个在欧斯曼之前也并不存在的巴黎,或许,从来就不曾存在过。欧斯曼根本看不起他的这些修养太深、知识太渊博的对手,他写道:“赞赏这个他们只是从书本里认知的巴黎成了一种时髦。”他会怎样评价他们的后继者呢?痴迷于神话的超现实主义在经历了初始阶段之后根本谈不上是神话而应该是魔幻、把戏、玩笑。你能想象出一个超现实主义者会没有一些惊愕的、被排除在外的观众吗?反之,你能想象出一个没有把消极的观众改变为积极参与者的神话吗?

所以,总而言之,超现实主义(自认为是开创性的革命却最终沦为资产阶级的娱乐消遣)最大的益处是更直接地告诉了我们在1914—1918年的大屠杀之后,欧洲人那种悲惨的精神状态。我们从中可以看出欧洲意识的现代主义危机的滑稽表现,危机本身被第一次世界大战毁灭性大屠杀的后果极度放大了。超现实主义者也许是想与我们谈论巴黎,但其实,他们只是成功地告诉了大家他们的不安以及他们那些可爱的幻觉。

这促使我们更全面地思考巴黎以及巴黎的神话与其他更广泛的背景之间相互依存的关系。总的来说,这些从想象到物质现实之间的关系没有什么令人惊奇之处。尽管巴黎的神话非常广泛地反映了各种文化的潮流,但也只不过是恰当地强调了这座城市的影响力和重要性。让我们记住维克多·雨果的比喻:巴黎是鼓满风帆的人类文明之舟;雨果·冯·霍夫曼斯塔尔的观点更谦逊一些,但也意境相同:巴黎是“生活构成的美景”。

第十五章 巴黎在欧洲：巴黎，艺术之都

我们从哪儿来？我们是什么？我们到哪儿去？这是1897年高更(1848年出生在巴黎!)的一幅油画所提出的有关神话的问题,是美丽时代的巴黎——奢华与娱乐之都的魔幻无法回答的问题,况且,就是今天的商业化魔幻也无法回答;而且可以肯定,明天的魔幻也还是一样平庸。在这个问题上,未来与过去处在同一水平,因为,以往的丰功伟绩的历史,正像我们今天正在书写的——我们时代唯一能够接受的历史,可以评论昨天的那些元叙事,但不敢尝试完整地表述它们。在这种被删减了的历史(更确切地说,是魔幻而不是历史)中,断头台、"马赛曲"、凡尔登以及巴黎是失去了意识形态或实践意义的主体。这些地方成了简单的纪念之地,只能用于唤起回忆与怀旧,而相反,在真正的历史学中,关于过去的神话时代,有大量越来越直言不讳的答案相互交织在一起,这一切形成了一个可读的整体,保尔·瓦莱

里说过:“在精神追求的最活跃阶段,艺术家或诗人的内心活动与学者的内心活动,除了名义上的不同,没有区别。”所有的答案都是从过去走向未来。大约从 1800 年到 1830 年,有些人认为,人类总有一天会通过科学——而巴黎是科学之都,来实现美好的未来。晚些时候,另一些人,在 1848 年,努力通过革命前夜和最后斗争中的政治理想来求得解放,或更有甚之,在 1871 年,通过巴黎公社运动来求得解放。最后,还有一些人梦想在一个欧斯曼的、有感染力的、有效率的、完美的城市中寻求他们的出路,或者用波德莱尔式和本雅明式的对这座理性化城市的拒绝——这本身已经成为了神话,来寻求自己的道路。

但在所有巴黎的神话中,最持久、最有世界影响力的也许就是巴黎——艺术之都的神话,尤其是它的绘画。虽然曾出现过方托马斯和侠盗亚森·罗平,巴黎只是非常短暂地被誉为世界犯罪之都——大约从 1830 年到 1850 年。在其他的领域里,首都的影响力常常是短暂的,有时,也相对有限:巴黎,音乐之都?维也纳(甚至伦敦——它确保了海顿在欧洲的声誉)更恰当一些:1842 年创立的纽约爱乐乐团的前四十名指挥都是,或几乎都是外国人,其中德国指挥与法国指挥的比例是十比一,相反,在美学和造型艺术(但更确切地说,主要是绘画和雕塑)领域,巴黎是当之无愧的西方艺术之都,并且持续的时间超过了一个半世纪。几代艺术家和美学家在这里扎根是为了能够理解古代罗马和雅典的艺术之源,但也是为了领会他们那个时代的精髓,最后,也是为了体会未来的艺术。

而相当有意思的是,我们第一次拥有了这个神话魅力的出生证和死亡证:一切是从 1785 年 8 月 20 日开始,当时,大卫在巴黎展出他的《霍拉斯兄弟的誓言》——出色地预言了革命的公众精神:这些公民弟兄以集体牺牲的诺言团结在一起(而且,清醒地意识到自己的壮烈)发誓不成功则成仁。在这幅油画的右侧,他们的妻子,悲痛欲绝,为自己部落的不幸而哭泣。歌德说的不错,他认为,巴黎就是以这件作品夺取了罗马保持了几个世纪的地位。这就是这个神话的诞生日。至于它的死亡，要追溯到可悲的 1940 年 6 月 14 日，因为希特勒的军队开进了巴黎。正是从这个准确的时间起，这种“时代精神”随着佩吉·古根海姆的行李飞往了纽约。这种精神可能还在，我想，至少还在纽约。

的确，无论是罗马还是巴黎的中道衰落都不是绝对的：1950—1960 年代的巴黎绘画今天似乎显得比三四十年前更重要。巴黎今天仍是一个重要的艺术中心。同样，在另一时期，例如 19 世纪 20 年代，如果说慕尼黑的绘画在巴黎享有一定的声誉，正是因为这一时期的法国艺术家有机会在仍有生命力的罗马经常接触所谓纳萨勒学派的巴伐利亚画家：所以，意大利首都的衰落既不会很快，也不会很彻底。安格尔曾因自己的一幅拿破仑画像在巴黎受到冷落而悲伤，于 1806 至 1820 年去意大利生活并于 1835 年以后再次到那里生活。直到德拉克鲁瓦（1798—1863）的出现，法国才有了一位本来也能去罗马却并没有这样做的一流艺术家。

但无论如何，在 17 和 18 世纪的罗马与二次大战后的纽约这二者之间，恰恰主要是在巴黎相继出现了各种画派（新古典主义、浪漫主义、现实主义、印象主义、象征主义以及各种形式的现代主义——立体主义、奥菲主义、野兽主义、超现实主义），他们的大量创作丰富了我们的空想美术馆并构成了 19 世纪艺术史的脉络，从某种意义上说，也是当今艺术史的脉络。

今天，艺术是我们的宗教，而我们希望通过美学体验从内在走向超越。这位或那位艺术家是（或曾经是）先知（我们更喜欢死者而不是生者）。童年时期，我们梦想“如果我是国王”，成年后，我们又妄想“如果我认识德拉克鲁瓦、维米尔、韦拉斯克斯就好了。”有人希望能够把巴黎卓越的艺术表现归因于具有特殊天才的杰出人物。以这种世界观来看，马奈、德嘉、凡·高是无与伦比的天才；这种观点对“巴黎，艺术之都”的繁荣做出了基本的解释。无论如何，人们可以欣赏莎士比亚而对伊丽莎白时期的英国不甚了解，知道这位剧作家本身就足矣。的确，戈雅、普希金、特纳的作品常常使我们对其政治或社会的背景产生兴趣,但这一般不会让我们痴迷。我们是否也能这样来评说印象派的巴黎呢?

然而,我们本能地认为在巴黎,艺术神话的个性化是一条错误的道路。几年以前,米歇尔·莱里斯曾写道:“我现在认识许多大艺术家,所以我发现自己被幻觉欺骗了:即使是天才,艺术家的内心世界并非生活在传奇或连环画中;虽然时间很短,但他还是陷入了我们先天性的泥沼,因为那些从外部注视他的人会认为他的艺术为他而改变了一切。”这看法太悲观了,但遗憾,却相当正确。同样,圣-如斯特、马拉,就是些个性强烈的人;不过,在这个问题上,我们仍然本能地认为,对法国大革命进行就事论事或个性化的解释是不恰当的。正是在这一点上,甚至拉马丁和米士莱,阿尔贝·索布尔和弗朗索瓦·傅勒都可能会难得地达成一致。Mutatis Mutandis*,巴黎——世界艺术之都属于同一种现象:我们或许可以贬低安格尔,库尔贝、雷诺阿或其他许多人而不会因此引起整个大厦的坍塌。艺术家的天赋就是一切,但无论如何,这些无尽的才能被一部巨大的机器推向前进,甚至还会被它放大,而这部机器的运行机理吸引了我们全部的注意力。这种完美,用画家布丹的话来说,是一件集体的事情。

这其中的某些因素很容易感觉到,也很具体,比如国家的支持、评论家、展览、艺术商人的作用以及工作室、奖金、奖章的重要性等等。有些因素则难以察觉而且还是巴黎所特有的:也许曾经有过一种巨大的“让全人类都能从画中认识自己的油画制造机”;但也曾有过巴黎的“氛围”、公众、顾客、批评家。怎样来理解这一切精神实质呢?我们可以用杜米埃所喜爱的格言来回答这一切,他总是建议他的年轻追随者要“与时代并进”。巴黎是19世纪之都,首先而且主要是因为在这里人们最理解当时的现代性。画家们自己也追随这股难以把握的潮流,而最好地表现了这个社会的价值与不安

* 意为:作必要的修改。

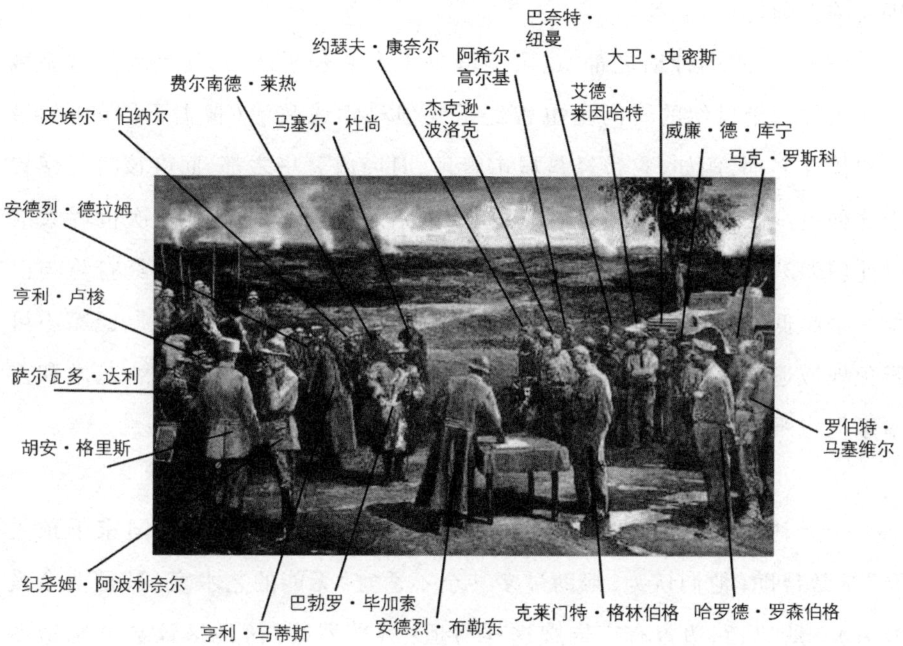

⑲　马克·坦西（生于 1949 年），《纽约派的胜利》，作于 1984 年。

油画。纽约，Gagosian **画廊收藏。**© *Courtesy Gagosian Gallery.*

的艺术家们向往的恰恰(我想说必然)是巴黎:毕加索在巴塞罗那只不过是一个超级天才的年轻人:在巴黎,他很快成了会使人想到本世纪上半叶那些年头的大师之一。

巴黎,艺术的神话之都,这可能取决于许多东西,但尤其是因为这座城市在大约两个世纪的时间里也曾经是其他科学或政治(根据不同的时期)的现代性之都,例如,它曾经是城市管理、时尚或奢华之都,而应该将巴黎置于这种更广泛的背景中来理解它的作用以及它的衰落:在第一次世界大战以前(1913 年的军械库—国际现代艺术展),更为现代的纽约已经打算与巴黎一争高低。而事实上,由于第二次世界大战以及德国人的占领,巴黎不可避免地被遗忘了。1944 年时,现代性,还有金钱是在纽约。当然,艺术和艺术家们也跟着去纽约相会了。

今天,"文化国家"的批评者们严厉指责在今天的法国,"国家干预主义"常常帮助(他们认为,帮助过多甚至不适宜)无能的艺术家(甚至业余爱好者)。所以,路边曾有广告牌这样写道:"(普罗旺斯)地区议会鼓励造型艺术"。而有的时候,另一些评论家——这一次是左翼的批评家,他们也挖苦一个"保守而正统的政府"因指望得到艺术家们的支持而帮助他们。罗曼·罗兰相当武断地认为,"凡是与国家有关的,他都要打倒"。半个世纪以前,库尔贝也同样态度鲜明:"国家在艺术方面是无能的……它对艺术的干预极不道德,是灾难性的,艺术被局限在官方的行为准则中,它的干预把艺术变成了最枯燥的低俗玩意。"(附带说明,他的对手也以牙还牙:如果说帝国鼓励的沙龙画展使他极不高兴,那他自己的绘画也没有使道义上的朋友们高兴起来,《费加罗报》的一位记者在谈到巴黎公社社员时写道:"你能说出什么是他们的政治理想吗,他们是所有社会的敌人,所有秩序的敌人……瞧!你也同样无法说出什么是 M. 库尔贝的美学理想。他们自己的那种理想,就是争夺、是杀戮、是趁火打劫,正如他自己的理想是生硬地描绘具体的事实，粗俗甚至下流的细节。”）

但是，不论是今天右派的批评还是昨天左派的批评，三个多世纪以来，巴黎，艺术之都始终不变的一点就是：法兰西民族的国家——无论是君主制还是共和制，从没有停止订购巴黎艺术家们的作品，鼓励他们，甚至把他们组织起来。艺术在巴黎获得了资金上（也就是说得到了公民社会精英们的认可）最坚定的支持，或者国家的订单，而在今天的巴黎，哪里还有拒绝接近媒体、画廊、国内外赞助商并放弃一切国家帮助的艺术家呢？

如同巴黎所有的职业一样，17 世纪的绘画是一种行会性职业，是手工业者而不是艺术家的行当。他们的职业，尽管像巴黎（“超级社团化”的城市）所有行业团体一样受到君主政府的监管，却还算是相对独立和自主管理的行业。

然而，在路德维希极权主义的新环境里，这种古老的自治只能是令人怀疑的，而从 1655 年起，画家勒·布伦（1619—1690），在马扎然主教的鼓励下，竭力削弱圣·吕克的老行业协会的特权而支持新的国家绘画与雕塑学院，这所学院创建于 1648 年，与法兰西文学院（1635 年）和法兰西科学院（1666 年）几乎是同一时代，都是出于集权主义者的考虑——既专制又希望现代化。高尔贝对一切与巴黎有关的绘画和建筑（尤其在克洛德·佩罗设计的勒·贝尔南式的装饰［但基本上都被摒弃了］以及卢浮宫廊柱的问题上）进行干涉是众所周知的。也正是在国家的保护之下，第一批沙龙和绘画馆组建了起来。这些沙龙和画馆的确是从 1737 年以后才真正开始繁荣起来，19 世纪下半叶时达到了顶峰，但因为阿杜安·芒萨尔于 1666 年在卢浮宫里创办了美术沙龙，从 1699 年起，一个非常重要的阶段就开始了。

因而，这是一个关心自身效率、现代性及其在知识界的声誉的国家所给予的支持。出于利益和习惯，巴黎的画家们转向了国家这个庇护者；但在整个启蒙世纪，另一种现代化意识影响着他们的步伐，虽然这很模糊但却更重要,那就是:公众舆论。17 世纪的巴黎画家不仅力求使凡尔赛的君主及其走卒们高兴,还要使首都的赞助商们高兴(贵族或资产阶级),而这些人也越来越追随启蒙运动思想所推动的舆论潮流。

这里,第一阶段是伟大之王死后,金融家克罗扎所赞助的艺术界和收藏界。华托(1684—1721)和艺术理论家杜博神甫也属于这一时期。第二阶段是这个世纪中叶的让-巴蒂斯特·格勒兹(1725—1805)的作品,其刺激我们的轶事风格(《被惩罚的儿子》、《乡村里的订婚礼》)宣告了下一个世纪所谓现实主义沙龙画的开始。在他的油画里,资产阶级的生活(因而是现代的)成为了伟大作品可以接受的题材。的确,巴洛克艺术(在法国的变种叫做洛可可)不会一夜之间从巴黎消失。我们甚至可以说 1750 至 1760 年代的沙龙是巴洛克和轶事这两种风格竞争的好地方。布歇的年薪将近四千里伏尔,而在当时,索帮大学教授的年薪只不过两千左右,他也许是那个时代收入最丰厚的艺术家。同样,大卫(1748—1825)初学绘画时追随的画家就是弗拉贡纳尔(1732—1806)。

尽管如此,这种新公众舆论很快就得到了现代化意识的正式认可。起初,在 1710 年代,曾经的优势是不属于凡尔赛专制古典主义的巴洛克艺术,在巴黎似乎成了一种越来越陈腐的、肤浅的、非道德的甚至是不道德的艺术。从 1747 年起,拉·封·德·圣-埃蒂安(前面已经介绍过,人们把他看作是一种新文学——巴黎艺术评论的创始人)不厌其烦地告诉其有经验的读者,创建一种更经典、更朴素、更有表率性甚至可以说更具共和意识的新形式是当务之急。狄德罗很赞赏格勒兹,因为这位艺术家知道“感化、教育、纠正和循循善诱”。

我们可以不太夸张地说,从 1750 年起,一整套新的艺术体系已经形成,其基本元素包括学院派画家、宫廷建筑总监领导下的官吏、报纸以及艺术展览会上的观众。

18 世纪 80 年代,梅西耶曾哀叹沙龙展览的杂乱无章和拥挤不堪:在优

33 塞缪·F. B. 莫尔斯(1791—1872),《卢浮宫的画廊》(*Gallery of the Louvre*),1831—1833。今天,莫尔斯作为电报的发明者要远比作为画家出名。这里,他画了卢浮宫的"方厅"、收藏的珍宝以及专心的临摹画者,其中也许有一些美国的实习生——马丽·科萨特就是其中之一。油画表现了新世界的艺术家们对从法国大革命时期到1900年间的欧洲及法国艺术大师们的崇敬。

油画。特拉基金会,达尼埃尔·J. 特拉收藏,1992.51。

34 阿尔弗雷德·史迪格里兹(1864—1946),《塞纳河》,摄于 1894 年。我们主要是通过毕加索、布拉克和杜菲的作品来了解 1900—1910 年间的现代主义美学。但是照片也可以作为这种新观念的载体,例如史迪格里兹的作品。他最先理解了他的艺术是 20 世纪的一支重要的文化力量。他也是第一批在他位于美国纽约的画廊里介绍欧洲现代艺术家的人物之一。

照片。私人藏品。© *Christie' s Images/The Bridgeman Art library.*

35 爱德华·霍珀(1882—1967),《酒吧》,作于1909年。爱德华·霍珀从1906到1910年曾三次来巴黎作画。他留下了五十多幅油画和素描。其中有些油画是专门表现巴黎的(画的是巴黎圣母院,卢浮宫或是他曾居住过的坐落于里尔街48号的房子)。《酒吧》只是含蓄地表现了巴黎,但却似乎是他所有绘画中最能体现巴黎的,一方面可能是因为有一座巴黎的桥,但主要是因为画中透出的氛围:孤独、异化、明亮和写实主义。在巴黎,霍珀与立体画派和未来主义者都没有什么交往。务实、现实和率直的他已经找到了通往纽约、新英格兰和墨西哥的道路。

油画。*New York,Whiteney Museum of American Art, legs Josephine N.Hopper. ©AKG Paris.*

36 亨利・奥赛瓦・丹拿(1859—1937),《凯旋门》,作于1914年。丹拿是费城的一位卫理公会主教的儿子,也可能是第一位在巴黎的非洲裔美国画家,他于1891年到巴黎,死后获得荣誉军团骑士级勋章。这是他画的拿破仑的凯旋门(1836年建成),是在它成为无名战士墓和巴黎人的半官方英雄纪念碑之前的几年。

油画。*Brooklyn Meseum of Art, Gift of Alfred W. Jenkins, 32.10. © Brooklyn Museum of Art/CORBIS.*

37 费丝·林格尔德(1930年出生),《葛楚德·史坦家的晚宴》,作于1991年。20世纪20年代的巴黎是美国文学界——无论对于“迷惘一代”的白人作家还是非洲裔美国作家来说都非常重要的聚集地。但实际上,这两个团体基本上互不往来,也许除了在费丝·林格尔德想象的画面当中,如:1980—1990年的《法国画集》令人难忘地赞颂了(这些美国人在巴黎生活中的)伟大时刻(以及错失的良机)。

树脂画,织物框(以打结染色的方式)。 *Série《The French Collection,PartII,#10》. © Coll.privée, 1991.*

38 《1900 年的世界博览会：在一座中国皮影剧院里》。在这届博览会的焰火与亚历山大三世新桥的“假天真”的表演中，游轮与小木舟交相呼应。音乐、焰火、水上竞渡，一片歌舞升平。一直以来，资本主义总是自我陶醉于世界博览会，但博览会也的确开创了欧洲和美洲“主题公园”的先河，例如今天在拉斯维加斯的《魅力巴黎》。

大约作于 1900 年的巴黎。 *Mauclair-Dacier, Paris. New York, The Metropolitan Museum of Art, Gift of Lincoln Kirstein, 1970(1970.565.508). © The Metropolitan Museum of Art, New York.*

39　1900 年的世界博览会：民族大街。世界博览会永远是对西方文明的赞誉。这里，是位于左岸民族大街的各国展馆，其中有：土耳其、美国、意大利、奥地利、波斯尼亚、匈牙利、比利时、德国……这些国家也是许多伟大发明的圣地，例如：1900 年的电动步道。相反，1867 年世界博览会从里昂引入巴黎的理念——游轮，作为交通工具已风光不再。它们剩下的作用只是旅游。

照片。©*AKG-images.*

40 罗贝尔· 德洛奈(1885—1941),《埃菲尔铁塔》,作于1926年。从1900年以后,古斯塔夫·埃菲尔的大铁塔比其他任何建筑更能代表巴黎的形象;而它在1889年落成的时候却遭到了冷嘲热讽。在这幅油画里,它还是那么傲然而又整齐匀称,有点像立体派绘画。然而许多人认为,它美丽而又陈旧,算不上真正的现代:巴黎,曾经的神话之都,今天只不过是全球化的怀旧之都。

油画。巴黎,乔治·蓬皮杜中心,国家现代艺术博物馆收藏。*(C) Photo CNAC/MNAM Dist. RMN/droits d' auteur*:*© Succession Delaunay.*

41 罗贝尔·德洛奈,《诗人菲利普·苏波》,作于1922年。破碎的埃菲尔铁塔说明了超现实主义者对老巴黎和欧斯曼的现代巴黎感情复杂。德洛奈(画过三十多次大铁塔)为许多伟大的超现实主义者作过画像:阿拉贡、布勒东、苏波、查拉等等。许多艺术家都是在他家的晚宴上或者在他和妻子索尼娅在马勒歇尔布大街组织的“星期天论坛”上相识的。

油画。巴黎,乔治·蓬皮杜中心,国家现代艺术博物馆收藏。

42 基诺·塞弗里尼(1883—1966),《南－北》,作于1912年。巴黎在欧洲现代主义的进程中起着非常重要的作用,让我们想想这些人吧:普鲁斯特、卡夫卡、毕加索、斯特拉文斯基和阿波利奈尔。这里,始创于1910年的"南北公司"的A线与"大都市"线合并后(成了12号线)好像直接穿过了这座城市。应该说明的是,在所有意大利的未来主义者当中,塞弗里尼是唯一被法西斯政权拒之门外的人。

油画。米兰的私人收藏。© *The Bridgeman Art Library/Peter Willi.*

43 乔治·德·基里柯(1888—1978),《蒙帕纳斯火车站(启程的忧伤)》,作于1914年。巴黎的超现实主义是1900年至1910年的现代主义后遗症,也是真正国际性的,甚至是跨文化的现象。被超级欧洲文化与神话所吸引的有:非洲人、亚洲人、美洲印第安人、墨西哥人。大量外国的超现实主义者来到巴黎:查拉、达利、玛格丽特、马克斯·恩斯特、梅雷·奥本海姆、曼·雷和基里柯……然而,尽管超现实主义的作家们极为重视这座城市,却极少在这种流派的画作中见到它的身影。基里柯这幅罕见的《蒙帕纳斯火车站》深受意大利风景画派的影响,却是他的那些新朋友所不赞同的。

油画。纽约现代艺术博物馆藏。©*AKG Paris.*

44 曼・雷(1890—1976),《拉斯帕伊大街229号》,作于1928年。超现实主义者对视觉上的巴黎不如对这座城市的古怪画面所产生的古怪思想更感兴趣。因而,某些超现实主义艺术家把巴黎的建筑变成了达利称之为"象征作用的客体",正如曼・雷的这座拉斯帕伊大街上未竣工的古怪建筑。

照片。巴黎,乔治・蓬皮杜中心,国家现代艺术博物馆收藏。 *(C) Photo CNAC/MNAM Dist. RMN-© Georges Meguerditchian/ © Man Ray Trust/ADAGP,Paris.*

45 亨利·热尔韦(1852—1929):《法国艺术家评审会的一次评审》,作于1885年。这幅表现了在工业宫聚集的官方艺术名人(博纳、劳伦斯、布格罗、卡巴内尔……)的学院派油画非常感人。不过,这幅画并未完全反映出热尔韦的宽阔胸怀,他不但为国家购买马奈的《奥林匹亚》做出过贡献,而且还是雷诺阿和德嘉的忠实朋友。

油画。巴黎奥赛博物馆收藏。© *Photo RMN.*

46　阿列克桑德拉·埃克斯特(1882—1949),《塞弗勒桥和墨东高地》,作于1911年。埃克斯特和马勒维齐一样出生在基辅,她于第一次世界大战前的1907年到巴黎与那里的俄国现代主义艺术家团体汇合。她与娜塔丽娅·贡察洛娃、柳波芙·波波娃组成了"先锋派女战士"三重唱。她是阿波利奈尔、伯格森和德洛奈夫妇的朋友,后与意大利的未来主义者阿尔登戈·索菲奇结婚并与这种流派的艺术家们一起到罗马展出。她的多种版本的《塞弗勒桥》是对立体主义的一种非常奇特的演绎。

油画。基辅,乌克兰艺术博物馆收藏。©*D.R.*

47 乔治·安年柯夫(1889—1974),《艺术家 M. A. 士林的肖像》,作于 1918 年。安年柯夫于 1911—1913 年在巴黎小住,回到俄国后参加了先锋派运动。他醉心于拼贴画、立体画、达达主义、构成主义,他更专注于他的舞台布景画和肖像画——这里是一幅他画的摄影家米隆·士林的肖像。像许多艺术家一样,他不听命于苏联的现实主义,于 1924 年来到了巴黎。第二次世界大战以后,他在这里画了许多华丽的电影服装(如《伯爵夫人的耳环》,《劳拉·蒙蒂斯》……)。

油画。圣彼得堡,俄罗斯国家博物馆收藏。©*AKG Paris.*

48 马克·坦西(1949 年出生),《纽约派的胜利》,作于 1984 年。这幅既伤感又幽默的油画标志着巴黎——世界之都神话的终结。坦西完全模仿韦拉斯克斯的油画《布雷达投降书》,图中表现的是身穿第一次大战时期军服的安德烈·布勒东和马蒂斯,正站在反感而又吃惊的毕加索面前签署投降书。右侧是轻松、似乎不可一世的美国人和他们的装甲车,对面则是无足轻重的法国骑士。美国现代美学理论家克莱门特·格林伯格和杰克逊·波洛克注视着仪式并记录着这场模拟游戏中的溃败。

油画。纽约,Gagosian 画廊收藏。© *Courtesy Gagosian Gallery.*

秀的鉴赏家和无知的大众之间，他必须做出选择。不过，启蒙运动中的胜利者、一切进步事物的拥护者梅西耶，也不能忽视这种公众的意见，他认为公众是政治美德和独立性的载体。其实，在法国大革命前夕，巴黎展览会上的观众，尽管松散杂乱，却胜过朝廷——这个兴趣的主宰。所以，是巴黎而不是凡尔赛促成了对历史画的新迷恋，（我们提到过）这种迷恋与同辈们亲身经历的君主制历史无关，而是与神话有关、与古代艺术有关、与护民官的罗马而不是皇帝们的罗马有关，（一句话）与自由的历史有关。1779 年，画家兼作家卡蒙泰勒谈到了他的时代，他宣称“被奴役绝非人的天命”，美术爱好者（即使是君主制爱好者）必须在漠视艺术的野蛮和成为了漠视所有人利益的超级文明之间保持自己的清醒。

不过，直到大革命时期，这种为“公众舆论”服务的现代绘画并非因此而意味着舆论与君主政治的决裂。有必要强调（因为这很重要）旧制度下的法国君主政治不仅仅是一种封建主义的残余。君主政府，正如托克维尔曾经指出的（也正如弗朗索瓦·弗莱曾经令人信服地提醒过我们注意这一点，而现在我们大家也都为此而感到抱歉），尽管非常拙劣地，但也竭尽全力地去适应现代性的要求：马烁、泰雷、莫普、杜尔哥、内克尔和卡罗纳都曾试图以各自的方式改革吏治和君主政府那破败不堪的金融体系。君主政府与银行、金融界的关系，也包括与国际商业以及殖民地商业之间的关系，比共和二年的雅各宾主义和资本主义之间充满暧昧的关系要密切得多。

而波旁政府与当时的新美学流派之间的关系也基本如此。深受爱戴的路易王以及他孙子的官吏们未有丝毫行动去阻止巴黎公众喜欢的资产阶级或新共和主义的美学流派。正相反：格勒兹得到了巴黎的王室建筑总监——蓬巴杜（原名安托奈特－布瓦松）夫人的兄弟马里尼侯爵的庇护和鼓励。康坦·德·拉图尔为这位国王的情人画一幅肖像画就收了四万八千里弗尔。那位马里尼最后的继任人——昂吉维莱尔伯爵的选择更能说明问题，他也鼓励历史画，但他喜欢的是民族历史画，并且最好是用于表现他与一个仁慈君主政府之间的关系，例如，弗朗索瓦·纪尧姆·梅纳若于1781年作的一幅油画表现了在昂布瓦斯，雷奥纳尔·达芬奇在弗朗索瓦一世的怀中死去。也正是这个昂吉维莱尔给予了大卫“坚定不移的支持和保护”，所以大卫希望把他的油画《贝利萨里乞求施舍》卖给波旁政府，1767年，马尔蒙泰尔曾以贝利萨里——这位士兵哲学家为题写了一本小说，而作者本人曾被索邦大学封杀，但得到了昂吉维莱尔的庇护。这种例子可以说不胜枚举。最后，我们要说的是，投票赞成处死路易十六而又在百日王朝期间站在了拿破仑一边的大卫被恰当地流放到了布鲁塞尔，但皇帝在大卫生前曾下令将他的《霍拉斯兄弟的誓言》保存在卢森堡博物馆（相当于今天的当代艺术博物馆），而在他死后不久的1826年，也就是查理十世在位时，这幅画被运回了卢浮宫。大卫，假如他还有可能的话，或许能得到这位极端保皇党人的恩准从比利时回到巴黎安度晚年。

旧制度与启蒙运动时期主张现代化新艺术思想潮流之间的密切关系在今天可能会令人惊诧不已。相反，艺术与雅各宾主义和公众舆论、甚至与“公众精神”之间关系的性质却一点也不令人感到奇怪。雅各宾主义者格雷古瓦神父，生性诚实，他显然想表达一种思想，如他所说，法国如果获得了新生，“绘画、雕刻、诗歌和音乐将恢复它们原来的尊严。它们，无论是现在还是过去，都将是政府手中的权力。”这也正是崇拜罗伯斯庇尔的公安委员会委员、马拉肖像画的作者以及革命节日的导演、画家大卫当时的心态。虽然勒杜被囚禁并差一点被砍头，但是许多建筑师（如布雷）最初的革命思想还是受到了重视。1793年，艺术家们提出的计划——可以说是欧斯曼重建城市的一个前奏，虽然一直没有实施，但多少获得了革命政权的一些资助。

法国大革命（基本上）还标志着巴黎现代博物馆的诞生，这是在国家、艺术家和有见地的公众之间建立起的另一种关系。半个多世纪以来，某些个人（如赞助商克罗扎）允许好奇者预约参观他们的私人收藏。后来，1750年，在卢森堡出现了真正的博物馆（顺便提一下，大英博物馆创办于1753

年)。公众每周可以参观两次，每次大约三小时。不久之后的1776年，昂吉维莱尔提议“把国王的绘画藏品……集中到(卢浮宫的)厅廊里”，他的博物馆具有爱国主义特点并且主要是用于宣扬民族的荣誉。

不过，这种设想与1776年他的老师杜尔哥的那些想法没有什么两样。曾与文物破坏主义作斗争并创建了法国古迹博物馆的勒努瓦的一位友人在1789年说过，“巴黎既没有博物馆也没有公共收藏；老师们由于高傲，不让学生们了解那些伟人的杰作，而只拿自己作为学生的榜样并把学生当成奴隶，让他们成为自己的仆人。”1792年8月10日标志着君主政府的跨台，这座巴黎的王宫终于成为国家的宫殿而获得了文化上的新生，在这之后整整一年，大革命将卢浮宫辟为国家博物馆，一年四季天天开放从而弥补了这些恼人的空白(要知道大英博物馆始建于1753年)。从1793年11月开始，每十天有三天允许观众在里面随意参观，每五天有一天专为艺术家开放。但到了1803年，成了拿破仑博物馆的卢浮宫仍然，或者也许必然如瓦尔特·本雅明喜欢的德国马克思主义作家西格弗里德·吉德昂于1920年所说的那样：“几乎每个时代，好像都会根据它的内在结构，来专门阐述一个具体的建筑学问题：哥特时代讲的是大教堂，巴洛克时代讲的是城堡，而倾向倒退和怀旧的19世纪(是)博物馆。”现在，到卢浮宫参观有点像过去到罗马旅行。

督政府要比共和二年的政府温和得多，它更关心艺术家的利益，条件是他们也关心政府的利益：内政部长、法国军队在比利时和意大利文化劫掠中的骨干弗朗索瓦·德·纳夫沙多曾大声疾呼：“艺术家们，为给予你们荣誉的国家争光！”热月党人的政治战略是力图将堕落与可耻的雅各宾恐怖主义与革命的文物破坏主义(不过，这个词是忠实的雅各宾分子格雷古瓦神甫创造的)的恶果联系在一起；督政府将这些破坏行为千方百计地归罪于它的前任们，因此它必须善待艺术。弗朗索瓦于共和6年热月9日说道：“在人民自由的国家，美术……是社会福祉的主要工具和关心人类利益的哲学思想所使用的辅助手段。”古罗马的公民责任感的政治成果没有说服力，但雅典的榜样却能启发理性世界中的艺术家们，正如皮埃尔·索萨在1798年说过的：“就谈谈民族的问题吧……把伟大的古迹还给我们，让它们适应我们的习俗、我们的气候、我们的才能……赋予我们理想的美，让我们忠实地模仿和表现大自然。希腊的艺术奇迹正是出自这些原则！”

大卫的案例又一次无懈可击地证明了，后来在第一帝国时期的巴黎，支配着国家与艺术之间关系的密切程度。加冕后的波拿巴不仅关心科学家们的福利，也同样关心所有围绕在他身边的艺术家们的声望，其中有些人被授予勋章，个别的还被授予贵族称号。这些画家毫无例外地为他歌功颂德：仅在1808年的一届绘画展览中，就有二十七幅皇帝的肖像画，这是个人崇拜的明显加速，因为在路易十五统治的最后三十八年中举办的各届美术展览总共只有四十幅国王的肖像而他的继位者也只有十五幅。

因此，正是皇帝的这种宠爱部分地解释了巴黎绘画艺术飞速发展的原因，而对于首都艺术的繁荣来说，更为重要的是大革命在政治管理上中央集权化的后果。在经过了联邦主义和权力分散主义的一段时间（非常短暂，从1789到1792年）之后，雅各宾党人、督政府和帝国政府以各自的方式强化了法国的艺术活动向巴黎集中，与此同时他们还建立起全国性的政治、金融和行政机构。过去，外省的各大艺术活动中心都生机勃勃。图卢兹从1751年起就定期组织展览会。马赛从1756年起也开始这样做。里尔、波瓦蒂埃以及阿布维勒不定期地举办展览。许多城市（尤其是第戎）都为自己的地方艺术学院和绘画学校而感到骄傲。但在颁布了《谢普雷法》之后，因为这些外省的院校都属于可耻的社团主义和地方主义，所以在雅各宾分子的“世界观”中，根本不可能有它们的位置，这种世界观极其讨厌一切中间团体——也即存在于公民和国家社会之间的任何障碍。因此，与画家大卫特别憎恨的巴黎艺术学院一样，它们被取缔了，除了1795年新雅各宾派在巴黎复建的一所具有明确首都在法国境内统治地位作用的国家科学与艺术学院，所以，莱蒙德·木兰说得非常贴切，19世纪的一个重要现象就是“按照巴黎美术研究院的标准统一外省的艺术创作。外省艺术家们的专业认可是在巴黎”。尽管有一些例外（三十四座外省的博物馆和五十五所艺术学校，还有几个外省的美术馆，如南特美术馆，1839年，泰奥多尔·卢梭、科罗、德拉克鲁瓦以及保尔·弗兰德林曾在那里展出过他们的油画），外省的艺术还是不断地衰落，1831年的一份报告曾哀叹道，像南希或斯特拉斯堡这样的城市一直对“甚至通过版画”也理解不了的文艺运动感到陌生。关于这一点，数字是很有说服力的。1835年的《艺术家》杂志估计在外省大约有三百位以绘画为生（尤其是肖像画）的画家，这个数字大约只占巴黎画家人数的十分之一。（据估计，巴黎在1789年大约有354位画家和雕刻家；1810年有大约509位；1830年有1375位；1838年有2159位；而1862年有4000至4500位。）直到这个世纪的下半叶（又是下半叶！）经过艺术家联谊会或艺术之友会的努力，才恢复了外省艺术家们的组织体系。第二共和国在这方面没有什么变化：“如果说独裁国家曾经有利于艺术的发展”，共和党人查理·布朗（社会主义者路易·布朗的异母兄弟）在1848年评论道，“完全是因为在这类政府中，一个人就能支配大量集中的资本。然而，这种权力集中也会存在于民主制度中，所不同的是，这个庇护者是大众。”的确如此，不过从此以后，这个拥护共和的“大众”，也将是巴黎的大众。

巴黎，19世纪的艺术之都：人们永远无法真正理解这种异常繁荣的诸种原因。诚然，艺术家们的伟大才能相当重要；但反过来，如果巴黎没有成百或许上千的绘画教师、图画修复者、青铜匠、“掮客”，天才的手工艺者，那这一切是不可能的，而这在所有领域里都是一样的。巴黎人的标准是极为苛刻的，当梅索尼埃说莫奈的那些画只不过是些令人厌恶的涂鸦——因为印象主义者既不会素描也不懂油画时，他也许是非常诚恳的。在这一时期，所有的天才都聚集到首都来学习。自学成材的画家是极为罕见的。莫奈、西思莱、雷诺阿以及巴齐尔是画家格莱尔培养出来的,后者继承了他的哥哥德拉罗什的画室。马奈非常感激库图尔(此人曾是格罗的学生,而格罗曾是大卫的学生)。萨金特和他的老师卡洛吕-杜朗保持着挚友的关系。

绘画在19世纪的巴黎是一种精细而复杂的职业技能,而且只有在非常权威的画家工作室(投入塞纳河自尽的格罗曾有四百多位学生)或者在绘画学校和美术学院(朱立安美术学院[是一位前角斗士创办的!]特别受到美国人[以及女士]的好评),而尤其是在高等美术学院里才能学到这项技能。高等美术学院创立于1795年,是巴黎美术体系的核心与人才基地:一生(或几乎)的职业成功在这里得到了保障。三份之二以上的高等美术学校的老校友获得过美术沙龙"奖章"。当然,许多"消防员派"画家*(据说是为了纪念大卫的一幅油画——表现了戴头盔的消防员)是从那里毕业的,但它也培养出了一些印象派画家,如毕沙罗和西思莱。

进入高等美术学院学习绘画,当然受到国家(无论是左翼还是右翼的政府)无微不至的关怀和保护,并且它从不会忘记奖励最好的学生。因为,君主政府给予艺术家的保护,在经历了大革命和第一帝国的动乱之后,非但没有减少反而不断加强。甚至可以说,这是罕见的大家能有共同看法的一件事情,法国在一个世纪里经历了两个帝国、两个王朝和三个共和国,还不算共产主义或亲共产主义的起义,每届政府都把对艺术的保护与自己的政治使命结合在一起:所以,巴尔扎克认为,一个贵族与君主的社会制度当然应该保护思想精英。相反,民主主义者认为艺术应该激励人民。在第二帝国时期,一位立法会委员(骨子里恰恰是前极权主义的波拿巴派议员)认为"在这个倾向于均贫富、求平等的国度里,国家必须取代个人。"一个非常重要的细节是:最经常举办各种沙龙美术展的地方就是国家的宫殿,路易·佩斯在1843年说过:"除了卢浮宫,没有美术展,只有卖画的店铺。"

* 意即学院派。

国家给予巴黎艺术家们的帮助是多种多样的：首先，国家是大买主。而且国家还颁奖，且通常十分慷慨。关于这一点，画家热拉尔的经历就很说明问题：皇帝请这位大卫的朋友来装饰马勒迈松行宫，而王朝复辟时期的政府则认为授予这位革命法庭的成员贵族爵位是恰当的。恩斯特·梅索尼埃的经历也同样说明问题，这位画家于1815年出生，在1840年的沙龙美术展会上被授予三级勋章，1841年，获得了二级勋章，1843年便得到了一级勋章。1846年，他荣膺了荣誉军团骑士级勋章，1855年升为军官级勋章，1867年为司令级勋章，1880年为大军官勋章，1889年则是大十字勋章。此外，梅索尼埃于1861年进入了法兰西美术研究院并于1861和1876年主持了艺术学院的工作。

不过，在巴黎，艺术尤其需要借助于美术展览会才能被正式认可，甚至被神圣化，这种展览会由国家批准和出钱，由艺术学院或美术研究院承办——该研究院于1816年重建时拥有十四位画家、八位雕塑家、八位建筑师、四位版画家和六位作曲家。当然，在巴黎，除了正式的沙龙艺术展之外，还有许多其他的绘画展览，尤其是1855年世界博览会中的绘画馆。（1867和1878年的博览会没有开设附属的美术展览馆。）同样，1834年在"贵族院的大厅里为在1830年7月27、28、29三天中的伤员募捐而举办了一次绘画与雕塑作品展览"。但在巴黎，几乎所有的画家都以两年一次（从1833年起每年一次）的美术展览为工作重点。它的作用很复杂。通过作品的排列，对它们进行比较，例如，将后来为罗伯斯庇尔作过肖像画的拉比尔·吉拉尔夫人（大家还记得）的作品放在另一位女艺术家——为1789年移居国外的玛丽-安托瓦尼作过肖像画的维热·勒布兰夫人的作品对面，就可以突出女艺术家们的作品。1787年，大卫的油画是排在第四位，而1789年，他已经名列前茅了。不愿意去沙龙展出，是一种文化甚至政治上的叛逆。拿破仑通过他的喉舌夏普塔尔坚持要让一流的艺术家来展出他们的油画，他做出了最为有效的努力——宣布他只购买在展览会上见到过的油画。君主们也在沙龙美术展会上称颂艺术家们。在王朝复辟时期，查理十世也是在他自己的节日里到展览会上颁发奖金和奖章，特别是在1824那一年。路易·菲利普，也效仿了他的榜样。用现在的行话来说，巴黎的沙龙美术展是一种具有政治影响力的新闻媒介。

这些美术沙龙是巨大而昂贵的机器。据估计，从1791至1860年，有七八千位画家展出了大约68238幅油画，即大约平均每位画家九幅，这些数字是不断上升的。1810年展出了一千幅油画；1880年则有5184名参展人。而这些人都是真正的幸运者，因为在这一年里，并非所有人都能到这个最神圣的地方来，大约三到四千名画家未被接受参加展览。来展览会的观众也非常多：1876年是五十二万，而1904年仅开幕式当天的观众就有一万多人，这个数字真应该去与当年有四万人参加的汽车展览开幕式作比较。因而，这种体制产生了两个极端，一端是遭到拒绝的人；另一端通常是由艺术学院的美术专业人士主导的评审团。的确，某些评审团相当严厉，尤其是在专制的帝国时期，其标志就是纽科尔克对高等美术学院和卢浮宫的统治，他是皇帝的表姐玛蒂尔德公主的朋友（学院的学生们戏称他为“海狸”，这种动物的功劳全在于它的尾巴）。

相反，其他的美术沙龙则更加民主，尤其是1849年，由八百名画家选出了十二位评委，不过，并不能真的就认为这些当选的评委（其中六位是美术研究院的院士）比后来由美术研究院指定的评审员更大胆或更民主，显然，这也并不妨碍漫画家肆意地挖苦他们。再说，这也相当不公正，尽管评审团是由研究院院士控制，甚至由学院派画家控制，但他们从未成功地（况且，也从没有企图）将非正统的画家们彻底关在美术沙龙的大门外：所有印象主义画家，包括1882年的塞尚（他们中最不合群的）都在那里展出过他们的油画。1863年的“落选者沙龙”对参展人（其中十分之九与新生的印象主义毫无关系）来说，是一次惨痛的失败。

被沙龙拒绝！杜米埃使人永远记住了遭受这种可怕命运打击的艺术家

们的绝望情绪。左拉在一封信中谈到他的小说《作品》(主人公是一位画家)时认为“我的这本书从头至尾谈的都是那个被沙龙接纳的问题”。阿尔弗雷德·勒洛瓦曾指出:“只有是画家并且遭受过这种展览的磨难,才会理解这些。”雷昂·勒加在1866年也说过:“一些人彻底失去了勇气,从此放弃了这种职业生涯……还有些人认为自己的名誉受到了侮辱,他们不愿忍辱偷生而情愿去死。”一次拒绝可能带来政治甚至外交上的后果,古斯塔夫·拉鲁迈在1895年说过:“每个艺术家,无论是巴黎人还是外省人,都有一个众议员或参议员作为庇护人,或者,参众二员兼而有之”。而对于外国人来说,庇护人则是他们的大使,如1834年,当俄国大使在沙龙展览上向路易·尼古拉斯·福尔班伯爵(1771—1841)介绍了俄国画家布留洛夫的情况之后,后者被授予了一枚一级奖章。福尔班伯爵从1816年起任皇家博物馆馆长,他也曾是大卫的学生和美术研究院院士。像安格尔那样,强硬到能够拒绝接受这种考验的画家是极为罕见的,由于针对《圣桑福的殉道》的批评伤害了他,从1834到1855年,他拒绝对评审团的赞许发表任何意见。成名之后的库尔贝也拒绝参加沙龙画展,甚至试图举办抵制性的展览会;但他原来也是一个很因循守旧的人:他在1854年沙龙展开幕前夕写给他的朋友尚弗勒里的信中说:“要浪费一个月的时间!我可没那么多的闲工夫。”

正如今天我们大家(不论愿意与否)都是米歇尔·福柯的信徒一样,我们对于行使文化权利的一切方式极为敏感,无论这关系到社会生活的理论与实践还是两性关系。所以,19世纪巴黎艺术体系内的大男子主义特别令我们反感,而尤其因为这在当时对任何人来说都不是什么秘密,因为在这个问题上,一切权力的走向都是自上而下,由男人到女人。所以,女艺术家被容许参加沙龙画展,但仅此而已。例如,1835年的沙龙画展上大约有一千五百位艺术家,而其中只有二百三十五位妇女,这个比例后来还是有所提高;在19世纪70年代,妇女占这个行业人口的五分之一,而在这个世纪初仅占十分之一。这个数量太可怜了,更何况众所周知,这些只是在1892年才被高等美术学院录取的巴黎女生仅局限于某些领域，一位《艺术家》杂志的记者在1839年说过："女艺术家很少触及历史画；她更喜欢蜡笔画或铅笔画而不是油画……她善于画肖像、风俗、水彩风景、百合花、紫罗兰和玫瑰；她擅长细密画"。罗莎·波纳(1822—1899)是审慎的女同性恋而不是女权主义者(后来被授予骑士勋章)，她更喜欢阳刚的题材，但她可以算作是这些规则的例外。相反，美术沙龙展会上的外国画家或商人却十分引人注目；他们在巴黎的出现提醒那些本来想去其他艺术中心(伦敦或慕尼黑)的人：全世界的画家首先应该去巴黎把自己武装起来。

希波利特·泰纳在1867年问道：什么人去艺术沙龙展呢？他自己的回答：观众很多，可以说整个知识界以及收藏家，当然还有商人。但他又补充道：

> "富起来的法国人。比如，银行家或投机商想美化他们的城堡或饭店；他们知道壁画会使房子与众不同，他们像咖啡店的主人或剧院的老板一样为自己家的天花板装饰了许多寓言和神话故事。"

艺术使金钱变得高雅，而尤其是那些来路不明的金钱。他补充说，这当然是指法国人，但外国人也同样如此：

> "发了财的巴西人、摩尔达维亚人、美国人，这些人或许在他们的奴隶或佃农中待腻了而到巴黎来享受生活[……]。他会买一辆轿车，在树林里炫耀，或显摆他们的钻石首饰，或[……]在艺术家那里购买轻浮的作品；而艺术家，借口考古的需要或艺术自由，投其所好。"

此前几年，拉马丁曾委婉地表达过同一种思想："一幅在巴黎作的画，那就等于得到了一件艺术品的头衔，一张品位和荣誉的出生证。"对于艺术爱好者来说，巴黎是麦加，而无法去巴黎的外国人当然会通过报纸来了解在那里发生的事情。一些著名的作家使人产生了梦想：亨利·詹姆斯是为《纽约先驱论坛》撰稿的评论家，而埃米尔·左拉，依靠俄国作家屠格涅夫成了《圣彼得堡欧洲信使报》的评论员。此外，詹姆斯曾嘲笑他的同胞们一掷千金；但必须有卢浮宫大百货公司的老板索夏尔的那种爱国主义才能为巴黎赎回（又是一掷千金[八十万法郎！]）米勒的《晚祷》——詹姆斯·素顿曾花了五十八万法郎购得此画将其打进自己的行李而一同去了美国。

某些外国人来这里是为了买画，但也有些人是为了画画。美国的萨金特、当时最著名的匈牙利画家蒙卡齐、1894年因一幅为萨拉·伯恩哈特做的海报而一夜成名的捷克画家约瑟夫·穆夏常年住在巴黎。某些外国艺术家，甚至是父子两代相继来到巴黎：西班牙人何塞·德·马德拉索在大卫的画室里学习；他的儿子菲德里科于1833年也来到巴黎，并且马德拉索家族的另外两代人也陆续来到首都。法国大使曾建议德国画家奥古斯特·雷特尔去巴黎展出他的油画，对此他回答说："您知道，能够让我去那里展出是我最大的成功，而对我来说这也是最重要的事情。如果能成行，我会立刻告诉您。我难道还有什么更多的奢望吗？您说，我难道不是最幸福的人吗？"19世纪，一百多位美国画家在巴黎的各种沙龙里展出过他们的油画，他们之中的佼佼者是约翰·范德林，1800年，他作为凡高的学生来到这里，这种美裔艺术家对巴黎的热爱可以说几乎一直持续到了今天：在二战以后的那些年代，仍有二百五十位美国艺术家依靠"美国战后军人复员法案"供给他们的收入在首都生活。电影《一个美国人在巴黎》（*An American in Paris*，1951）中的主人公就是一位画家。某些巴黎的画家甚至成为了这些外国艺术家们的一门专业指导：例如，出生在加勒比地区圣－托马斯岛的毕沙罗，就曾得意地指导过许多来自中美洲的年轻人。

⑳ 伊利亚·列宾(1844—1930),《巴黎咖啡馆》的习作,作于1874年。列宾是著名的俄国画家、民粹主义者和革命家。他曾于1873至1876年在法国生活。他非常欣赏德拉克鲁瓦的作品,但也喜欢马奈。他的《巴黎咖啡馆》作于1874年。他在给朋友的信中曾写道:"这一段时间,我全力以赴做这幅画并做人物习作。这些巴黎的模特真是太好了!他们像演员一样摆好姿势……巴黎令我神往:它的品味,它的优雅,它的恬淡,它的敏锐,它细腻而质朴。尤其是巴黎女人的服装!美得简直无法形容。"我们有二十多张这幅油画的习作,1891年,列宾在他举办的第一次大型展会上展出了其中的十二张。

素描。圣彼得堡,俄国国家博物馆藏。©D.R.

巴黎的艺术体系是生产绘画的机器、是展览绘画的机器,也是(我们能否说尤其是?)一部贩卖画作的机器。有些艺术家生活困苦;有些则要依靠他们的家庭来勉强维持生计,早期的印象派画家都是这种境况,除了雷诺阿,他们几乎都是出身于一般的市民阶层。但还有些艺术家则是真正的显贵,获得荣誉,受到尊重,尤其能赚到难以置信的钱。安格尔的《宫女与女奴》卖了一万两千法郎外加两万四千法郎的复制版权费。1849 年,奥拉斯·凡尔纳将他的一幅油画以九万九千法郎的价格卖给了沙皇尼古拉一世。1878 年,梅索尼埃的《1805 年的铠甲重骑兵》竟然卖到了二十五万金法郎,而他的《弗里德兰》在 1887 年的斯图瓦特拍卖会上拍出了九十万法郎的价格。雷蒙·穆兰认为,画家们到巴黎来寻求的不是一种纯理论或伟大的传统,而是"一种在公众的面前自我表现,尤其是在可能的买主面前自我吹嘘的一种方式"。

卖画为生:但该怎样做呢?经典的成功之路"荣耀之路"(cursus honorum)是:进入美术学校,罗马的法兰西研究院,艺术沙龙展,艺术学院,但主要是艺术沙龙展;1881 年 3 月,雷诺阿在给画商杜朗-吕埃尔的信中写道:"我想告诉你为什么我把画送去沙龙展览,如果一位画家不去美术沙龙展,他的画一幅也卖不出去。这就是为什么每年我都送去两幅肖像画,尽管这很少……我送往沙龙的画全都是商业性的。"因为,出自美术沙龙展,你就会很有前途。被沙龙认可,没准还会获奖,那也就意味着你的作品可以卖给名人,甚至也许会卖给国家,最理想的是能把画卖给直到 1937 年还坐落于卢森堡宫的现代艺术博物馆。你可以开价一千法郎,但有时会卖得很贵:万雄的《志愿者出发》于 1855 年卖了两万法郎。

美术沙龙和国家是 19 世纪巴黎绘画艺术的两个乳房,但在艺术家与这些奶牛之间,则是占据有利地位的巴黎艺术商——这些"神秘的有钱人"(德拉克鲁瓦如是说)。我们知道,华托的油画《热尔桑画店》,是到了大约 1830 年才赶上了这种机制在巴黎开始运行。1845 年对古比尔的认可是一个转折，而到了 1861 年，一百多位像他这样的商人都在好地段开设了自己的商店，主要是在靠近林荫大道和拉菲特街——做买卖的心脏地带。杜朗－吕埃尔(1831—1922)于 1862 年在那里开了画店，离古比尔在蒙马特大街上的商店不远。泰奥菲尔·戈蒂耶认为，拉斐特大街可以说是一种昼夜常开的沙龙画展，由于这里的橱窗灯火通明，甚至夜间都可以参观。而事实上，这条街是这个世纪中叶的巴黎在政治、经济和艺术上的缩影：1808 年，拿破仑三世出生在这里，雅克·奥芬巴赫在这里生活过，还有埃米尔·吉拉尔丹、戴尔菲娜·盖、萨洛蒙和迈尔·罗斯切尔德、在这里破产的拉斐特、成为了奥特朗特公爵的福歇、名副其实的格莱夫勒伯爵、劳拉·蒙戴丝、玛塞丽娜·戴博尔德－瓦尔莫、昂布瓦斯·弗拉尔和他的画廊、1913 年的乔治·伯恩海姆以及两位著名的时装女商人吉夏尔夫人和“第二帝国时期统领时尚界”的帕米尔。

这些商人的作用很关键，比如，杜朗－吕埃尔借助于银行家费德尔以及后来于 1882 年破产的联合银行的支持，大批量购买了艺术作品，甚至包购了某些艺术家的全部作品。1866 年，他买了七十幅泰奥多尔·卢梭的油画；1872 年，他以三万五千法郎购得二十三幅马奈的油画。我们还要指出，古比尔、杜朗以及其他许多巴黎的画商争先恐后地去纽约建立了分店。(古比尔从 1846 年起就已经这样做了。)1860 年，龚古尔兄弟第一次这么天真地写到：“在艺术品市场上有一种非常奇怪的现象，就是从不由你自己来决定价格。甚至你自己也会认为价格不是绝对的，它不由你说了算，而几乎总是由别人来定。”由美术研究院控制的沙龙艺术展和更直接地植根于艺术市场的画店之间的关系有时会很紧张。但事实上，这部机器完全是独立地运转。此外，有些艺术品商人的眼界相当开阔并努力把艺术家们的命运与自己的命运结合在一起，比如，马蒂奈的全国美术公司在 1863 年就展出过德拉克鲁瓦、库尔贝、迪亚兹、多雷、米勒以及特罗雍的作品。外交部长瓦莱夫斯基伯爵与艺术评论家泰奥菲尔·戈蒂耶曾为一本旨在帮助还没有成功跨进沙龙门槛的年轻画家的杂志《巴黎梦幻，艺术通讯》而合作过一段时间。梵高的弟弟是艺术商人（当过古比尔画店的职员），曾每个月接济他的哥哥一百五十法郎。

此外，正如某些艺术家的工作室，这些商业画廊也兼作展览厅和拍卖行：同样，所谓巴比松画派的画家纳尔西斯·迪亚兹，从 1848 年起到 1876 年去世，就举办过十次自己的作品拍卖会。（1849 年的拍卖会并不成功，作品的价格在七百四十法郎到一百法郎之间，新的共和政府花了四千法郎买下了一幅他未完成的油画。）而且，同样是出于对财政独立的担忧，许多巴黎的艺术家（如德拉克鲁瓦）试图建立起艺术家协会。最为著名的可能就是得益于英国赞助商泰勒的那些协会（尤其是 1840 年的“戏剧艺术家互助会”和 1848 年专为画家、雕塑家、建筑学家和版画家而成立的一个协会）；但还应该记住的是 1879 年由艺术家德塔耶和维拜尔创立的法国水彩画家协会。在这个问题上，应该指出，著名的《落选者沙龙》的参与者的动机可能是金钱而不是美学。他们的动机与那些也举办画展的消费者的动机一样，比如，19 世纪 60 年代的“巴黎美术俱乐部”。

在沙龙画展的权威性问题上，当然也包括艺术家的前途以及他们的选材问题上，金钱非常重要，维克多·福奈尔在 1857 年写道：“至于巴黎的资产者，除非是受过勋的人或是研究院院士，谁都不敢在活着的时候为自己立一座全身雕像，而仅限于半身像或头像浮雕，更多的是肖像画”；而评论家索姆兰在 1873 年把“伟大作品”的消失归咎于金钱与虚荣。他在参观沙龙美术展时说，“我数过，有三百二十幅油画肖像（和）二百零三幅铅笔画肖像，占了全部展品的五分之一。”龚古尔兄弟也表达了相同的看法：“宗教的绘画不再……19 世纪的画家只会画风俗画……实际上就是为了挣钱”。人们将印象主义与风景画联系在一起，但其实，马奈、雷诺阿、德嘉也是勤奋的肖像画家，因为在“为吃饭而画”和“为理想而画”的冲突中，生存问题也很重要。

美术沙龙展览、国家的支持、艺术商人、艺术报刊(如《美术杂志》)是艺术创作在巴黎——19世纪之都的关键元素,这一切由一个重要的人物来主导:艺术评论家。1750年,圣-耶拿基金会愿意做巴黎公众的精神领路人,而它在19世纪的后继者们(杜朗迪、阿斯特鲁克、布尔蒂、沃尔夫)也同样雄心勃勃。此外,这些人都不坏,其中有些人,像特德斯科对待年轻的德拉克鲁瓦那样推出了许多新秀。他们所起的作用以及他们的数量都给人深刻印象:在拿破仑三世时期至少有一百多人,泰奥多尔·泽尔丹说过,他们中有些人出身新闻界、大学、文人或者公务员;还有些人曾经是缺乏才气的画家。他们是多种多样并不断更新的艺术理论的创造者,这也使得在巴黎,每个艺术家很快就能够根据正统思想或当时的美学理论来给自己定位。

巴黎,世界艺术(体系)之都:人们很容易理解这种机理以及连接其各种不同元素的纽带的重要性,或更确切地说,很容易理解它们的性质。

但是在巴黎,从大卫和安格尔到毕加索和夏加尔,从1780年到1940年,画家们的主要力量并非依赖于这些正式的机构,而是另一种素质,一种非正式的、难以捉摸却又非常重要的素质(这又使我们想到了评论家们的工作),如果不太冒昧的话,我们可以把它称作"巴黎的氛围"。在这个巴黎——19世纪之都,画家们既是现代性的因也是果,至于视觉上的感受,我们今天仍然是通过他们的作品(正如这本书中的插图所表明的那样!)来充分想象整个19世纪。1828年,司汤达在谈到他的画家朋友们时写道:"如果我们才华出众,难道就不要博采众长?就不会愿意同时为欧洲贡献更多的伏尔泰和拉斐尔?国家之间的相处难道一定要像那些没有教养和自以为是的年轻人吗?"不!正相反,在他所处的时代以及随后的几十年(司汤达于1842年去世)里,巴黎的力量恰恰是由于其各种财富的混杂,因为,这座"光明之城"正是从它凝聚在一起的不同神话(巴黎,革命之都、城市规划之都、时尚之都、异化之都、科学之都等等,不一而足)中获得了力量;而巴黎的画家们,从中获得了他们的灵感。巴黎是艺术之都,首先因为那里有一部巨大的艺术机器——它既属于国家也属于私人;但更因为,19 世纪的画家们,本能地以他们理解巴黎的方式而理解了自己的时代。因为这些画家能够把他们的创作融进巴黎对现代性的不同定义里,而我们认为他们的油画在今天看来仍然很现代。《自由人》报的评论家像其他许多人一样,认为能够为 1877 年的印象主义画展做出结论,“展览会表明了,绘画不仅仅是一种考古学家的艺术,而且很容易适应现代性。”有人请塞尚(1839—1906)简介一下雷诺阿(1841—1919)的作品,他的回答很简洁:“他画了巴黎的女性。”

因此,在巴黎,绘画的伟大时刻与巴黎——现代性之都及其成长(大卫和大革命)的伟大时刻完全巧合(我想说这是必然);与现代性的孕育期(印象主义者以及巴黎的欧斯曼化)完全巧合;正如在神话的另一个极,巴黎的自我退缩(1931 年的殖民地博览会和 1940—1944 年的被占领)与巴黎——艺术之都的终结以及纽约的繁荣完全巧合。如果说这些巧合纯属偶然,那真是太神奇了。19 世纪巴黎艺术家们的才干是在那些我们认为直到今天仍然是那个时代最真实写照的油画中为我们演绎了这种现代性,正如 1940 至 1960 年的纽约艺术家们(波拉克、克莱恩、蒙德里安)的才干是为我们创造出了能更好地想象我们自己的当代性的新形式。当巴黎渐渐失去了变化之都、革新之都、现代性之都的地位时,艺术转移到了大西洋彼岸;而当现代性到别处安营扎寨或遍地开花的时候,或许,纽约那时也将不再是世界艺术之都了。

所以,必须强调将巴黎与选择了这片热土的艺术家们联结在一起的各种不同关系。这些关系种类不同,其中最常见的是他们融入(的确,有时只是部分地)到首都的日常生活中去。我们喜欢想象寻欢作乐的画家与诗人,他们或沉湎于酒精,或迷恋于青楼;而也许,他们当中许多人的确就曾经是这样生活的:兰波与魏尔伦的例子可以说是众所周知。巴尔扎克也这样生活，同时他将没有病人可看的医生的那种还算体面的贫困及小职员们的穷欢乐与巴黎大学生和艺术家们的可悲而又富有诗意的不幸区分开来。诱人的幻想，也吸引着艺术家们自己，博纳尔写道：“吸引我的，并不一定是艺术，而是艺术家的生活以及我想象中的这种生活——自由自在。确实，长久以来，我被油画和素描深深地吸引着但这并不是一种不可抗拒的激情；而我是想不惜一切代价摆脱单调的生活”。

虽然有些艺术家的生活比别人更随性，这可以理解。虽然他们的生活方式和思维方式有各自的特色和个性，这谁也不会反对。的确，某些画家选择了远离美术沙龙，甚至远离资产阶级的生活而泡在咖啡馆里，或者如后来拆毁旺多姆圆柱的库尔贝，泡在安德烈酒馆里。波德莱尔说德拉克鲁瓦是“完美的绅士”，而有人说他是塔列朗（主教、亲王和部长）的私生子，他本人在上流社会有时会感到很尴尬，1847 年，他在日记中写道：“在 M. 梯也尔家的晚宴上，我不知道该和他家的客人说些什么，而他们也不知道该和我说些什么。”

但是，巴黎的艺术家很少是革命者，他们中的大多数过着全然的资产阶级生活。纪梵尼可不是贫民区。大多数画家都欣赏那个时代的情趣和虚荣，而一旦有了钱就搬进高尚社区。众所周知，印象主义者及其后继者都是出身资产阶级甚至贵族（德嘉出身一般，而图卢兹－罗特莱克则肯定是贵族）。如果要找出一个巴黎的艺术家典型，那既不是啤酒馆里的库尔贝，也不是在塔西提的高更，而是马蒂斯，当《纽约时报》采访他时，他请记者费心告诉读者说自己很清醒：“尤其要告诉美国人，我是一个正常人，一个好丈夫和好父亲，有三个可爱的孩子，我常去看戏、骑马，我有一所舒适的房子和一座漂亮的花园，我喜欢那里的鲜花，等等……像普通人一样”。阿波利奈尔说过：“蒙帕纳斯的艺术家们全都是美国派头。”

人离不开当时的日常琐碎生活，巴黎艺术家们的政治观点也不能脱俗。有些人属于 19 世纪的右翼阵营如德雷福斯事件的强硬反对派德嘉和虔诚的天主教徒塞尚（以及他们的赞助商杜朗－吕埃尔，此人还是君主政治的拥护者），有些人是左派（库尔贝），还有些人像大多数巴黎的中产阶级一样是温和的民主主义者以及共和主义者（马奈、毕沙罗），而这一切始于1840—1870年代。的确，在左拉的小说《作品》中，失意的画家克罗德·朗迪埃"看出了胡萝卜孕育着的革命"，这种才能只有在文学中才是正常的，而正是因为这部小说的发表，塞尚与他这位在埃克斯的老同学断绝了多年的交情。

19世纪的巴黎艺术家属于生活优越的中产阶级，是温和的进步主义者，（尤其那些自认为是大胆的艺术家们）并不想把艺术当做挑战，正相反，是让它顺应时代大潮，并且，正如1843年的大卫·德昂热所说，是把它作为"一种教育群众的有力手段"。人们可能会批评这种观点，福楼拜在他的《情感教育》里借画家佩勒兰的形象对此进行过辛辣的讽刺，这个人物是民主主义者和四八年革命党人，他始终没有完成那部描写操纵着进步火车头的基督的杰作——是一部有趣的苏联现实主义的处女作。但无论如何，这种对社会的关注以它的世俗性强调了巴黎的艺术家们融入到了巴黎——这座主张资产阶级共和的城市的文化体系中。

这些画家中的大多数在思想上与这个原始的政治文化先锋时代没有任何关系。的确，从基里柯及其《美杜莎之筏》（象征法国遭受波旁王朝复辟伤害的海难事件。）到西班牙内战时期毕加索的《格尔尼卡》，艺术界基本上属于左派（但相当温和），正如以前的科学界一样，但并不比巴黎的中产阶级更左，而这持续了大约一个半世纪，从启蒙运动直到"忠勇将军"布朗热的逃跑。1892年，埃米尔·葛莱受师范学院学生的委托将巴斯德的思想"结晶化"（他为此发明了一种包含微生物的透明水晶），他的作品具有一种象征意义：绘画和资产阶级的科学结合在一起为人类服务。

我们可以列举另外一些将艺术和它在巴黎的基础联系在一起的文化、科学或道德上的亲缘关系。强调发明了油画颜料（1824年于伦敦）的重要性,说它使风景画得到了飞速发展是没有道理的;但无论如何,今天极不同的艺术、科学和技术发展的轨迹在当时是非常相近的,并且,所有领域都是如此。例如,物理学家谢弗勒尔的色彩理论使他的同代人极感兴趣。具体地说,平板印刷术(1796 年发明,1837 年由印刷工人恩格尔曼改进)在现实主义绘画形成的过程中曾经扮演了一个非常重要的角色。一位研究这种艺术的历史学家说过,平板印刷术刺激了"瞬间性感觉,从而使概要表述的研究变得更加灵活……[并]鼓励这种探索……"。1838 年发明的达盖尔照片(同年,儒勒·雅南向《艺术家》杂志的读者介绍过这种照片,1839 年,弗朗索瓦·阿拉戈也向法兰西科学院做过说明)的意义也是一样的。有些艺术家,尤其是德嘉,非常关注照相术的进步。

但主要的问题并不在此,社会归属、政治选择、对自然科学的兴趣只不过是现代化思想的一些迹象,这种思想使得巴黎的艺术家们把这座城市当做艺术的神话之都,而这种现象(对于巴黎的艺术神话至关重要)是以这座城市里的艺术家们表达"现实"的愿望为主。据尚弗勒里(又是他)说:"寻找给艺术品披上真实性外衣的原因和方法"是"一位杰出女士"于 1850 年交给其巴黎同行的任务。(波德莱尔在他的笔记中谈到过这个尚弗勒里,他要摆脱的这个"坏孩子",他写道"诗是最真实的,只不过那是在**另一个世界**。")

但什么是这种艺术与文学上令人信服的似真性呢?有些历史学家认为,这可能涉及到当时的每个艺术家对相关文化背景(浪漫主义、象征主义、甚至公众舆论的重要性)的看法。这涉及到一种"文本"与其他文本和其他情境之间的"互文性"关系。另一些理论家认为,这种现实性应该更通俗地被想象成那个世纪的某些作家所喜爱的大量细节。龚古尔兄弟失望地说:"巴尔扎克也许不是一个伟大的生理解剖学家而是一个内心世界的大画家。有时我觉得他更关注财产而不是性格。"相反,他们的信徒左拉自诩在这个问题上理解了《高老头》的作者:"我对真实细节过于苛求,在精确观察的踏板上跃入星空”。

那么,应该怎样来解释这种绘画上的似真性呢?1860 年以后以及现代主义危机的前、后,首先是 19 世纪 50 年代的现实主义者,而后是 19 世纪 60 年代的现代主义先驱,他们为巴黎的这两个问题找到了最好的也是最基本的答案。这个世纪的“时代精神”是属于当时的世界之都——巴黎;正是因为理解了这个时代(以这种或那种方式),来自世界各地的巴黎艺术家们(况且,有国家补贴和有艺术商给钱)使这座城市成为了艺术之都。正是在巴黎而绝不是在伦敦、维也纳或柏林,所有艺术家(无论是浪漫主义者、现实主义者或现代主义者,但都是一种新宗教和新神话的伟大传教士)都向他们的观众提出了许多比他们前辈的问题更“真实的”、更似真的、也更完整的新问题。

今天,我们很容易区分浪漫主义的学院画派、现实主义的学院画派或印象主义的学院画派。我们觉得在这些艺术家中,某些人比别人更“真”。但是这些区分在过去却非常不明显,因为,大家都以这种或那种方式声称自己是现实主义者,或至少,是“似真主义者”,正如杰拉德·舒尔曾指出的,“在当时的先锋派和学院派之间,有许多从不问派别的画家,他们既不赞成学院派,也不反对革命派。”的确,曾有个特殊的案例,那就是画家帕佩蒂于 1843 年画过一幅《幸福的梦》,后来又决定把画中的一艘蒸汽船换成了一座希腊神庙。我们会觉得这次改动很可笑,但我们也可以设想这位艺术家诚心实意地认为这两幅画中无论哪一幅都能理想地表现他所想象的幸福。19 世纪 40 年代库图尔的作品以及 1870 年前后皮维的作品,都说明了各种类型学的复杂性,尤其是两种艺术的分类。在某些人看来,相对于意大利的“魔术师”而言,瓦格纳是一位“现实主义者”,而弗朗索瓦·约瑟夫·费迪斯甚至把他说成是“音乐界的库尔贝”,但尚弗勒里则认为他是“超级浪漫主义者”。(波德莱尔喜欢瓦格纳却不喜欢库尔贝的现实主义,他在评论费迪斯的“难以理解和令人沮丧的”文章时写道:“这不过是一篇糟糕的谩骂和[一种]老毛病的复发”。)

无论如何,在19世纪的巴黎,尤其在1840到1890年的这段时间里,这种对似真性的关注非常普遍。小说家,甚至诗人或画家,可能有时,甚至经常表现为一个无与伦比的幻想家,但他的特殊性在于他有一种表达真实性的才能,那真实性是一种他能够使隐性的现实成为可见的现实。最有思想、最有风格的画家不是或者不承认是形式主义的画家。例如,雨果与这些人的看法一样,他用《悲惨世界》中的讽刺话来代替巴黎下层社会的粗口话,他还解释了语言上的“真实”,谈到了使人理解用文学中的“真实”来表达日常生活的手法,因此,他认为巴黎的粗话绝对是可耻的,他写道,这种脏话:“使人不寒而栗,是肮脏、晦涩、低贱、阴暗、堕落的语言”。这种语言,很神秘,也许吓坏了这位巴黎的诗人,但恰恰是这种平民(或下层人民)的语言适合于一个“非现实的”地下世界,适合于巴黎的下水道,适合于这片蔑视一切表达可见性真实的领地,因为它适合于一种它认为不可接受和难以理解的社会和文化环境。雨果是具有共和思想的博爱家,他并没有因此而失望:“减少愚昧者的数量,增加文明人的数量,这就是目的。这就是为什么我们要大声疾呼:教育!科学!学会读书,就是点燃火焰;每个音节都会迸发出火花”。

他从中得出的教益(他认为)不言而喻:一种明白易懂的语言,尤其是他给这种语言带上了一顶革新的红帽子而使其更加清晰,它可以完美地表达巴黎的拥护共和的资产阶级人性化的普遍意志。拉辛使用的语言,一旦进行了改革,完全能够表达这些被认为——而且应该被认为是真正“真实”的东西。巴黎下层社会的神秘语言——黑话(欧仁·苏的资产阶级读者们非常喜欢这种语言,或许,他们也是在寻求一种新的不寒而栗)不过是一种神秘而不健康的语言,只有一种短暂的“真实性”适合它,而它也是不健康的,但幸运的是它注定会消失。“拆除”艺术家以及雨果“客观上的同盟”欧斯曼很快承担起了这项工作。也因此,在巴黎的文艺领域里(我们已经说过），还出现了无数的生理学、相貌学和文学汇编以及漫画，因为漫画能透过表面直刺要害；同时，还有我们可以称之为“装饰画”的时装。

雨果认为，对文学家有用的东西对画家也有用：正如埃米尔·德尚所推崇的，巴黎的浪漫主义艺术家希望“与时俱进……这是最重要的”，以便创作出一种摆脱“一切主观的、追求趣味技巧的形式，而针对感官，并通过感官而抵达感情”的绘画。批评家托雷曾嘲笑画家们天生会迎合时下品味——时尚派的用语，他极其欣赏“德拉克鲁瓦先生”的作品，因为他认为，先生“在现代理想性的神奇情感中，汲取了它的革命价值”。无论是“真实的”（如《西奥大屠杀的场景》）还是明显虚构的（如《沙达纳帕之死》），德拉克鲁瓦的这些题材对于这位爱好者来说都是“活生生的”。托雷还说过，几个世纪“对他来说不算什么，距离也无所谓……［他］是他们的同时代人，他就生活在他们的身边”。《美杜莎之筏》根本不是什么新闻报道，但这幅油画（构思巧妙）还是，至少基里柯这样认为，忠实地反映了在一个复古的社会阶级和复辟王朝的贵族，以“非现实的”方式，错误领导下的法国人民的精神面貌。

因而，浪漫主义者也是现实主义者，或者常常被理解为现实主义者，正如现实主义者常常自认为继承了浪漫主义学派而不是对其否定。同样，尚弗勒里在他 1857 年的《现实主义》一书里呼吁创建一个新的学派“它既非古典主义也非浪漫主义，也许我们将看不到，因为一切都需要时间……［并且］毫无疑问，这个学派将出自于浪漫主义，正如真理更直接来自于生者的躁动而不是出于死者的长眠。”这种从浪漫主义（也即从他极其欣赏的德拉克鲁瓦的绘画，因为画家充满了激情）向一种新绘画（马奈的绘画，马奈是“其艺术衰败中的第一人”）的过渡，恰恰是波德莱尔曾经论述过的关于 1845 年美术展的问题。他当时写道：“如此早熟的、**现代生活的英雄气概**，包围着我们，压迫着我们……它就是画家，是能够把现实生活中史诗般的图景剥离出来的真正画家，并且，用色彩和线条使我们看到并理解穿着皮靴打着领带的我们是多么伟大而富有诗意。”

这是高瞻远瞩的波德莱尔。但其他的人，也许更具有代表性，他们可能不会从那么高的角度来看待这一切，却也非常诚恳，一位评论家在谈到现实主义画家时写道：“他们醉心于……现代风俗画。他们绘画的最大兴趣是在这种非常幸福的环境里一心复制巴黎生活的爱情故事，他们保留着……他们的人物，当时的服装和当时的举止，而不是按照风流生活中的纨绔子弟的模样给人物穿上……过去的时装。”

从大卫的古典主义到欧仁·德拉克鲁瓦的浪漫主义，从后者的浪漫主义又到库尔贝的现实主义，这些过渡在巴黎进展得非常顺利。而这一次，这种思考似真性的新现实主义方式，从1860年起，突然转向了印象主义，巴黎的这次演变比其他地方更快更剧烈，是一次文化上的转折，也是一次使我们重新回到巴黎——19世纪之都这个主题的编年学上的转折。

很难，甚至根本不可能把印象主义明确地说成是对现实主义的否定，或者反之，说是它的延伸。在这种新学派的作品里，你能够发现一种现实主义理论的简单延伸：马奈、德嘉和他们的朋友比任何人都更关注现代性的新形式，关注刚刚成为了他们时代的“现实”（左拉就是这样来想象马奈的作品）。印象主义者理解了他们的时代，尤其理解了异化、货币化的问题以及“巴黎，19世纪之都”的新精神——马奈1863年的《奥林匹亚》比其他任何东西都更好地诠释了这种新精神，《奥林匹亚》的创作时间及其灵感与1857年的《恶之花》以及1869年的《情感教育》是如此地接近。欧斯曼的巴黎（确切地说，主要是欧斯曼垮台之后的巴黎）——无论是圣·拉扎尔火车站、欧洲之桥还是莫尼尔街、歌剧院大街都使印象主义者如醉如痴。

但我们也可以将印象主义看成是对现实主义风格的颠覆，是对库尔贝或米勒风格的颠覆，因为印象主义绘画的方法以及他们选择的主题推翻了现实主义绘画的所有论据，而以往现实主义的绘画基本上是轶事风格并且是基于社会新闻之上，通常是多愁善感的。晚年的亨利·詹姆斯认为，印象主义者的魅力不仅是他们对于“质朴现实”的痴迷，而且还在于他们拒绝一切“改编、美化以及筛选”。梅索尼埃、热罗姆都认为，一幅“精细”、精确以及完美柔顺的绘画，应该是“像照相一样逼真”的写实主义而且没有丝毫的用笔痕迹，力求给人一种“敞开窗户看景物的错觉”，感觉栩栩如生，而在艺术爱好者和景物之间没有任何屏障。1860 年时，这种观点普遍被大家接受。而到了 1890 年这个照相机已经普及的年代，这种观点就不存在了。印象主义者的似真性，部分地依据他们选择的主题（巴黎的街巷、洗衣店、新式音乐—咖啡馆和巴黎的娱乐区），但更主要是依据由观察者的眼睛和画家给出的主体重新确定了的相交点。

在本身是浪漫主义绘画的后遗症——现实主义之后，为了能找到第三条道路，曾几何时还是涂鸦人的印象主义画家摇身一变成了十足的幻想家；这里，显然应该强调指出，巴黎的公众很快就弄清楚了这些人，明白了他们的新“现实主义”。1860 年初，布丹的画在杜朗－吕埃尔的店里卖一百到二百五十法郎。至于修拉的画，正如布勒东所惊叹的：“其主要作品的价格算下来每个工作日只有七法郎（加上遇有知名度高的买主可能还会降一些价）”。1869 年时，莫奈濒于贫困的边缘；而在 1871 年，杜朗－吕埃尔又一次以每幅仅三百法郎的价格收购了他的画。（1822 年，奥拉斯·维尔纳的《蒙米拉依战役》卖了至少一万法郎。）

不过，从 1876 年的第二次印象主义展览以后，莫奈的画已经卖到了两千法郎。在 1889 年的世界博览会上，他的一幅油画被凡·高的弟弟泰奥以至少九千法郎的价格卖给了一个美国人。1899 年，他的《睡莲》系列画每幅都卖到了五千至七千法郎。1890 年以后，这位画家搬进了一处新买的豪宅：纪梵尼花园。

所以,巴黎对这次巨大转变处理得相当不错。但更为现代主义的第二次转折要困难得多。这一时期,印象主义在自己的内部对塞尚的打压是即将到来的审美学争执和变化的信号,我们知道,他是所有印象主义者中唯一从不参加沙龙画展的人,是他们中最大胆的,也是最"现代"的人。最后,毕加索(1881—1973)的辉煌是确认了从马萨乔和佛罗伦萨的文艺复兴以来始终占据统治地位的写实画和透视法的解体,而代之以一种现代主义的绘画:1905—1906 年,他仍处于蓝色和玫瑰色的时代。而当他于 1906—1907 年创作了《阿维尼翁的姑娘们》之后,则完全停顿了下来。

这个艺术史上的伟大转折在巴黎举步维艰。首都的广大观众相当快地从印象主义者的作品(他们的第一次集体画展于 1874 年[在纳达尔]举行)中冷静了下来,后来,巴黎的舆论接受立体主义者和超现实主义者要缓慢得多,而且也很不普遍。贝尔特·莫里索的母爱、布丹的海滩、莫奈的风景很快就成了并且今天仍旧是一种全世界公认的术语;而他们的后继者的发展就更加不确定了。

因此,19 世纪下半叶的所谓"先锋派"具有新的重要意义,他们能够欣赏大众还不能理解的东西。当然,这个词组是起源于巴黎。我们将它归功于一位傅利叶主义者,加布利叶·戴西雷·拉夫当,他在名为《论艺术的使命和艺术家的角色》一文里使用了这个词,但所表达的意思与我们的理解完全不同,这个词组的发明者认为它表示,真正的艺术家要想画得好,就必须充当人类在追求一个更美好世界时的尖兵,正如人们在 1845 年的巴黎所想象的那种人。因而,这仍然是现实主义。

波德莱尔对此感到好笑,他认为,先锋这个词本身是很少用的军事术语,却用在了巴黎的左翼文学家身上,用在了艺术服从于政治的社会民主主义者身上。相反,兰波和魏尔伦认为,先锋派艺术家的确享有一种审美的自主性,但只有在现代主义以及后印象主义时期,先锋这个词才具有了我们现在所赋予它的意义：先锋，就是（或曾经是）使资产阶级惊愕的一切，而人们可以将许多巴黎的闹剧归于这个范畴——从《愚比王》到超现实主义的荒诞不经，那些过去非常有趣、我们今天却觉得十分幼稚的闹剧，旧时先锋派的审美目的论已不再是我们今天的目的论了。

1920 至 1930 年代的巴黎仍然是艺术之都，而有时，在蒙帕纳斯短短三百米的距离内，人们确实可能“不断……与外国人擦肩而过，其中就会有布朗库西、苏丁、塞佛里尼、库普卡、基里柯、凡·东根、藤田嗣治、帕斯金、佩夫斯纳、蒙德里安、利普奇兹、夏加尔、扎德金、考尔德或阿尔贝托·贾科梅蒂”，混杂在其中的也会有“本地人”，如维庸、德朗、杜菲、维亚尔、席涅克、马尔凯和劳伦斯，当然，绘画水平的提高也有许多其他艺术家的功劳。例如，毕加索的舞台布景和斯特拉文斯基的音乐合作者佳吉列夫。他的朋友谢尔盖·格里高里耶夫说过，佳吉列夫认为“巴黎的舆论对其美学思想的影响始终是决定性的”。同样重要的是，两次世界大战之间的巴黎还没有失去世界艺术市场之都的作用，艺术商人康维勒（生于 1884 年）的方法特别使人想起了杜朗－吕埃尔，因为他也同样不是以重量就是以“面积”，至少不是根据兴趣而是简单地按照尺寸来大量购买油画的人（同样的情况还有胡安·格里斯和毕加索的油画）。而国家自己也从未停止过收购：如 1935 年，巴黎的一些博物馆就收购了康定斯基、唐吉和罗贝尔·德洛奈的某些作品。

尽管如此，在第二次世界大战以前，巴黎——艺术之都是仅用一只翅膀放飞的神话。一方面是因为公众（尤其是左翼公众）还无法理解。（当一位美国女青年问雷昂·都德，他是否真的是“世上最保守的人”，他非常高兴，但奇怪的是他却认为毕加索是一位伟大的艺术家。）阿拉贡曾经是超现实主义者，成为共产党人以后开始赞美苏联的现实主义；总的来说，巴黎的艺术界和艺术评论家的现代化思想远不如以前那么坚定。在1937年的巴黎世界博览会上,参展的作品远不如1913年在纽约的国际现代艺术展览会上那样大胆。的确,德洛奈、毕加索和米罗,收到了博览会的邀请,但在展会上既无康定斯基、杜尚,也无贡斯当丹·布朗库西的作品。设在香榭丽舍大街上的一尊利普奇兹的雕像使右派暴跳如雷;没过多久就被他们拆毁了。许多油画流向了美国,正如马蒂斯的油画流向了革命前的俄国一样。在“幻想年代”,首都的公众对异国情调的演出(包括俄罗斯和瑞典的芭蕾舞以及约瑟芬·贝克的演出)比对巴黎的先锋派艺术家更感兴趣。

孟德斯鸠说过,如果一个伟大的帝国已经被怀疑所侵蚀,那么它将不堪一击。第三共和国残余的军事力量迅速崩溃;而巴黎——艺术之都的地位也同样如此。

巴黎时代之后便是纽约时代。1913年,只有很少的法国艺术家对纽约国际现代艺术展览会感兴趣,但这却是纽约艺术史上的一件大事,是迅速改变世界和美国艺术市场的开始。美国社会内部的变革、1929年大萧条的结束、美国在第二次世界大战中的胜利、战后经济的腾飞创造了纽约艺术繁荣的环境。

美国的博物馆在这里起了非常重要的作用。第一次世界大战以前,纽约的大都会就已经花六千七百美元购买了一幅塞尚的画《穷人的山丘》,这笔买卖很合算,因为卖家曾开价八千美元。1936年,现代艺术博物馆(1929年在洛克菲勒家族的帮助下建立)的馆长阿尔弗雷德·巴尔,举办了一次名为《立体主义和抽象艺术》的展览以及一次名为《神奇的艺术,达达主义和超现实主义》的画展。后来在1931年举办了马蒂斯的回顾展,1935年举办了雷格的回顾展,后者于1920年曾在巴黎培养了许多美国艺术家。

还有富豪们重新燃起的激情,例如在德国入侵时离开了巴黎的佩吉·古根海姆。她的角色很重要,因为巴黎艺术界的明星们大部分是依靠了她的各种关系来到了纽约,其中有许多是超现实主义者:恩斯特、达利、布勒东、唐吉、马松。

纽约的资助人和博物馆与当地艺术家们的关系越来越亲密，这些曾经是亲共派（其中有些人是斯大林主义者，有些人是托洛斯基派）的艺术家自己进行了许多改良。艺术评论家克雷蒙·格林伯格（是纽约的波德莱尔）指出，艺术的未来在纽约，他认为美国的艺术家没有向"高素质"的法国人或巴黎人那些过时的苛求和"品位"屈服。

一切都安排妥当了，艺术品商人当然反响积极，特别是许多巴黎的艺术品商人早就在纽约开设了分公司：杜朗－吕埃尔于1886年开设了分号；纳当·威尔登施泰因公司开办于1902年，这家公司在美国的藏画一度达到了两千幅，其中有八幅伦勃朗的油画，七十九幅弗拉格纳的画作，二十幅雷诺阿的和二百五十幅毕加索的绘画。

简而言之，在1950年以前，纽约也已经形成了"系统化的"网络，或者我想加上一句，是世界历史上唯一的网络，如果巴黎——19世纪的艺术之都的网络典范不再令人信服的话。1880年时，马奈是典型的巴黎艺术家，花花公子，举止优雅，然而可惜，他罹患了梅毒。而在1950年的纽约，波洛克，也是地道的本地人，酗酒成性，最终像詹姆斯·迪恩一样死于车祸。这两位艺术家以及他们各自的命运、巴黎的命运和纽约的命运，概括了一场巨大的变化：1952年，纽约的西德尼·詹尼斯画廊举办了一次《美国艺术在巴黎》的展览。巴塔伊对此有几分兴趣，像以前一样，他被弗兰兹克林、马瑟威尔和德·库宁的作品所吸引。但批评家让·皮埃尔在《法兰西文学》报上却说那是"令人困惑的儿戏和令人惊恐的涂鸦"。巴黎——世界艺术之都已是风光不再了。

结束语

今天的巴黎已不是艺术之都了。那么,艺术之都又到哪里去了呢?还是在纽约?也许。但我们也可以说在洛杉矶、伦敦或干脆说在互联网上。巴黎不是20世纪之都也不会是即将到来的世纪之都。世纪之都已不再是我们时代的理念。在一切都国际化和全球化的今天,从一个国家到另一个国家,从一座城市到另一座城市,中心或者外围都交织在了一起。那些我们认为极为严格的各种界限,如:性别的界限,青年时尚与老年时尚的界限,艺术史与纯历史的界限,当然还有,国与国的界限再也无法铸就我们的想象力。朱利安·格拉克在1980年时写道:"1940年以后,一切都结束了:从世界范围内来说,巴黎本身已经乡土化并且也不再使外省人羡慕不已,而仅仅是一个城市规划和人口的问题。这么说有点草率。也许,巴黎不再像一个半世纪以前那样,是现在与未来的神话胜地。但在新的格局下,我们可以想象,巴黎仍将如歌德所说,是世界性的城市,也许,还是所有城市中最为国际化的。因为今天,巴黎比其他任何城市更能代表我们文化的过去。巴黎等同于博物馆?从某种意义上来说,是这样,甚至是所有博物馆中最漂亮的;但是,巴黎与威尼斯或佛罗伦萨不同,它不仅仅是一座博物馆。每个神话都在这里留下了它的足迹:巴黎已不是科学之都,但科学研究还是它的头等大事,最近,艾滋病源的研究工作就证明了这一点。巴黎也不再是艺术之都,但著名的艺术家们都在这里工作;同样的还有科技、建筑、服装、公共交通以及大量的移民。"巴黎总是以它的财富和多样性使人惊诧不已,并且也以此来告诉大家,没有一座城市能像在这里一样容易找到无数追求快乐的方式,而这是我们常常感到幸福的方式。

在法国的巴黎之后,我们也可以梦想欧洲的巴黎。谁算是欧洲人?是特指从乌拉尔山脉到南大西洋的伊比利亚群岛、从亚洲大陆的边界到圣赫勒拿岛这片地域上的居民?这不是我们想表达的意思。的确,有时这种地缘政治的典型定义(浅薄)还会使我们感兴趣,不过这个概念并不能真正回答我们现在所关注的问题:国家的领土主权感,像怀旧一样,已不是过去的那种概念。

其他更令人满意的答案属于精神层面。欧洲人首先是共同(自相残杀的)历史的继承者。纵然欧洲已不再是一部主要功能为使法德之间再也不可能发生战争的机器,但这部机器的建造正是出于这种担忧。或者,也可以如德国的大学教授尤尔根·哈贝马斯所说,欧洲是一群经常分享非正式的,但偶尔也有正式的价值观的男女大聚会,因为这些价值观或多或少写进了欧洲的宪法,而宪法本身也是情感与归属感的孵化器。这就是这位社会学家所说的宪法爱国主义,在这种情况下,我们是欧洲人,因为我们属于一个产生公民政治责任感的政治整体。我们也可以说欧洲人是那些认同情感关系的人,而由于这种社会原因,他们甘愿为自己的同胞,无论亲疏,而承担起某些责任。从这种意义上来说,欧洲人是那些承诺明天会相互帮助的人,正如今天在自己国家里的法国人,愿意为各国公民担保他们认为不可剥夺的某些公民与社会的权利。

所有这些定义都得到了印证。最后,欧洲人是这样的一些人,他们认为巴黎不是欧洲之都(这有点极端和夸张),但却是一座卓尔不凡的欧洲城市,一座昔日的神话城市,一个神奇的所在,多民族的怀旧之都,而今天,这里仍然居住着德国的细木匠、西班牙的艺术家、葡萄牙的小说家、英国的工业家、意大利的诗人。

从这个意义上说,所谓欧洲人,就是那些今天或明天能在巴黎重新获得反映他们生存的部分记忆或证据的人。其实,写这本书的原因恰恰与下面这个主题有关:巴黎,是曾经四分五裂的大陆上的神话之都,但今天,尽管已经失去了神话色彩,却受到世界的赞美和珍爱。

人名对照表

法文	中文
abbé de Raynal	雷纳尔神父
Aimé Césaire	艾梅·沙塞尔
Alain Corbin	阿兰·科尔班
Alan Poe	爱伦·坡
Albert Sarraut	阿尔贝·萨罗
Alfieri	阿尔菲耶利
Alfred Delvau	阿尔弗雷德·德尔沃
Alfred Eisenstaedt	阿尔弗莱德·史迪格里兹
Alfred Fierro	阿尔弗雷德·费耶罗
James Dean	詹姆斯·迪恩
André Breton	安德烈·布勒东
André Malraux	安德烈·马尔罗
Antonin Artaud	阿尔托
Arno Breker	阿尔诺·布莱克
Arsene Lupin	亚森·罗平
Arthur Schopenhauer	亚瑟·叔本华

Atget	阿特热
Attila	阿提拉
Babeauf	巴贝夫
Babette	芭贝特
Banville	邦维尔
Barthélemy	巴泰勒米
Benjamin	本雅明
Bernardin de Saint – Pierre	贝尔纳丹·德·圣皮埃尔
Bertolt Brecht	贝尔托·布莱希特
Blaise Cendrars	布莱斯·桑德拉尔
Blake	布莱克
Blanqui	布朗基
Boucher	布歇
Brassai	布拉塞
Brillat – Savarin	布里亚 – 萨瓦兰
Brissot	布里索
Bronislaw geremek	布罗尼斯瓦夫·盖莱梅克
Brosses	布罗斯
Bugeaud	比若
Cabanis	卡巴尼斯
Camille Pissarro	卡米耶·毕沙罗
Carême	卡莱姆
Carlyle	卡莱尔
Carra	卡拉
Cartouche	卡多什
Casimir Delavigne	卡西米尔·德拉维涅
Chadwick	查德威克
Chambord	香堡

Champfleury	尚弗勒里
Charles Dikens	查尔斯·狄更斯
Charles Meryon	夏尔·梅里翁
Cherrubini	凯鲁比尼
Claude McKay	克洛德·麦凯
Claude – Nicolas Ledoux	克劳德·尼古拉斯·勒杜
Cognacq	哥纳克
Considerant	孔西德朗
Courbet	库尔贝
Dambreuse	丹布勒斯
Danton	丹东
De Kooning	德·库宁
de Nerval	德·奈瓦尔
de Tencin	德·唐桑夫人
de Tournefort	德·图尔纳弗
Desmoulins	德穆兰
Devonshire	德文希尔
Djuna Barnes	朱娜·巴恩斯
Dom Pedro II	佩德罗二世
Donizetti	多尼采蒂
Du Deffand	德芳夫人
Dubuffe	迪比夫
E. E. Cummings	卡明斯
Edgar Degas	埃德加·德加
Edith Wharton	伊迪丝·华顿
Edward Fitzgerald	菲茨杰拉德
Ferdinand Céline	费迪南·塞琳纳
Francis Parkman	弗朗西斯·帕克曼

Francois Joseph Gossec	弗朗索瓦・约瑟・戈塞克
Francois Magendie	弗朗索瓦・马戎第
Francoise Choay	弗朗索瓦兹・萧伊
Franz Lehar	弗朗兹・莱哈尔
Gaston Bachelard	加斯东・巴什拉
Gavarni	加瓦尔尼
Georg Simmel	盖奥尔格－齐美尔
Georges Bataille	乔治・巴塔耶
Georges Seurat	乔治・修拉
Gericault	基里柯
Gertrude Stein	葛楚德・史坦
Gluck	格鲁克
Gouverneur Morris	古维诺尔・莫里斯
Grimod de la Reyniere	格里莫・德・拉・瑞尼耶
Grosvenor	格罗斯夫诺
Guillaume Apollinaire	纪尧姆・阿波利奈尔
Gustave Caillebotte	居斯塔夫・加耶博特
Guy Debord	居伊・德波
Gyorgy Lukacs	卢卡奇
Habeneck, Francois – Antoine	弗朗索瓦・安东尼・阿本奈克
Heinrich Heine	海因里希・海涅
Helvetius	爱尔维修
Henri matisse	亨利・马蒂斯
Henri Murger	亨利・穆尔热
Henry James	亨利・詹姆斯
Henry Miller	亨利・米勒
Herzen	赫尔岑
Hetzel	黑泽尔

Hippolyte Taine	伊波利特·泰纳
Honoré Daumier	奥诺雷·杜米埃
Hubert	于贝尔
Inigo Jones	伊尼哥·琼斯
Italo Calvino	伊塔洛·卡尔维诺
Ivanhoe	艾凡赫
J. Jackson Pollock	杰克逊·波洛克
Jack Lang	雅克·朗
Jacques Prevert	雅克·普莱维尔
James Baldwin	詹姆斯·鲍德温
James Joyce	詹姆斯·乔伊斯
Jean Antoine de Peyssonnel	斐松尼
Joan Miró	胡安·米罗
John Adams	约翰·亚当斯
Josephine Baker	约瑟芬·贝克
Jules Moch	儒勒·莫赫
Jules Valles	儒勒·瓦莱(斯)
Julien Gracq	朱利安·格拉克
Lamartine	拉马丁
Langston Hughes	兰斯顿·休斯
Latour	拉图尔
Lavoisier	拉瓦锡
Le Pelletier	勒佩尔蒂埃
Lecocq	勒科克
Lemaitre	勒梅特尔
L'Enfant	朗方
Léon Blum	莱昂·勃鲁姆
Leopold Senghor	列奥波尔德·桑戈尔

Lespinasse	莱斯比娜斯
Lewis Mumford	刘易斯·芒福德
Louis Huart	路易·于阿尔
Louis Sébastien Mercier	路易－塞巴斯蒂安·梅西耶
Lyautey	利奥泰
Madame Geoffrin	乔芙兰夫人
Mallarme	马拉美
Mandrin	曼特兰
Marat	马拉
Marcel Gitton	马塞尔·吉东
Marie – Claire Bancquart	马丽－克莱尔·邦卡尔
Marlene Dietrich	玛琳·黛德丽
Marquis de Custine	古斯丁
Mary Douglas	马丽·道格拉斯
Maurice Thorez	莫里斯·多列士
Maurras	莫拉斯
Maxime Du Camp	马克西姆·杜冈
Meissonier	梅索尼埃
Meyerbeer	迈耶贝尔
Michael Riffaterre	米歇尔·里法泰尔
Mickiewic	密茨凯维奇
Mirabeau	米拉博
Mme de Sta·l	斯塔尔夫人
Monet	莫奈
Mor Jokai	约卡伊·莫尔
Munkacsy	蒙卡奇
Nourrit Adolphe	阿道夫·诺里
Orsini	阿西尼

Oscar Wilde	奥斯卡·王尔德
Parent - Duchatelet	帕朗·杜沙特莱
Pasdeloup	帕德鲁
Paul Bourget	保罗·布尔热
Paul Cezanne	保罗·塞尚
Paul Gauguin	保罗·高更
Peggy Guggenheim	佩吉·古根海姆
Philippe Soupault	菲利普·苏波
Pierre Patte	皮埃尔·帕特
Pierre Rosanvallon	皮埃尔·罗桑瓦龙
Piranese	皮拉奈斯
Rabelais	拉伯雷
Ravachol	拉瓦肖尔
René Crevel	勒内·克勒韦尔
Restif de la Bretonne	勒蒂夫·德·拉·布列东
Richard Wright	理查德·赖特
Richmond	里奇蒙
Robespierre	罗伯斯庇尔
Roger Caillois	罗歇·卡伊瓦
Rothschild	罗斯切尔德
Roux(Jacques)	鲁克斯(雅克·鲁)
Roy Porter	罗伊·波特
Sabine Melchior - Bonnet	萨比娜·梅尔基奥尔 - 博奈
Sainte—Beuve	圣佩甫
Sally Hemmings	萨利·赫明斯
Samuel Bing	萨姆尔·宾
Samuel Johnso	塞缪尔·詹森
Sarah Bernhardt	莎拉·伯恩哈特

Shelley	雪莱
Sisyphe	西西弗
Steen Rasmussen	斯汀·拉斯姆森
Stefan Zweig	斯蒂芬·茨威格
T. S. Elio	艾略特
Tahtawi	塔塔维
Thackeray	萨克雷
Thorstein Veblen	托尔斯坦·凡勃伦
Titus	提图斯
Tocqueville	托克维尔
Velasquez	韦拉斯克斯
Verlaine	魏尔伦
Villon	维庸
Vivienne Westwood	薇薇恩·韦斯特伍德
Volney	沃尔涅
Waddington	瓦丁顿
Walt Whitman	沃尔特·惠特曼
Walter Scott	瓦尔特·司各特
William Dean Howells	威廉·迪安·豪威尔斯
William Wordsworth	威廉·华兹华斯
Woody Allen	伍迪·艾伦
Zavis Kalandra	萨维斯·卡兰德拉
Zazie	莎姬

图书在版编目（CIP）数据

巴黎神话：从启蒙运动到超现实主义 /（法）伊戈内著；喇卫国译. —— 北京：商务印书馆，2012
ISBN 978-7-100-09541-9

Ⅰ. ①巴… Ⅱ. ①伊… ②喇… Ⅲ. ①文化史－研究－巴黎 Ⅳ. ① K565.9

中国版本图书馆 CIP 数据核字 (2012) 第 232083 号

巴黎神话：从启蒙运动到超现实主义
〔法〕伊戈内 著
喇卫国 译

商 务 印 书 馆 出 版
（北京王府井大街 36 号 邮政编码 100710）
商 务 印 书 馆 发 行
山东临沂新华印刷物流集团
有 限 责 任 公 司 印 刷
ISBN 978-7-100-09541-9

2013 年 1 月第 1 版　　开本 960×1300 1/32
2014 年 2 月第 2 次印刷　　印张 13.75 彩插 48 幅
定价：68.00 元